GW01605852

EL SIGNIFICADO DE LAS PROPOSICIONES

JERÓNIMO PARDO (†1502)
Y LAS TEORÍAS MEDIEVALES DE LA PROPOSICIÓN

PALOMA PÉREZ-ILZARBE

EL SIGNIFICADO DE LAS PROPOSICIONES

JERÓNIMO PARDO (†1502) Y LAS TEORÍAS MEDIEVALES DE LA PROPOSICIÓN

To Prof. Ashworth,
with gratitude

P-I

21 de mayo 1999

EDICIONES UNIVERSIDAD DE NAVARRA, S.A.
PAMPLONA

COLECCIÓN DE PENSAMIENTO MEDIEVAL Y RENACENTISTA NÚM. 4

FACULTAD DE FILOSOFÍA Y LETRAS
UNIVERSIDAD DE NAVARRA

Primera edición: Febrero 1999

Ediciones Universidad de Navarra, S.A. (EUNSA)
Plaza de los Sauces, 1 y 2. 31010 Barañáin (Navarra) - España
Teléfono: (34) 948 25 68 50 – Fax: (34) 948 25 68 54
E-mail: eunsaedi@abc.ibernet.com

ISBN: 84-313-1668-3
Depósito legal: NA 216-1999

Imprime: NAVEGRAF, S.L. Polígono Berriainz, Nave 17. Berriozar (Navarra)

Printed in Spain - Impreso en España

ÍNDICE

CAPÍTULO II

INTRODUCCIÓN

La pregunta "¿Qué significan las proposiciones?" surge con los primeros intentos de comprender el lenguaje desde un punto de vista filosófico, y las respuestas han sido tan variadas como los talantes de los pensadores que se han enfrentado a ella. Entre las numerosas aproximaciones al problema, este libro presenta tres planteamientos medievales paradigmáticos (Gregorio de Rímini, Juan Buridán, Pedro de Ailly), examinados desde la crítica que hace de ellos un autor español de finales del siglo XV: Jerónimo Pardo.

El problema del significado de las proposiciones no es, por supuesto, un asunto medieval, sino que en cualquier época ha sido, y sigue siendo en la actualidad, objeto de la atención de los investigadores del lenguaje. Sin embargo, he dejado deliberadamente de lado las discusiones más recientes sobre el tema y me he acercado a él desde las posturas de tres autores medievales y uno postmedieval. Esta opción puede justificarse tanto desde un punto de vista histórico como desde uno doctrinal.

El redescubrimiento de la lógica medieval y postmedieval

Por una parte, este libro pretende ser una contribución al redescubrimiento de la lógica medieval y postmedieval, que había sido injustamente despreciada por los historiadores de la lógica hasta hace pocas décadas.

La obra de Prantl, escrita a finales del siglo pasado, es un claro ejemplo de la incomprensión de que ha sido objeto la lógica escolástica. Como consecuencia del declinar de la disciplina, incapaz ya de abarcar la riqueza de los desarrollos medievales y postmedievales, éstos quedaron devaluados hasta convertirse en un descolorido residuo de la lógica aristotélica. Frente a esta tendencia, el progreso de la lógica en el siglo XX permitió que se volviera a otorgar valor a las aportaciones de quienes se habían dedicado a la lógica después de Aristóteles.

Así, en 1961, William y Martha Kneale dedicaron un capítulo de su *The development of logic* al estudio de la lógica romana y medieval. Por fin, el período medieval era considerado digno de atención por los historiadores de la lógica. Pero el estudio de los Kneale no llegaba a hacer justicia a la lógica medieval, fundamentalmente por dos motivos: por una parte, el valor que se concedía a las doctrinas medievales parecía proceder casi exclusivamente de considerarlas como anticipaciones de los logros contemporáneos; por otra parte, quedaba por completar la importante laguna entre la lógica de Abelardo y las súmulas de Pedro Hispano y Guillermo de Sherwood[1]. Estas dos carencias quedaron plenamente satisfechas con la publicación, en 1962 y 1967, de los volúmenes de la *Logica modernorum* de L. M. de Rijk. Con esta obra, que reconocía el valor de la lógica medieval por sí misma, y que se ocupaba del estudio y la edición de numerosos textos del período comprendido entre 1130 y 1230, se inició, sin duda, una nueva etapa en la investigación sobre la lógica medieval, que desde entonces ha seguido desarrollándose a un ritmo y con una profundidad crecientes.

Tan importante como el redescubrimiento de la lógica medieval fue el de la lógica postmedieval, al que contribuyó decisivamente E. J. Ashworth con la publicación en 1974 de su *Language and logic in the post-medieval period*, así como con los numero-

---

1 Junto a esto, al igual que otros historiadores contemporáneos, como Scholz, Lukasiewicz y Bochenski, los Kneale no prestaban ninguna atención a los desarrollos postmedievales. Sobre los precedentes y el estado general actual de la historiografía de la lógica, ver I. Angelelli, "Presentación", *Estudios de historia de la lógica. Actas del II Simposio de Historia de la Lógica* (I. Angelelli y A. d'Ors, eds.), Eunate, Pamplona, 1990, 5-9; L. Vega, *Una guía de historia de la lógica*, UNED, Madrid, 1996, 52-62.

sos artículos que lo han precedido y seguido. Rescatado el valor de la lógica medieval, la lógica postmedieval corría el peligro de ser considerada como simple repetición (o peor todavía, desvirtuación) de los logros alcanzados por los grandes maestros medievales. Ashworth mostró que el período postmedieval ofrece, junto a discusiones profundas sobre temas clásicos, desarrollos originales y caminos inexplorados.

Dentro del panorama de la lógica postmedieval, Ashworth destacaba la universidad de París como un foco de intensa actividad lógica entre 1481 y 1520, y señalaba como un grupo especialmente fecundo el círculo de lógicos españoles y escoceses que se constituyó en torno a John Mair. Los miembros escoceses del círculo han sido estudiados con detalle por A. Broadie en su *The circle of John Mair,* mientras que los españoles han sido objeto de un gran número de minuciosos estudios por parte de V. Muñoz Delgado. Jerónimo Pardo († 1502), primero entre los españoles que viajan a París y se incorporan al círculo, no ha recibido todavía toda la atención que merece[2].

Así, al acercarme al problema del significado de las proposiciones tal como es abordado en la obra de Pardo, pretendo colaborar en la tarea de rescatar y dar a conocer esas partes todavía desconocidas de la historia de la lógica[3]. Y cuando hablo de "lógica" me refiero también a lo que suele incluirse dentro de la filosofía del lenguaje: entre las contribuciones de los lógicos escolásticos no destacan sólo las relativas a la estricta lógica (la teoría de la consecuencia, en general, y el análisis de los nexos lógicos, de las relaciones entre proposiciones, del descenso o de la consecuencia silogística, en particular), sino que también son especialmente intere-

---

[2] Por el momento, junto a los trabajos históricos de Muñoz Delgado, hay numerosas referencias a Pardo en las obras de Ashworth, y J. Coombs le ha dedicado algunas secciones de su tesis doctoral y varios artículos (ver bibliografía), pero todavía queda pendiente el estudio de la mayor parte de su doctrina.

[3] El siglo XV, en concreto, un período de transición entre dos momentos de intensa actividad lógica, los siglos XIV y XVI, ha sido, en comparación con ellos, mucho menos estudiado.

santes las aportaciones en el campo de la semántica[4]. En todos estos ámbitos la lógica escolástica esconde tesoros que merecen ser sacados a la luz.

La comprensión histórica de la lógica

Pero el rescate de la doctrina de un autor español del período postmedieval no tiene un valor meramente arqueológico, sino que adquiere un sentido más profundo desde el convencimiento de que la comprensión de los problemas de una disciplina sólo puede lograrse plenamente a través de su historia. En mi opinión, las discusiones actuales en torno a la cuestión del significado de las proposiciones, por agudas que sean, dibujan un cuadro inacabado si no se tiene en cuenta lo que otros autores, con distintas herramientas y desde distintos marcos de interpretación, pensaron sobre los mismos temas.

El problema de la relación entre lenguaje, pensamiento y realidad, unido de manera decisiva a los orígenes de la filosofía analítica y de la filosofía del lenguaje contemporánea (como centro de las preocupaciones de Frege, Russell y Wittgenstein), es también el eje de las reflexiones lógicas medievales, y de las de quienes, como Jerónimo Pardo, recogen esas reflexiones para enriquecerlas con su propio pensamiento. Por eso, examinar cómo un autor postmedieval, poco conocido hasta el momento, trata de responder a la pregunta por el significado de las proposiciones puede resultar muy iluminador para quien, todavía hoy, se interesa por un problema que ya estaba vivo (por lo menos) en Platón.

Por otra parte, la manera en que Pardo aborda la cuestión contribuye a enriquecer todavía más el panorama, puesto que su doctrina se presenta como superación de tres teorías medievales, que él trata, en primer lugar, de comprender y, a continuación, de co-

---

4 Ver, por ejemplo, la valoración de Moody: E. A. Moody, "The medieval contribution to logic", *Studies in medieval philosophy, science and logic*, University of California Press, Berkeley, 1975, 372.

rregir y mejorar. Las páginas de su obra, la *Medulla dyalectices*, se convierten así en una ventana desde la cual el lector actual puede asomarse a tres teorías paradigmáticas sobre el significado de las proposiciones. Acompañar a Pardo en la tarea de descubrir las debilidades de cada una de ellas servirá, como mínimo, para entender mejor el complejo problema que tratan de resolver.

Enfoque y método de la investigación

El enfoque que he adoptado en esta investigación es fundamentalmente descriptivo. Trato de exponer con el mayor detalle posible, dentro de los límites de espacio, las tesis, problemas y soluciones que aparecen en la *Medulla dyalectices* en relación con el tema que centra las preocupaciones de Pardo, el del significado de las proposiciones, unido, inseparablemente para él, al de las modalidades[5].

La peculiaridad de los análisis de Pardo, basados en la referencia a las doctrinas de sus predecesores, me ha exigido atender a todas esas doctrinas, y ha planteado el problema metodológico de la elección entre una organización por autores o por temas. He adoptado la distribución por autores, ya que permite un tratamiento más sistemático de los problemas a los que responden las cuestiones que cada uno suscita.

---

[5] Pardo declara, en la primera página de la *Medulla*, que la tarea central de la lógica es ocuparse de la verdad y falsedad, y que para llevarla a cabo es preciso emprender primero un estudio del significado de las proposiciones: "Et quoniam logici consideratio circa verum et falsum versatur, in hoc primo capitulo conveniens est declarare quid propositio vera, quid falsa, quid necessaria, quid contingens, quid possibilis, et quid impossibilis. Pro cuius ostensione sciendum est quod omnes nituntur ostendere veritatem et falsitatem, similiter necessitatem et contingentiam, possibilitatem et impossibilitatem propositionum ex parte significati propositionis quod vocatur complexe significabile. Ideo, primo illucidandum est quid est complexe significabile seu significatum propositionis." (*MD*, 1ra)

En conjunto, me he propuesto mostrar en este libro cuáles son los presupuestos desde los que Pardo elabora su teoría del significado y de las modalidades: las doctrinas de las que toma los distintos elementos que configurarán su postura (Gregorio de Rímini, Juan Buridán, Pedro de Ailly), y las insuficiencias que percibe en cada una de ellas. A partir de aquí, presento la doctrina de Pardo como un intento muy original de superar esas insuficiencias, tratando, al mismo tiempo, de no salir del rígido molde del nominalismo que domina en la universidad de París a finales del siglo XV. Aunque no me extiendo en la parte crítica, pretendo mostrar cómo el camino elegido por Pardo permite escapar a los problemas denunciados, a costa de una artificiosidad que genera otros no menos graves.

Respecto a las fuentes, he manejado la segunda edición de la *Medulla dyalectices* (París, 1505), por resultar más cómodas las referencias de acuerdo con su paginación, aunque he cotejado esta versión en todo momento con la primera (París, 1500)[6]. En cuanto a los autores citados por Pardo, sólo he acudido a las fuentes para los tres autores cuyas doctrinas del significado discute directamente: Gregorio de Rímini, Juan Buridán y Pedro de Ailly. En el primer caso, he consultado *In primum librum Sententiarum* (Venecia, 1522); en el segundo, los *Sophismata* (París, c. 1496-1500) y su *In Metaphisicam Aristotelis quaestiones* (París, 1588); en el tercero, sólo he tenido a mi alcance la traducción al inglés de su *Conceptus et Insolubilia* (París, 1495).

La necesaria selección de la literatura secundaria está justificada por el método adoptado: he preferido centrarme en el análisis de los textos, y dejar de lado la discusión de los problemas. Las referencias tratan simplemente de señalar los lugares en que se encuentra la información que, en mi opinión, puede resultar más útil sobre los distintos autores o temas. Por otra parte, no hay, salvo escuetas indicaciones, referencias al tratamiento que de las mismas cuestiones puede encontrarse entre los autores contem-

---

6 Las diferencias, en las páginas que me ocupan, se limitan a la corrección de erratas y a la adición de una palabra, que señalo en la nota 4 del capítulo segundo.

poráneos. Si es cierto que diversos aspectos de las doctrinas examinadas podrían ponerse en correlación con otras tantas parcelas del pensamiento de Frege, Russell o Wittgenstein, por citar sólo a tres "clásicos" entre los autores modernos, también lo es que detenerse a mostrar este paralelismo excedería con mucho los propósitos de esta investigación.

Estructura del libro

Teniendo en cuenta esos objetivos, el libro está organizado en tres capítulos. El primero está dedicado a introducir el autor y su obra, y a presentar algunas nociones y distinciones que resultan básicas para la comprensión de los análisis de Pardo. Por una parte, aquellas que se descubren como presupuestos de sus reflexiones (los distintos tipos de términos, las nociones de significación, acepción y suposición, el uso de la teoría del descenso, la naturaleza de las proposiciones). Por otra parte, otras que anuncio en este capítulo, pero que van tomando cuerpo al hilo de los problemas concretos estudiados en los capítulos segundo y tercero (el uso del *dictum* para hablar del significado de la proposición, la multiplicidad de significados de las proposiciones, la noción de significado adecuado).

El segundo capítulo se dedica a exponer las doctrinas de los tres autores que sirven de base a Pardo para elaborar su teoría del significado. El espacio que ocupa cada uno es proporcional a la atención que Pardo les concede: la teoría de Gregorio es estudiada con bastante detalle; la de Buridán, de la que Pardo se declara seguidor, recibe un tratamiento algo más amplio; la de Pedro de Ailly es considerada sólo en cuanto que puede constituir una crítica de la teoría buridaniana, y como tal es rápidamente refutada.

Para exponer las doctrinas de Gregorio y de Buridán, he tratado en primer lugar de reconstruir la ontología que se desprende de su interpretación del lenguaje, el mundo que ambos necesitan para explicar la significatividad de las proposiciones. En segundo lugar, he analizado algunas características de los lenguajes construidos sobre estas ontologías, con los problemas técnicos que en cada teoría se presentan. En tercer lugar, he examinado la capacidad de estas dos teorías del significado para dar cuenta del problema que Pardo quiere, en definitiva, resolver: el de las modalidades de las proposiciones. En cuanto a la teoría de Pedro de Ailly, he atendido a los aspectos que entran en conflicto con la teoría buridaniana, y a la estrategia de Pardo para eludir tal conflicto.

El tercer capítulo presenta la postura de Pardo como un intento de corregir la teoría buridaniana, de manera que queden superados los problemas que genera: en especial, el problema del fundamento de las modalidades. El capítulo está estructurado en cuatro secciones. La primera estudia los elementos que caracterizan la ontología de Pardo y su análisis del lenguaje, teniendo en cuenta que la relación entre ambos, realidad y lenguaje, se ajusta a un estricto paralelismo. Por una parte, trato de reconstruir la ontología sobre la que se funda el análisis del lenguaje en Pardo; por otra parte, de analizar las peculiaridades del lenguaje construido sobre ella. La segunda sección se ocupa del problema de las modalidades: en ella presento los elementos originales de la teoría de Pardo, que permiten, según él, resolver los problemas suscitados por las otras teorías, y que cristalizan en unas nuevas definiciones de las modalidades, para las que ya no se presentan tales problemas. La tercera sección examina, sin embargo, una dificultad que parece difícil de resolver incluso con las novedades introducidas por Pardo: la cuestión de la necesidad de las proposiciones científicas. Los ajustes que Pardo debe introducir para dar cuenta de este problema contribuyen a poner de manifiesto los límites de su teoría. La sección cuarta, con la que se cierra este último capítulo, contiene una breve revisión crítica de los principales puntos débiles de la doctrina de Pardo.

* * *

Ya sólo queda manifestar mi agradecimiento a quienes han contribuido, de maneras tan distintas, a que este trabajo se haya llevado a cabo. En primer lugar, quiero expresar mi sincera gratitud al profesor Ángel d'Ors de la Universidad Complutense de Madrid , director de la tesis doctoral que defendí en la Universidad de Navarra en junio de 1998, cuya versión revisada constituye este libro. Sin el entusiasmo por la lógica (y, en particular, por la del período medieval y postmedieval) que supo contagiarme, la paciencia con la que siguió todas las etapas de mi investigación, y el rigor con el que me obligó a reconstruir el pensamiento de Pardo, estas páginas no serían las que hoy son.

Reconozco también mi deuda con todos los miembros del Departamento de Filosofía de la Universidad de Navarra que han contribuido, con sus discusiones y sugerencias, a desenredar la madeja de los problemas que estudio. Un agradecimiento especial es para mis colegas María Cerezo, Manuel G. Clavel, Alejandro Llano y Jaime Nubiola, siempre dispuestos a dedicarme su atención y su ayuda.

Agradezco también al profesor Gonzalo Díaz Díaz, del Consejo Superior de Investigaciones Científicas, la amabilidad con la que me ayudó a completar la bibliografía acerca de Pardo, y a los profesores Ignacio Angelelli, de la Universidad de Texas, y Jeffrey Coombs, de la Universidad Our Lady of the Lake, el interés con el que me aconsejaron y animaron a emprender esta investigación. A los profesores Alexander Broadie, de la Universidad de Glasgow, María Jesús Soto, de la Universidad de Navarra, José Miguel Gambra, de la Universidad Complutense, y Lorenzo Peña, del Consejo Superior de Investigaciones Científicas, les agradezco el tiempo y esfuerzo que dedicaron a estudiar mi trabajo y las observaciones con que me ayudaron en la elaboración de esta versión final.

Quiero agradecer también al Ministerio de Educación y Ciencia y a la Asociación de Amigos de la Universidad de Navarra las becas que me permitieron dedicarme a la investigación doctoral. Y por fin, cómo no, agradezco a mi familia y amigos el apoyo y aliento sin el que este libro no hubiera podido llegar a existir.

Pamplona, 20 de octubre de 1998

CAPÍTULO I

EL PROBLEMA DEL SIGNIFICADO DE LA PROPOSICIÓN EN LA *MEDULLA DYALECTICES* DE JERÓNIMO PARDO

Este libro presenta un estudio del problema del significado de las proposiciones, a través del tratamiento que hace de él el lógico español Jerónimo Pardo († 1502). Aunque Pardo se ocupa de la cuestión del significado (y, en especial, el significado de las proposiciones) en diversos lugares de su obra, la *Medulla dyalectices* (1500, 1505), es en el primer capítulo donde ofrece un análisis más detallado. El capítulo, dedicado al estudio de la verdad y falsedad, se abre con una investigación preliminar acerca del significado de las proposiciones. En sus páginas, Pardo presenta las teorías sobre la proposición de tres autores medievales (Gregorio de Rímini, Juan Buridán, Pedro de Ailly), para construir, apoyándose en lo que en cada una encuentra de valioso, una teoría original del significado de la proposición.

Como se verá, Pardo busca una interpretación del significado de las proposiciones que explique, por una parte, la peculiaridad del significar de las proposiciones (en contraste con los términos), pero que permita, por otra parte, fundar las modalidades de las proposiciones en su significado. Para encontrar esta interpretación, analiza las posturas de los tres autores citados[1], critica

[1] Gregorio de Rímini es presentado por Pardo como el más famoso defensor de la postura que le atribuye; Buridán, cuya doctrina era la fuente de la enseñanza parisina de la lógica en tiempos de Pardo, es el defensor de la opinión contraria; Pedro de Ailly es introducido en la discusión como rival de Buridán, de quien Pardo se declara seguidor.

los problemas que encuentra en cada una, y toma de ellas los elementos que considera aprovechables. El resultado es una teoría novedosa, aunque excesivamente compleja, que resuelve los problemas detectados, pero da lugar a otros que Pardo no parece advertir.

Dedicaré el capítulo segundo a examinar las doctrinas de los autores que Pardo toma como punto de partida de su investigación, y el tercero a estudiar con detalle la teoría que él mismo propone como superación de todas ellas. Este primer capítulo, de carácter introductorio, incluye tanto una presentación del autor y de su obra como una explicación general de las nociones y herramientas lógicas utilizadas en las páginas que Pardo dedica al problema del significado de la proposición.

Así, comenzaré este primer capítulo con una breve noticia biográfica, hasta donde permiten los escasos datos disponibles, seguida de una presentación de la obra lógica de Pardo, la *Medulla dyalectices*. A continuación, trataré de aclarar las nociones y herramientas lógicas que están en la base de los análisis de Pardo. En primer lugar, emprenderé un estudio de los términos, como los elementos en los que la proposición se resuelve. Dos piezas clave para entender la naturaleza del significar de las proposiciones serán la distinción entre términos categoremáticos y sincategoremáticos, por una parte, y el papel de las relaciones entre significación, acepción y suposición, por otra. En conexión con estas últimas, destacaré el uso de la doctrina del descenso como modo de acceso al significado de la proposición.

Tras el estudio de los términos, me ocuparé en este capítulo de las proposiciones, que Pardo considera como un tipo especial de signos complejos. Su complejidad consiste en un modo de significar distinto al de los términos simples. Pero Pardo no se contenta con reconocer un modo propio de significar para las proposiciones, sino que trata de buscar un significado específico, un *algo* significado por las proposiciones. En las secciones finales del capítulo apuntaré los problemas con los que Pardo tropieza en esta búsqueda: por una parte, los problemas lógicos y gramaticales que genera el uso del *dictum* como nombre del significado de la proposición; por otra parte, los suscitados por la pluralidad de significados posibles para una misma proposición. Cerraré el capítulo con una presentación de los distintos sentidos de "significado adecuado" de una proposición, que se entrecruzan en los análisis de Pardo.

1. VIDA Y OBRA DE JERÓNIMO PARDO († 1502/1505)

Poco se sabe acerca de la vida de Jerónimo Pardo[2]. Varios autores lo consideran natural de la provincia de Burgos[3], aunque Nicolás Antonio en su *Bibliotheca nova* declara ignorar cuál es su lugar de nacimiento[4], y su nombre no aparece en el diccionario de autores burgaleses de Martínez Añibarro[5]. Se desconoce la fecha de su nacimiento, y no hay acuerdo respecto a la de su muerte: Muñoz Delgado y Villoslada la sitúan en 1502, Élie y Fraile en 1505[6].

---

2 Véase, en especial, R. García Villoslada, *La universidad de París durante los estudios de Francisco de Vitoria*, Universidad Gregoriana, Roma, 1938, 379-380; V. Muñoz Delgado, "La obra lógica de los españoles en París (1500-1525)", *Estudios* 26 (1970), 213-227.

3 Ver, por ejemplo, E. García de Quevedo, *De bibliografía burgense*, El Monte Carmelo, Burgos, 1941, 337-338.

4 N. Antonio, *Bibliotheca hispana nova*, I, Madrid, 1783, 595: "Hieronymus Pardo, unde domo fuerit nescio."

5 M. Martínez Añibarro, *Intento de un diccionario biográfico y bibliográfico de autores de la provincia de Burgos*, Imp. Manuel Tello, Madrid, 1889.

6 Ver V. Muñoz Delgado, "La obra lógica de los españoles en París (1500-1525)", 213; R. García Villoslada, *La universidad de París durante los estudios de Francisco de Vitoria*, 380; H. Élie, "Quelques maîtres de l'université de Paris vers l'an 1500", *Archives d'histoire doctrinale et littéraire du moyen âge* 18 (1950-51), 206; G. Fraile, *Historia de la filosofía española. Desde la época romana hasta finales del siglo XVII*, BAC, Madrid, 1971, 322. He preferido dar crédito a la fe-

Sí se sabe que Pardo estudió artes en París[7], en el colegio de Monteagudo[8], donde más tarde enseñó y fue conocido como el *"perspicacissimo artium praeceptore"*[9]. En Monteagudo, importante núcleo de la lógica terminista en el umbral del siglo XVI[10], se constituyó un notable círculo de lógicos españoles y escoceses en torno a la figura de John Mair (1467-1550)[11]. Entre los miembros escoceses del llamado "círculo de John Mair" destacan David Cranston († 1512), William Manderston (1485-1552), Robert Galbraith (1483-1544) y George Lokert (1485-1547)[12]. Entre los

---

cha ofrecida por Villoslada, puesto que es el único que presenta una cita textual en su apoyo (ver la nota 16, más adelante).

7 Sobre la vida intelectual de París en torno al año 1500, véase E. J. Ashworth, *Language and logic in the post-medieval period*, Reidel, Dordrecht, 1974, 1-25; R. García Villoslada, *La universidad de París durante los estudios de Francisco de Vitoria*; A. Renaudet, *Préréforme et humanisme à Paris pendant les premières guerres d'Italie (1494-1517)*, Stalkine, Genève, 1981.

8 El colegio de Monteagudo, fundado 1314, estaba a punto de desaparecer cuando, a finales del siglo XV, Juan Standonk fue nombrado principal. Standonk lo rescata de su decadencia y lo convierte en uno de los más famosos colegios de París. Junto a los pensionistas ricos, el colegio de Monteagudo acogía a una congregación de estudiantes pobres fundada por Standonk, los "capetos". Los monteacucianos, sometidos a una regla extremadamente austera, salían de allí hacia las distintas órdenes religiosas o el clero secular. Ver M. Godet, "Le collège de Montaigu", *Revue des études rabelaisiennes* 7 (1909), 285-305.

9 En la portada de la primera edición de la *Medulla dyalectices* puede leerse: "Medulla dyalectices edita a perspicacissimo artium preceptore Hieronimo Pardo feliciter incipit". García Villoslada indica también que, en los registros de la Sorbona conservados en la Biblioteca de l'Arsenal, Pardo es calificado de *"eximius philosophus"* y *"eximius orator et philosophus subtilis"*: R. García Villoslada, *La universidad de París durante los estudios de Francisco de Vitoria*, 380, nota 21.

10 Ver R. García Villoslada, *La universidad de París durante los estudios de Francisco de Vitoria*, 106.

11 Sobre su vida y obra véase: M. Beuchot, "El primer planteamiento teológico-jurídico sobre la conquista de América: John Mair", *La ciencia tomista* 103 (1976), 213-230; R. García Villoslada, *La universidad de París durante los estudios de Francisco de Vitoria*, 127-164; T. F. Torrance, "La philosophie et la théologie de Jean Mair ou Major, de Haddington (1469-1550)", *Archives de philosophie* 32 (1969), 531-576; J. H. Burns, "New light on John Major", *Innes review* 5 (1954), 83-100.

12 Ver A. Broadie, *The circle of John Mair*, Clarendon Press, Oxford, 1985.

españoles, Antonio Núñez Coronel († 1521), Fernando de Encinas († 1523), Luis Núñez Coronel († 1531), Juan de Celaya (1490-1558), Gaspar Lax (1487-1560) y Juan Dolz (fl. 1510)[13]. En opinión de Élie, Jerónimo Pardo es el pionero de esa colonia de españoles que acudieron a París a principios del siglo XVI[14]. Acerca de su relación con Mair, se discute si Pardo fue maestro de Mair o fueron simplemente amigos[15].

Pardo estudió también teología en la Sorbona, pero no llegó a doctorarse porque la epidemia de peste que asolaba París le obligó a trasladarse a Melun, donde fue lector de teología durante algunos meses hasta su muerte. García Villoslada aporta un testimo-

---

13 Las obras más conocidas de estos lógicos son las siguientes: de Antonio Coronel, *Prima pars rosarii* (París, 1517), *Secunda pars rosarii* (París, 1517), *Tractatus exponibilium et fallaciarum* (París, 1511), *Tractatus consequentiarum* (París, 1506); de Fernando de Encinas, *Primus tractatus summularum* (Alcalá, 1520); de Luis Coronel, *Tractatus syllogismorum* (París, 1507); de Juan de Celaya, *Insolubilia et obligationes* (París, 1517), *Magna exponibilia* (París, 1518); de Gaspar Lax, *Insolubilia* (París, 1512), *Obligationes* (París, 1512); de Juan Dolz, *Termini* (París, 1510), *Syllogismi* (París, 1511), *Super primum tractatum summularum* (París, 1512). La mayoría de los españoles formados en París regresan a España, donde mantienen vivo el terminismo hasta 1540. Para más información, ver: G. Díaz Díaz, *Hombres y documentos de la filosofía española*, Instituto de Filosofía "Luis Vives", Madrid, 1980-1995; V. Muñoz Delgado, "La obra lógica de los españoles en París (1500-1525)", y *Lógica hispano-portuguesa hasta 1600: (notas bibliográfico-doctrinales)*, Salamanca, 1972; W. Risse, *Bibliographia logica*, I, Georg Olms, Hildesheim, 1965.

14 Ver H. Élie, "Quelques maîtres de l'université de Paris vers l'an 1500", 205. En cambio, Fraile señala a Jacobo Magno Toledano († 1430) como precursor del grupo de españoles en París. También parece haber precedido a Pardo el valenciano Andrés Limos (†1495). Ver G. Fraile, *Historia de la filosofía española*, 321.

15 Ver M. Beuchot, "El primer planteamiento teológico-jurídico sobre la conquista de América: John Mair", 213-230; H. Élie, "Quelques maîtres de l'université de Paris vers l'an 1500", 205, donde asegura que la influencia de Pardo en Mair fue considerable; R. Guerlac, *Juan Luis Vives against the pseudodialecticians*, Reidel, Dordrecht, 1979, 20; K. Prantl, *Geschichte der Logik im Abendlande*, IV, Academische Druck-U. Verlagsanstalt, Graz, 1955, 247; T. F. Torrance, "La philosophie et la théologie de Jean Mair ou Major, de Haddington (1469-1550)", 531-576. García Villoslada hace notar que el mismo Mair en su *De infinito* trata a Pardo no como maestro, sino como amigo: "Rursus meus amicus Hieronimus Perdo [*sic*] cuius animam exaudiat Deus." R. García Villoslada, *La universidad de París durante los estudios de Francisco de Vitoria*, 131, nota 7.

nio según el cual Pardo abandonó París siendo ya bachiller formado[16]. Esto indica, si suponemos que realizó sus estudios al ritmo habitual, que debía tener poco más de treina años en el momento de su muerte[17].

Pardo escribió un texto de lógica titulado *Medulla dyalectices*, y tenía en proyecto otro tratado de lógica y uno de filosofía natural que no llegó a editar[18]. El único libro impreso de Pardo que ha llegado hasta nosotros es la *Medulla dyalectices*[19]. Una primera edición del texto fue publicada por Pardo en París en el año 1500[20],

16 "Obiit Melduni anno 1502 cum ibi legeret theologiam fugatus peste ab universitate parisiensi, cum esset baccalaureus formatus in theologia." R. García Villoslada, *La universidad de París durante los estudios de Francisco de Vitoria*, 380, nota 21.

17 Sobre el *curriculum* de las facultades de artes y teología a finales del siglo XV, véase A. Renaudet, *Préréforme et humanisme à Paris pendant les premières guerres d'Italie (1494-1517)*, 26-28.

18 En las primeras líneas de la *Medulla dyalectices* declara su intención de ocuparse de los exponibles y de la intensión de las formas: "Ut autem ipsorum in dyalectica augeatur studium, exponibilium materiam que amplum requirit tractatum post hac scripturus, difficilem philosophiam que de intensione dicitur, Deo auspice, eidem annectam." (*MD*, 1ra) García Villoslada (*La universidad de París durante los estudios de Francisco de Vitoria*, 380) da noticia de un manuscrito de Pardo titulado *Introductiones phisicales artium Hieronimi Pardo ad totam naturalem philosophiam*, hoy perdido, que al parecer estuvo entre los fondos de la Biblioteca Colombina de Sevilla. El catálogo de la Biblioteca Colombina –elaborado a finales del siglo XIX– no recoge esta obra, pero al final de la descripción de la *Medulla dyalectices*, que sí se encuentra entre sus fondos, aparece la siguiente nota: "Poseyó además Colón del mismo autor: Introductiones Phisicales (manuscrito). Introductiones librorum de anima Aristotelis (manuscrito). Ambos con el nº 3.351 del Registro." Según la nota, junto al tratado de filosofía natural Pardo habría escrito un comentario al *De anima*, del que no se tiene ninguna otra noticia.

19 Algunos autores atribuyen a este Jerónimo Pardo una obra en español, *Las excelencias del glorioso Apóstol Santiago*, en dos volúmenes, publicada por Antonio Calderón de 1638 a 1657. Pero esta obra pertenece a un Jerónimo Pardo sacerdote que publica varias obras en Madrid a mediados del siglo XVII. Tampoco debe confundirse al Pardo del que me ocupo con un Jerónimo Pardo médico que escribe un *Tractatus de consuetudine*, en la segunda mitad del siglo XVII. Ver N. Antonio, *Bibliotheca hispana nova*, I, 595-596.

20 En España existen ejemplares en la Biblioteca Pública del Estado de Ávila, en el Archivo-Biblioteca de la Real Colegiata de San Isidoro de León, en el

con prólogo de su hermano Miguel. Tras la muerte de Jerónimo, John Mair y Jacobo Ortiz reeditan la obra en 1505, también en París[21]. En esta segunda edición se incluyen las tablas de contenidos, se realizan correcciones y se añaden algunos pasajes que, como asegura Ortiz en el prólogo, no hacen sino "expresar con mayor fidelidad la doctrina del autor"[22]. En ambas ediciones la obra está dividida en diez capítulos[23]:

I. "De veritate et falsitate propositionis" (1r-9v).
II. "De regulis generalibus consequentiarum" (9v-24r).
III. "De contradictoriis" (24r-38r).
IV. "De conversionibus" (38r-40v).
V. "De ypotheticis" (40v-67r).
VI. "De ampliationibus" (67r-84r).
VII. "De appellationibus" (84r-106r).
VIII. "De modalibus" (106r-126r).
IX. "De sillogismi" (126v-145r).
X. "De descensu" (145r-169v).

Muñoz Delgado describe esta obra como "una acertada síntesis de la lógica formal que se daba en París a principios del XVI y como la primera codificación de la que van a desarrollar los maestros de Monteagudo, incluyendo al mismo Juan Mair. Es igualmente punto de partida para explicar el florecimiento de la

---

Archivo Capitular de Oviedo, en la Biblioteca Pública del Estado de Palma de Mallorca y en la Biblioteca Capitular de Pamplona.

21 Como se ha dicho, existe un ejemplar en Sevilla, en la Biblioteca Colombina.

22 En el capítulo quinto, "De ypotheticis", se añaden tres cuestiones en el quinto argumento contra la quinta regla de las proposiciones hipotéticas: i) "Octavo quero utrum ista sit vera 'isti ferunt lapidem'." ii) "Nono quero utrum ista sit vera 'isti pugnant ut vincant se'." iii) "Tridecimo quero utrum captis istis duabus propositionibus 'homo est animal', 'lapis est substantia', ista propositio sit concedenda 'isti sex termini (demonstrando omnes terminos harum duarum propositionum) sunt propositiones'."

23 Muñoz Delgado resume su contenido en "La obra lógica de los españoles en París (1500-1525)", 214-226. La paginación corresponde a la edición de 1505.

via moderna en la Península hasta 1530."[24] Villoslada comenta que "de sus enseñanzas se nutrió toda una generación"[25], pero no ve en la *Medulla* sino un manual aceptable, cuya sencillez considera un valor frente a la artificiosidad innecesaria que deplora en el resto de las obras lógicas de la época[26]. Lo que no puede negarse, en mi opinión, es que la *Medulla* ha servido para recoger y transmitir el núcleo de la lógica que dominó el París de aquellos años. En la obra de Pardo se resume el pensamiento de autores tan relevantes como Ockham (1285-1347), Roberto Holkot (1290-1349), Juan Buridán (1295-1358), Gregorio de Rímini (1300-1358), Guillermo Heytesbury († 1380), Alberto de Sajonia († 1390), Andrés de Novocastro (fl. 1360), Pedro de Ailly (1350-1421), Pablo de Venecia (1370-1429), Pablo de Pérgola († 1455), Martín Lemaistre (1432-1482), Pedro de Mantua (fl. 1492) y Juan Dorp (fl. 1490), entre otros.

2. LA *MEDULLA DYALECTICES* Y LA LITERATURA LÓGICA

En cuanto al género literario de la obra de Pardo, aunque Muñoz Delgado la describe como "unas Súmulas que representan

---

24 V. Muñoz Delgado, "La obra lógica de los españoles en París (1500-1525)", 227.

25 R. García Villoslada, *La universidad de París durante los estudios de Francisco de Vitoria*, 379. En cuanto a la influencia de Pardo en obras posteriores, parece que la *Parva Logica* de Jerónimo de St. Mark contiene pasajes tomados de la *Medulla*. Ver J. Coombs, *The truth and falsity of modal propositions in Renaissance nominalism* (Tesis Doctoral, The University of Texas at Austin, 1990), 7.

26 R. García Villoslada, *La universidad de París durante los estudios de Francisco de Vitoria*, 380: "No contiene cuestiones estrambóticas ni argucias ridículas, como era costumbre en aquel tiempo; cumple con las condiciones de un buen libro escolar, de suerte que su lectura no resulta difícil y enfadosa, como acontece con la mayoría de obras similares". En G. Fraile, *Historia de la filosofía española*, 322, puede encontrarse una valoración parecida: "En su *Medulla dialectices* [...] mantiene un tono discreto de libro escolar, evitando incurrir en exageraciones y sutilezas ridículas".

la continuación de las grandes síntesis del XIV y XV"[27], en mi opinión la *Medulla* no constituye un claro ejemplo del estilo sumulista, fundamentalmente por dos motivos.

a) Por una parte, si bien los temas principales de la *Medulla* son lógicos, la forma de la obra recuerda a la de un género teológico, el de los comentarios a las *Sentencias*. Mientras que en las súmulas de lógica se prefiere una exposición sistemática de las doctrinas, la *Medulla* adopta la estructura de las *quaestiones* teológicas. En cada capítulo Pardo se propone defender una o varias reglas o conclusiones[28], y esta defensa toma la forma de una *quaestio*: comienza exponiendo los argumentos en contra, a continuación desarrolla su propia respuesta, muchas veces apoyándose en opiniones ajenas, y por último contesta a las objeciones con los instrumentos que le proporciona esa respuesta.

Reforzando la impresión causada por esta estructura, el aire teológico que recorre la *Medulla* se respira en un buen número de ejemplos. Así, con sorprendente frecuencia encontramos a Pardo ocupándose, al hilo de problemas lógicos, de la verdad de proposiciones como las siguientes: *"Omne ens est Deus"*, *"Deus aliquid causat de novo"*, *"Deus necessario est creans"*, *"Deus trinus et unus scitur a philosophis"*, *"Omne producibile Deus producit"*, *"Deus factus est homo"*, *"Pater, Filius et Spiritus Sanctus sunt tres dii"*, *"Pater est alius a Filio"*, *"Sortem generare Platonem Deus facit se solo"*, *"Deus vult peccatum"*, *"Deus potest facere preteritum non fuisse"*, *"Si Deus scivit Sortem damnaturum, necesse est ipsum damnari"*, *"Essentia divina non est Deus"*[29]. Por último, en muchas ocasiones la respuesta a una cuestión lógica suscita problemas teológicos, como el de la eternidad de los *complexe significabilia*, el del juicio divino como fundamento de

---

27 V. Muñoz Delgado, "La obra lógica de los españoles en París (1500-1525)", 214.

28 Una *conclusio* puede ser una definición o cualquier proposición que se presenta como verdadera.

29 El mayor número de proposiciones con contenido teológico aparecen en los capítulos sobre la ampliación, la apelación, las proposiciones modales y los silogismos.

la verdad, el de la intelección que el ser humano puede alcanzar de Dios, si Dios puede causar sin el concurso de la causa segunda o si el pecado es una entidad[30]. En muchas ocasiones, Pardo alude a los "artículos de París", entre los que, sin duda, destacan las tesis condenadas en 1277 por Tempier[31].

Una obra lógica teñida de preocupaciones teológicas, la *Medulla* podría ser considerada como el resultado de trasladar a un texto de lógica algunos de los problemas suscitados en los comentarios a las *Sentencias*. Esto podría haber sucedido como efecto de la prohibición por parte de las autoridades de tratar temas lógicos y filosóficos más allá de lo estrictamente requerido por las cuestiones teológicas[32]. Los análisis lógicos que no caben en un comentario a las *Sentencias* quedarían así en su lugar, pero en

---

30 Hay problemas, sin embargo, a los que Pardo se niega a atender porque pertenecen a la investigación teológica, por ejemplo, el problema de la fe infusa (*MD*, 19vb).

31 El elenco de las 219 proposiciones condenadas puede encontrarse en P. Mandonnet, *Siger de Brabant et l'averroïsme latin au XIIIe siècle (IIe partie, textes inédits)*, Institut Supérieur de Philosophie de l'Université, Louvain, 1908, 173-191; para un estudio detallado ver R. Hissette, *Enquête sur les 219 articles condamnés à Paris le 7 mars 1277*, Publications Universitaires, Louvain, 1977. Como es sabido, el obispo de París condena una serie de proposiciones inspiradas en la filosofía pagana (especialmente las interpretaciones averroístas de Aristóteles), que parecían incompatibles con el cristianismo. Van Steenberghen ve en estas condenas la expresión del conflicto entre la facultad de teología (guardiana de la ortodoxia) y la facultad de artes (agitadora y audaz): ver F. van Steenberghen, *La philosophie au XIIIe siècle*, Publications Universitaires, Louvain, 1966, 483-488. Pardo parece intentar en todo momento que la lógica no llegue a conclusiones incompatibles con la ortodoxia teológica, y en ocasiones señala explícitamente que está consiguiendo su objetivo: "et ad istum sensum negat articulus parisiensis aliquas veritates esse ab eterno" (*MD*, 2va), "quia, secundum articulum parisiensem, quicquid Deus potest cum causa secunda in genere cause efficientis potest se solo" (*MD*, 3vb).

32 A principios del siglo XIV era común utilizar el texto de las *Sentencias* como pretexto para desarrollar temas filosóficos que tenían ya sólo una ligera conexión con los problemas originarios. Esto causó la reacción de las autoridades para volver a unos comentarios más netamente teológicos. Ver A. Kenny y J. Pinborg, "Medieval philosophical literature", *The Cambridge history of later medieval philosophy* (N. Kretzmann et al., eds.), University Press, Cambridge, 1982, 30-33.

ese paso Pardo habría conservado la forma de las *quaestiones*, así como un buen número de proposiciones de contenido teológico cuya verdad o falsedad pretende determinar, y algunos problemas teológicos suscitados por el análisis lógico[33].

b) Por otra parte, en la *Medulla* se echa de menos el carácter sistemático de las súmulas. Pardo no hace el estudio ordenado de las nociones lógicas que podía esperarse en un tratado de ese género. Lo que parece interesarle, más que exponer doctrinas lógicas, es resolver problemas: se enfrenta a proposiciones cuya verdad o falsedad se discute (aparecen como contraejemplos a las reglas o conclusiones que él presenta) y ofrece una respuesta. En esa respuesta es donde hace entrar en juego las doctrinas que interesan en cada caso. En muchas ocasiones, los supuestos desde los que escribe quedan implícitos, ya que se detiene a explicar sólo lo que en cada momento considera relevante para el problema en cuestión[34]. Pero, por otra parte, si lo estima oportuno, no tiene inconveniente en dedicar a un asunto las páginas que sean necesarias, aunque ello suponga apartarse del tema principal[35].

Da la impresión de que hay otros géneros de tratados lógicos, distintos de las súmulas, en los que Pardo se ha inspirado a la hora de componer su obra. Pienso, en particular, en las colecciones de sofismas (y otros géneros relacionados con ellos) y en los tratados *De probatione propositionum*. Estos son dos ejemplos de los variados géneros lógicos en los que se vierten los nuevos elementos característicos de la lógica de los "modernos". Si hasta

---

33 No es extraño que entre las fuentes de Pardo se cuenten obras teológicas: Gregorio de Rímini, *Super primum et secundum Sententiarum* (Venecia, 1522), escrito hacia 1345; Pedro de Ailly, *Quaestiones super libros Sententiarum* (Bruselas, 1474; Strassburg, 1490), escrito hacia 1380; Andrés de Novocastro, *In primum librum Sententiarum quaestiones* (París, 1514), escrito hacia 1360.

34 Así, por ejemplo, en el capítulo primero hace uso de la noción de *acceptio* como si fuera ya familiar para el lector, mientras que en el capítulo décimo la define porque es un paso necesario en su argumentación.

35 Por ejemplo, en el capítulo segundo, al estudiar una de las reglas de las consecuencias, dedica cinco páginas a discutir la significación de los sincategoremas, y nueve a discutir el carácter simple o complejo de la proposición mental, porque ello es relevante para resolver la objeción que le ocupa.

el siglo XII la literatura lógica se reducía prácticamente a escolios, glosas y comentarios a las obras de Aristóteles y Porfirio[36], a partir de la segunda mitad del siglo XII el antiguo cuerpo de doctrina se va enriqueciendo con elementos originales, que irán conformado la *logica modernorum*[37]. Las nuevas doctrinas lógicas siguen dos vías de difusión: o bien quedan recogidas junto con las antiguas doctrinas en las *Summulae*, o bien cristalizan en tratados independientes, entre los que se encuentran los dos tipos de tratados citados[38].

Los sofismas son proposiciones que pueden interpretarse de distintos modos y, en virtud de la variedad de interpretación, puede ser probada tanto su verdad como su falsedad. La importancia de los sofismas en la lógica medieval es innegable[39], no sólo por el

---

36 La llamada *logica vetus* comprendía fundamentalmente, como es sabido, las *Categorías* y el *Peri hermeneias* de Aristóteles, la *Isagoge* de Porfirio, los comentarios de Boecio a estas obras así como sus tratados monográficos, y el *De sex principiis* atribuido a Gilberto Porretano. La *logica nova*, por su parte, comprendía los *Primeros* y *Segundos analíticos*, los *Tópicos* y las *Refutaciones sofísticas*. El conjunto de esta tradición constituía la *logica antiqua*, en contraste con la nueva lógica de los "modernos" o *logica modernorum*. Ver J. Pinborg, *Logica e semantica nel medioevo*, Boringhieri, Torino, 1984, 21-22.

37 Según apunta de Rijk, el origen de los nuevos desarrollos hay que buscarlo, por una parte, en la influencia de los estudios gramaticales y, por otra, en el interés por la doctrina de las falacias suscitado por el descubrimiento de las *Refutaciones sofísticas* de Aristóteles. De Rijk está convencido de que existe una esencial continuidad en el desarrollo del pensamiento lógico medieval. Ver L. M. de Rijk, *Logica modernorum. A contribution to the history of early terminist logic*, I, Van Gorcum, Assen, 1962, 19-23.

38 Para una idea general de los distintos tipos de tratados, ver P. Böhner, *Medieval logic: an outline of its development from 1250-c. 1400*, University Press, Manchester, 1966, 6-18; A. Maierù, *Terminologia logica della tarda scolastica*, Edizioni dell'Ateneo, Roma, 1972, 19-20; L. M. de Rijk, *Logica modernorum. A contribution to the history of early terminist logic*, II (1), Van Gorcum, Assen, 1967, 593-596.

39 Una buena muestra de la riqueza de perspectivas, problemas y soluciones es el volumen de Actas del IX Simposio Europeo de Lógica y Semántica Medieval: S. Read (ed.), *Sophisms in medieval logic and grammar*, Kluwer, Dordrecht, 1993.

papel que juegan en la enseñanza de la lógica[40] y por tener la suficiente entidad para haber dado lugar a un género propio de tratados[41], sino también porque en muchas ocasiones se recurre a ellos para sacar a la luz problemas particulares suscitados por las distintas teorías lógicas. Esto es lo que Pardo hace constantemente a lo largo de la *Medulla dyalectices*: presenta proposiciones problemáticas, cuya verdad y falsedad pueden ambas probarse interpretando la proposición de una u otra manera, y resuelve la ambigüedad proponiendo, de acuerdo con sus teorías, el modo correcto de probar la proposición.

En este interés por probar la verdad o falsedad de proposiciones, la *Medulla* enlaza con el género de la *probatio*. Los tratados *De probatione propositionum*, que alcanzan una gran popularidad durante los siglos XIV y XV, están dedicados a establecer las reglas de verdad y falsedad de las proposiciones que contienen términos mediatos o analizables[42]. La *probatio propositionis* está basada en el análisis de una proposición cuya verdad no resulta inmediatamente evidente (por la presencia en ella de algún término mediato[43]) en otra u otras que en conjunto son equivalentes a la primera, pero cuya verdad sí es evidente (porque ya no hay en ellas ningún término mediato).

---

40 Ver, por ejemplo, A. Maierù, "The sophism 'Omnis propositio est vera vel falsa' by Henry Hopton (Pseudo-Heytesbury's 'De veritate et falsitate propositionis')", *Sophisms in medieval logic and grammar*, 104-108.

41 Ver, por ejemplo, M. Grabmann, *Die Sophismatalitteratur des 12. und 13. Jahrhunderts mit Textausgabe eines Sophisma des Boetius von Dacien*, Aschendorff, Münster, 1940; L. M. de Rijk, *Logica modernorum*, I; H. A. G. Braakuis, *De 13de Eeuwse Tractaten over Syncategorematische Termen*, Krips Repro, Meppel, 1979.

42 Ver, por ejemplo, A. Maierù, *Terminologia logica della tarda scolastica*, 393-498; L. M. de Rijk, "The place of Billingham's *Speculum puerorum* in the 14th and 15th century logical tradition, with the edition of some alternative tracts", *Studia mediewistyczne* 16 (1975), 99-153; L. M. de Rijk (ed.), *Some 14th century tracts on the probationes terminorum*, Ingenium, Nijmegen, 1982.

43 Puesto que la prueba de la proposición requiere el análisis de ese término mediato, se suele hablar también de *probationes terminorum*.

Se distinguen habitualmente tres especies de términos mediatos (resolubles, exponibles y oficiables), que determinan otros tantos tipos de proposición mediata, a cada uno de los cuales corresponde su propio método de prueba (resolución, exposición y oficiación). Los términos resolubles son los términos comunes, que tienen inferiores según la predicación; el procedimiento de prueba de las proposiciones resolubles, la *resolutio*, consiste en reducir la proposición con términos comunes a proposiciones con términos singulares, más conocidas para nosotros[44]. Términos exponibles son aquellos que hacen oscuro –no explícito– el sentido de la proposición en la que aparecen[45]; el método de prueba de las proposiciones exponibles, la *expositio*, consiste en explicitar el significado de la proposición oscura mediante varias proposiciones de significado más claro. Por último, son términos oficiables aquellos que desempeñan una función u *officium* dentro de la proposición, indicando el modo de la composición de sujeto y predicado[46]; el método de prueba de las proposiciones oficiables, la *officiatio*, recurre a proposiciones en las que, con términos de segunda intención, se habla acerca de proposiciones de *inesse*[47].

Pardo tiene presentes estos métodos cuando trata de probar la verdad o falsedad de las proposiciones que él mismo propone como posibles contraejemplos a sus tesis. Los problemas lógicos estudiados ponen en cuestión la verdad de proposiciones de todo tipo, pero especialmente de proposiciones mediatas (resolubles,

---

44 En algunos casos, la *resolutio* puede asimilarse al descenso a los singulares, que permite probar la verdad de la proposición cuando también el correlativo ascenso es válido.

45 Los más habituales son los sincategoremas exclusivos, exceptivos y reduplicativos, y los categoremas (que en las proposiciones exponibles están tomados sincategoremáticamente) *"incipit"*, *"desinit"*, *"differt"* y *"totus"*, junto a los comparativos y superlativos.

46 Ésta es la función de los sincategoremas modales, los verbos de tiempo extrínseco y los verbos que denotan actos mentales.

47 Ver A. Maierù, *Terminologia logica della tarda scolastica*, 393-483.

exponibles y oficiables)[48]. Pardo dedica el capítulo décimo al estudio del descenso y ascenso, el capítulo octavo a las proposiciones modales y reserva el estudio de las proposiciones exponibles para el futuro tratado que no llega a publicar (al que se refiere en las primeras líneas de la *Medulla*), pero no espera al tratamiento explícito de estas doctrinas para utilizarlas en la prueba de la verdad o falsedad de numerosas proposiciones. Aunque el interés de Pardo sea más amplio que el de establecer los distintos métodos de prueba de las proposiciones, la doctrina de la *probatio propositionum* le proporciona los instrumentos necesarios para el análisis de las proposiciones que desea someter a examen.

Por otra parte, como se verá, la doctrina del descenso ofrece a Pardo el marco en el que desarrolla sus teorías del significado y la verdad de las proposiciones. Para comprender el análisis de la proposición que se lleva a cabo en el descenso y el papel que juega en la doctrina de Pardo, es preciso saber algo más de los elementos que componen la proposición, los términos, y sus propiedades.

3. LAS PROPOSICIONES Y LOS TÉRMINOS

Como señala de Rijk, la teoría de las propiedades de los términos toma forma entre los siglos XII y XIII, impulsada por los estudios gramaticales y por la doctrina de las falacias: la proposición comienza a ser objeto de un análisis estrictamente lingüístico y, como consecuencia de este análisis, el interés del lógico se desplaza hacia el estudio de los elementos en los que la proposición se resuelve, los términos, y sus propiedades[49].

---

[48] El capítulo quinto, en el que se ocupa de las proposiciones hipotéticas, aunque también dedicado a probar su verdad o falsedad, queda fuera del marco de lo que suele conocerse como *probatio propositionis*.

[49] L. M. de Rijk, *Logica modernorum*, I, 13-23.

La palabra "término" es utilizada por los lógicos escolásticos con distintos sentidos, desde el más amplio, que incluye también a las proposiciones, hasta el más restringido, que sólo considera términos al sujeto y el predicado de una proposición[50]. El sentido que voy a tener en cuenta ahora es uno intermedio, que considera a los términos como las partes en que se resuelve la proposición. Según una definición muy repetida, un término es un signo que puede ponerse en una proposición (*signum ponibile in propositione*)[51].

Las dos notas que definen al término son, por tanto, el ser un signo y el poder formar parte de una proposición. En estas dos dimensiones se fundan algunas de las principales divisiones de los términos en especies: por una parte, en cuanto signos, los términos pueden dividirse desde el punto de vista de la significación; por otra parte, en cuanto partes de la proposición, pueden dividirse según la función que en ella desempeñan.

3.1. El término y su significación: términos mentales, vocales y escritos; categoremas y sincategoremas

Según la definición habitual en tiempos de Pardo, significar es "representar a la potencia cognitiva alguna cosa o cosas o de algún modo" (*representare potentie cognitive aliquid vel aliqua vel aliqualiter*)[52]. Estudiaré por separado los dos elementos de esta definición: el "representar a la potencia cognitiva" y el "alguna cosa o cosas o de algún modo".

---

50 Ver P. V. Spade, "The semantics of terms", *The Cambridge history of later medieval philosophy*, 188.

51 Ver, por ejemplo, E. J. Ashworth, *Language and logic in the post-medieval period*, 38.

52 Ver E. J. Ashworth, *Language and logic in the post-medieval period*, 39. En otro lugar, Ashworth señala que esta definición viene de Pedro de Ailly: E. J. Ashworth, "Mental language and the unity of propositions: a semantic problem discussed by early sixteenth century logicians", *Franciscan studies* 41 (1981), 65, nota 15.

a) Por una parte, significar es "representar a la potencia cognitiva". El elemento gnoseológico del significar, presente en toda la edad media, parece proceder de la traducción boeciana al pasaje del *Peri hermeneias*[53] donde Aristóteles dice que "el que habla forma una intelección y el que escucha descansa"[54]. Significar es, así, producir una intelección[55]. Según Biard, el punto de partida de todas las reflexiones medievales sobre el lenguaje y la significación es la definición agustiniana de signo como "una cosa que, además de la impresión que produce en los sentidos, por sí misma hace venir al conocimiento alguna otra cosa"[56]. Más tarde se pierde esa restricción del signo al signo sensible, pero se conserva el hacer conocer como nota definitoria del signo[57].

Algunos autores distinguen cuatro sentidos en que algo se dice que hace conocer[58]. En primer lugar, se puede hacer conocer de manera objetiva (*obiective*), y así es como el objeto conocido causa el acto de conocimiento. En este sentido, cualquier cosa puede hacerse conocer a sí misma, es decir, ofrecerse al entendimiento como objeto. En segundo lugar, se puede hacer conocer eficientemente (*effective*), como sucede con la facultad, que es la causa eficiente del acto de conocer. En tercer lugar, se puede hacer conocer formalmente (*formaliter*), es decir, ser el mismo acto de conocimiento por el que se conoce algo. Hacer conocer formalmente es lo propio de los términos mentales, que son actos de conocimiento. Por último, es posible también hacer conocer instrumentalmente (*instrumentaliter*), ser la causa instrumental

53 Aristóteles, *Peri hermeneias* 3, 16b 19.

54 "Constituit enim qui dicit intellectum, et qui audit quiescit." Boecio, *In librum de interpretatione editio prima*, 309b-c.

55 Ver P. V. Spade, "The semantics of terms", 188, donde presenta la significación como una relación causal.

56 "Signum est enim res, praeter speciem quam ingerit sensibus, aliud aliquid ex se faciens in cogitationem venire." San Agustín, *De doctrina christiana*, II, 1.

57 Ver J. Biard, *Guillaume d'Ockham. Logique et philosophie*, 16-17.

58 Por ejemplo, Domingo de Soto (1494-1560): ver M. Beuchot, *Significado y discurso*, UNAM, México, 1988, 10-11.

del acto de conocimiento. Hacer conocer instrumentalmente corresponde a los términos vocales y escritos[59].

En el proceso de conocimiento que lleva consigo el lenguaje pueden distinguirse, así, cuatro elementos: el objeto conocido (causa objetiva), la facultad (causa eficiente), el acto mismo de conocimiento (causa formal) y el lenguaje vocal o escrito (causa instrumental), y todos ellos de algún modo causan el conocimiento. Sin embargo, sólo se consideran como modos de representar los que corresponden a la causa objetiva, formal e instrumental, y sólo los dos últimos, el significar formal y el instrumental, suelen entenderse como modos de significar en sentido propio[60].

Desde el punto de vista de la significación, por tanto, puede establecerse una división de los términos en atención al carácter formal o instrumental de su significación. Los del primer tipo son los términos mentales, los del segundo tipo son los términos vocales y escritos. La distinción entre los tres lenguajes, mental, vocal y escrito, encuentra fundamento en Aristóteles, en el pasaje

---

59 Ver G. Nuchelmans, *Late-scholastic and humanist theories of the proposition*, North Holland, Amsterdam, 1980, 14.

60 Pardo, en cambio, incluye las tres maneras de representar en su idea de "significar algo": en el sentido más propio, significar es ser el mismo acto por el que se conoce la cosa; en un segundo sentido, se dice que lo conocido mediante ese acto de conocimiento se significa a sí mismo; y en un tercer sentido, se dice que algo significa porque al ser conocido da a conocer otra cosa, como la imagen representa la cosa de la que es imagen, o la voz significa la cosa para la que ha sido impuesta para significar (*MD*, 149rb). De aquí se seguiría, según lo expuesto más arriba, que Pardo entiende el significar como caúsar un conocimiento formal, objetiva o instrumentalmente. Sin embargo, Pardo explica estos tres sentidos de significar de un modo distinto: significar algo consiste en ser un acto de conocimiento, o en mover al conocimiento de manera eficiente o instrumental (*MD*, 149vb). Es decir, según Pardo, el acto de conocer significa la cosa como causa formal, la cosa se significa a sí misma como causa eficiente y el signo instrumental significa la cosa como causa instrumental: el objeto conocido suplanta a la facultad como causa eficiente de su propio conocimiento. Este ocultamiento de la facultad en el proceso de conocimiento se verá reflejado en el afán de Pardo por fundar los modos de significar en la cosa misma, independientemente de la facultad cognoscitiva.

del *Peri hermeneias*[61] donde afirma que las voces son signos de las afecciones del alma, y las escrituras son signos de las voces.

Junto a la contraposición entre significar formalmente o significar instrumentalmente, hay otra que también se aplica a la distinción entre el lenguaje mental y el lenguaje vocal y escrito: las afecciones del alma significan de modo natural (*naturaliter*), mientras que las voces y las escrituras significan de manera convencional (*ad placitum*)[62].

Acerca de la naturaleza convencional de la significación de los términos vocales y escritos, pueden hacerse dos observaciones. En primer lugar, puesto que no tienen su significación de modo natural, los términos vocales y escritos adquieren su significación por imposición: los términos son impuestos para significar. En segundo lugar, los términos vocales y escritos dependen para significar de los correspondientes términos mentales. Algunos autores sostienen que los términos escritos significan los vocales y éstos los mentales; sin embargo, indirectamente, en virtud de la transitividad de la significación, todos ellos significan las cosas significadas por los términos mentales. Otros autores, en cambio, rechazan la existencia de una relación de significación entre los distintos niveles del lenguaje, y establecen en su lugar una de subordinación: si los términos vocales y escritos tienen significación es porque se subordinan a los correspondientes términos mentales[63].

---

61 Aristóteles, *Peri hermeneias* 1, 16a 3-8.

62 Sin embargo, significar de modo natural no es exclusivo del lenguaje mental. Éste es el sentido propio de significar naturalmente (*significare naturaliter proprie*), pero hay también dos sentidos impropios. Por una parte, un gemido, por ejemplo, es signo natural de dolor. Por otra parte, toda cosa se significa a sí misma (en el sentido en que antes se ha dicho que es causa objetiva de su conocimiento) de manera natural común (*naturaliter communiter*). En concreto, éste es el modo en que suele decirse que los términos vocales o escritos se significan a sí mismos o a los semejantes a ellos (*se et sibi similia*). Ver G. Nuchelmans, *Late-scholastic and humanist theories of the proposition*, 15.

63 Ver P. V. Spade, "The semantics of terms", 189; G. Nuchelmans, *Late-scholastic and humanist theories of the proposition*, 17-21. Acerca del papel indis-

b) Por otra parte, significar es representar "alguna cosa o cosas (*aliquid vel aliqua*), o de algún modo (*aliqualiter*)". Esta disyunción suele interpretarse como excluyente, separando así dos especies distintas de significación, que definen dos especies distintas de términos: por una parte, hay términos a los que corresponde significar alguna cosa o cosas; por otra parte, hay términos a los que no corresponde significar ninguna cosa, sino que sólo significan de un modo. Los primeros se denominan términos categoremáticos o, simplemente, categoremas. Los segundos, términos sincategoremáticos o sincategoremas.

La distinción medieval entre términos categoremáticos y sincategoremáticos parece haber sido, en su origen, una distinción gramatical: Prisciano (fl. 500) habla de una distinción que hacen los dialécticos[64] entre las partes de la oración en sentido estricto, las que por sí solas al unirse constituyen una oración (nombre y verbo), y todas las demás partes, que se llaman sincategoremas porque "consignifican"[65]. La distinción gramatical traza, por tanto, una línea entre los términos que pueden usarse por sí solos como sujeto o predicado (nombres, pronombres personales y demostrativos, verbos), y todos los demás términos, que sólo pueden formar parte de una proposición cuando se unen a términos categoremáticos (conjunciones, preposiciones, adverbios). De aquí deriva la distinción lógica, que es menos precisa y no traza una línea clara entre términos categoremáticos y sincategoremáticos. En muchos casos, se trata más bien de usos categoremáticos o sincategoremáticos de los términos[66].

---

pensable de los términos y proposiciones mentales en la significación de las expresiones vocales y escritas, ver en este último las páginas 21-22.

64 Según Nuchelmans, estos dialécticos son los peripatéticos: G. Nuchelmans, *Theories of the proposition. Ancient and medieval conceptions of the bearers of truth and falsity*, North Holland, Amsterdam, 1973, 124.

65 "Partes igitur orationis sunt secundum dialecticos duae, nomen et verbum, quia hae solae etiam per se coniunctae plenam faciunt orationem; alias autem partes syncategoremata, hoc est consignificantia appellabant." Prisciano, *Institutiones grammaticae*, II, 15.

66 Ver N. Kretzmann, "Syncategoremata, sophismata, exponibilia", *The Cambridge history of later medieval philosophy*, 211-214; P. Böhner, *Medieval*

La característica que define a los sincategoremas es, como se ha dicho, que no significan una cosa o cosas, sino que sólo significan de un modo. Pero en qué consiste exactamente esa peculiar significación es materia controvertida. Spade recoge siete maneras de entenderla: a) los términos sincategoremáticos tienen una significación "indefinida" o "no fija", frente a la significación definida o fija de los categoremáticos (Abelardo, Ockham, Burleigh); b) los sincategoremas "consignifican", es decir, significan en combinación con algún categorema, modificando así su significación (Boecio, Abelardo, Burleigh, Buridán); c) los sincategoremas no significan nada, sino que determinan las condiciones de verdad (Ockham); d) los sincategoremas no significan objetos, sino actitudes mentales (Agustín, Prisciano); e) los sincategoremas producen una intelección, pero no es una intelección "de algo", es decir, no hay un objeto significado (Abelardo); f) los sincategoremas significan modos de concebir las cosas (Buridán); g) los sincategoremas significan "modos" de las cosas (Abelardo, Nicolás de París, Alberto de Sajonia)[67].

Dada su peculiar manera de significar, los sincategoremas nunca pueden usarse por sí solos como sujeto o predicado de una proposición, sino que siempre van unidos a otros términos, con los que "consignifican". La función de los sincategoremas en la proposición es, entonces, la de determinar o modificar la significación de los términos a los que se añaden. Pero el punto de vista de la función lleva a considerar otra importante división de los términos.

---

logic, 20. Ver también E. J. Ashworth, "The structure of mental language: some problems discussed by early sixteenth century logicians", *Vivarium* 20 (1982), 61, donde explica la clasificación de Pedro de Ailly de los términos categoremáticos y sincategoremáticos, según lo sean respecto a su significado, respecto a su función o respecto a ambas cosas.

67 P. V. Spade, "The semantics of terms", 190-191.

3.2. La proposición y sus partes: sujeto, predicado, cópula, modos

Contemplados los términos desde el punto de vista de la función que desempeñan dentro de la proposición, las distintas partes de una proposición definirán otras tantas especies de términos. Para determinar las partes de la proposición es preciso saber primero qué se entiende por proposición.

La noción medieval de proposición se desarrolla según dos líneas principales, cuyo fundamento se encuentra en diversos lugares de la obra de Aristóteles[68]. Por una parte, en el *Peri hermeneias* Aristóteles caracteriza el *"logos apophantikos"* como aquel en el que se da la verdad o la falsedad[69]. Por otra parte, en los *Primeros Analíticos*, Aristóteles define *"protasis"* como el enunciado afirmativo o negativo de algo acerca de algo[70]. De estas dos líneas surgen dos definiciones de proposición, que no son incompatibles, sino que simplemente responden a la adopción de diferentes puntos de vista. Así, desde la perspectiva de la significación, la proposición puede definirse como "la oración que significa lo verdadero o lo falso"[71], mientras que, desde la perspectiva de la predicación, la proposición puede definirse como "la oración mediante la cual algo se predica de algo". Elegir una definición u otra dependerá del propósito que se persiga. Así, para determinar cuáles son las partes de la proposición interesa tomar la segunda definición: entendida la proposición como signo de una predicación (decir algo de algo), las partes de la proposición vendrán determinadas por los elementos que sean necesarios para esta predicación.

---

68 Ver G. Nuchelmans, *Late-scholastic and humanist theories of the proposition*, 9.

69 *Peri hermeneias* 4, 17a 3-4.

70 *Primeros analíticos* I, 1, 24a 16. En *Peri hermeneias* 4, 17a 21, Aristóteles dice también que la enunciación simple afirma o niega algo de algo, y en *Segundos analíticos* I, 2, 72a 14, dice que una parte de la contradicción afirma algo de algo, la otra niega algo de algo.

71 Ésta es la línea que siguen, por ejemplo, las definiciones de Boecio (*oratio verum falsumve significans*) y Pedro Hispano (*oratio significans verum vel falsum*).

Pero también aquí es posible adoptar dos puntos de vista diferentes, que dan lugar a dos maneras de concebir la estructura de la proposición. Si se parte del análisis del significado y la verdad de la proposición, basta con una división de la proposición en dos partes; pero si se pretende además justificar la argumentación silogística y la doctrina de la conversión, es necesario distinguir tres partes en la proposición.

Desde la perspectiva bimembre, para decir algo de algo basta contar con un elemento que signifique aquello que se dice, y con otro que signifique aquello de lo que eso se dice. La proposición queda así analizada en dos partes esenciales, sujeto y predicado. No es necesario un tercer elemento que efectúe la unión de sujeto y predicado, porque sujeto y predicado se relacionan como materia y forma: es el predicado mismo el que se une al sujeto como su forma, sin necesidad de ningún elemento añadido. El verbo, que realiza la función de predicado, tiene una doble dimensión: por una parte, significa aquello que se predica; por otra parte, realiza la unión en que consiste esa predicación. Desde esta perspectiva, los verbos adjetivos son el paradigma de predicado, y los predicados con verbo tercero adyacente, en apariencia compuestos, son en realidad un único elemento simple[72].

Sin embargo, para garantizar la identidad de los términos requerida en la argumentación silogística y en la conversión, debe descargarse al predicado de aquella función unificadora, situando el lazo predicativo en un elemento separado, distinto de sujeto y predicado. Al considerar que debe haber una parte de la proposición distinta que realice la función de unir sujeto y predicado, la estructura bimembre queda desplazada por la estructura trimembre: para que haya proposición es necesario un elemento que exprese aquello de lo que se predica (el sujeto), otro que exprese lo que se predica (el predicado) y un tercer elemento mediante el cual se unan los dos extremos (la cópula). Sujeto, predicado y cópula son entonces las tres partes esenciales, sin las

---

72 Ver G. Nuchelmans, *Late-scholastic and humanist theories of the proposition*, 39.

que no puede haber proposición. Desde esta perspectiva, los verbos adjetivos, simples en apariencia, en realidad esconden dos elementos distintos, la cópula y el predicado. Lo mismo sucede con el *"est"* segundo adyacente[73].

En la obra de Pardo predomina la perspectiva trimembre, por lo que consideraré a partir de ahora la proposición como compuesta por tres partes esenciales: sujeto, predicado y cópula. Pero, junto a sus partes esenciales, en la proposición hay también lugar para otras partes no esenciales. Sujeto, predicado y cópula pueden estar tomados de distintas maneras: por eso, en la proposición pueden aparecer otros términos que modifican a aquéllos, indicando el modo en que están tomados en cada caso. Estos modificadores son siempre términos sincategoremáticos, que significan *aliqualiter*: significan de qué modo se toman los términos a los que modifican[74]. Según esto, las partes de la proposición son el sujeto, el predicado, la cópula y los sincategoremas que los modifican.

La idea de que los términos pueden estar tomados de distintas maneras en la proposición, clave de la lógica terminista[75], es también una pieza esencial en los análisis de Pardo del significado de las proposiciones. Como se verá, su doctrina pretende determinar el significado de las proposiciones en función de la

---

73 Ver G. Nuchelmans, *Late-scholastic and humanist theories of the proposition*, 36.

74 Hay términos categoremáticos que también modifican, como los verbos *"incipit"* y *"desinit"*, pero se dice entonces que tienen un significado sincategoremático o que están tomados sincategoremáticamente. Así, considerando los términos desde el punto de vista de la función que desempeñan en la proposición, cabe caracterizar la distinción categorema/sincategorema de un segundo modo: los términos categoremáticos son aquellos que pueden funcionar como sujeto o como predicado, mientras que los sincategoremáticos no pueden, ellos solos, actuar como sujeto o predicado, sino que su función es la de modificar a los categoremas a los que acompañan. Ver E. J. Ashworth, *Language and logic in the post-medieval period*, 46; N. Kretzmann, "Syncategoremata, exponibilia, sophismata", 211-212.

75 De Rijk habla del "enfoque contextual" (*"contextual approach"*) como el concepto clave del terminismo: los terministas descubren la importancia de la proposición como el contexto verbal que determina el significado efectivo de un término. Ver L. M. de Rijk, *Logica modernorum*, II (1), 123-125.

acepción y la suposición de los términos y, como consecuencia, en función de las condiciones de verdad de la proposición. Pero la doctrina de las propiedades de los términos tiene una larga y compleja historia que voy a tratar de resumir a continuación.

3.3. De la significación a la suposición

Al rastrear el origen de la lógica terminista en los estudios gramaticales y en la doctrina de las falacias, de Rijk se encuentra con los problemas suscitados por la noción de significación[76]. El foco a partir del cual se desarrollará la teoría de las propiedades de los términos es una ambigüedad inherente a la noción de significación. Ya en las primeras décadas del siglo XII se observa en muchos autores, lógicos y gramáticos, una distinción en la significación de los nombres: por una parte, el nombre significa una naturaleza universal, por otra parte, significa las cosas concretas que participan de esa naturaleza universal[77].

De esta separación entre la dimensión intensional y extensional del significar se ocupó ya san Anselmo (1033-1109) en su *De Grammatico*[78]. Hay nombres, los denominativos (o

---

[76] Ver L. M. de Rijk, *Logica modernorum*, II (1), especialmente las páginas 555-560.

[77] Por ejemplo, Guillermo de Champeaux (1070-1121) distingue dos sentidos en toda proposición: el de los gramáticos, que al analizar las proposiciones consideran los *nominata*, las cosas denotadas por los términos, y el de los lógicos, que consideran la predicación de una naturaleza universal; Abelardo (1070-1142) distingue entre *significatio intellectum*, el sentido más propio de significación, la de la naturaleza universal, y *significatio rerum*, la significación de las cosas concretas al ser usado el nombre en la proposición; también Guillermo de Conches (1080-1154) distingue entre *significatio* y *nominatio* (denotación de cosas individuales), y en muchos otros textos gramaticales y lógicos de la época se alude a esta distinción, aunque no siempre se interpreta de la misma manera. Ver L. M de Rijk, *Logica modernorum*, II (1), 177-263; A. Maierù, *Terminologia logica della tarda scolastica*, 68-85.

[78] D. P. Henry, *The 'De grammatico' of St. Anselm: the theory of paronimy*, University of Notre Dame Press, Notre Dame, 1964 y *The logic of St. Anselm*,

parónimos) como *"grammaticus"*, que significan una cualidad, pero apelan (sin significarlo) el sujeto en el que esa cualidad inhiere. Según Anselmo, el nombre *"grammaticus"* significa *per se* la gramática, pero no significa *per se* al hombre gramático, sino sólo oblicuamente (*per aliud*). Por eso dice que *"grammaticus"* significa una cualidad, pero apela la cosa individual.

La noción de *appellatio* es la noción que domina la fase inicial de la formación de la teoría de las propiedades de los términos[79]. Pero los problemas que habían preocupado a san Anselmo a propósito de los denominativos interesan ahora en relación con cualquier tipo de nombre. Por otra parte, en las primeras súmulas terministas la *appellatio* no aparece como una propiedad del nombre en general, sino como una propiedad de los términos dentro de la proposición[80]. Si para los autores anteriores el papel central en la determinación del significado lo jugaba la imposición original, los primeros escritos terministas conceden este papel central al contexto sintáctico: el significado efectivo de un término

---

University Press, Oxford, 1967. En "The early history of *suppositio*", *Franciscan studies* 23 (1963), 205-212, Henry trata de apoyar la tesis de Böhner de que las raíces de la teoría de la *suppositio* podrían remontarse hasta san Anselmo (P. Böhner, *Medieval logic*, 27). Henry destaca algunos aspectos de la disputa entre Burleigh y Ockham acerca de la *suppositio*, y muestra que san Anselmo ya se ocupaba de los mismos problemas, y los resolvía distinguiendo diversos tipos de significación. De Rijk, aunque reconoce el interés de la semejanza, no quiere hacer de san Anselmo "el padre de la teoría de la suposición", sino simplemente uno más entre los importantes estudiosos medievales que investigaron los problemas del significado y contribuyeron con ello al origen de la teoría de la suposición (L. M. de Rijk, *Logica modernorum*, II (1), 16-18). Ver también A. Galonnier, "Le '*De grammatico*' et l'origine de la théorie des propriétés des termes", *Gilbert de Poitiers et ses contemporains. Aux origines de la logica modernorum* (J. Jolivet y A. de Libera, eds.), Bibliopolis, Napoli, 1987, 353-375; A. Maierù, *Terminologia logica della tarda scolastica*, 54-68.

79 Las tres etapas del desarrollo de la teoría terminista están resumidas en L. M. de Rijk, "The origins of the theory of the properties of terms", *The Cambridge history of later medieval philosophy*, 161-173. El estudio detallado de todo este proceso se encuentra en L. M. de Rijk, *Logica modernorum*, II (1), 491-554. También puede consultarse A. Maierù, *Terminologia logica della tarda scolastica*, 68-88.

80 Ver la nota 75 sobre lo que de Rijk denomina el "enfoque contextual" característico del terminismo.

queda determinado por su aparición en una proposición, en relación sintáctica con otros términos.

El estudio de las falacias por univocación ha descubierto que un término puede, sin variar su significación, estar por distintas cosas en función del contexto proposicional: por sí mismo, por la naturaleza universal, o por los individuos significados (por unos u otros en función del tiempo del verbo)[81]. La *appellatio* cubre, entre las diferentes posibilidades, los usos significativos del término, en los que el término está por las cosas particulares existentes. En su sentido primario, la apelación es la "atribución verdadera mediante el verbo de presente", pero puede ser ampliada o restringida: es el tiempo verbal el que indica por cuáles de sus posibles *appellata* está de hecho el término en esa proposición[82].

En la segunda fase de la formación del terminismo, la doctrina de la apelación deja paso a una teoría más amplia, capaz de cubrir también los usos no significativos del término y que permita al nombre estar por cosas no existentes: la teoría de la *suppositio*. Se trata de una noción prestada de la gramática, donde *"supponere"* significaba "ser sujeto de"[83], pero que adquiere nuevas dimensiones (hasta terminar por atribuirse en muchos autores no sólo al sujeto, sino también al predicado) y se convierte en la noción básica de la lógica terminista[84]. Mientras tanto, la *appellatio* pierde importancia, convirtiéndose en una subclase dentro de la *suppositio*, la que corresponde al tiempo presente[85].

---

81 Ver L. M. de Rijk, *Logica modernorum*, II (1), 492-499.

82 Ver L. M. de Rijk, *Logica modernorum*, II (1), 528-541.

83 Ver L. M. de Rijk, *Logica modernorum*, II (1), 516-528; C. H. Kneepkens, "Suppositio and supponere in 12th-century grammar", *Gilbert de Poitiers et ses contemporains. Aux origines de la logica modernorum*, 325-351.

84 Ver L. M. de Rijk, *Logica modernorum*, II (1), 541-548.

85 Más tarde la *appellatio* aparece con un sentido totalmente distinto. Por ejemplo, en Burleigh, como propiedad del predicado, que apela su forma; en Buridán, como propiedad de los términos connotativos, que apelan su significado formal al significado formal de otro término. Ver A. Maierù, *Terminologia logica della tarda scolastica*, 98-122.

En la tercera fase de la formación de la teoría de las propiedades de los términos, la *suppositio* se mantiene como la noción central, y los distintos tipos de suposición ya han recibido los nombres técnicos que son ahora conocidos. Las otras propiedades de los términos quedan subordinadas a la suposición. Según de Rijk, el impulso para este desarrollo procede de la técnica de la discusión dialéctica, donde la cuestión central es "¿de qué estás hablando?". El sujeto gramatical es el sujeto (materia) del discurso, y es también aquello de lo que la proposición es verdadera[86]. Ahora *"supponere pro"* tiene un sentido más amplio que el de la relación de un nombre a sus *appellata*, el sentido de *"stare pro"*[87].

La doctrina de las propiedades de los términos, así constituida, continúa desarrollándose, aunque su historia no está libre de controversias[88]. Sin embargo, en la segunda mitad del siglo XIII este avance se ve desviado por la influencia de la gramática modista, que conduce a una cierta ontologización de la lógica y un abandono del enfoque contextual[89]. Así, los modistas sustituyen la distinción terminista entre suposición natural (fuera de cualquier contexto) y accidental (en un contexto determinado)[90] por la

---

86 El fundamento de la suposición correcta es la *congruitas* de la proposición, que se identifica con su verdad. L. M. de Rijk, *Logica modernorum,* II (1), 546, 551.

87 Ver L. M. de Rijk, *Logica modernorum,* II (1), 548-554.

88 Se habla, en particular, de dos tradiciones divergentes, la parisina y la oxoniense. Ver A. de Libera, "The Oxford and Paris traditions in logic", *The Cambridge history of later medieval philosophy,* 174-187.

89 Ver A. de Libera, "The Oxford and Paris traditions in logic", 183. Sobre la lógica de la segunda mitad del siglo XIII ver J. Pinborg, *Logica e semantica nel medioevo,* 81-132. En otro lugar, Pinborg describe el análisis semántico modista como "componencial" mejor que "contextual": J. Pinborg, "The English contribution to logic before Ockham", *Synthese* 40 (1979), 21.

90 Para la distinción en Pedro Hispano, ver L. M. de Rijk, *Logica modernorum,* II (1), 573-574; P. Böhner, *Medieval logic,* 33-34. Ver también L. M. de Rijk, "The development of *suppositio naturalis* in mediaeval logic", *Vivarium* 9 (1971), 71-117 y 11 (1973), 43-79; L. M. de Rijk, *La philosophie au moyen âge,* Brill, Leiden, 1985, 183-203; A. de Libera, "Supposition naturelle et appellation: aspects de la sémantique parisienne au XIIIe siècle", *Histoire, épistémologie, langage* 3 (1981), 63-77.

distinción entre suposición *de virtute sermonis* y suposición en orden a la verdad[91]: a lo que debe atenderse a la hora de determinar los individuos por los que está el término no es tanto el contexto proposicional, sino las condiciones de verificación de la proposición[92].

Hay tres problemas que atraen especialmente la atención de los modistas: el de si un nombre puede perder su significación al corromperse las cosas, el de la verdad de la predicación sobre clases vacías y el de si un nombre puede estar por individuos pasados, presentes y futuros. La teoría modista de la univocación, de fuertes raíces ontológicas y epistemológicas[93], establece que un término significa unívocamente algo común al ser y al no ser: en consecuencia, un término puede suponer *de virtute sermonis* por cosas presentes, pasadas y futuras. Esto quiere decir que su estar sólo por individuos presentes ya no se explica por el efecto del predicado sobre el sujeto (*suppositio* determinada por el contexto), sino por el procedimiento de verificación de la proposición (*suppositio* en orden a la verdad). De acuerdo con esto, se comienza a hablar de la *acceptio* como propiedad de los términos y de las causas de verdad de la proposición (*causae veritatis*), que son las que determinan las distintas acepciones del sujeto[94].

---

91 Los modistas distinguen entre el significado formal de un término (*virtus sermonis*), determinado de una vez por todas por la imposición, y su significado material, es decir, las cosas por las que está en un contexto determinado, que está relacionado con las condiciones de verificación de la proposición. Ver J. Pinborg, "Speculative grammar", *The Cambridge history of later medieval philosophy*, 264-265, y "Some problems of semantic representations in medieval logic", *History of linguistic thought and contemporary linguistics* (H. Parrett ed.), de Gruyter, Berlin, 1976, 254-278.

92 Ver A. de Libera, "The Oxford and Paris traditions in logic", 183-184; J. Pinborg, "Some problems of semantic representations in medieval logic", 254-278.

93 La teoría surge ligada a las discusiones sobre equivocación, univocación y analogía que derivan de la teoría del ser aristotélica: A. de Libera, "The Oxford and Paris traditions in logic", 183-184.

94 A partir del siglo XIV, muy pocos autores precisan la distinción entre *acceptio* y *suppositio*. En rigor, la *acceptio* es una noción más amplia que la *suppositio*, que queda reservada para la relación con los individuos de hecho existentes. Si en

El principal oponente de esta lógica influida por el modismo es Roger Bacon (1214-1292). Frente a la significación atemporal y común al ser y al no ser de los modistas, Bacon liga la significación con la existencia de la cosa significada. Puesto que la imposición exige la presencia de la cosa, la significación se aplica a los objetos reales en su existencia actual[95]. En Bacon, la noción central no es la de suposición sino la de significación, apoyada en la imposición. En lugar del contexto proposicional, lo que en Bacon determina el significado efectivo de las palabras es el uso que el hablante hace de ellas (*impositio nova*)[96].

Quizá gracias a la influencia de Bacon, que no se dejó arrastrar por la corriente modista, fue posible en el siglo XIV un resurgir del terminismo[97] en la obra de Guillermo de Ockham (1285-1347). La influencia de Bacon en Ockham se hace visible en muchos aspectos, pero queda matizada por la incorporación de las doctrinas terministas. Lo más destacable es que, en contraste con el planteamiento baconiano, Ockham rescata el "enfoque contextual" terminista introduciendo la *suppositio* en la definición misma de *significatio*.

Un aspecto separa a Ockham de los terministas: la cada vez más importante noción de *suppositio* no había logrado desplazar a la vieja noción de *significatio*. Incluso en la etapa de madurez del terminismo, la significación es anterior a la suposición, es una propiedad que el término tiene por sí mismo, independiente y

---

los orígenes la noción de suposición completaba a la apelación al cubrir también la referencia a cosas no existentes, ahora la suposición ha perdido esa capacidad.

95 En contraste, Bacon adopta la terminología modista más que la terminista cuando prefiere usar la expresión *"accipere pro"* en lugar de *"supponere pro"*.

96 Ver J. Biard, *Logique et théorie du signe au XIVe siècle*, 34-41; A. de Libera, "Roger Bacon et le problème de l'*appellatio univoca*", *English logic and semantics from the end of 12th century to the time of Ockham and Burleigh* (H. A. G. Braakhuis et al. eds.), Ingenium, Nijmegen, 1981, 193-234.

97 Pinborg defiende la idea de que en Oxford la tradición terminista no llega a romperse, cosa que sí parece suceder en París a finales del siglo XIII: J. Pinborg, "The English contribution to logic before Ockham", 37.

previamente a su uso en uno u otro contexto[98]. Con Ockham, sin embargo, se produce la inversión de esta relación. La *significatio* pierde su primacía sobre la *suppositio*, puesto que es el significar el que se define en función del suponer y no al contrario[99]. La reducción de la significación a la suposición introduce en la semántica un planteamiento puramente extensional: "los significados" de un término son los seres singulares por los que ese término puede suponer. Este terminismo de corte nominalista será la concepción dominante a lo largo de todo el siglo XIV, y volverá a ponerse de moda en el París de finales del siglo XV, donde será recibido por Pardo.

En tiempos de Pardo, son tres las nociones semánticas que cubren la extensión de un término, cada una con distinta amplitud: la *significatio*, la *acceptio* y la *suppositio*[100]. La más amplia es la primera, y las otras dos pueden comportar sucesivas restricciones de la extensión: por causa del contexto, la segunda, por la exigencia de existencia, la tercera.

La significación es, en palabras de Ashworth, la denotación total del término, es decir, el conjunto de todos los individuos (pasados, presentes o futuros, reales o posibles) por los que ese término puede estar. La significación cubre toda la extensión potencial del término, sin ningún tipo de restricción y, por lo mismo, sin actualizar, sin que de hecho el término *esté* por ninguno de esos individuos, sino simplemente *pueda estar* por cualquiera de ellos.

Es al ser usado el término en una proposición cuando esa potencialidad se actualiza. Pero en esta actualización es posible que

---

98 Sin embargo, de Rijk señala que la introducción de la suposición natural en Pedro Hispano y de la suposición habitual en Guillermo de Sherwood (que vienen a ser una capacidad natural para suponer, una suposición "virtual", la primera, y un tipo especial de significación, la segunda) parecen diluir la distinción entre *significatio* y *suppositio*. Ver L. M. de Rijk, *Logica modernorum*, II (1), 571-574.

99 Ver J. Biard, *Logique et théorie du signe au XIVe siècle*, 84-95; M. J. Loux, "*Significatio* and *suppositio*: reflections on Ockham's semantics", *The new scholasticism* 53 (1979), 407-427.

100 Ver E. J. Ashworth, *Language and logic in the post-medieval period*, 79-80.

la extensión del término quede reducida, en virtud de las restricciones que impone el contexto proposicional. La acepción del término cubre sólo aquellos individuos por los que el término está tomado en ese contexto particular. Por ejemplo, en *"Animal qui est homo currit"*, *"animal"* está tomado sólo por los animales que son hombres.

Por último, la suposición puede comportar una nueva restricción en la extensión del término, ya que un término sólo supone por individuos existentes. Una de las definiciones habituales de *suppositio* en tiempos de Pardo es "la acepción de un término como estando por algo de lo que puede ser verificado"[101]. Por ejemplo, en *"Aliquis homo disputat"*, *"homo"* supone sólo por aquellos individuos de los que es verdadero decir "esto es hombre"[102].

3.4. Suposición personal y descenso

Según algunos autores[103], el desarrollo de la teoría de la suposición termina dando lugar a dos teorías distintas, la doctrina de las divisiones de la suposición propia[104], entendida como una teoría de la referencia, y la doctrina de los modos de suposición personal, entendida como una teoría del análisis sintáctico de las

---

101 E. J. Ashworth, *Language and logic in the post-medieval period*, 78.

102 Para conocer el desarrollo de la doctrina de la suppositio en los siglos XVI y XVII, ver E. J. Ashworth, "The doctrine of supposition in the sixteenth and seventeenth centuries", *Archiv für Geschichte der Philosophie* 51 (1969), 260-285.

103 Ver T. K. Scott, *John Buridan: sophisms on meaning and truth*, Appleton, New York, 1966, 29-42; P. V. Spade, "The semantics of terms", 192-195; P. V. Spade, "The logic of the categorical: the medieval theory of descent and ascent", *Meaning and inference in medieval philosophy: studies in memory of Jan Pinborg* (N. Kretzmann, ed.), Kluwer, Dordrecht, 1988, 187-224.

104 No me detendré a analizar las divisiones de la suposición propia en simple, material y personal, que reciben distintos tratamientos según los autores. Ver, por ejemplo, E. A. Moody, *Truth and consequence in medieval logic*, Greenwood Press, Westport, 1976, 23-25; P. Böhner, *Medieval logic*, 36-49.

proposiciones[105]. Este análisis se lleva a cabo mediante el descenso a los singulares[106].

La doctrina del descenso y ascenso proporciona un método para caracterizar los distintos tipos de suposición común[107]. El tipo de suposición con que está tomado un término común puede distinguirse según su posición en la proposición: si cae o no y de qué modo bajo el alcance de sincategoremas confundentes. Pero este método, puramente sintáctico, no define los distintos tipos de suposición, sino que simplemente indica en qué casos se dan unos u otros. En cambio, aludiendo al tipo de descenso y ascenso posibles, los lógicos medievales construyen definiciones de los tipos de suposición[108].

Así, un término está tomado con suposición determinada cuando bajo él cabe un descenso disyuntivo. Por ejemplo, en *"Aliquis homo currit"*, *"homo"* tiene suposición determinada, porque desde *"Aliquis homo currit"* se desciende a la disyuntiva *"Hic* $homo_1$ *currit, vel hic* $homo_2$ *currit, vel hic* $homo_3$ *currit..."* (y así con cada singular).

Un término está tomado con suposición confusa y distributiva cuando le corresponde un descenso copulativo. Por ejemplo, en *"Omnis homo currit"*, *"homo"* tiene suposición confusa y distributiva, porque desde la proposición original se desciende a la

105 Según Spade, tras el paréntesis que supone el influjo del modismo (segunda mitad del siglo XIII) para el desarrollo.de la teoría de la *suppositio,* cuando ésta resurge a principios del siglo XIV se han producido en ella algunos cambios importantes: como resultado, lo que en un principio era una teoría unificada da lugar a las dos teorías mencionadas. Ver P. V. Spade, "The logic of the categorical: the medieval theory of descent and ascent", 187-190.

106 Sobre la teoría medieval del descenso-ascenso, ver L. M. de Rijk, *Logica modernorum,* II (1), 583-584 y 593; A. Maierù, *Terminologia logica della tarda scolastica,* 232-243. Para los desarrollos postmedievales, ver E. J. Ashworth, *Language and logic in the post-medieval period,* 213-221.

107 Es decir, la suposición de los términos comunes que no están determinados por un pronombre demostrativo. Los nombres propios, pronombres y términos comunes determinados por un demostrativo están tomados en suposición discreta y bajo ellos no cabe descenso en sentido estricto.

108 Ver A. Maierù, *Terminologia logica della tarda scolastica,* 243-305.

copulativa *"Hic homo$_1$ currit, et hic homo$_2$ currit, et hic homo$_3$ currit..."* (y así para todos los singulares).

Un término está tomado con suposición meramente confusa cuando le corresponde el descenso a una proposición de extremo disyunto. Por ejemplo, *"animal"* en *"Omnis homo est animal"* tiene suposición meramente confusa, porque desde esta proposición se desciende a la proposición de predicado disyunto *"Omnis homo est hoc animal$_1$, vel hoc animal$_2$, vel hoc animal$_3$..."* (y así con todos los singulares).

Hay un cuarto tipo de descenso, el descenso copulado, que caracteriza la suposición colectiva[109]. Por ejemplo, en *"Omnes apostoles sunt duodecim"*, el término *"apostoles"* está tomado con suposición colectiva, porque se desciende a una proposición con sujeto copulado: *"Hic apostol$_1$, et hic apostol$_2$, et hic apostol$_3$... (et sic de singulis) sunt duodecim"*.

Algunos autores presentan la teoría medieval del descenso como una teoría de las condiciones de verdad de las proposiciones categóricas[110]. En contraste, Spade encuentra varias razones para dudar de ello[111]. En cambio, Maierù señala que los maestros oxonienses de mediados del siglo XIV con frecuencia absorben el tratamiento de los términos confundentes (y, por tanto, del

109 Es un tipo poco común de descenso, y suele considerarse por razones de simetría, para completar el cuadro: conjunción/disyunción, de proposiciones/de términos.

110 Por ejemplo, P. Böhner, *Medieval logic*, 29-31; E. A. Moody, *Truth and consequence in medieval logic*, 43-53.

111 En primer lugar, dice, ningún autor medieval parece haber afirmado explícitamente tal cosa. En segundo lugar, los autores medievales ya tienen una teoría de las condiciones de verdad de la proposiciones categóricas que es distinta de la teoría del descenso. En tercer lugar, la doctrina del descenso como teoría de las condiciones de verdad tiene deficiencias que han mostrado autores como Swiniarski y Matthews: J. J. Swiniarski, "A new presentation of Ockham's theory of supposition with an evaluation of some contemporary criticisms", *Franciscan studies* 30 (1970), 181-217; G. B. Matthews, "*Suppositio* and quantification in Ockham", *Noûs* 7 (1973), 13-24. Ver P. V. Spade, "The semantics of terms", 194-195 y "The logic of the categorical: the medieval theory of descent and ascent", 204-207.

descenso) en el de la *probatio propositionis*[112]. De este modo, aunque en su origen, como indica Spade, la doctrina del descenso pudo haber estado dirigida simplemente hacia un estudio de la referencia de los términos comunes cuando se usan en suposición personal[113], no es extraño que más tarde, al centrarse la atención de los lógicos en los procedimientos de prueba de las proposiciones, la teoría del descenso se convirtiera en uno de esos métodos de prueba. En la tradición terminista madura, la *suppositio* es la noción clave para la determinación de la verdad o falsedad de las proposiciones[114]: si el descenso explicita los distintos modos de suposición de los términos, con ello estará poniendo de manifiesto las condiciones de verdad de la proposición.

Por ejemplo, Pardo declara abiertamente que la teoría del descenso es un modo de conocer la verdad de las proposiciones en función de la *suppositio*[115]. Para él, el único modo, puesto que, si

---

112 A. Maierù, *Terminologia logica della tarda scolastica*, 271-287.

113 P. V. Spade, "The logic of the categorical: the medieval theory of descent and ascent", 208.

114 Si la cópula se toma como signo de inherencia (el predicado se toma en intensión y el sujeto en extensión, de modo que se predica la naturaleza universal significada por el predicado de los individuos significados por el sujeto), la verdad de una proposición categórica afirmativa depende de que haya algún individuo por el que está el sujeto y que participe de la naturaleza universal significada por el predicado. Si la cópula se toma como signo de identidad (tanto sujeto como predicado se toman extensionalmente, y se identifican los individuos significados por el sujeto con los individuos significados por el predicado), la verdad de la proposición categórica afirmativa depende de que haya algún individuo por el que está el sujeto, algún individuo por el que está el predicado, y de que esos individuos sean el mismo. Ver L. M. de Rijk, *Logica modernorum*, II (1), 569-570; E. A. Moody, *Truth and consequence in medieval logic*, 36-38.

115 "Veritas enim propositionis in qua est distributio, per descensus copulativum agnoscitur; et propositionis in qua est terminus supponens determinate, per descensum disiunctivum; et termini supponentis confuse tantum, per descensum disiunctum vel copulatum. Quid enim aliud est termini distribui quam accipi pro suis significatis copulative, et terminus supponere determinate quam accipi pro suis significatis disiunctive, et terminum supponere confuse tantum accipi pro suis significatis disiunctim vel copulatim. Illam ergo acceptionem explicare est descendere." (*MD*, 145ra)

se rechaza el descenso, ya no hay en qué apoyarse para conocer la verdad de las proposiciones a partir de la *suppositio*[116].

Ahora bien, la teoría del descenso como método para probar la verdad de proposiciones es una teoría distinta de la que entiende el descenso como explicitación del tipo de suposición de los términos: al menos, la primitiva teoría se carga con nuevos requisitos e instrumentos, que en ella no juegan ningún papel, e incluso obstaculizan su funcionamiento[117]. Por ejemplo, para que el descenso sea manifestativo de la verdad debe ser un *descensus sufficiens et perfectus*, es decir, debe ser válido tanto él como el correspondiente ascenso desde las proposiciones *descendentes* a la proposición original. En orden a la bondad del ascenso se hace necesario añadir la cláusula *"et sic de aliis"*, pero su presencia puede afectar a la relación de consecuencia en que debe consistir un buen descenso[118].

Pero la doble finalidad de la doctrina origina problemas más profundos que el de la simple interferencia de sus métodos. Como se verá, el hecho de que la teoría del descenso sea considerada al mismo tiempo como un método para definir los distintos tipos de suposición común y como un método para decidir acerca de la verdad o falsedad de proposiciones hace que los dos propósitos

---

116 "Si igitur negetur descensus, nil solidum remanet ad cognoscendam veritatem propositionis ex parte suppositionis." (*MD*, 145ra)

117 Ver mi artículo "The doctrine of descent in Jerónimo Pardo: meaning, inference, truth", *Studies on the history of logic. Proceedings of the III. Symposium on the History of Logic* (I. Angelelli y M. Cerezo, eds.), de Gruyter, Berlin, 1996, 173-186.

118 Por otra parte, no todo descenso sirve para probar la verdad de las proposiciones. El descenso copulativo desciende a una proposición copulativa, el disyuntivo a una proposición disyuntiva, el copulado a una proposición categórica de extremo copulado, el disyunto a una proposición categórica de extremo disyunto: estos dos últimos no sirven para manifestar la verdad o falsedad de las proposiciones, ya que el extremo copulado y el disyunto suponen de la misma manera que los términos bajo los que se desciende, de modo que la proposición resultante no es más conocida que la proposición inicial. El descenso copulativo y disyuntivo, en cambio, conducen a proposiciones hipotéticas cuyas partes son proposiciones de extremo singular, más conocidas para nosotros que la proposición de extremo común, y que sirven, por tanto, para manifestar la verdad o falsedad de ésta.

lleguen a confundirse, y el punto de vista de la verdad termine invadiendo el campo de la suposición y, a través de ella, del significado.

Por ejemplo, si se pregunta cómo supone el término *"homo"* en *"Aliquis homo currit"*, puede responderse a través del descenso: *"Aliquis homo currit, ergo hic* $homo_1$ *currit, vel hic* $homo_2$ *currit, vel hic* $homo_3$ *currit..."*. Los distintos $homo_i$ que son explicitados por el descenso son los individuos de los que la proposición habla. Ahora bien, esta proposición, por ser particular, habla de esos individuos de un modo especial, de un modo que hace que para que la proposición sea verdadera baste con que uno cualquiera de esos hombres corra. Según la teoría del descenso, la proposición particular es equivalente a la proposición disyuntiva, y para la verdad de una disyuntiva basta con la verdad de una cualquiera de sus partes. La teoría del descenso, cuando se aplica a la verdad o falsedad, selecciona algún individuo entre todos los $homo_i$ que han quedado explicitados: los individuos que hacen a la proposición verdadera.

Así, la teoría de la suposición queda modificada por la perspectiva de la verdad. Que un término suponga, por ejemplo, con suposición determinada, quiere decir que la proposición debe ser verificada al menos por uno de los individuos significados por ese término. Quc suponga de manera confusa y distributiva quiere decir que la proposición debe ser verificada por todos los individuos significados. Parece entonces que en la significación de la proposición está incluida la indicación de cuántos individuos se requieren para verificarla: todos los individuos significados o sólo algunos. En consecuencia, estos individuos seleccionados para la verdad se toman como los individuos de los que la proposición habla: la proposición *"Aliquis homo currit"* no habla de todos los $hombre_i$ que han quedado explicitados por el descenso, sino de los hombres que hacen verdadera la proposición, de los hombres que corren. En definitiva, esos son los individuos significados por la proposición, y no todos los posibles significados de sus términos[119].

Esta confusión de perspectivas opera, como se verá, en la doctrina de Pardo. Pero antes de hablar de la teoría de Pardo del significado de las proposiciones y de los problemas con que se encuentra, es preciso saber algo más sobre lo que Pardo entiende por proposición.

4. LA PROPOSICIÓN EN PARDO

Pardo comienza su obra con un capítulo dedicado a la verdad y falsedad de las proposiciones (y examina, con vistas a esta investigación, el problema del significado de las proposiciones), pero aplaza hasta el capítulo segundo la consideración de la naturaleza de las proposiciones. Allí, el estudio de las relaciones de consecuencia suscita problemas que le obligan a preguntarse qué es una proposición y cómo significa.

Con Aristóteles, la tradición escolástica distingue dos niveles de signos lingüísticos: el nivel de lo simple y el nivel de lo complejo[120]. Es habitual situar a los términos en el primer nivel y a las proposiciones en el segundo, pero la contraposición término/proposición no es sin más la contraposición simple/complejo. Hay términos complejos que no son proposiciones, porque a la proposición le corresponde un tipo

---

119 Como se verá al hablar de Buridán, el principal problema de esta concepción del significado basada en la verdad es que resulta problemática a la hora de dar cuenta del significado de las proposiciones falsas.

120 La distinción, que Aristóteles expone en el capítulo primero del *Peri hermeneias*, ya aparece en el *Sofista* de Platón (206d): allí Platón presenta el *logos* (nivel de lo complejo) como articulado en verbos y nombres (nivel de lo incomplejo).

especial de complexión: lo propio de la proposición es ser signo de la composición y división del intelecto. Puesto que en los términos no se da todavía esta composición o división, pueden considerarse a este respecto incomplejos, aunque tengan partes significativas por separado[121]. El elemento mediante el cual se realiza la composición o división propia de la proposición es la cópula, que tiene para Pardo un carácter sincategoremático.

4.1. Sincategorema, cópula, proposición

La idea del carácter sincategoremático de la cópula es compartida por muchos autores[122]. Sin embargo, la concepción de Pardo de la significación de los sincategoremas difiere de la opinión común expuesta más arriba, según la cual los sincategoremas no significan algo, sino que sólo significan de un modo[123].

---

[121] Aristóteles distingue en el primer capítulo del *Peri hermeneias* entre una expresión compuesta, como "ciervo cabrío", que no es verdadera ni falsa, y las expresiones compuestas en las que "se añade el ser o el no ser", donde se da la verdad o falsedad porque "lo falso y lo verdadero giran en torno a la composición y la división".

[122] Abelardo, por ejemplo, considera que la cópula no significa nada, sino que ejerce la función de combinar o separar las cosas significadas por sujeto y predicado: ver M. Tweedale, "Abelard and the culmination of the old logic", *The Cambridge history of later medieval philosophy*, 145. Para Buridán, de quien Pardo toma la base de su teoría del significado, la cópula mental es un modo de concebir las cosas de manera compleja, es un *conceptus complexivus*: ver M. E. Reina, "Il problema del linguaggio in Buridano (I)", *Rivista critica di storia della filosofia* 14 (1959), 395-397.

[123] La postura de Pardo acerca de la significación de los sincategoremas se resume en G. Nuchelmans, *Late-scholastic and humanist theories of the proposition*, 29-31. Nuchelmans propone como antecedente de la idea de Pardo una interpretación de las preposiciones debida a algunos gramáticos y transmitida por Abelardo. Según Abelardo, algunos gramáticos sostienen que en *"de homine"* ("acerca del hombre") la preposición *"de"* significa al hombre mismo en cuanto que se dice que algo es acerca de él.

Según Pardo, también los sincategoremas significan algo, significan la misma cosa o cosas que los categoremas a los que modifican, aunque lo significan de un modo en que no es significado por los categoremas[124]. Es decir, los sincategoremas no significan sólo de algún modo, sino que significan a la vez algo y de algún modo. Es cierto que un sincategorema por sí solo no significa nada, pero al añadirlo a un categorema sí significa algo, significa lo mismo que significa el categorema, aunque de un modo distinto, como no es significado por el categorema[125]. Por ejemplo, el sincategorema *"omnis"*, que por sí solo no significa nada, al unirse al término *"homo"* en una proposición, significa *aliqua*, a saber, las mismas cosas que son significadas por el término *"homo"*, los hombres particulares, pero las significa de un modo distinto, a saber, universalmente[126].

Según Pardo, también la cópula *"est"* es un sincategorema que por sí mismo no significa nada determinado, sino sólo cuando se une a otros términos en una proposición. Cuando lo hace, significa, como todo sincategorema, a la vez *aliquid* y *aliqualiter*. Si la misión de la cópula es unir sujeto y predicado para constituir una proposición (o separarlos , cuando la proposición es negativa), significará lo mismo que los términos a los que se aplica, es decir, significará las cosas significadas por sujeto y predicado, pero lo hará de un modo en que estos términos no las significan.

---

124 "Dico ergo quod huius conditionis sunt actus illi quibus subordinantur sincathegoreumata vocalia vel scripta: quod significant aliquid, puta, illud quod significant cathegoreumata, sed aliqualiter, taliter videlicet qualiter non significatur per cathegoreumata." (*MD*, 12vb) Ver también E. J. Ashworth, "The structure of mental language: some problems discussed by early sixteenth century logicians", 64-65.

125 "Hac ratione vocatum est sincathegoreuma: quia per se sumptum nichil significat, sed cathegoreumati iunctum significat illud idem quod cathegoreuma significat, sed aliqualiter qualiter non significat cathegoreuma." (*MD*, 12vb)

126 En *MD*, 13rb-vb Pardo explica cómo debe entenderse este "universalmente": no como una universalidad de significación, sino como una universalidad de verificación. Ver también E. J. Ashworth, "The structure of mental language: some problems discussed by early sixteenth century logicians", 63.

Hay, como se verá, para Pardo, distintos modos en que la cópula puede significar las cosas que significa, pero el modo fundamental, el que define a la cópula como cópula, es el significar esas cosas unitivamente, las unas en relación con las otras (o divisivamente, si la cópula está negada), porque lo propio de la proposición es componer o dividir. Por ejemplo, en la proposición *"Homo est animal"*, la cópula *"est"* significa la cosa que es hombre y la cosa que es animal (*illam rem que est homo et illam rem que est animal*), pero de un modo en que no son significadas por los términos *"homo"* y *"animal"*, a saber, compositiva o unitivamente y afirmativamente[127].

Puesto que la presencia de la cópula es lo que determina la existencia de una proposición, la proposición significa para Pardo del mismo modo que su cópula, es decir, sincategoremáticamente. Así, según Pardo, la proposición *"Homo est animal"* significa lo mismo que sus extremos *"homo"* y *"animal"*, pero de un modo en que los términos simples no significan estas realidades, a saber, unitivamente. Lo que añade la proposición a los términos incomplejos es un modo distinto de significar las cosas que significa[128].

---

127 "Ideo concludo quod quando dico in voce 'homo est animal', ly 'est' significat illam rem que est homo et illam rem que est animal aliqualiter qualiter non significant ille voces 'homo' et 'animal', scilicet compositive seu unitive, et affirmative." (*MD*, 12vb) Lo mismo sucede con el *"est"* mental: "Ut si dicam 'homo est animal', ly 'est' subordinatur uni conceptui complexivo seu unitivo quo intellectus cognoscit hominem et animal, sed aliter qualiter non cognoscit per conceptus illos quibus subordinantur illi termini 'homo', 'animal', scilicet, unitive et affirmative, et tali modo non cognoscit hominem et animal per conceptus illos quibus subordinantur illi duo termini 'homo' et 'animal'." (*MD*, 12vb)

128 Pardo llega incluso a afirmar que la cópula es una proposición, ya que mediante ella se conocen las cosas que son conocidas por sujeto y predicado, pero de un modo distinto, que es, precisamente, el modo exigido por la proposición: por el *"est"* se conocen las cosas, explica Pardo, significando que son así o no son así (*ita esse vel non esse*). Es decir, lo propio de la proposición es significar algo (las cosas significadas por sujeto y predicado) de un modo (significando su ser así o no ser así), y puesto que la cópula significa de este modo, puede decirse que la cópula es una proposición. Esto no quiere decir, sin embargo, que se pueda prescindir de sujeto y predicado, porque la cópula, por ser un sincategorema, no significa si no va unida a los términos a los que modifica. Ver *MD*, 18r.

En opinión de Pardo, una proposición es, simplemente, una de las distintas formas de significar las cosas. Las cosas pueden ser significadas sin más, categoremáticamente, pero también se puede significar, sincategoremáticamente, las cosas de un modo. En el caso de la proposición, ese modo es su estar relacionadas con otras cosas. Según Pardo, nuestro intelecto es capaz de conocer una *misma cosa* de *infinitos modos*[129]. Por ejemplo, una realidad como Sócrates puede ser conocida mediante una noticia simple e incompleja, pero también puede ser conocida mediante una noticia compleja, como la proposición mental *"Sortes est Sortes"*. Mediante la proposición mental *"Sortes est Sortes"* no se significa nada realmente distinto de Sócrates, pero sí se representa de un modo en que no es representado mediante la noticia simple de Sócrates, a saber, compositiva y unitivamente. También se puede conocer a Sócrates negativamente, mediante la proposición *"Sortes non est Sortes"*, o disyuntivamente, mediante la proposición *"Sortes est Sortes vel Sortes non est Sortes"*, y así de infinitos modos[130].

Este significar las cosas de un modo es lo que confiere a la proposición un carácter complejo frente a los términos, que significan las cosas sin más, de manera simple. Esto quiere decir que lo que distingue a la proposición de los términos no es el estar compuesta de partes, sino el significar de una manera compleja.

---

129 "Intellectui nostro tanta est data intelligendo fecunditas ab ipso summo opifice Deo, ut quamcunque rem innumeris et infinitis modis cognoscendi cognoscere potest." (*MD*, 12va)

130 "Ut istam rem que est Sortes intellectus infinitis diversis modis cognoscendi cognoscere potest. Potest enim [cognoscere] per noticiam simplicem et incomplexam cognoscere Sortem. Potest cognoscere etiam per mentalem cui subordinatur ista vocalis 'Sortes est Sortes', per illam enim mentalem 'Sortes est Sortes' nichil a Sorte realiter distinctum significatur, sed aliqualiter representatur qualiter non representatur per illam noticiam Sortis, scilicet, compositive et unitive, et tali modo non representatur per primam noticiam. Et ista secunda noticia compositiva et unitiva a prima noticia causatur, cum ipso intellectu principaliter effective concurrente. Potest etiam cognoscere per istam mentalem 'Sortes non est Sortes' sed aliter, puta, unitive negative. Potest etiam cognoscere Sortem per hanc disiunctivam 'Sortes est Sortes vel Sortes non est Sortes' aliqualiter qualiter non concipit per illum terminum 'Sortes', scilicet, disiunctive." (*MD*, 12v)

Ello se hace evidente en el caso de las proposiciones mentales, que, según Pardo, no están compuestas de partes y sin embargo no se confunden con los términos simples[131].

4.2. La proposición mental como noticia simple

Habitualmente, no hay discusión acerca del carácter compuesto de las proposiciones vocales y escritas, en las que los términos se suceden unos a otros linealmente[132]. Pero una proposición mental, que es un acto del intelecto, debería, según Pardo, ser una noticia única y no un agregado de partes, una pluralidad de noticias simples[133].

Pardo defiende la unicidad de la proposición mental, ya se entienda ésta como una noticia aprehensiva o como una noticia judicativa. En el nivel proposicional suelen distinguirse dos tipos de actos cognoscitivos. Por una parte, puede simplemente considerarse la unión entre sujeto y predicado, sin juzgar si es el caso o no es el caso: concebir, por ejemplo, que Sócrates está sentado, pero sin juzgar si lo está o no lo está. Este tipo de noticia es una proposición mental aprehensiva. Pero se puede también, en un segundo momento, tomar la noticia aprehensiva como objeto de una nueva noticia, mediante la que se juzga que lo

---

131 Ver *MD*, 16vb-17ra.

132 O quizá no "se suceden", o se desconoce el orden de su sucesión, como en el caso de la proposición escrita en la que los términos *"homo"*, *"est"* y *"animal"* se disponen formando un.círculo, con el sincategorema *"omnis"* en el centro. Pero, incluso en este caso, los términos son partes físicas de la proposición, y cada uno ocupa su lugar en el todo.

133 "Ad propositam questionem respondeo, non obstantibus multorum doctorum variis opinionibus, quod nulla propositio mentalis ultimata, sive cathegorica, sive ypothetica, aut cuiuscunque generis propositionum, est ex pluribus noticiis composita compositione per aggregationem, quod est dicere quod nulla talis est plures noticie." (*MD*, 14va) Al sostener esta opinión, Pardo se enfrenta a la postura más común entre los nominalistas parisinos: ver G. Nuchelmans, *Late-scholastic and humanist theories of the proposition*, 96.

aprehendido de manera compleja es el caso o no es el caso: por ejemplo, se asiente a la anterior proposición aprehensiva cuando no sólo se considera de un modo neutral, sino que se juzga que, en efecto, Sócrates está sentado. Este segundo tipo de noticia se considera como una proposición mental judicativa[134].

Pardo admite la existencia de estos dos tipos de noticias. Contra Gregorio de Rímini, para quien la proposición mental es siempre una noticia judicativa, Pardo defiende la necesidad de una proposición mental aprehensiva: es, por ejemplo, el acto de conocimiento que tiene lugar cuando alguien escucha y comprende la proposición vocal *"Rex sedet"*, pero sin asentir ni disentir, porque no tiene ningún motivo para pronunciarse en un sentido o en otro[135]. Si puede haber una proposición mental aprehensiva sin el correspondiente asentimiento o disentimiento, ninguno de ellos, en cambio, puede darse sin la aprehensión previa del objeto al que se asiente o disiente. Según Pardo, la noticia judicativa presupone la aprehensiva y, en cierto modo, depende de ella, aunque no es inferior a la noticia aprehensiva, sino su consumación[136]. Ambos tipos de noticias proposicionales

---

134 Ver A. Broadie, *Notion and object. Aspects of late medieval epistemology*, Clarendon Press, Oxford, 1989, 125-129; G. Nuchelmans, *Late-scholastic and humanist theories of the proposition*, 74-76. Pardo duda si la noticia judicativa es propiamente una proposición, pero concede que puede denominarse así porque el asentimiento o disentimiento se dice verdadero o falso, como toda proposición (ver *MD*, 16v).

135 "Satis possibile est aliquem habere mentalem ultimatam et tamen non assentire aut dissentire. Nam, proponatur alicui ista propositio: 'rex sedet'. Manifestum est eum formare mentalem ultimatam qua cognoscit regem sedere, quia aliter illa oratio vocalis ei non magis significaret quam greco litteras latinas ignoranti, et tamen manifestum est eum non assentire aut dissentire huic quod est regem sedere, quia non habet aliquod motivum, ut suppono, ad assentiendum vel dissentiendum." (*MD*, 16ra)

136 "His suppositis, ad instantiam respondeo quod non sola noticia iudicativa est propositio mentalis, sed ponenda est quedam noticia apprehensiva a noticia iudicativa realiter distincta que prius, saltem natura, tendit in obiectum illud quod debet iudicari per noticiam iudicativam quam formetur, <a> noticia iudicativa rẹaliter distincta. Et hoc provenit ex perfectione quam habet noticia iudicativa, propter quam perfectionem presupponit modum representandi noticie apprehensive, unde dico quod illa qualitas que est noticia iudicativa non esset noticia iudi-

deben ser, en opinión de Pardo, noticias simples, y no agregados de partes[137].

Pardo entiende la noticia proposicional como una noticia comparativa. Hay noticias simples, por las que se conoce algo absolutamente, y noticias comparativas, por las que se conoce algo relativamente, en orden a algo. La noticia comparativa presupone las noticias simples de las cosas que se comparan, porque el intelecto no puede comparar una cosa con otra sin conocerlas. Depende de ellas, porque no significaría nada si no estuvieran esas noticias simples significado las cosas comparadas[138]. Esta dependencia es la que ha llevado a la conclusión equivocada de que las noticias simples son las partes de una noticia proposicional de carácter compuesto. Según Pardo, la noticia comparativa no contiene las noticias simples como partes, sino que las contiene eminentemente (*eminenter*) como sus causas[139]: a partir de las

---

cativa sui obiecti nisi per apprehensivam apprehendatur tale obiectum. Ideo, potest concedi quod noticia iudicativa, quantum ad illam denominationem que est iudicativa, dependet ab apprehensiva, licet quidam dixerunt quod ipsamet iudicativa est apprehensiva. Quamvis hoc posset sustineri, tamen postquam est necesse ponere aliquam apprehensivam a iudicativa realiter distinctam, melius est ponere apprehensivam illam presuppositam ad hoc quod habeatur noticia iudicativa." (*MD*, 16rb)

137 "Ad instantiam ergo positam, dicitur quod quelibet propositio mentalis, sive dicatur noticia iudicativa, sive noticia apprehensiva, dicitur unica noticia." (*MD*, 16vb)

138 "Respondeo: duplex est noticia, quedam est noticia simplex seu absoluta, qua aliquod cognoscitur absolute, non relative in ordine ad aliud; alia est noticia comparativa, qua aliquid cognoscitur comparative, seu relative in ordine ad aliud. Et hec secunda noticia comparativa presupponit noticiam simplicem vel noticias simplices eius vel eorum que comparantur. Nunquam enim intellectus potest comparare aliquid in ordine ad aliud nisi cognoscat id quod comparatur, ita quod noticia illa que dicitur comparativa dependet a noticia vel a noticiis eorum que comparantur, non solum quo ad esse, sed etiam forte quo ad conservari." (*MD*, 17rb)

139 La noticia comparativa puede incluso contener noticias contradictorias o modos de representar un objeto repugnantes entre sí (por ejemplo, singular y universalmente, intuitiva y abstractivamente), porque la noticia comparativa es más perfecta que las noticias que la causan. "De illa autem noticia comparativa non est inconveniens quod representet contradictoria, neque illis modis de quibus in argumento fit mentio, scilicet singulariter et universaliter, intuitive et abstractive, et ratio huius est quia illa noticia est perfectior noticiis illis a quibus causatur,

noticias simples, el intelecto compone, y esta composición es una nueva noticia, causada por aquellas noticias simples. Su carácter complejo radica en esta composición del intelecto, y no en una composición de partes[140].

En opinión de Pardo, una proposición mental contiene al sujeto y al predicado de modo equivalente o eminente, porque mediante ella se conoce algo en cuanto que se atribuye a otra cosa: así, lo que se atribuye tiene razón de predicado y aquello a lo que se atribuye tiene razón de sujeto. Por ejemplo, acerca de la proposición mental *"Homo est animal"*, que es una noticia unitiva mediante la que se conoce que un hombre es un animal, se dice que tiene sujeto porque por ella se conoce al hombre atribuyéndole el animal, y se dice que tiene predicado porque por ella se conoce al animal que se atribuye al hombre. Así, se dice que los términos mentales *"homo"* y *"animal"* son su sujeto y su predicado, y que la noticia *"Homo est animal"* contiene de modo eminente esas noticias del hombre y del animal como causas

ita quod continet eminenter modos illos representandi illarum noticiarum a quibus causatur" (*MD*, 17rb)

140 "Ex his patet solutio ad persuasionem aliquorum tenentium propositionem mentalem esse compositam ex pluribus noticiis, sic enim persuadent: experimur in nobis ut cum audivimus illam vocalem 'homo est animal' formamus unam noticiam de ly 'homo' et aliam de ly 'animal', ergo dicendum est quod propositio mentalis est plures noticie. Respondeo: non negandum est eis quin experiantur habere illos conceptus, cum de facto ita sit, sed nego quod experiantur illos conceptus esse partes alicuius propositionis mentalis, sed potius experiuntur oppositum, experiuntur enim quod, habitis illis noticiis simplicibus, intellectus componit, que compositio vera noticia est ab illis duabus causata." (*MD*, 17vb)

suyas[141]. Pardo explica que en una proposición mental hay predicación, no porque tenga partes y una se predique de otra, sino porque la proposición mental significa que tal cosa es tal cosa o que tal cosa no es tal cosa (*hoc esse hoc vel hoc non esse hoc*)[142].

Se podría decir que Pardo no considera la proposición como un mero agregado de partes, sino como una unidad superior que significa de un modo distinto de como lo hacen los términos simples. En su opinión, una proposición no significa, sin más, alguna cosa o cosas, sino que significa también de un modo. El peculiar carácter de la significación de las proposiciones hace que la pregunta por el significado de la proposición haya tenido tantas y tan variadas respuestas a lo largo de la historia.

---

141 "Respondeo: in ea dicitur esse predicatum et subiectum equivalenter et eminenter, pro quanto per eam cognoscitur aliquid ut alteri attribuitur vel sibi ipsi, et sic id quod attribuitur habet rationem predicati, saltem obiective, et id cui attribuitur dicitur habere rationem subiecti, saltem obiective. Exemplum: illa noticia unitiva per quam cognosco hominem esse animal dicitur habere subiectum, pro quanto cognoscitur homo cui aliquid attribuitur, scilicet animal, et illa noticia dicitur habere predicatum pro quanto per eam cognoscitur animal quod homini attribuitur, cognoscendo quod homo est animal, et ita homo dicitur subiectum obiective et animal predicatum. Et ita illi duo termini 'homo' et 'animal' equivalenter dicuntur subiectum et predicatum, pro quanto illa noticia eminenter continet noticiam hominis et noticiam animalis." (*MD*, 17vb)

142 "Per hec dicta patet ad aliud quomodo dicantur in mente esse predicationes: pro quanto per illas propositiones significatur hoc esse hoc vel hoc non esse hoc." (*MD*, 17vb) Pardo llega a decir que también en la proposición vocal el sujeto y el predicado se dicen partes en este sentido no físico. Por ejemplo, son partes de la proposición porque son causa (mediata) de ella: son causa eficiente de los conceptos que causan la proposición mental. O también, porque significan por separado las cosas que el concepto unitivo proposicional significa de manera unitiva (ver *MD*, 18vb).

5. LAS PROPOSICIONES Y SU SIGNIFICADO

Es habitual considerar que una proposición, esté o no compuesta de partes propiamente dichas, pertenece al nivel lingüístico de lo complejo, porque se da en ella la complexión de la predicación. Esa complexión presupone unas partes incomplejas, con su propia significación, pero el complejo tiene una significación distinta de la significación de lo incomplejo, aunque de algún modo dependiente de ella[143].

El reconocimiento de un modo de significar característico de las proposiciones ha llevado a buscar, correlativamente, su significado específico, la cosa o cosas significadas por la proposición. En las secciones que siguen señalaré alguno de los obstáculos con que puede tropezar esta búsqueda. Por una parte, el uso del *dictum* para hablar del significado de las proposiciones suscita problemas que serán examinados en la sección 5.1. Por otra parte, para una misma proposición puede encontrarse una multiplicidad de significados, aunque no todos ellos constituyen el "significado total y adecuado" de una proposición. La sección 5.2 tratará de los distintos significados posibles de las proposiciones, y cerrará el capítulo la sección 5.3, dedicada al significado total y adecuado.

---

143 Así, para aquellos que consideren la cópula como un tercer elemento que une sujeto y predicado, la significación de la proposición como un todo dependerá de la significación de la cópula. En cambio, para aquellos que adopten una perspectiva bimembre en el análisis de la proposición, será el predicado el elemento que determine la significación de la proposición. Para Pardo, que adopta la perspectiva trimembre, la significación de la proposición, como se ha visto, viene determinada por la cópula, pero su peculiar concepción de los sincategoremas hace que su idea de la significación de la proposición sea también original. Ver G. Nuchelmans, *Late-scholastic and humanist theories of the proposition*, 45-50.

5.1. El uso del *dictum* para hablar del significado de las proposiciones

Sea lo que sea "el significado" de una proposición, es posible construir nuevas proposiciones que hablen de ese significado. Para hacerlo, es preciso contar con una expresión lingüística que sea capaz de apresar ese significado de una manera en que la proposición misma no es capaz de hacerlo. Para hablar del significado de una proposición, la expresión latina preferida es el agregado de infinitivo y acusativo[144]. Por ejemplo, suele decirse que la proposición *"Homo est animal"* significa *hominem esse animal*. El *dictum "hominem esse animal"* se usa para nombrar el significado de la proposición *"Homo est animal"*.

Admitiendo que hay tal cosa como "el significado" de una proposición, son posibles dos maneras de relacionarse las expresiones lingüísticas con ese significado. Por una parte, una proposición significa su significado. Pero, por otra parte, ese significado se puede hacer objeto de un nuevo discurso, puede no ya significarse, sino hablarse de él. Para hablar del significado de

---

144 A partir del siglo XIII, ese agregado recibe el nombre de *dictum*, aunque, según apunta Nuchelmans, este uso procede de una confusión entre el nivel de la expresión lingüística y el de las realidades nombradas por esa expresión. La palabra *"dictum"* es utilizada por Abelardo, por ejemplo, para referirse a aquello que la proposición dice. Si una proposición dice que algo es o no es el caso, esto es "lo dicho" por la proposición. El agregado de acusativo e infinitivo se usa para hablar de eso dicho, como un nombre del *dictum* de la proposición. En el siglo XII, el *dictum* sigue siendo aquello que es aseverado por la proposición, y la frase de acusativo e infinitivo funciona como su nombre: es una *appellatio dicti*. A partir del siglo XIII, los problemas lógicos del significado de las proposiciones se tratan en relación con problemas teológicos, como el objeto de la fe y la inmutabilidad del conocimiento divino. En este marco, la terminología se hace más confusa y pierde la precisión que tenía en los autores precedentes. En muchos casos, se llega a confundir la expresión lingüística con la realidad significada. Esto es lo que sucede con la palabra *"dictum"*, que, especialmente entre los nominalistas, pasa a nombrar exclusivamente la frase de infinitivo y acusativo, en lugar de la realidad nombrada por ella, "lo dicho" por la proposición. Ver G. Nuchelmans, *Late-scholastic and humanist theories of the proposition*, 150-156, 169-176, 187-189. Yo utilizaré la palabra *"dictum"* en este último sentido, para referirme a la oración de infinitivo.

una proposición, se utiliza otra vía de acceso a él, una vía no proposicional, puesto que la proposición no "habla de" su significado sino que "lo significa".

La expresión elegida para hablar de este significado es una expresión compleja, que reproduce la estructura de la proposición. Pero, puesto que esa expresión pretende ser utilizada como un nombre del significado de la proposición, debe perder el carácter verbal, compositivo o divisivo, de la proposición, en favor de un carácter nominal. Por eso se sustituye el verbo en forma personal por el infinitivo, la forma nominal del verbo.

Lo que distingue a una proposición de cualquier otra expresión compleja es que la proposición es signo de una composición o división. Mediante una proposición se afirma o se niega que tal cosa es tal otra, y ese papel sólo puede ser desempeñado por un verbo en forma personal. Aunque el *dictum*, donde el verbo se sustituye por el infinitivo, puede traer de algún modo a la mente la composición o división de sujeto y predicado, no los compone ni divide de hecho y, por lo tanto, no es una proposición.

El *dictum* tiene, así, un doble carácter: por una parte, es un complejo cuyos elementos se asemejan a las partes de una proposición; por otra parte, es un nombre y no una proposición. Esto hace que se puedan plantear a propósito del *dictum* tres tipos de cuestiones. En primer lugar, el carácter mixto del *dictum* suscita problemas relativos a la corrección gramatical de las proposiciones de las que forma parte. En segundo lugar, su aspecto verbal suscita cuestiones relacionadas con la complexión proposicional (por ejemplo, la posibilidad de descenso bajo sus partes). Por último, su aspecto nominal lo hace objeto de las cuestiones propias de las expresiones nominales (por ejemplo, el problema de su suposición).

a) Acerca de la corrección gramatical de las proposiciones de las que el *dictum* forma parte, en el próximo capítulo se analizarán los argumentos de Pardo contra la postura de Pedro de

Ailly[145]. Pardo defenderá que la naturaleza nominal del *dictum* le confiere la capacidad de ejercer en la proposición cualquier función que pudiera desempeñar un nombre.

Así, considerará bien construidas las expresiones que contienen el *dictum* tanto en la posición de sujeto (*"Hominem esse animal significatur"*) como en la de predicado, y, en este caso, siendo el predicado total, cuando se trata del verbo *"est"* (*"Hominem esse animal est hominem esse substantiam animatam sensitivam"*), o siendo una parte del predicado, cuando se trata de un verbo adjetivo (*"'Homo est animal' significat hominem esse animal"*).

Para Pedro de Ailly, en cambio, la naturaleza verbal del infinitivo hace que muchas de esas construcciones sean gramaticalmente incorrectas, y su admisión como correctas se convierte, en su opinión, en la causa de la mayoría de los errores relativos al significado de las proposiciones[146].

b) Respecto a la estructura cuasi-proposicional del *dictum*, Pardo denunciará algunos de los errores que se cometen al pretender aplicar al *dictum* los mismos criterios que se aplican a las proposiciones.

Por ejemplo, al exponer la postura de Gregorio de Rímini, Pardo hace frente a una objeción que argumenta efectuando el descenso desde *"Omnem hominem esse animal est omnem hominem esse animal"* hasta *"Hunc hominem esse animal est hominem esse animal"*. Quienes admiten esta consecuencia están tomando el *dictum* como una auténtica proposición, en la que cada parte tiene su propia suposición. Pardo, en cambio, defiende la postura de Gregorio recordando que el *dictum* no es una proposición, sino que está tomado todo él con una única acepción: no cabe descenso bajo sus partes, porque ninguna de ellas tiene su propia suposición[147].

---

145 Ver la sección 3.3.3 del capítulo segundo.

146 Ver la sección 3.3.2 del capítulo segundo.

147 Ver la sección 1.2.2.2 del capítulo segundo.

Otro problema de índole semejante es el de si las partes del *dictum* suponen de manera independiente o se restringen entre sí. Pardo resuelve el problema destacando de nuevo la distinción entre el *dictum* y la proposición. Si en *"Homo est animal"* las partes *"homo"* y *"animal"* constituyen distintos extremos y, por tanto, no se restringen entre sí, no sucede lo mismo en *"hominem esse animal"*. Las partes del *dictum* constituyen un único extremo (por ejemplo, el *dictum* como un todo es el sujeto de la proposición *"Hominem esse animal est homo"*) y, por lo tanto, es el conjunto el que puede tener acepción y suposición, no las partes por separado. En consecuencia, las partes del *dictum* se restringen entre sí, porque la una se relaciona con la otra *per modum indistantis*[148].

c) Considerado el *dictum* como una expresión nominal, en las páginas de Pardo aparecen dos cuestiones interesantes. Una de ellas es la de si el *dictum* es un término singular o común: si es el nombre de una única entidad o si conviene a varias entidades de las que puede predicarse. En el primer caso, se podrán construir proposiciones que identifiquen dos *complexe significabilia*, uniendo dos *dicta* mediante un *"est"* de identidad, proposiciones que serán verdaderas sólo si las proposiciones correspondientes a los *dicta* son sinónimas (*"Marcum currere est Tullium currere"*)[149]. En el segundo caso, se podrá predicar un *dictum* de otro, y el resultado será verdadero aunque las proposiciones correspondientes no sean sinónimas (*"Hominem esse animal est hominem esse album"*)[150].

Pero quizá el problema más importante en relación con el uso nominal del *dictum* sea el de la suposición que le corresponde. Pardo expone a este respecto la opinión de Buridán, quien considera que el *dictum* puede estar tomado de dos maneras:

---

148 Ver la sección 3.3.3 del capítulo segundo.

149 Esta, como se verá en la sección 1.2.2.2 del capítulo segundo, es la opinión sostenida por Gregorio de Rímini.

150 Este es uno de los corolarios que se siguen de la postura buridaniana: ver la sección 2.2.3 del capítulo segundo.

materialmente o significativamente (en suposición personal)[151]. Cuando el *dictum* está tomado en suposición personal, es cuando se usa para hablar del significado de una proposición entendido como una entidad extramental.

La pregunta que ocupa a Pardo en el capítulo primero de la *Medulla* es si, tomado significativamente, el *dictum* supone o no por alguna entidad y, en caso afirmativo, cuál es esa entidad. La respuesta a la pregunta por la suposición del *dictum* será la respuesta a la pregunta por el significado adecuado de la proposición.

Pero la búsqueda del significado adecuado de la proposición tropieza con un nuevo obstáculo, puesto que una proposición no tiene un único significado, sino que a la misma proposición pueden corresponderle varios significados.

5.2. ¿Significado o significados?

La pluralidad de significados de una proposición tiene dos orígenes fundamentales: por una parte, para cada proposición pueden considerarse distintas significaciones, y la proposición puede tener distintos significados según cuál de ellas se tome en cada caso; por otra parte, es distinto lo que una proposición significa de lo que hubiera podido significar si hubieran sido otras las circunstancias.

a) Por lo que respecta a la multiplicidad de significaciones, para cada proposición pueden distinguirse tres parejas de significaciones contrapuestas, que determinan distintos significados.

En primer lugar, una proposición tiene una significación total y una parcial, en virtud de la cual también pueden considerarse como significados suyos los significados de sus partes. Por ejemplo, aunque el significado de "*Omne ens est Deus*" sería, según su significación total, *omne ens esse Deum*, uno de sus

---

151 Ver la sección 2.2.2 del capítulo segundo.

posibles significados, según una significación parcial, sería *omne ens esse*.

En segundo lugar, una proposición tiene una significación primaria y una secundaria, en virtud de la cual también pueden considerarse como significados suyos los de todas las proposiciones que se siguen de ella[152]. Por ejemplo, aunque el significado de *"Omne ens est Deus"* sería, según su significación primaria, *omne ens esse Deum*, uno de sus significados secundarios podría ser *Sortem esse Deum, et Plato esse Deum, etc...*, porque *"Sortes est Deus, et Plato est Deus, etc..."* se sigue de ella en virtud del descenso[153].

En tercer lugar, una proposición tiene una significación que procede de la significación de los términos y una significación que procede de la acepción de los términos[154]. Puesto que los individuos significados por los términos intervienen de algún

---

152 Nuchelmans sitúa el origen de esta distinción en Pablo de Venecia: una proposición significa de manera asertiva o secundaria todas las proposiciones que se siguen formalmente de ella: G. Nuchelmans, *Late-scholastic and humanist theories of the proposition*, 45-46.

153 Por añadidura, puesto que esta copulativa tiene partes con sus propios significados, cualquiera de ellos sería, a su vez, un significado secundario y parcial de la proposición *"Omne ens est Deus"*: por ejemplo, *Sortem esse Deum*.

154 Como se ha dicho, Pardo reduce la significación de una proposición a la significación de su cópula. Sin embargo, en virtud de su interpretación de los sincategoremas como significando no sólo *aliqualiter* sino también *aliquid* (el "algo" significado por los extremos), las partes categoremáticas de la proposición también juegan un papel en la determinación de su significación. En definitiva, serán los individuos significados por el sujeto los que estén implicados en la significación de la proposición: de qué manera lo están es lo que Pardo trata de dilucidar en el capítulo primero de la *Medulla*, que será analizado con detalle en el tercer capítulo de este trabajo. Por el momento, basta con tener en cuenta que los individuos juegan algún papel en la significación de las proposiciones. Pero se ha visto que, en tiempos de Pardo, hay tres propiedades semánticas fundamentales en relación con los individuos que forman la extensión de un término. La significación incluye todos los individuos por los que ese término podría estar, la acepción selecciona aquellos por los que de hecho está, y la suposición selecciona de entre estos últimos sólo los individuos existentes. La distinción entre acepción y suposición, muchas veces pasada por alto por Pardo, no introduce ninguna distinción en la significación de las proposiciones. Sí lo hace, en cambio, la distinción entre significación y acepción.

modo en la significación de las proposiciones, el resultado será distinto cuando los individuos considerados sean los significados por los términos o cuando sean los individuos por los que los términos están tomados de hecho[155]. Para determinar la significación de una proposición en función de la significación de los términos, habrá que tomar todos los individuos significados por sus términos categoremáticos (tanto los presentes, pasados o futuros, como los meramente posibles). En cambio, para determinar la significación de una proposición en función de la acepción de los términos, habrá que considerar únicamente los individuos por los que los términos están tomados. El hecho de tomar una u otra significación hace que el significado de la proposición sea distinto en cada caso. Por ejemplo, el significado de *"Omne ens est Deus"*, según la significación de los términos, es que todo ente (presente, pasado, futuro o meramente posible) es Dios, mientras que, según la acepción de los términos, su significado es que todo ente actualmente existente es Dios.

b) Por lo que respecta a la posibilidad de significar algo distinto si hubieran sido otras las circunstancias, son tres los modos en que las circunstancias que afectan a la significación de las proposiciones pueden variar: el primer tipo de cambio se refiere a la significación de los términos, el segundo y el tercero tienen que ver con la acepción.

En primer lugar, una proposición podría significar algo distinto (según la significación tomada de la significación de los términos) si sus términos hubieran sido impuestos para significar cosas distintas. Por ejemplo, *"Homo est asinus"*, que significa *hominem esse asinum*, podría significar *hominem esse animal*, si el término *"asinus"* hubiera sido impuesto para significar a todos los animales.

En segundo lugar, una proposición podría significar algo distinto (en virtud de la significación tomada de la acepción de los términos) si hubiera sido proferida en un momento del tiempo

---

155 Ver, por ejemplo, E. J. Ashworth, "Theories of the proposition: some early sixteenth century discussions", *Franciscan studies* 38 (1978), 84-85.

distinto, en el que los particulares existentes fueran distintos. La significación tomada de la acepción de los términos introduce a la proposición en una perspectiva temporal, frente a la perspectiva atemporal, independiente del uso efectivo de la proposición, que lleva consigo la significación tomada de la significación de los términos[156].

Si una proposición existe, es porque está siendo proferida en un momento determinado, y en cada momento determinado los individuos por los que puede estar el término son unos u otros: así, la significación tomada de la acepción de los términos es totalmente dependiente de la situación de proferencia[157]. Puesto que la mayoría de las cosas de las que puede hablarse están sujetas a cambio en el transcurso del tiempo, las cosas por las que se toman los términos pueden variar, y con ellas el significado de la proposición. Por ejemplo, la proposición *"Homo currit"* significa ahora que algún hombre actualmente existente corre, pero, si hubiera sido proferida cuando sólo Adán existía, su significado (según la significación tomada de la acepción de los términos) habría sido que Adán corre.

En tercer lugar, una proposición podría significar algo distinto si, en el momento en que es proferida, el mundo hubiera sido otro del que de hecho es. La contingencia del mundo no sólo implica la posibilidad de cambio a través del tiempo, sino también la posibilidad de que, en un mismo momento del tiempo, las cosas hubieran estado dispuestas de manera distinta a como de hecho están dispuestas. Esta posibilidad afecta a la acepción de los

---

156 En mi opinión, esta distinción podría interpretarse como una distinción entre proposición-tipo y proposición-ejemplar. Cuando Pardo habla de proposiciones, se refiere a ejemplares concretos de proposición, que son proferidos en un momento determinado (ver E. J. Ashworth, *Language and logic in the post-medieval period*, 53), pero, en mi opinión, la significación tomada de la significación de los términos vendría a ser la significación de la proposición considerada como si fuera una proposición-tipo, independientemente de su uso en una u otra situación efectiva.

157 Para un estudio detallado de la opinión de Pardo acerca de cómo afecta el tiempo a la significación de las proposiciones, puede verse en mi trabajo "Time and propositions in Jerónimo Pardo" (en prensa).

términos y, en consecuencia, al significado de las proposiciones que depende de ella. Por ejemplo, si en el momento actual los únicos animales existentes fueran los hombres, la proposición "*Animal currit*" significaría (según la significación tomada de la acepción de los términos) que los hombres corren.

Queda claro, así, que una proposición no tiene uno, sino múltiples significados, que vienen determinados por las distintas significaciones de la proposición y por las distintas circunstancias en que esas significaciones pueden considerarse[158]. Pero es habitual privilegiar alguno de esos significados hablando del significado *total y adecuado* de la proposición. Este es el significado acerca del que se discute en el capítulo primero de la *Medulla dyalectices*.

5.3. El significado total y adecuado de la proposición

La expresión "significado total y adecuado de una proposición" no parece haber sido entendida por los lógicos medievales en un único sentido[159]. Andrés de Novocastro cita, en su comentario a las *Sentencias*, cuatro sentidos propios y uno impropio de la frase[160]:

En primer lugar, el significado total y adecuado de una proposición puede considerarse como el conjunto de todos los inteligibles significados por la proposición. Una proposición se

---

[158] En la sección 2.2 del capítulo tercero se verá cómo afecta esta multiplicidad a las modalidades de las proposiciones.

[159] Según Nuchelmans, lo que todos los sentidos tendrían en común sería el hecho de tratar de captar lo que la proposición significa *como un todo*, en contraste con la significación de sus términos *por separado*. Preguntarse por el significado total y adecuado de la proposición sería así, preguntar por el significado específico de las proposiciones en cuanto proposiciones, como distinto del significado de los términos simples que las constituyen. Ver G. Nuchelmans, *Theories of the proposition*, 231.

[160] Ver: H. Élie, *Le complexe significabile*, Vrin, Paris, 1936, 92 y 111; G. Nuchelmans, *Late-scholastic and humanist theories of the proposition*, 60.

contempla como un agregado de partes, que tienen significación por separado. Tal agregado significará distintas cosas en virtud de sus partes y, si se quiere hablar de un significado total, éste no será sino la suma heterogénea de todas las cosas significadas por cada una de ellas. En este sentido, el significado de la proposición no es una entidad, sino un colectivo. Pardo explica que, cuando el significado de la proposición se toma de este modo, el *dictum* no sirve para hacerse cargo de él[161].

En segundo lugar, el significado total y adecuado de una proposición puede entenderse como los inteligibles por los que están tomados y suponen sujeto y predicado. Si del colectivo significado por la proposición se quiere seleccionar alguna entidad o entidades que sean el significado de la proposición, el criterio de selección es la suposición de los términos. La pregunta "¿qué significa la proposición?" se convierte en la pregunta "¿de qué habla la proposición?", y a esta pregunta se responde señalando la entidad o entidades del mundo por las que suponen sus extremos. En este sentido, el significado de la proposición vendría dado por las entidades particulares en las que termina el descenso. Por ejemplo, si de la proposición *"Homo est animal"* se desciende a *"Hic homo*$_1$ *est hoc animal*$_1$*, vel hic homo*$_1$ *est hoc animal*$_2$*..., vel hic homo*$_2$ *est hoc animal*$_1$*, vel hic homo*$_2$ *est hoc animal*$_2$*..."*, los significados de la proposición *"Homo est animal"* serán este hombre$_1$, este hombre$_2$, este animal$_1$, este animal$_2$, etc.

En tercer lugar, el significado total y adecuado de una proposición puede entenderse como el inteligible dispuesto de tal modo (*sic se habens*) que bastaría para verificar la proposición. En este sentido, una proposición se considera como perteneciendo a un nivel de significación distinto al de los términos: si los términos significan las cosas individuales sin más, una proposición no significa estas cosas sin más, sino que las significa en una determinada disposición unas respecto de otras. La proposición dice que tal cosa es tal otra: por ello, su significado

---

161 "Uno modo, pro aggregato ex omnibus obiectis intelligibilibus significatis per propositionem, et sic dico quod significatum adequatum istius propositionis 'homo est animal' non est hominem esse animal." (*MD*, 3va)

será esa cosa que, al ser tal otra, haría verdadera a la proposición. Así, el significado de la proposición no serán los individuos en los que termina el descenso, sino una selección de ellos: aquellos que, por estar dispuestos del modo que indica la proposición, hacen a ésta verdadera. Cuando tales individuos existen, el *dictum* funciona como un nombre suyo. El significado total de una proposición es, entonces, como explica Pardo, la entidad o entidades por las que el *dictum* supone[162].

En cuarto lugar, el significado total y adecuado de una proposición puede entenderse como el inteligible por el cual se verifica la proposición, si es verdadera, o se falsifica, si es falsa. La interpretación anterior tiene el inconveniente de dejar sin significado a las proposiciones falsas. Hay quienes buscan un correlato real no sólo para las proposiciones verdaderas, sino también para las falsas: para todas ellas debe haber un *complexe significabile* que las haga verdaderas o falsas. Esta es, como se verá, la opinión de Pardo. También en este caso el *dictum* sirve como nombre del significado de la proposición.

En quinto lugar, el significado total y adecuado de una proposición puede entenderse en un sentido impropio, como explicando en qué consiste la significación formal de la proposición, como distinta de la significación de los términos: una proposición significa las cosas significadas por sus extremos, pero de forma tal que enuncia formalmente una cosa de otra mediante la cópula. Según este último sentido, el *dictum* explica de qué modo significa la proposición.

Según Nuchelmans[163], cuando los lógicos del período que estudiamos dicen, por ejemplo, *"'Tu es homo' significat te esse hominem"*, pueden estar haciendo dos cosas. Por una parte, esta

---

162 "Alio modo, capitur significatum adequatum propositionis pro illo pro quo supponit aggregatum ex infinitivo et accusativo, seu pro quo supponit dictum sibi correspondens, et hoc modo hominem esse animal est significatum adequatum illius propositionis 'homo est animal', ideo homo est significatum adequatum illius propositionis, cum homo sit hominem esse animal." (*MD*, 3va)

163 G. Nuchelmans, *Late-scholastic and humanist theories of the proposition*, 53.

afirmación puede entenderse como una respuesta a la pregunta "¿qué significa la proposición *'Tu es homo'*?". Si el verbo *"significat"* se entiende como un verbo transitivo, tiene sentido preguntarse por su objeto: si la proposición significa algo, podrá preguntarse por el algo significado por la proposición. A esta pregunta tratan de responder los cuatro primeros sentidos de "significado total y adecuado". Por otra parte, la afirmación anterior puede tomarse simplemente como una explicación del modo en que la proposición *"Tu es homo"* significa. En ese caso, la pregunta es acerca de la significación de la proposición: por eso el quinto sentido se considera un sentido impropio de "significado total y adecuado".

También por eso, si los tres últimos sentidos coinciden en admitir el uso del *dictum* para hablar del significado de la proposición, hay, sin embargo, una clara diferencia entre los sentidos tercero y cuarto y el sentido quinto. Como se ve, son posibles dos maneras distintas de entender el *dictum*: por una parte, el *dictum* puede tomarse como nombrando la entidad que significa la proposición, sea ésta del tipo que sea; por otra parte, puede entenderse que el *dictum* no nombra ninguna entidad, sino que explica de qué modo significa la proposición. La primera sería una interpretación material del *dictum*, la segunda sería su interpretación formal.

Se puede, como hace Nuchelmans, relacionar esta distinción con la noción de *appellatio*, tal como es entendida por los precursores nominalistas de Pardo, en conexión con la significación de los términos connotativos[164]. Ockham, por ejemplo, opina que el término *"albus"* significa primariamente la cosa blanca, y secundariamente la propiedad de ser blanco[165]. Buridán llamará a la cosa el significado material del término, y a la propiedad connotada, el significado formal[166]. Al ser usado el

---

164 G. Nuchelmans, *Late-scholastic and humanist theories of the proposition*, 56-64. Para la opinión de Buridán y sus discípulos, ver A. Maierù, *Terminologia logica della tarda scolastica*, 104-114.

165 Ver J. Biard, *Logique et théorie du signe au XIVe siècle*, 89.

166 Ver J. Biard, *Logique et théorie du signe au XIVe siècle*, 186.

término connotativo en una proposición, se dice que apela su significado formal como inherente a la cosa que es su significado material, de acuerdo con el tiempo de la cópula. Cuando los términos connotativos son varios, puede ocurrir que uno de ellos apele su significado formal al significado material sólo en cuanto que a ese significado material le conviene también el significado formal del otro término (por ejemplo, en "*Petrus est bonus logicus*" se dice que Pedro es bueno en cuanto lógico)[167].

Este tipo de apelación recibe el nombre de apelación formal (*appellatio formae*). Junto a ella, suele hablarse de una apelación de razón (*appellatio rationis*), propia de los términos que acompañan a verbos que significan actos interiores del alma. Cuando un término sigue a uno de estos verbos, apela su propia *ratio*, el concepto según el cual ese término ha sido impuesto para significar. Esto quiere decir que el término está tomado por los individuos correspondientes en cuanto que caen bajo esa descripción, y no bajo ninguna otra (por ejemplo, en "*Cognosco venientem*" se dice que conozco a esa persona en cuanto que viene, y no bajo ninguna otra razón)[168].

Este tipo de apelación interesa aquí, porque la mayoría de los verbos que denotan actos interiores suelen tener como objeto el agregado de infinitivo y acusativo y, en tales casos, el *dictum* puede ser considerado bajo estas dos perspectivas: en cuanto que significa un objeto determinado, no importa mediante qué concepto se aprehenda, o en cuanto que lo significa bajo una razón particular, la de la proposición correspondiente[169].

En muchas ocasiones, la terminología propia de cada uno de los dos tipos de apelación termina por confundirse, y se aplica a la apelación de razón la distinción entre significado formal y

---

167 Ver G. Nuchelmans, *Late-scholastic and humanist theories of the proposition*, 57.

168 Ver G. Nuchelmans, *Late-scholastic and humanist theories of the proposition*, 58.

169 Como se verá, quienes adoptan esta distinción consideran que la proposición es sólo uno de los modos en que pueden aprehenderse las mismas cosas que pueden captarse de muchas otras maneras.

significado material. De este modo, el concepto mediante el cual un término significa se convierte en su significado formal, y las cosas a las que esa palabra y el concepto correspondiente se aplican son el significado material. Así es como se distingue entre un significado material y un significado formal del *dictum*.

Por ejemplo, en la proposición *"Tu scis Sortem currere"*, el *dictum* puede entenderse según su significado material o según su significado formal. Si se entiende en el sentido material, el *dictum* está por el significado de la proposición *"Sortem currere"*, una realidad que puede ser aprehendida mediante esa proposición o de muchos otros modos (por ejemplo, según algunos autores, mediante un término incomplejo). Si se entiende, en cambio, en el sentido formal, el *dictum* no está por ningún significado, sino que explica el modo en que la proposición *"Sortem currere"* significa[170].

La analogía entre la estructura del *dictum* y la estructura de la proposición lleva a trasladar esta distinción a la significación de las proposiciones. Por una parte, si el *dictum* significa una entidad, la proposición, que está compuesta de partes análogas, parece significar también una entidad. Así es como el significado de la proposición se identifica con la entidad o entidades por las que supone el *dictum*. Pero, como se ha visto, el *dictum* es una vía no proposicional de acceso al significado de la proposición: en virtud de su carácter nominal, el *dictum* puede estar por una entidad, pero una proposición no es un nombre, y debería significar de un modo distinto. Este modo de significar específico de la proposición es el correspondiente a su significación formal.

Pardo utiliza con frecuencia esta distinción entre significación material y formal de las proposiciones. Por una parte, según su significación material, la proposición significa una entidad que es independiente del modo en que esa proposición la significa. En su significación material, la proposición coincide con muchas otras expresiones (incluso con algunas que no son proposiciones). Por

---

170 Ver G. Nuchelmans, *Late-scholastic and humanist theories of the proposition*, 59.

otra parte, la proposición significa su significado mediante una intelección específica, que esa proposición no comparte con ningún término simple ni con otras proposiciones no sinónimas[171].

De lo dicho se desprende que uno de los caminos, aunque no el único, para tratar de responder a la pregunta por el significado total y adecuado de una proposición es la búsqueda de la entidad por la que está el *dictum* en las proposiciones que hablan de ese significado. En el capítulo primero de la *Medulla dyalectices* Pardo considera tres respuestas famosas: Pedro de Ailly niega que haya una entidad por la que supone el *dictum* y, por tanto, rechaza la existencia de un significado de la proposición; Gregorio de Rímini cree que el significado de una proposición es un tipo especial de entidad; Buridán opina que, en algunos casos, el significado de una proposición es una entidad, pero no una entidad especial, sino las mismas entidades significadas por los extremos. Pardo propone una solución original, que tiene mucha relación con la respuesta de Pedro de Ailly, pero que trata de no perder, como se verá, sus raíces buridanianas.

---

171 Así es como Pardo puede decir que las proposiciones *"Deus est"* y *"Deus non est"* significan lo mismo: las dos significan el mismo objeto (significación material), aunque cada una lo hace de un modo distinto, que no comparte con ninguna otra proposición ni con ninguna otra expresión distinta de las proposiciones (significación formal). Por ser distinta su significación formal, el significado de *"Deus est"* se explica mediante el *dictum "Deum esse"*, mientras que el significado de *"Deus non est"* se explica mediante el *dictum "Deum non esse"*. Ver la sección 2.4.2.3 del capítulo segundo.

CAPÍTULO II

TRES OPINIONES RIVALES

¿Qué es el significado de una proposición? La pregunta que abre la investigación de Pardo sobre el "meollo de la lógica" no es una pregunta lógica, sino ontológica. Antes de distinguir propiedades, descubrir leyes y proponer reglas, Pardo trata de aclarar qué tipo de entidad es el significado de una proposición, dónde situarlo en el conjunto de los seres. La respuesta a esta pregunta tendrá consecuencias lógicas, pero tendrá también, como se verá, implicaciones ontológicas e incluso teológicas.

Pardo examina tres respuestas a esta pregunta (tomadas de Gregorio de Rímini, Buridán y Pedro de Ailly), y evalúa las consecuencias de cada una de ellas[1]. En el intento de quedar a salvo de toda consecuencia inconveniente, Pardo propondrá una cuarta respuesta original, distinta de todas las anteriores, aunque él mismo se declara seguidor de la propuesta buridaniana. Las tres posturas rivales, que estudiaré en este capítulo, y la de Pardo, que será descrita con detalle en el capítulo tercero, parten, sin embargo, de una base común.

---

1 Para la historia de las teorías medievales del significado de las proposiciones, pueden consultarse: H. Élie, *Le complexe significabile*; J. Pinborg, *Logica e semantica nel medioevo*, 154-173; G. Nuchelmans, *Theories of the proposition*, 177-280; F. Bottin, *La scienza degli occamisti. La scienza tardo-medievale dalle origini del paradigma nominalista alla rivoluzione scientifica*, Maggioli, Rimini, 1982, 157-195. Para las teorías postmedievales, ver: E. J. Ashworth, "Theories of the proposition: some early sixteenth century discussions"; G. Nuchelmans, *Late-scholastic and humanist theories of the proposition*.

En primer lugar, como se ha visto, la búsqueda del significado de la proposición está mediada por la expresión que se utiliza para hablar de él, el *dictum*. Si se dice, por ejemplo, que la proposición *"Homo est animal"* significa *hominem esse animal*, una teoría satisfactoria del significado de la proposición deberá ser capaz de responder a la pregunta "¿qué es *hominem esse animal*?".

En segundo lugar, la pregunta general "¿qué es el significado de una proposición?" es reemplazada por otra de formulación más precisa: si el significado de una proposición se distingue de los significados de los extremos[2]. La comparación con los términos está presente en todos los análisis del significado de las proposiciones, porque los términos son los elementos con los que se construye la proposición[3]. Así como la proposición se resuelve en los términos, cabe suponer que también el significado de la proposición puede reducirse de alguna manera al significado de sus partes.

Teniendo en cuenta estos dos aspectos, la pregunta a la que debe responder una teoría satisfactoria del significado de las proposiciones se reduce a esta: "*hominem esse animal*, ¿es algo distinto del hombre y el animal?"[4]. A esta pregunta, dice Pardo, hay dos respuestas famosas: la de Gregorio de Rímini y la de Buridán. En el curso de la discusión aparece una tercera postura, defendida

---

2 "Et solet queri questio sub his verbis, an complexe significabile distinguatur a significatis extremorum." (*MD*, 1ra)

3 Se ha indicado en la sección 4.2 del capítulo primero que en la proposición mental los términos no son estrictamente "partes" de la proposición, sino sus causas. En cualquier caso, la proposición se construye a partir de los términos.

4 Según la primera edición: "Ut ista propositio 'homo est animal' significat hominem esse animal, dubium est utrum hominem esse animal sit ipse homo animal an ab illis distinctum." (*MD* 1ª, sig. a2ra) La frase está corregida en la segunda edición, donde se añade *"existens"* entre *"homo"* y *"animal"*: "... dubium est utrum hominem esse animal sit ipse homo existens animal an ab illis distinctum." (*MD*, 1ra) En mi opinión, este añadido resulta forzado, porque implica haber adoptado ya una interpretación del significado de las proposiciones, la buridaniana, que explica el significado del *dictum* transformando el infinitivo en participio y el acusativo en nominativo. Por otra parte, al unificar *"homo"* y *"animal"* por medio del *"existens"*, resulta extraño el plural (*"ab illis"*) que sigue a *"homo existens animal"*.

por Pedro de Ailly, totalmente adversa a la opinión de Gregorio, pero enemiga también de la de Buridán. Son estas tres posturas y sus consecuencias las que me propongo examinar a continuación.

1. GREGORIO DE RÍMINI (1300-1358)

Gregorio de Rímini[5] expone sus ideas acerca del *complexe significabile* en el comentario a las *Sentencias*, especialmente en el comentario al artículo primero de la primera cuestión del prólogo, donde responde a la pregunta acerca del objeto de la ciencia[6]. Como indica Ashworth, éste es el motivo original de la discusión acerca del *complexe significabile*, aunque en tiempos de Pardo se

---

[5] Gregorio nace en Rímini y muere en Viena, tras desempeñar la labor de prior general de los agustinos durante un año y medio. Estudia en Italia, París e Inglaterra. Enseña en París, Bolonia, Padua, Perugia, de nuevo en París, y finalmente en Rímini. Se ocupa del significado de las proposiciones en la única obra suya que se conserva: *Super primum et secundum sententiarum*, Venetiis, 1522, que escribió en París hacia 1345. De esta obra existe una reimpresión en la serie "Cassiciacum" (Schöningh, Paderborn, reimpresión 1955) y una edición moderna por D. Trapp y V. Marcolino (de Gruyter, Berlin, 1979-1984). Sobre la vida y obra de Gregorio, ver: G. Leff, "Gregory of Rimini: a fourteenth-century Augustinian", *Revue des études augustiniennes* 7 (1961), 153-170 y *Gregory of Rimini: tradition and innovation in fourteenth century thought*, University Press, Manchester, 1961; G. Gál, "Gregory of Rimini", *New catholic encyclopedia*, VI, McGraw Hill, New York, 1967, 797; M. N. Merlin, "Gregoire de Rimini" en *Dictionnaire de théologie catholique* (A. Vacant et al., eds.), VI, Letouzey et Ané, Paris, 1920, cols. 1852-1854; H. Oberman (ed.), *Gregor von Rimini. Werk und Wirkung bis zur Reformation*, de Gruyter, Berlin, 1981. Acerca de su teoría del significado de las proposiciones, ver: H. Élie, *Le complexe significabile*, 17-37; M. dal Pra, "La teoria del significato totale della proposizione nel pensiero di Gregorio da Rimini", *Rivista critica di storia della filosofia* 11 (1956), 287-331; G. Nuchelmans, *Theories of the proposition*, 227-237.

[6] Otros lugares donde también se encuentran sugerencias interesantes sobre el *complexe significabile* son: *In I Sent*, dist. 28, q. 1, art. 2 y dist. 39, q. 1, art. 2. Ver: H. Élie, *Le complexe significabile*, 17-37; G. Nuchelmans, *Theories of the proposition*, 227-237.

ha perdido el interés por las cuestiones epistemológicas y, en su lugar, lo que preocupa es, por una parte, cuál es el estatuto del *dictum* y, por otra, cuál es el sujeto de la verdad y la falsedad[7].

En el siglo XIV hay tres teorías que pretenden dar respuesta a la pregunta por el objeto de la ciencia. Dos de ellas proceden de teorías elaboradas en el siglo XIII para resolver los problemas relativos a la identidad de los artículos de fe y a la inmutabilidad del conocimiento divino[8]. Estas dos teorías suelen recibir los nombres de "teoría de la *res*" (el objeto de la fe y del conocimiento son las cosas) y "teoría del *complexum*" (el objeto de la fe y del conocimiento son las proposiciones)[9]. Entre 1320 y 1335 la universidad de Oxford es el centro de un debate semejante, aunque menos interesado en problemas teológicos, que enfrenta a defensores del *complexum* (Guillermo de Ockham y Roberto Holkot)[10] con defensores de la *res* (Walter Chatton, William Crathorn y Walter Burleigh)[11]. Un poco más adelante, el debate se enriquece con una tercera postura, intermedia entre las dos existentes, la teoría del *complexe significabile*[12], y con las críticas de sus numerosos adversarios[13].

Pardo presenta a Gregorio de Rímini como el más famoso defensor de la doctrina del *complexe significabile*, según la cual el objeto de la ciencia no es ni la cosa extramental ni la proposición misma, sino una entidad especial significable complejamente[14].

---

7 E. J. Ashworth, *Language and logic in the post-medieval period*, 55-56.

8 M. D. Chenu, "Grammaire et théologie aux XIIe et XIIIe siècles", *Archives d'histoire doctrinale et littéraire du moyen âge* 10 (1936), 5-28.

9 Ver G. Nuchelmans, *Theories of the proposition*, 177-189.

10 Ver G. Nuchelmans, *Theories of the proposition*, 195-208.

11 Ver G. Nuchelmans, *Theories of the proposition*, 209-225.

12 Ver G. Nuchelmans, *Theories of the proposition*, 227-242.

13 Ver G. Nuchelmans, *Theories of the proposition*, 243-271.

14 Aunque a menudo se ha atribuido a Gregorio la paternidad de esta noción, se sabe que William Crathorn y Adam Wodeham le precedieron, si bien todavía se duda a cuál de ellos debe concederse la prioridad intelectual: ver K. Tachau, "Wodeham, Crathorn and Holkot: the development of the *complexe significabile*", *Logos and pragma. Essays on the philosophy of language in honour of Professor Gabriel Nuchelmans* (L. M. de Rijk y H. A. G. Braakhuis, eds.),

En conjunto, Pardo trata de presentar la doctrina de Gregorio de la manera más consistente posible. Aunque él mismo no se declara seguidor de esta teoría del significado de la proposición, en la *Medulla dyalectices* la presenta como una teoría sostenible, esforzándose por dar respuesta a todas las posibles objeciones.

A continuación, expondré los aspectos centrales de la teoría del significado de las proposiciones de Gregorio de Rímini: en primer lugar, analizaré los elementos ontológicos de la teoría; en segundo lugar, me detendré en algunos problemas lógicos y gnoseológicos; por último, me ocuparé del problema que interesa, en definitiva, a Pardo: el de la relación entre el significado y las modalidades de las proposiciones.

1.1. La ontología de Gregorio de Rímini

Pardo expone con detalle la doctrina de Gregorio sobre el *complexe significabile*, cifrando en tres tesis los puntos que considera dignos de atención[15]. En primer lugar, quiere saber cuál es el puesto que Gregorio ha reservado en su ontología para los significados de las proposiciones; en segundo lugar, le preocupan las condiciones que debe cumplir el discurso acerca de los *complexe significabilia*; en tercer lugar, está interesado en fundar los modos (verdadero, falso, posible, imposible, necesario, contingente) que

---

Ingenium, Nijmegen, 1987, 161-187. El primero en atribuir la autoría de la noción a Wodeham fue Gál: G. Gál, "Adam of Wodeham's question on the *complexe significabile* as the immediate object of scientific knowledge", *Franciscan studies* 37 (1977), 66-102. Su atribución a Crathorn se debe a Schepers: H. Schepers, "Holkot contra dicta Crathorn" *Philosophisches Jahrbuch der Görres-Gessellschaft* 77 (1970), 320-254 y 79 (1972), 106-136. Conti considera equivocada esta última atribución: A. Conti, *Esistenza e verità. Forme e strutture del reale in Paolo Veneto e nel pensiero filosofico del tardo medioevo*, Istituto Storico Italiano per il Medio Evo, Roma, 1996, 258, nota 4.

15 Un resumen de la doctrina de Gregorio junto con las críticas de diversos autores postmedievales (entre ellos, Pardo) se encuentra en E. J. Ashworth, "Theories of the proposition: some early sixteenth century discussions", 88-99.

suelen atribuirse a las proposiciones. Si la presente sección se dedica al primer aspecto, las secciones 1.2 y 1.3 se ocuparán del segundo y tercero, respectivamente.

Para Gregorio, la distinción entre signos incomplejos (los términos) y signos complejos (las proposiciones) supone una distinción igualmente neta entre las cosas significadas: hay cosas a las que corresponde ser significadas mediante expresiones simples, y otras a las que corresponde ser significadas mediante expresiones complejas y que, por eso mismo, reciben el nombre de *complexe significabilia*, significables de manera compleja.

Los extremos de la proposición, términos simples, significan el primer tipo de cosas. Las proposiciones, expresiones complejas, significan el segundo tipo de cosas. La respuesta de Gregorio a la pregunta inicial de Pardo, si el significado de la proposición se distingue de los significados de los extremos, será, por tanto, afirmativa: el significado de una proposición es un *complexe significabile*, totalmente distinto de las entidades significadas por los extremos, que son *incomplexe significabilia*. Gregorio utiliza en ocasiones la expresión *"tantum complexe significabile"*: se trata de algo que sólo puede ser significado mediante una proposición, y no mediante un término simple (ni siquiera mediante un término complejo que carezca de fuerza afirmativa o negativa)[16].

Queda ahora saber qué tipo de entidad es esa entidad significable sólo complejamente, y cuáles son sus características. En 1.1.1 presentaré a los *complexe significabilia* como entidades no existentes, en 1.1.2 hablaré de su carácter compuesto, y en 1.1.3 me ocuparé de algunas de las propiedades que Gregorio les atribuye: los *complexe significabilia* son infinitos, eternos y únicos para cada proposición y sus sinónimas.

---

16 Ver G. Nuchelmans, *Theories of the proposition*, 231-232.

1.1.1. El complexe significabile *no es algo existente*

Pardo comienza su análisis de la doctrina de Gregorio de Rímini con una tesis negativa: el *complexe significabile* o significado adecuado de la proposición no es algo existente. A la pregunta por el tipo de cosa que es, por ejemplo, el significado de la proposición *"Homo est animal"* ("¿qué es *hominem esse animal?*"), se contesta destacando su diferencia respecto a las cosas existentes[17]. Este contraste entre el *complexe significabile* y las cosas existentes es especialmente claro en el comentario a la distinción 28 del libro primero de las *Sentencias* (artículo primero de la primera cuestión), donde Gregorio habla de las relaciones entendidas en cuanto *complexe significabilia*: ninguna relación tomada en este sentido es una cosa o entidad[18]. Otro lugar en que se pone de manifiesto la diferencia es el comentario a las distinciones 34-37 del libro segundo (artículo segundo de la primera cuestión), donde habla de los pecados actuales entendidos como *complexe significabilia*: los pecados así tomados no son algo[19].

Pero una tesis negativa podría resultar insuficiente para dar cuenta del significado de las proposiciones. Aunque el *complexe significabile* no sea algo existente, debe ser en algún sentido *algo*: de otro modo, la proposición no significaría nada[20]. Al caracterizar

---

17 "Prima conclusio: complexe significabile seu significatum adequatum propositionis non est aliquid existens. Ut ista propositio 'homo est animal' significat hominem esse animal, hominem esse animal non est aliquid existens, similiter dicatur de aliis complexe significabilibus." (*MD*, 1ra)

18 "Secunda conclusio est quod nulla relatio secundo modo dicta, scilicet ut est aliquid tantum complexe significabile, est aliqua res vel entitas." (*In I Sent*, 131va)

19 "Secunda conclusio, videlicet, quod nullum peccatum actuale, loquendo proprie, ut supra, de tali peccato, est aliqua entitas. Probatur primo ex dictis, quoniam nullum tantum complexe vel equivalenter significabile est aliqua entitas (hec probata fuit in primo libro, distinctio 28, quaestio prima). Sed omne peccatum actuale est huismodi, ut patet ex primo correlario precedentis conclusionis, igitur, etc." (*In II Sent*, 120ra) Pardo da noticia de estas reflexiones en *MD*, 1rb.

20 Y, en consecuencia, la ciencia no tendría objeto, cosa que Gregorio se niega a admitir: "Et ulterius concedo aliud quod infertur, scilicet 'nihil est obiectum

el significado de la proposición como una cierta cosa, Gregorio propone una ontología que se extiende más allá de las entidades existentes, incluyendo cosas que, aunque no existen, pueden ser calificadas también como entidades. Y así, las palabras *"aliquid"*, *"ens"*, *"res"* no sólo se toman por las cosas existentes, sino que pueden aplicarse también a lo no existente. Pardo explica cómo Gregorio distingue tres sentidos de estas expresiones[21]:

Un primer sentido, el más amplio, de los términos *"aliquid"*, *"ens"* y *"res"* es el que abarca todo *complexe significabile*, tanto verdadero como falso[22]. Un segundo sentido, más estricto, es aquel en que se toman estos términos por un *complexe significabile* verdadero[23]. El tercer sentido, el más estricto, es el que tienen habi-

sicientie', sive hec propositio sit affirmativa et valeat istam 'non ens est obiectum scientie', sive negativa valens hanc 'nullum ens est obiectum scientie', eodemmodo quo prius accipiendo 'ens'. Sed ulteriorem consequentiam nego, qua dicitur: 'ergo scientia nullum habet obiectum'." (*In I Sent*, 2ra)

21 "Et si queras utrum possit concedi quod complexe significabilia sint aliquid, respondet hec opinio quod 'aliquid', 'ens' et 'res' tripliciter possunt capi. Uno modo, large, pro omni complexe significabili, sive sit verum sive falsum, et hoc modo capit philosophus in postpredicamentis, cum dicit 'ab eo quod res est vel non est oratio vera vel falsa dicitur', id est, ab eo quod complexe significabile dicitur verum vel falsum oratio vera vel falsa dicitur (sed qualiter propositio dicatur vera vel falsa a complexe significabili, postea dicetur), in quo dicto satis patet Aristotelem cepisse 'rem' pro complexe significabili. Alio modo capitur 'res' magis stricte, pro complexe significabili vero, et hoc modo capit Aristoteles in primo Posteriorum, cum dicit 'quod non est ens non scitur', vult enim habere quod scientia non habetur de complexe significabili falso, sed solum de complexe significabili vero. Tertio modo capiuntur isti termini 'ens', 'res', 'aliquid', strictissime, ut significant aliquam entitatem existentem in rerum natura." (*MD*, 1ra)

22 Pardo simplifica el texto de Gregorio, que hace referencia también a los significables incomplejos. Para Gregorio todo significable puede decirse en cierto modo "ente": "Uno modo communissime, secundum quod omne sigificabile complexe vel incomplexe, et hoc vere vel false, dicitur res et aliquid." (*In I Sent*, 1vb)

23 También aquí Pardo corrige a Gregorio, que habla de los significables verdaderos, tanto complejos como incomplejos: "Alio modo sumuntur pro omni significabili complexe vel incomplexe, sed vere, id est, per veram enuntiationem." (*In I Sent*, 2ra) Sin embargo, la explicación final, según la cual se trata de los significables mediante una enunciación verdadera, parece justificar la eliminación de los *incomplexe significabilia*, que no son significables mediante una enunciación sino mediante expresiones incomplejas.

tualmente las palabras *"ens"*, *"res"* y *"aliquid"*, cuando significan las entidades que existen en la realidad.

Los dos primeros sentidos se justifican apelando a la autoridad de Aristóteles. Si Gregorio encuentra el sentido más amplio de "cosa" en la afirmación de Aristóteles "porque la cosa es o no es la oración se dice verdadera o falsa"[24], Pardo lo interpreta del siguiente modo: en su opinión, lo que Aristóteles quiere decir es que una proposición se dice verdadera en virtud de un *complexe significabile* verdadero, y una proposición se dice falsa en virtud de un *complexe significabile* falso; por eso es evidente que en aquel pasaje Aristóteles entiende "cosa" en el sentido amplio, como un *complexe significabile* cualquiera, ya sea verdadero o falso. Pero Pardo extrae de las palabras de Gregorio más de lo que de hecho dicen: el texto de Gregorio no habla del carácter verdadero o falso de los *complexe significabilia*, ni los pone como causa de la verdad o falsedad de las proposiciones. Gregorio habla, simplemente, del ser de los *complexe significabilia*: porque el hombre no es burro se dice falsa la proposición *"Homo est asinus"*, y porque el hombre es blanco se dice verdadera la proposición *"Homo est albus"*[25].

Por lo que respecta al segundo sentido intermedio, su justificación se puede encontrar en la declaración de Aristóteles de que

---

24 *Categorías*, 5, 4b 8-10 y 12, 14b 21. Gregorio alude explícitamente a este segundo lugar, y cita también el pasaje en el que Aristóteles llama "cosas" a los significados de las proposiciones contradictorias (*Categorías*, 10, 12b 15): "Isto modo philosophus in postpredicamentis, capitulo de oppositis, significata propositionum contradictoriarum vocat 'res', ut ibi patet, et eodem modo accipitur 'rem' ibidem caso de priori, cum ait 'dum res est vel non est, oratio vera aut falsa necesse dicatur esse'." (*In I Sent*, 1vb) Acerca del uso y sentido de *"pragma"* en Aristóteles, ver L. M. de Rijk, "The anatomy of the proposition: logos and pragma in Plato and Aristotle", *Logos and pragma*, 33-40.

25 Así es como explica Gregorio el sentido de *"res"* en el pasaje citado de Aristóteles: "Non enim quia homo non est, aut quia asinus non est, ista oratio 'homo est asinus' est falsa, sed quia homo non est asinus; nec quia homo est, aut quia albedo est, aut etiam quia homo et albedo sunt, ideo hec est vera 'homo est albus', sed quia homo est albus, et ideo 'res' ibi accipitur pro significato totali propositionis, scilicet per hominem esse album." (*In I Sent*, 1vb)

"no se sabe lo que no es ente"[26]. Lo que Aristóteles quiere decir, explica Pardo, es que sólo son objeto de ciencia los *complexe significabilia* verdaderos y no los falsos. Es decir, Aristóteles toma aquí "ente" por un *complexe significabile* verdadero.

Los pasajes de Aristóteles parecen justificar, así, la calificación del *complexe significabile* como una entidad. Pero los adversarios de Gregorio de Rímini tratarán de exigirle más precisión. Si ha encontrado un lugar en su ontología para el significado de la proposición, debe indicar cuál es exactamente ese lugar, qué tipo de entidad es esa entidad no existente: ¿es sustancia o accidente?, ¿es creador o criatura? La respuesta ofrecida por Pardo es que el *complexe significabile* no puede situarse bajo ninguna de estas categorías. Las distinciones entre sustancia y accidentes o creador y criatura sólo caben cuando se habla de entidades en el sentido más estricto, de entidades existentes. Si el *complexe significabile* no es ente en el tercer sentido (no es algo existente), no puede decirse que sea creador ni criatura, sustancia ni accidente[27]. Gregorio discute este último punto en su comentario a la distinción 28: al hablar de las relaciones entendidas como *complexe significabilia*, Gregorio niega que puedan calificarse de entidades. Si lo fueran, serían o una sustancia o alguno de los accidentes, pero los entes categoriales son significables mediante términos simples, no mediante un complejo proposicional[28].

---

26 *Segundos analíticos*, I, 2, 71b 25. Gregorio cita también otros pasajes de Aristóteles (*Metafísica* 1017a 31 y 1027b 18): "Et sic accipitur philosophus quinto Metaphisicae, capitulo de ente, ubi distinguit 'ens' in eo quod significat essentia et quod significat verum, et falsum dicit esse non ens. Et idem sexto Metaphisicae, circa finem, quod autem inquit ut verum ens, et non ens ut falsum, 'quoniam secundum compositionem et divisionem, etc'. Sic etiam accipit 'non ens' primo Posteriorum, cum ait 'quod non est non est, id est, non contingit scire, ut quod diameter sit symeter'." (*In I Sent*, 2ra)

27 "Hoc modo ens dividitur in substantiam et accidentes, in creatorem et creaturam, ita quod nichil est substantia vel accidens, creator vel creatura, nisi sit ens tertio modo. Et cum complexe significabilia non sunt ens tertio modo, id est, non sunt aliquid existens, neque sunt creator neque creatura, substantia aut accidens." (*MD*, 1ra)

28 "Omnis entitas est substantia, vel quantitas, vel qualitas, vel aliquod aliud significabile per aliquod praedicamentum, nullum tantum complexe significabile

Respecto a la cuestión de si los *complexe significabilia* son creador o criaturas, Pardo trata de responder a una pregunta más concreta, *"an Deum esse sit Deus"*. Según él, el *complexe significabile Deum esse* no es ni creador ni criatura, porque no es un ente en sentido estricto. No es absurdo, en su opinión, decir que hay algo que no es Dios ni criatura, siempre que ese "algo" esté entendido en el primer o segundo sentido[29]. Gregorio se ocupa del problema en la primera cuestión del prólogo, como respuesta a una objeción contra su tesis de que el objeto de la ciencia es el significado total de la conclusión, y no la conclusión misma ni la cosa extramental. La objeción argumenta de este modo: el significado de *"Deus est"* es *Deum esse*, y este significado puede ser el objeto de alguna ciencia, según Gregorio; pero *Deum esse* no es nada distinto de Dios (puesto que, si todo excepto Dios desaparece, Dios es). Por lo tanto, el objeto de la ciencia sería una cosa extramental, porque Dios es la más verdadera realidad extramental[30]. Gregorio invalida la argumentación y explica que *Deum esse* no es una entidad distinta

---

est substantia, vel quantitas, etc, ergo nullum tale est entitas. Maior patet, secundum omnes. Minor etiam patet, quia omnis substantia, vel quantitas, etcetera, est significabilis per aliquod praedicamentum, vel per terminum praedicamenti. Nullum autem tale est complexum: accipio enim 'complexum' quod significat esse vel non esse, seu quod est affirmatio vel negatio. [...] Si ergo complexum non significat aliquam aliam entitatem ab his quae significantur per praedicamenta, et omnis entitas significabilis per praedicamenta est incomplexe significabilis, igitur nullum tantum complexe significabile est entitas." (*In I Sent*, 131v)

29 "Ita quod si quis querat an Deum esse sit Deus, dico quod non est Deus neque creatura, substantia aut accidens, quia solummodo ens tertio modo est substantia vel accidens, Deus vel creatura. Et si dicas: absurdum est dicere quod aliquid est quod non est Deus neque creatura, ergo complexe significabilia sunt Deus vel creatura, responderet quod inconveniens est quod sit aliquid tertio modo et quod non sit creator neque creatura, sed non est inconveniens quod aliquid primo vel secundo modo non sit creator neque creatura." (*MD*, 1rb)

30 "Tertio, ex tertia conclusione argui potest contra secundam. Nam significatum istius propositionis scibilis 'Deus est' est Deum esse, hoc enim ipsa significat, et hoc potest esse obiectum alicuius scientie et assensus; sed Deum esse non est aliud quam Deus, quod probatur: quia omni alio a Deo circunscripto, Deus est. Ergo, cum Deus sit vera, immo verissima et summa res extra animam, aliquod obiectum scientie est res extra animam, quod est contra conclusionem secundam." (*In I Sent*, 1 b)

de Dios, pero tampoco es Dios, sino que no es ninguna entidad, en el sentido estricto de "entidad"[31].

Por otra parte, el hecho de que los significados de las proposiciones sean, según Gregorio, entidades no existentes dificulta su comparación, y pone así en peligro nociones básicas como la sinonimia o la distinción entre términos y proposiciones: la noción de sinonimia implica la calificación de dos *complexe significabilia* como "el mismo" (se dice que dos proposiciones son sinónimas cuando tienen el mismo significado), y la distinción entre términos y proposiciones envuelve la calificación de los *complexe significabilia* como "distintos" (para que la distinción entre términos y proposiciones tenga sentido, es preciso que una proposición signifique algo distinto de lo que significa un término simple). Pero "lo mismo" y "distinto" sólo pueden atribuirse a entidades existentes. Si un *complexe significabile* no es algo existente, no podrá decirse que dos proposiciones tienen el mismo significado, o que una proposición significa algo distinto de lo que significa un término (y tampoco que distintas proposiciones signifiquen cosas distintas).

El problema desaparece si "el mismo" y "distinto" pueden tomarse también en un sentido amplio. Para justificarlo, Pardo aporta un argumento de autoridad: muchos doctores, en ocasiones, atribuyen *"aliquid"*, *"aliud"* y *"diversum"* a lo no existente[32].

---

31 "Ad tertium, concedo quod Deum esse non est aliud, id est, alia entitas quam Deus, nec tamen est Deus, sed nulla omnino entitas est. Nec sequitur: 'omni alio a Deo circunscripto, Deus est, ergo Deus est Deum esse'. Sicut etiam non sequitur: 'omni alio ab homine circunscripto, homo non est, ergo homo est hominem non esse'; nec sequitur: 'omni alio ab homine et Deo circunscripto, homo est iustus, ergo homo est hominem iustum esse, vel homo est hominem, Deo posito vel non circunscripto, iustum esse', nam utrobique antecedens est verum et consequens falsum. Et innumerabiles alie instantie possent dari." (*In I Sent*, 2ra)

32 "Ex isto modo declarandi, infertur quod nulle propositiones habent idem significatum et quod omnes propositiones non sunt aliud quam unus terminus simplex: 'idem' enim et 'diversum' non proprie attribuitur nisi rei existenti, ideo complexe significabile non est aliud nec idem, cum non sit existens. Verum multotiens doctores utuntur his vocabulis 'aliquid', 'aliud', 'diversum', attribuendo non existenti, nam inquit Anselmus: 'Multa dicuntur 'aliquid' secundum formam loquendi que non sunt aliquid, quoniam sic loquimur de eis sicut

Esta explicación está tomada, casi literalmente, de la distinción 28 del comentario al primer libro de las *Sentencias*, donde Gregorio se enfrenta a la objeción de que aplicar *"aliud"* a los *complexe significabilia* implica su admisión como entidades: allí explica en qué sentido un *complexe significabile* puede ser distinto de otro y en qué sentido es un algo, y expone numerosos argumentos de autoridad[33].

Las peculiares entidades no existentes que Gregorio propone como significados de las proposiciones tienen otra característica especial: se trata de entidades compuestas. Este carácter compuesto suscita un nuevo problema, el de la relación entre el *complexe significabile* y sus partes, del que me ocupo a continuación.

1.1.2. El complexe significabile *y sus partes*

Pardo asume que el *complexe significabile* de Gregorio es una entidad compuesta. En ninguno de los pasajes señalados de *In Primo Sententiarum* aparece una declaración explícita del carácter compuesto del *complexe significabile,* aunque sí es cierto que en algún momento Gregorio habla de "las partes" del *complexe signi-*

---

de rebus existentibus'. Hoc satis explanat doctor cuius est iste modus dicendi." (*MD*, 1rb)

33 "Secundo, Augustinus 'De fide ad Petrum' capitulo secundo, dicit quod aliud est genuisse quam natum esse, aliudque procedere quam genuisse vel natum esse. Et constat quod isti infinitivi sumuntur verbaliter et implicando supposita, et per consequens complexe, ac si diceretur 'aliud est aliquem genuisse quam natum esse, etc'. Sed omne quod est aliud ab alio est aliqua entitas secundum se, nam purum nihil vel non ens non est aliud ab ente nec a non ente. [...] Ad secundum, dico quod sicut est aliud, ita est aliquid. Est autem aliud complexe tantum significabile, et ita etiam est aliquid significabile complexe, non autem est aliquid, id est, aliqua entitas secundum se. Et isto modo etiam non est aliud, id est, alia entitas. [...] Et quod non omne quod aliquo modo dicitur aliquid sit aliqua essentia vel entitas secundum se, satis patet per Anselmum 'De casu diaboli' capitulo undecimo: 'multa, inquit, dicuntur 'aliquid' secundum formam loquendi, quae non sunt aliquid" (*In I Sent*, 131vb-132ra)

ficabile[34]. El significado de una proposición, en la interpretación que Pardo hace de la doctrina de Gregorio, resulta ser no sólo un *complexe significabile* (el significado de una proposición pertenece al tipo de entidades a las que corresponde ser significadas mediante una expresión compleja) sino también un *complexum significabile* (el significado de la proposición es él mismo una entidad compleja).

La idea del *complexe significabile* como una entidad compuesta procede, sin duda, de la creencia en que la estructura de los signos lingüísticos reproduce la estructura de lo significado por ellos. El carácter compuesto de la proposición, cuyas partes son los términos, parece responder a una composición semejante en lo significado por la proposición, cuyas partes habrán de ser, por tanto, los significados de los términos. Así, puesto que las partes esenciales de la proposición son el sujeto y el predicado, las partes del significado de la proposición serán las entidades significadas por sujeto y predicado. Por ejemplo, según esta interpretación, hombre y animal son las partes del *complexe significabile hominem esse animal*, porque *"homo"* y *"animal"* son las partes de la proposición *"Homo est animal"*.

La expresión que habitualmente se utiliza como nombre del *complexe significabile*, el *dictum*, da cuenta de este carácter complejo, puesto que él mismo es también una expresión compleja: el *dictum* tiene un sujeto, un predicado y un verbo, aunque no se trate de un verbo en forma personal. Si el *complexe significabile* tiene unas partes que se corresponden con las partes de la proposición que lo significa, esas mismas partes quedan reproducidas en el *dictum* que se utiliza para nombrarlo.

De acuerdo con esto, no es extraño que Pardo aborde el problema de la naturaleza de las partes del *complexe significabile* a través de las partes del *dictum* correspondiente. Para descubrir

---

34 Por ejemplo, en *In I Sent*, 2rb: "Ad secundum, nego antecedens. Ad probatione, dicendum quod nec conclusio demonstrationis nec res aliqua extra est obiectum, sed significatum adequatum conclusionis; quod quidem, neque ipsum nec aliqua eius pars est aliqua res, sicut ibi 'res' sumitur, scilicet, pro aliqua essentia vel entitate existente in rerum natura."

cuáles son las partes del *complexe significabile* debe investigarse cuál es la realidad importada por cada una de las partes del *dictum* que nombra ese *complexe significabile.*

El problema al que se enfrenta la tesis de Gregorio es el siguiente: si un *complexe significabile* está compuesto por las entidades significadas por los extremos de la proposición (o del *dictum*), se sigue que el *complexe significabile* está compuesto por entidades existentes. Por ejemplo, si el significable complejo *hominem esse animal* está compuesto por el hombre y el animal significados por *"hominem"* y *"animal"*, las partes de este complejo son entidades existentes.

Sin embargo, admitir que el *complexe significabile* se compone de existentes llevaría a negar la tesis principal de Gregorio. En efecto, puede argumentarse así:

(1) Todo lo que se compone de existentes es algo existente,

(2) pero el *complexe significabile* se compone de existentes,

(3) por lo tanto, el *complexe significabile* es algo existente[35].

La premisa (1), según indica Pardo, está fuera de toda duda. Para responder a la objeción habrá que revisar, por tanto, la premisa (2), la que afirma que las partes del *complexe significabile* son entidades existentes[36].

Pardo conduce la argumentación con el ejemplo del *dictum "hominem esse animal"*, tratando de determinar cuáles son las entidades significadas por las partes del *dictum*, ya que estas entidades serán las partes del *complexe significabile* importado por él. Pardo se pregunta si el término *"hominem"* importa la cosa que es hombre (*illa res que est homo*), porque, en ese caso, parece difí-

---

35 "Omne illud quod componitur ex aliquibus existentibus est aliquid existens, sed complexe significabile componitur ex aliquibus existentibus, igitur complexe significabile est aliquid existens. Maior est nota et minor probatur, quia capio illud complexe significabile hominem esse animal, illud complexe significabile componitur ex homine et animali." (*MD*, 1rb)

36 Esta revisión, sin embargo, mantiene intacto el presupuesto del carácter compuesto del *complexe significabile*.

cil explicar cómo de esa cosa puede resultar una nada (un algo no existente), el *complexe significabile*[37].

a) Si se sostiene que *"hominem"* importa el hombre existente, la no existencia de *hominem esse animal* podría explicarse como causada por la no existencia de alguna otra de sus partes. Si las partes del *complexe significabile* son las entidades significadas por las partes del *dictum*, el *complexe significabile* tendrá dos partes existentes: lo significado por el sujeto del *dictum* y lo significado por el predicado del *dictum* son entidades existentes. Sólo queda, por tanto, un elemento del que podría proceder la no existencia del *complexe significabile*: el infinitivo *"esse"*[38].

La no existencia del *complexe significabile* queda garantizada, así, por la peculiar significación del verbo "ser"[39]. Pero si el *complexe significabile*, importado por el *dictum*, no es algo existente y sí lo son las entidades importadas por sujeto y predicado, es necesario explicar en qué sentido el *complexe significabile* no existente puede tener alguna parte existente. Para defender esta postura, la estrategia que debe adoptarse es fingir como entidad al *complexe significabile*, de modo que, por ejemplo, *hominem esse animal* sea "a su manera" una entidad como las cosas existentes, y así pueda relacionarse "de algún modo" con el hombre y el animal como todo y partes[40].

---

37 "Pro huius argumenti dissolutione quod opinionem directe impugnat, inquirendum est an illa res que est homo importetur per ly 'hominem', quod si ita est, mirum est quomodo ex illa re resultat unum nichil, scilicet complexe significabile." (*MD*, 1rb)

38 "Respondeo: occulta significatio illius infinitivi 'esse' fuit in hanc diversitatem occasio deveniendi, quod enim significatur per ly 'hominem' aliquid est, similiter quod significatur per ly 'animal' aliquid <est>, ergo non existentiam ex parte de ly 'esse' coacti ponunt provenire (que autem sit significatio de ly 'est', postea ostendetur)." (*MD*, 1rb)

39 Recuérdese su significación sincategoremática, que es interpretada por algunos como un significar de un modo sin significar ninguna cosa o cosas.

40 " Istam ergo entitatem fingendo, diceretur quod hominem esse animal suo modo est una entitas, sicut aliqua res existens, et quoddammodo se habet ad hominem et animal sicut totum ad partes." (*MD*, 1rb)

b) Pero puede también responderse negativamente a la pregunta de si *"hominem"* importa la cosa existente. En ese caso, el hombre que es parte del *complexe significabile hominem esse animal* no es el hombre considerado como existente, sino considerado como significable (como *incomplexe significabile*). La cosa que es parte de un *complexe significabile* es la cosa en cuanto conocida, y no en cuanto existente[41]. Según esta interpretación, del mismo modo que el *complexe significabile* es para Gregorio una entidad en sentido amplio, también sus partes, *incomplexe significabilia*, serían entidades en sentido amplio, pero no entidades existentes[42].

Pardo no queda satisfecho con esta respuesta, pues advierte una asimetría entre *complexe* e *incomplexe significabile*: aunque ambos son entidades no existentes (considerados en cuanto significables), un *incomplexe significabile* sí puede existir en la realidad, con lo que vuelve a surgir el problema de la heterogeneidad del todo y sus supuestas partes. Pardo parece preferir, por tanto, la primera explicación de la no existencia del *complexe significabile*[43].

Sin embargo, más adelante recurre a la noción de *incomplexe significabile* para responder a una objeción contra la tesis de Gregorio. Esta objeción, tomada de Andrés de Novocastro (fl.

---

41 "Posset etiam probabiliter dici quod illa res que est homo, ut est unum <in>complexe significabile, id est, ut cognita, quoddammodo potest dici pars illius, et ipsa non habet existentiam ut sic cognita, quod est dicere quod, dato quod non existeret, esset incomplexe significabilis et pars suo modo complexe significabilis." (*MD*, 1rb-va)

42 Pardo compara las cosas en cuanto significadas con las segundas intenciones de Escoto, porque se fundan en la realidad según el ser conocido, y no según el ser real. "Et ita assimilaretur illis secundis intentionibus quas ponit doctor subtilis fundari in re secundum esse cognitum, et non secundum esse reale. Et consequenter diceretur quod, sicut iste doctor vocat complexe significabilia entia large, ita incomplexe significabile, ut Antichristus est ens large capiendo 'ens', ut se extendit ad incomplexe significabile." (*MD*, 1va)

43 "Nec tamen omnino simile est de complexe significabili et incomplexe significabili, quia illam entitatem que de facto est complexe significabile non est possibile existere in rerum natura, bene autem illam que est incomplexe significabile, ideo difficile est substinere talia figmenta." (*MD*, 1va)

1360)[44], cuestiona la relación entre el *complexe significabile* y sus partes, en el caso especial de la proposición *"Deus est"*. Andrés de Novocastro se ocupa de este problema en la segunda cuestión del prólogo de su *Primum scriptum Sententiarum*, donde trata de probar que *Deum esse* es idéntico a Dios mismo. Si no lo fuera, o bien incluiría formal e intrínsecamente a Dios como parte suya, o bien serían dos inteligibles materialmente distintos. Andrés demuestra la falsedad de ambas posibilidades[45], pero Gregorio no puede admitir que *Deum esse* sea idéntico a Dios: por tanto, deberá escoger una de las partes de la alternativa.

Si *Deum esse* y Dios fueran cosas absolutamente independientes, se seguiría que se podría entender *Deum esse* sin entender a Dios. Pero esto es imposible, porque Dios se identifica con su propio ser: no puede pensarse uno sin pensar el otro. Por tanto, el significable *Deum esse* incluye formalmente a Dios. Pero si *Deum esse* incluye a Dios, este *complexe significabile* deberá ser una entidad existente, porque no podría incluir a Dios, una entidad existente, si no lo fuera también él mismo[46].

---

44 A partir de unos datos biográficos escasos y contradictorios, H. Élie sólo se atreve a afirmar que Andrés de Novocastro fue un franciscano del monasterio de Neufchâteau en la Lorena, que escribió un comentario del primer libro de las *Sentencias* y un tratado sobre la concepción de la Virgen. Según Élie, su comentario a las *Sentencias* tuvo una considerable influencia en los lógicos del colegio de Monteagudo. Ver "André de Neufchâteau, dit 'le Docteur très ingénieux'" en H. Élie, *Le complexe significabile*, 227-252. Élie incluye en su obra una traducción de los pasajes más importantes de su *Primum scriptum Sententiarum* en relación con el problema del *complexe significabile*: H. Élie, *Le complexe significabile*, 83-139. Mis citas se referirán a esta traducción.

45 H. Élie, *Le complexe significabile*, 99. Para Andrés de Novocastro, Deum *esse* y Dios se identifican, porque el significado de una proposición no es nada distinto de las entidades significadas por los extremos: es la cosa en un cierto estado que hace la proposición verdadera. Ver G. Nuchelmans, *Theories of the proposition*, 256.

46 "Contra istam primam conclusionem arguit primo unus doctor (in marg: Andreas de Novocastro): accepto hoc complexe significabili Deum esse, quero an includat formaliter Deum aut non, sed sunt omnino disparata. Si secundum, sequeretur quod aliquis posset intelligere Deum esse qui tamen non intelligeret Deum, quod est manifeste falsum. Si primum, habetur intentum, non enim videtur

Pardo explica cómo debe entenderse la primera parte de esta argumentación para no alcanzar un resultado incómodo en la segunda: cuando se dice que no puede pensarse *Deum esse* sin pensar a Dios, se considera a Dios en cuanto *incomplexe significabile*. Es en cuanto *incomplexe significabile* (y no en cuanto entidad existente) como Dios es parte del significable *Deum esse*. No se sigue, por tanto, la existencia del *complexe significabile*, y la opinión propuesta es, así, compatible con la tesis central de Gregorio[47].

1.1.3. Otras características del complexe significabile

La ontología de Gregorio de Rímini no sólo crece con estas entidades no existentes que son los *complexe significabilia*, sino que crece infinitamente. Gregorio sostiene que toda proposición, construida de hecho o meramente posible, tiene su propio *complexe significabile*. Puesto que el número de proposiciones que pueden construirse es infinito, se sigue una infinitud de *complexe significabilia* actuales (aunque no existentes)[48].

Pardo destaca que Gregorio debe admitir una infinitud actual de *complexe significabilia*, y no sólo un proceso al infinito, conclusión más débil que algunos otros autores estarían dispuestos a admitir. En efecto, podría admitirse una infinitud potencial de *complexe significabilia* a partir del significado de una primera proposición: la proposición *"Homo est"* tiene un significado del que puede afirmarse el ser, aunque sea en sentido impropio, como

---

ymaginabile aliquid formaliter includere entitatem quin ipsum sit ens." (*MD*, 1rb)

47 "Per hoc, ad argumentum dicendum est enim quod non potest quispiam intelligere Deum esse quin intelligat Deum, saltem sub ratione incomplexe significabilis, quia includit illud quasi partem." (*MD*, 1va)

48 "Si ulterius inferretur: si quelibet propositio habet suum proprium complexe significabile, sequeretur quod tot essent complexe significabilia quot sunt propositiones possibiles, et sic actu esset infinita multitudo entium secundo et tertio modo. Respondeo: hoc consequens necessario hec opinio habet concedere, ut satis intuenti notissimum est." (MD, 1vb)

no existente (mediante la proposición *"Hominem esse est"*); esta nueva proposición tendrá un significado, *hominem esse esse*, del que también podrá afirmarse el ser (mediante la proposición *"Hominem esse esse est"*); y de este modo pueden generarse nuevos *complexe significabilia* hasta el infinito[49].

Si Gregorio admite un significado para cada proposición, construida de hecho o no, se sigue que los *complexe significabilia* son eternos: subsisten de algún modo, fuera de todo lugar y todo tiempo, dispuestos a ser significados por la proposición correspondiente[50]. Se verá, además, cómo los *complexe significabilia* no sólo "son", sino que son verdaderos o falsos desde la eternidad, sin que esto comprometa el artículo de fe según el cual no hay verdades eternas distintas de Dios[51].

Por otra parte, si los *complexe significabilia* de Gregorio son los objetos de la ciencia, deben ser eternos y necesarios, porque éstas son las características del objeto de la ciencia. El problema es el de hacer compatible la tesis, que Gregorio mantiene, de que nada distinto de Dios es necesario, con la afirmación de la necesidad del objeto de la ciencia, sin convertir en dioses a los *complexe significabilia*[52]. Gregorio explica en qué sentido pueden decirse

---

49 "Nec solum oporteret processum infinitum inferre, ut aliqui inferunt, quia si homo est, hominem esse est, et ulterius significatio istius 'hominem esse est' est, et sic in infinitum, sed etiam infinitas est concedenda." (*MD*, 1vb) Entre los que se oponen a esta tesis se encuentra Pablo de Venecia: "Sexto, sequitur quod si Deus est, infinita sunt quorum nullum est Deus. Patet, quia si Deus est, Deum esse est. Et si Deum esse est, Deum esse esse est. Et sic in infinitum, multiplicando complexe significabilia. Consequens est dissonum veritati. Mirabile est enim quod non possit aliquid esse nisi infinita sint et infinities infinita." En F. del Punta (ed.) y M. M. Adams (trad.), *Pauli Veneti Logica Magna*, II (6), University Press, Oxford, 1978, 102.

50 Los *complexe significabilia* parecen pertenecer a un "tercer reino" como los pensamientos de Frege.

51 Ver la sección 1.3.2 de este capítulo.

52 "Secundo, de talibus significatis propositionum videtur nullo modo posse dici quod sint eterna et ex necessitate, et non contingentia taliter se habere, ergo non sunt obiecta scientiarum. Assumptum patet, quia sicut supra tangebatur, nihil aliud a Deo est necessarium. Hec autem significata non sunt Deus, ergo etcetera." (*In I Sent*, 1vb)

eternos y necesarios los significados de las proposiciones científicas: porque no pueden ser de otra manera, y siempre "son", aunque no sean entidades existentes[53].

Por último, Pardo destaca que el *complexe significabile* de Gregorio es una entidad singular, única para cada proposición y sus sinónimas: el *dictum* correspondiente a cada proposición es, así, el nombre propio de esta entidad[54]. En la sección 1.2.2.2 examinaré algunas consecuencias de esta idea. Antes de eso, me detendré en otras cuestiones importantes acerca de la relación del *complexe significabile* con el lenguaje y el conocimiento.

1.2. Conocimiento y lenguaje

Un buen modo de investigar las características del *complexe significabile* de Gregorio es a través de su relación con el lenguaje y el conocimiento. ¿Puede una entidad no existente causar una noticia cognoscitiva? ¿Qué tipo de significación conecta una expresión compleja (la proposición) con una entidad compleja e inexistente (el *complexe significabile*)? ¿Qué criterios gramaticales y lógicos deben aplicarse a las expresiones que usan un *dictum* como nombre del *complexe significabile*? Estos son los problemas de los que se ocupa Pardo, y a los que atenderé en las secciones 1.2.1, 1.2.2 y 1.2.3 a continuación.

---

53 "Ad secundam, dicendum quod non ideo dicuntur scientie esse de eternis et necessariis etcetera, quia earum obiecta dicuntur entitates quedam eterne et necessarie, quoniam nulla entitas alia a Deo, sive in anima sive extra animam, est eterna et necessaria; sed ideo dicuntur esse de necessariis, quia ea que sciuntur non contingit non sic esse. Ubi gratia hoc scibile: super quamlibet lineam rectam finitam posse triangulum equilaterum collocari, ideo dicitur necessarium, quia necesse est super quamlibet lineam etcetera posse triangulus equilaterus collocari, et dicitur eternum, quia semper super quamlibet huius lineam potuit et poterit triangulus etcetera. Et edoem modo cetera scibilia que proprie scibilia dicuntur, ut pote que sunt significata conclusionum syllogismorum demonstratorum, intelligi debent necessaria et eterna, et similiter obiecta propositionum aliarum necesariarum." (*In I Sent*, 2ra)

54 Ver la nota 70.

1.2.1. El complexe significabile *y la noticia cognoscitiva*

Si el *complexe significabile* es objeto de nuestro conocimiento, habrá un acto cognoscitivo (*notitia*) por el cual sea conocido. Pero todos nuestros actos de conocimiento tienen una causa: ¿cuál es la causa de la noticia por la que conocemos un *complexe significabile*?

Hay quienes responden que el propio *complexe significabile* es la causa de su noticia: el objeto conocido (por ejemplo, el significable *hominem esse animal*), es la causa de la noticia por la que el intelecto lo conoce. Pero esta idea es incompatible con la tesis principal de Gregorio, que sostiene la no existencia del *complexe significabile*. Si el *complexe significabile* fuera causa de algo, debería ser él mismo algo existente, puesto que el causar es un privilegio exclusivo de lo existente[55].

Pardo concede que lo no existente no puede ser causa de nada. Por tanto, si se desea evitar la conclusión de que el *complexe significabile* es algo existente, deberá rechazarse la otra premisa: el *complexe significabile* no puede ser la causa eficiente de su propia noticia. En consecuencia, la causa de la noticia por la que un *complexe significabile* es conocido deberá buscarse en otra realidad distinta de él[56].

---

[55] "Tertio sic arguitur: omne illud quod causat suam noticiam est aliquid existens. Ista propositio est clara, quia nichil causat suam noticiam quod non est, unde illud quod non est neque totaliter neque partialiter potest aliquid causare, cum causare (saltem in genere cause efficientis, materialis vel formalis) existentis sit proprietas. Sed complexe significabile causat suam noticiam, igitur complexe significabile est existens. Minor probatur, quia intellectus cognoscit hominem esse animal, et illa noticia non causatur nisi ab illo complexe significabili hominem esse animal, igitur complexe significabile causat noticiam." (*MD*, 1vb)

[56] "Respondetur quod necesse est dicere quod noticia que habetur de complexe significabili non causatur effective ab illo complexe significabili, quia ut bene probat argumentum illud quod non est existens non potest causare aliquid existens. Necesse est ergo dicere quod noticia complexe significabilis ab alio causatur quam a complexe significabili." (*MD*, 1vb)

Por otra parte, no todos los *complexe significabilia* tienen causas del mismo género: Pardo distingue varios tipos de *complexe significabile*, e indica para cada uno la causa de la noticia por la que es conocido. Así, conocimiento, error y fe tienen causas distintas, y, dentro del conocimiento, también los distintos tipos de *complexe significabile* (evidente, no evidente contingente, no evidente necesario) tendrán causas distintas. En el caso de una proposición evidente, la noticia por la que es conocido su significado es causada por las noticias de los extremos: por ejemplo, la noticia del significado de la proposición *"Omne totus est maior sua parte"* es causada por las noticias del todo, de la parte, y de lo mayor. Si el *complexe significabile* no es evidente y es, además, contingente, la noticia por la que es conocido es causada por las noticias intuitivas de los extremos (o por los hábitos que dejan esas noticias): por ejemplo, la noticia por la que es conocido *Petrum currere* es causada por la noticia de Pedro y por la noticia del correr. Si se trata, en cambio, de un significable necesario (aunque no evidente), la noticia por la que es conocido es causada por la noticia de otros *complexe significabilia*: por ejemplo, la noticia de *hominem esse risibilem* procede de la noticia de *hominem esse rationalem*. Por lo que respecta al *complexe significabile falso*, Pardo declara que la causa del error son las noticias imperfectas de cosas semejantes, y, por último, en cuanto al asentimiento de fe, indica que su causa es la opinión junto con la afección de la voluntad[57].

---

57 "Et si dicas: a quo causatur noticia complexe significabilis, dico quod duplex est complexe significabile. Quoddam est per se notum, et noticia illius causatur ex noticiis extremorum, ut ista propositio est per se nota 'omne totum est maius sua parte', noticia sui significati causatur ex noticia totius et ex noticia partis et ex noticia huius quod est maius. Aliud est complexe significabile non per se notum, et illud est duplex, quoddam est contingens, aliud est necessarium. Tunc dico quod noticia complexe significabilis contingentis causatur ex noticiis extremorum intuitivis, vel saltem ex habitibus derelictis ex noticiis intuitivis, ut noticia huius quod est Petrum currere causatur ex noticia Petri et ex noticia cursus. Sed aliud est complexe significabile necessarium tamen non per se notum, et noticia illius causatur ex noticiis aliorum complexe significabilium, ut cognosco hominem esse risibilem quia cognosco hominem esse rationalem (ista tamen materia habet videri in libris posteriorum). Et licet aliquo modo per ista dicatur de noticia complexe significa-

Gregorio habla de las causas de las noticias en el artículo tercero de la primera cuestión del prólogo: allí explica que hay varias clases de enunciaciones mentales, aunque no todas ellas son noticias. Las que lo son están causadas o bien por las noticias incomplejas de los extremos, o bien por otras noticias complejas que, a su vez, están causadas por las incomplejas, o por los hábitos de estas noticias[58]. El problema de la causa no constituye una objeción contra la no existencia del significado de la proposición, pues en ningún caso es el propio *complexe significabile* la causa de su noticia. Se trata de un tipo especial de objeto, cuya noticia es causada de modo indirecto, en último término a través de las noticias de las entidades incomplejas existentes.

Si puede cuestionarse la no existencia del *complexe significabile* considerado como inteligible, Pardo muestra que podría hacerse lo mismo considerando el *complexe significabile* como perceptible. Se puede argumentar que el *complexe significabile* es perceptible por los sentidos externos: por ejemplo, la vista percibe que la blancura es (*albedinem esse*), que es el significado de la proposición *"Albedo est"*. Pero todo lo perceptible por los sentidos es algo existente, por tanto, el *complexe significabile* es algo existente. Pardo responde que la vista no percibe que la blancura es, porque los sentidos externos no pueden tener noticias proposicionales,

bilis veri, non tamen de noticia, saltem iudicativa, complexe significabilis false, sed de ista erroris causatione philosophie relinquitur discutiendum, unde noticie imperfecte similium, erroris quo unum creditur aliud sunt causative. Assensus autem qui fides est quandocunque ex assensu altero causatur qui opinio est, opinio enim cum affectione voluntatis assensum firmum qui fides est causare potest." (*MD*, 1vb-2ra)

58 "Quedam immediate ex rerum intuitivis notitiis incomplexis tanquam ex partialibus causis, vel ex aliis complexis vel incomplexis ex illis mediate vel immediate causatis, seu ex habitibus ex talibus notitiis complexis derelictis causantur." (*In I Sent*, 4rb) Pardo reproduce literalmente el fragmento en *MD*, 15vb. En este examen de las causas de las distintas noticias proposicionales, son las noticias judicativas las que se toman en consideración: se trata de las causas que provocan el asentimiento o disentimiento. Para Gregorio de Rímini, toda proposición mental propiamente dicha es asentimiento o disentimiento: no hay proposición mental simplemente aprehensiva. Ver G. Nuchelmans, *Theories of the proposition*, 228-229.

los sentidos externos no pueden tener noticias proposicionales, sino que percibe la blancura que es. En cuanto a los sentidos internos, no es un problema que la imaginación pueda percibir un *complexe significabile,* porque todos admiten que puede haber imaginación de lo no existente. En conclusión, por parte de los sentidos nada puede objetarse a la no existencia del *complexe significabile*[59].

El *complexe significabile* de Gregorio queda, así, caracterizado como una entidad no existente y compleja, cuyas partes son las entidades significadas por las partes de la proposición. De su no existencia se sigue que el *complexe significabile* no es causa de la noticia intelectual por la que es conocido. De su carácter compuesto, como se verá a continuación, se sigue su especial relación significativa con la proposición y la elección de una expresión también compleja (el *dictum*) para referirse a él en nuevas proposiciones.

1.2.2. Complexe significabile *y lenguaje*

Del modo en que Pardo aborda la cuestión del significado de las proposiciones se infiere que, en su época, la relación significativa entre los términos y las entidades del mundo no era percibida como problemática: el lenguaje se ha constituido para significar las cosas. Sin embargo, cuando se introducen nuevas entidades como significados de las proposiciones, la relación signo-significado se hace más compleja, y debe ser cuidadosamente fundamentada. Como se ha dicho, hay dos maneras de ac-

---

59 "Et si quis arguat: omne illud quod percipitur a sensu exteriori est aliquid existens (ista propositio a communioribus et verioribus philosophis concessa est), sed illa entitas que est complexe significabile percipitur a sensu exteriori (patet ex eo quod visus percipit albedinem esse, que est significatum istius 'albedo est'). Respondeo, visus non percipit illud complexe significabile, nisi forsitan tenetur quod sensus exterior potest habere noticias propositionales. Si ergo concedatur quod percipit albedinem esse, hoc est verum in isto sensu: id est, percipit albedinem que de facto est. Fantasia tamen potest illud percipere tenendo communiorem opinionem, illa enim potest esse non existentis." (*MD*, 1va)

ceder lingüísticamente al significado de las proposiciones: mediante la proposición que lo significa y mediante el *dictum* que lo nombra. Cada una de estas relaciones presenta sus particulares problemas, de los que me ocupo a continuación.

1.2.2.1. El complexe significabile *y la proposición vocal*

Resuelta la cuestión del conocimiento, un nuevo problema para el *complexe significabile* de Gregorio es el de su conexión con la proposición vocal que lo significa. La conexión entre los signos del lenguaje vocal y sus significados debe ser de carácter convencional, no natural. Por si hubiera alguna duda, Pardo explica que la proposición vocal *"Homo est animal"* no significa *hominem esse animal* de manera natural propia, porque sólo las noticias (lenguaje mental) y no los signos vocales significan de este modo. Y tampoco la proposición *"Homo est animal"* significa *hominem esse animal* de modo natural común, porque éste es el modo de significarse un signo a sí mismo y a los semejantes a él, y no de significar las cosas distintas del signo mismo. Por lo tanto, la proposición vocal significa su significado de modo convencional[60].

Que un signo signifique por convención, y no de modo natural, parece implicar que ha habido un acto voluntario de imposición de ese signo para significar. Pero la proposición vocal es un signo compuesto, y los signos que la constituyen poseen significación por sí mismos, es decir, han sido impuestos para sig-

60 "Si ista propositio 'homo est animal' significet hominem esse animal, quod secundum te non esset aliquod existens, aut significat naturaliter proprie, aut naturaliter communiter, aut ad placitum, sed nullum est dicendum. Non primum, quia sola noticia vel conceptus significat naturaliter proprie illud quod per ipsum cognoscitur, modo loquor de ista vocali 'homo est animal', et clarum est de ista vocali 'homo est animal' que non significat naturaliter proprie hominem esse animal. Neque est dicendum secundum, puta, quod significet naturaliter communiter hominem esse animal, quia nihil significat naturaliter communiter aliud a se." (*MD*, 1va)

nificar separadamente. Si la proposición vocal ha de significar por convención y no de modo natural, esa significación que no posee por sí misma podrá adquirirla de dos modos: o bien significará en virtud de la imposición por la que sus partes ya han sido impuestas para significar, o bien habrá una nueva imposición de la proposición vocal como un todo para significar[61].

De acuerdo con la opinión de Gregorio, una proposición no puede significar su significado en virtud de sus partes. Por ejemplo, *hominem esse animal* no es significado por ninguna parte de la proposición *"Homo est animal"*: ni *"homo"*, ni *"animal"*, ni el *"est"* aislado significan *hominem esse animal*[62]. Como se ha visto, para Gregorio, el *complexe significabile* es un tipo de entidad al que corresponde ser significado de manera compleja, mediante la proposición, y no mediante los términos incomplejos: es una realidad *tantum complexe significabile.*

Pero *hominem esse animal* tampoco parece ser significado convencionalmente por la proposición vocal como un todo, puesto que nadie ha impuesto para significar la proposición *"Homo est animal"* como un todo. Es evidente que las proposiciones no son impuestas como un todo para significar, porque hay un número infinito de proposiciones que podrían construirse (y que significarían algo si se construyeran), pero que nunca han sido construidas y, por lo tanto, no han sido impuestas para significar. Si esas proposiciones, al ser construidas, significaran por imposición como un todo, sería porque quien las construye las impone para significar, cosa que no puede admitirse[63].

---

61 "Neque est dicendum tertium, scilicet, quod significet ad placitum, quia si significet ad placitum hominem esse animal, aut hoc esset secundum se totam, aut secundum suas partes." (*MD*, 1va)

62 "Non secundum [se totam], quia illud complexe significabile hominem esse animal non significatur per aliquam partem istius propositionis 'homo est animal'." (*MD*, 1va)

63 "Neque est dicendum primum, puta, quod significet hominem esse animal secundum se totam, quia nullus imposuit ad significandum istam propositionem 'homo est animal' secundum se totam, quia infinite propositiones formarentur quasi similes que nunquam fuerunt formate, ergo non imposuit aliquis ad

¿Cuál es entonces el modo en que el *complexe significabile* es significado por la proposición? Es innegable que las proposiciones vocales significan por convención, y no de modo natural. Por lo tanto, han recibido su significación por imposición. Y, sin embargo, también es cierto que la proposición como un todo nunca ha sido impuesta para significar. O quizá sí lo ha sido: Pardo distingue dos sentidos según los cuales puede entenderse la afirmación de que una proposición ha sido impuesta para significar[64].

Un signo puede ser impuesto para significar de modo primario e inmediato, pero ésta no es la imposición por la que, por ejemplo, la proposición *"Homo est animal"* significa *hominem esse animal*, porque la imposición primaria e inmediata corresponde únicamente a los signos incomplejos. Si puede decirse que la proposición ha sido impuesta para significar, ello será de manera mediata y secundaria, como resultado de la imposición para significar de sus partes incomplejas: el significado de la proposición, explica Pardo, resulta en cierto modo de los significados de las partes y, por eso, quien impone para significar a las partes impone *ex consequenti* a la proposición que puede formarse con esas partes. No hay una nueva imposición de la proposición como un todo para significar, sino que las significaciones de las partes fundan la significación del compuesto que resulta de ellas[65].

---

significandum illas propositiones, vel oporteret dicere quod, cum quis format propositionem, imponit eam ad significandum, quod est inconveniens." (*MD*, 1va)

64 "Ad istud argumentum respondeo quod ista propositio vocalis 'homo est animal' ad placitum significat hominem esse animal. Et cum dicitur ista propositio 'homo est animal' nunquam fuit imposita ad significandum hominem esse animal, respondeo: istam orationem 'homo est animal' esse impositam ad significandum hominem esse animal potest intelligi dupliciter." (*MD*, 1va)

65 "Vel fuit imposita ad significandum hominem esse animal primarie et immediate, et sic dico quod non, quia sola incomplexa primarie et immediate fuerunt imposita ad significandum. Alio modo potest intelligi quod fuerit imposita ad significandum mediate et ex consequenti vel secundario, et sic dico quod sic, nam significatum propositionis quodammodo videtur ex significatis partium resultare, et ideo, qui imposuit ad significandum partes propositionis ex consequenti imposuit ad significandum ipsam propositionem." (*MD*, 1vb)

Esta solución al problema de la imposición suscita dos nuevos problemas. En primer lugar, la tesis de que una proposición significa por convención en virtud de la imposición de las partes parece refutada por la proposición *"Buf est buf"*. Suele admitirse que *"Buf est buf"* es una proposición significativa que significa por convención *buf esse buf*, pero esta significación no puede proceder de la imposición de las partes, ya que *"buf"* es un término no significativo, que no ha sido impuesto para significar. La respuesta ofrecida por Pardo es que hay otra parte de la proposición, la cópula, que sí ha sido impuesta para significar y de cuya significación deriva la significación de la proposición como un todo[66].

En segundo lugar, el hecho de que esta imposición *ex consequenti* dé cuenta de la significación de toda proposición posible, construida de hecho o no, se relaciona con el problema, que ya ha sido mencionado, de la infinitud de *complexe significabilia*. Si toda proposición, actual o posible, tiene ya *ex consequenti* un significado, se sigue que hay en acto un número infinito de entidades en el sentido amplio (los *complexe significabilia* significados por cada una de esas proposiciones). Parece como si, por el hecho de imponer los términos simples para significar, ya existieran en acto los significados de todas las proposiciones que pueden construirse con ellos. El mundo de los *complexe significabilia* subsiste independientemente de que las proposiciones que los significan existan o no[67].

Además de ser significados mediante las proposiciones, los *complexe significabilia* pueden también ser nombrados mediante el *dictum*. Las características especiales de estas entidades y la es-

---

66 "Et si arguatur: capta ista propositione vocali 'buf est buf', illa significat ad placitum buf esse buf, hoc autem non est ex impositione partium. Respondeo: et si hoc non sit ex impositione subiecti aut predicati, bene tamen ex impositione copule, ut in secundo capitulo ostenditur." (*MD*, 1vb) Pardo considera que los sincategoremas han sido impuestos para significar por una imposición general (*impositione generali*), es decir, no son impuestos para significar ninguna cosa determinada, sino la cosa o las cosas que significan los categoremas a los que se añaden. Por ejemplo, el impositor diría *"volo quod ly 'est' significet unitive id quod significant extrema inter que ponitur"* (ver *MD*, 12vb).

67 Ver la nota 48.

tructura compleja de la expresión que los nombra son fuentes de nuevos problemas, a los que la doctrina de Gregorio debe enfrentarse.

1.2.2.2. El complexe significabile *y el* dictum

El reconocimiento del *complexe significabile* como una entidad conduce de manera natural al uso del *dictum* como su nombre. El uso nominal del *dictum* correspondiente a una proposición permite que aparezca en nuevas proposiciones como sujeto o predicado. El *dictum* es, así, un término análogo a cualquier otro sujeto o predicado y, como ellos, tendrá unas propiedades lógicas que conviene investigar.

En primer lugar, las nuevas proposiciones que tienen al *dictum* como sujeto o predicado pueden ser sometidas a la ineludible pregunta por la suposición de sus términos. La caracterización de los *complexe significabilia* como entidades no existentes parece incompatible con la visión del lenguaje en la que la suposición personal se ha convertido en la llave que abre todas las puertas. Si el *complexe significabile* nombrado por el *dictum* no existe, ¿en qué sentido puede decirse que el *dictum* supone por él? Pero, sin suposición personal, ¿cómo serán significativas y cómo podrían ser verdaderas las proposiciones que hablan de los *complexe significabilia*?

Pardo considera la proposición *"Hominem esse animal est aliquid"*. Para que el ser algo pueda predicarse con verdad del significado de la proposición *"Homo est animal"*, el *dictum "hominem esse animal"* debe suponer personalmente por él. Pero si el *complexe significabile* no es una entidad existente, el *dictum* que lo nombra no supone por nada (es decir, no supone por "algo", en el sentido estricto, habitual, de "algo"). Pardo defiende la postura de Gregorio admitiendo un sentido amplio de "suponer por algo": para la verdad de una proposición afirmativa basta con que el sujeto suponga por algo, entendiendo "algo" en cualquiera de los tres sentidos establecidos por Gregorio[68].

Tras esta defensa de Pardo, podría resultar extraño el hecho de que Gregorio niegue rotundamente que el *dictum* pueda tomarse en suposición personal por una entidad, como hace en el comentario a la distinción 28 del libro primero de las *Sentencias* (artículo segundo de la primera cuestión). Sin embargo, esta postura no es incompatible con la defensa de Pardo, puesto que es evidente que Gregorio está tomando "entidad" en el sentido más estricto: en el sentido estricto, como entidad existente, el *dictum* sólo podría suponer por algo si se tomara con suposición material o simple, cosa que no corresponde a los casos examinados (donde el *dictum* nombra al *complexe significabile*, no a la proposición misma)[69].

En segundo lugar, el hecho de que a cada proposición le corresponda su propio *complexe significabile* permite considerar al *dictum* que lo nombra como un término singular[70]. Así, Pardo

---

68 "Quapropter, si argueretur: ista propositio 'hominem esse animal est aliquid' est una affirmativa cuius subiectum pro nullo supponit, ergo est falsa, respondetur distinguendo antecedens: aut quod pro nullo supponat, ut ly 'nullo' includit ens tertio modo, et sic conceditur, aut ut includit ens primo vel secundo modo, et sic negatur. Dico enim quod sufficit quod subiectum supponat pro aliquo capiendo 'aliquid' primo, secundo modo, sive tertio modo." (*MD*, 1rb)

69 "Cuilibet apparet quod illa propositio qua dicitur 'aliqua entitas est Socrates genuit Platonem' est penitus inintelligibilis, si hoc totum praedicatum 'Socrates genuit Platonem' supponat personaliter et significative, sicut oportet in proposito. Ex hac conclusione patet quod Socratem genuisse Platonem vel fuisse genitorem Platonis, aut etiam Socratem esse patrem Platonis, non est aliqua entitas, nisi huiusmodi dicta sumerentur materialiter vel simpliciter. Et eodem modo nec Socratem esse animal, nec Deum esse Deum, nec aliquod huiusmodi significabile complexe tantum est entitas aliqua." (*In I Sent*, 131vb)

70 "Respondeo: quodlibet complexum supponens pro complexe significabili est terminus singularis, quia sibi repugnat supponere pro pluribus, sicut enim Sortes est una res singularis, ita significatum istius 'homo est animal' suo modo est una res singularis." (*MD*, 2ra) Como se verá, en la doctrina de Buridán no hay una entidad específica que sea el significado de cada proposición, sino que las proposiciones significan lo mismo que sus extremos: si estos extremos son términos comunes, no hay una única entidad significada por la proposición, sino muchas, y el *dictum* se convierte en un nombre común.

puede interpretar la proposición *"Hominem esse animal est hominem esse substantiam animatam sensibilem rationalem"* como una afirmación de la identidad de dos *complexe significabilia* y, de acuerdo con ello, tratar de establecer los criterios de verdad para este tipo de proposiciones.

Pardo formula estas condiciones de verdad como una segunda tesis que recoge, junto al carácter de entidades no existentes de los *complexe significabilia*, otro aspecto de la doctrina de Gregorio[71]. Para Gregorio, según Pardo, una proposición afirmativa de *"est"* cuyo sujeto y predicado son dos *dicta* sólo es verdadera en el caso de que el *complexe significabile* por el que supone el sujeto sea significado por una proposición sinónima de la que significa el *complexe significabile* por el que supone el predicado[72]. Por ejemplo, *"Marcum currere est Tullium currere"* es verdadera (porque *"Marcus currit"* y *"Tullius currit"* son proposiciones sinónimas), pero *"Sortem esse hominem est Sortem esse animal"* es falsa (porque *"Sortes est homo"* y *"Sortes est animal"* no son proposiciones sinónimas)[73].

De esta tesis se sigue un criterio de identidad entre *complexe significabilia*: a todas las proposiciones sinónimas les corresponde

---

71 Sin embargo, la tesis no es explícitamente formulada por Gregorio, sino que Pardo la deduce de su afirmación de que *"hominem esse animal* es *hominem esse substantiam animatam sensibilem rationalem"* (*In I Sent*, 2ra). Así, Pardo explica: "Hec conclusio est contra doctorem cuius est iste modus qui defenditur, ipse enim concedit hanc propositionem 'hominem esse animal est hominem esse substantiam animatam sensibilem rationalem'." (*MD*, 2ra)

72 No estoy de acuerdo con Ashworth, que considera que esta tesis se refiere a la relación de los *complexe significabilia* entre sí (E. J. Ashworth, "Theories of the proposition", 94). En mi opinión, lo que se discute no es el problema ontológico de la identidad de los *complexe significabilia*, sino el problema lógico de las condiciones de verdad de las correspondientes proposiciones de identidad.

73 "Secunda conclusio principalis, que est de verificatione complexe significabilium adinvicem, est ista: omnis propositio affirmativa est falsa in qua subiectum supponit pro complexe significabili et predicatum similiter, nisi complexe significabile importatum per subiectum importetur per propositionem synonimam illi quam importat complexe significabile pro quo supponit predicatum. Ut ista est vera 'Marcum currere est Tullium currere', ista tamen est falsa 'Sortem esse hominem est Sortem esse animal'." (*MD*, 2ra)

un mismo *complexe significabile* singular, y las proposiciones no sinónimas no pueden tener el mismo *complexe significabile*. De aquí Pardo infiere que, si dos proposiciones son lógicamente equivalentes pero no semánticamente equivalentes (*in inferendo tantum et non in significando*), no les corresponde el mismo *complexe significabile* porque no son sinónimas, aunque sus significados se sigan lógicamente el uno del otro. Es lo que ocurre con las proposiciones *"Non quilibet homo est animal"* y *"Quidam homo non est animal"*, que son lógicamente equivalentes pero no tienen el mismo significado, es decir, el mismo *complexe significabile*[74].

Pardo refuerza la tesis acerca de la verificación mutua de los *complexe significabilia* probando por reducción al absurdo la falsedad de *"Hominem esse animal est hominem esse substantiam"*. Si esta proposición fuera verdadera, por la misma razón lo sería la proposición *"Sortem esse Deum est ens esse Deum"* (en ambas, la diferencia entre los dos extremos de la identidad procede de la sustitución del inferior por el superior: *"animal"* por *"substantiam"*, *"Sortem"* por *"ens"*). Pero esta segunda proposición no puede ser verdadera, porque, si lo fuera, se seguiría algo falso, argumentando así:

(1) *Sortem esse Deum* no es posible,

(2) pero *Sortem esse Deum* es *ens esse Deum*,

(3) por lo tanto, *ens esse Deum* no es posible.

[74] "Ex quo patet quod omnium propositionum synonimarum est idem complexe significabile singulare, et propositionum non synonimarum non potest esse idem complexe significabile. Ideo, si alique propositiones equivaleant in inferendo tantum et non in significando, earum non est idem complexe significabile, licet ad complexe significabile unius sequatur complexe significabile alterius. Si ergo iste due 'non quilibet homo est animal' et 'quidam homo non est animal' tantum in inferendo equivalent, earum non est unum complexe significabile." (*MD*, 2ra) La presencia de sincategoremas distintos, que significan modos distintos, es lo que hace que estas proposiciones no sean sinónimas, aunque aparentemente remitan a la misma realidad.

De este modo se prueba la falsedad de *"Sortem esse Deum est ens esse Deum"*, y con ella la de *"Hominem esse animal est hominem esse substantiam"*[75].

El error que cometen quienes conceden como verdadera la proposición *"Hominem esse animal est hominem esse substantiam"* podría estar basado en un argumento como el siguiente:

(1) *Hominem esse animal* es *hominem esse animal,*

(2) animal es sustancia,

(3) por lo tanto, *hominem esse animal* es *hominem esse substantiam.*

La proposición (1) es verdadera por ser una tautología de la forma "A es A". La proposición (2) es verdadera por la relación de inferior a superior entre animal y sustancia. Pero el paso a la proposición (3) es falaz, puesto que se realiza la sustitución de *"animal"* por *"substantiam"* como si las partes del *dictum* se comportaran del mismo modo que las partes de una proposición.

Como se ha dicho, aunque el *dictum* contiene un verbo, su forma no personal le hace perder toda fuerza predicativa. En consecuencia, el *dictum* debe ser considerado como un complejo indistante, cuyas partes deben tomarse como un todo con una única acepción. Por este motivo, la sustitución anterior no es válida, y también por ello Pardo insiste en que no cabe efectuar ningún descenso bajo las partes del *dictum*. Por ejemplo, es un error descender desde la proposición *"Hominem esse animal est hominem esse animal"* a esta otra: *"Hunc hominem esse animal est hominem esse animal".*

Si las partes del *dictum* pudieran tomarse por separado, cada una con su propia acepción, el sujeto *"hominem"* tendría en el *dictum "hominem esse animal"* suposición determinada, del mismo modo que en el *dictum* que hace de sujeto de *"Omnem hominem esse animal est omnem hominem esse animal"*, afec-

[75] "Unde arguitur quod ista est falsa 'hominem esse animal est hominem esse substantiam', quia similiter ista esset vera 'Sortem esse Deum est ens esse Deum' quod est falsum, quia ex ipsa cum una vera sequitur una falsa, sic arguendo: 'Sortem esse Deum non est possibile, sed Sortem esse Deum est ens esse Deum, ergo ens esse Deum non est possibile'. Consequens est falsum, ergo aliqua premissarum: non maior, ergo minor, et per consequens habetur intentum." (*MD*, 2ra)

tado por el cuantificador *"omnem"*, tendría suposición distributiva, y sería, por tanto, lícito descender a la proposición *"Hunc hominem esse animal est hominem esse animal"*. Pero Pardo recuerda que el *dictum* debe entenderse como un complejo indistante, como un todo cuyas partes no cabe tomar por separado. A pesar de su apariencia proposicional, las partes del *dictum* no están tomadas como lo estarían las partes de una proposición[76].

Puesto que el *dictum* es una expresión nominal, sí son lícitas, en cambio, operaciones que suelen realizarse con nombres: por ejemplo, anteponer el término *"non"* para construir un término infinito, o unir dos *dicta* mediante una disyunción para construir un término disyunto. El único peligro es el de la ambigüedad de las proposiciones que se pueden construir con tales términos finitos o disyuntos, un peligro que procede de la estructura compleja del *dictum*.

Por ejemplo, la proposición *"Hominem esse animal est non hominem esse substantiam"* podría resultar verdadera o falsa, según cómo se interprete el *"non"* puesto en el predicado. Según un primer sentido, el *"non"* puede entenderse como parte del *complexe significabile* de la proposición *"Non homo est substantia"*[77]:

---

76 "Antecedens patet, quia ista est concedenda: 'hominem esse animal est hominem esse animal', et tunc fiat descensus sub subiecto, et ita habebitur quod hec est concedenda: 'hunc hominem esse animal est hominem esse animal'. Sed replicaret quispiam fortiter querendo sub ly 'hominem' descensum, quia ly 'hominem' communiter supponit, et sic semper difficultas remanet. Unde capta ista propositione 'omnem hominem esse animal est omnem hominem esse animal', ly 'hominem' videtur distribui et, facto descensu, descendentes sunt false, nam ista est falsa 'hunc hominem esse animal est hominem esse animal'. Respondeo: secundum unum modum dicendi non liceret sub parte ista descendere, quia totum unica acceptione accipitur, quod si non teneatur, difficile est defendere istum modum de complexe significabilibus, nam si fiat descensus semper erit falsa ex ea parte qua fit descensus." (*MD*, 2rb)

77 Y también este "non" puede entenderse de dos modos: como negando toda la proposición (que resulta entonces una proposición negativa) o como infinitando al sujeto (y la proposición es entonces una afirmativa de sujeto infinito). En cualquiera de los casos, la proposición "*Non homo est substantia*" no es sinónima de "*Homo est animal*", cosa que, según lo dicho anteriormente, se exige para que la proposición de identidad sea verdadera.

en este caso, se tiene una proposición de identidad análoga a las anteriores, que es falsa, según el criterio expuesto, porque *"Homo est animal"* y *"Non homo est substantiam"* no son sinónimas.

Pero el *"non"* puede entenderse también en otro sentido, en cuanto que niega el predicado como un todo, constituyendo el término infinito *"non hominem esse substantiam"*. Este término significa todas las cosas que no son significadas por el término finito *"hominem esse substantiam"*, es decir, todas las cosas que no son el significable *hominem esse substantiam*. Este término infinito, por tanto, puede predicarse con verdad de cualquier *complexe significabile* que no sea *hominem esse substantiam*, por ejemplo, del significable *hominem esse animal*. Por eso, la proposición *"Hominem esse animal est non hominem esse substantiam"* puede ser considerada verdadera, y esto confirma la verdad de *"Hominem esse animal non est hominem esse substantiam"*, afirmación que se sigue de la tesis de Gregorio[78].

La misma ambigüedad puede encontrarse en proposiciones en las que aparece una conjunción (por ejemplo, la disyuntiva *"vel"*) entre dos *dicta*. Por ejemplo, en la proposición *"Hominem currere est hominem currere vel hominem non currere"*, la conjunción disyuntiva *"vel"* puede entenderse de dos modos. Si se toma como parte de un *dictum* compuesto, *"hominem currere vel hominem non currere"* (el *dictum* correspondiente a la proposición disyuntiva *"Homo currit vel homo non currit"*), de nuevo se tiene una proposición de identidad análoga a las anteriores, y deberá aplicársele el mismo criterio de verdad: puesto que las proposiciones *"Homo currit"* y *"Homo currit vel homo currit"*

---

78 "Et si arguatur sic: sequitur ex dictis quod hec negativa est concedenda 'hominem esse animal non est hominem esse substantiam', quod est falsum, quia ex ista infertur hec propositio de predicato infinito 'hominem esse animal est non hominem esse substantiam', que falsa est secundum dicta. Respondeo: ly 'non' ex parte predicati dupliciter sumi potest: uno modo, ut se tenet ex parte complexe significabilis illius propositionis 'non homo est substantia', et sic est falsa, ut patet ex dictis; alio modo capitur ut tantum negat illud complexe significabile hominem esse substantiam, et non se tenet ex parte complexe significabilis, et sic est vera." (*MD*, 2ra)

no son sinónimas[79], la proposición que identifica sus significados resulta falsa. Si el *"vel"* se toma, en cambio, como un signo de disyunción entre dos *dicta, "hominem currere"* y *"hominem non currere"* (correspondientes a dos proposiciones, *"Homo currit"* y *"Homo non currit"*), el predicado se convierte en un término disyunto, que sí puede predicarse con verdad del sujeto *"hominem currere"*[80].

Tras aclarar así el uso del *dictum* como parte de las proposiciones que hablan de los *complexe significabilia,* quedan vencidas las objeciones contra la tesis de Gregorio acerca de la verificación mutua de dos *complexe significabilia.* Pardo pasa, entonces, a ocuparse del tercer aspecto que le interesa en relación con la doctrina de Gregorio: el problema de las modalidades que pueden atribuirse a los significados de las proposiciones.

1.3. El *complexe significabile* y las modalidades

Pardo trata de reflejar la opinión de Gregorio acerca de este problema, resumiendo su postura en una tercera y última tesis: según Pardo, los *complexe significabilia* de Gregorio de Rímini se dicen verdaderos o falsos, necesarios o contingentes, posibles o imposibles[81], y es en virtud de ellos como las proposiciones se dicen también verdaderas o falsas, necesarias o contingentes, posibles o imposibles. Pardo pone así el fundamento de las

---

79 Recuérdese la distinción entre equivalencia *in inferendo* y equivalencia *in significando* (ver la nota 74).

80 "Et similiter dicendum est de ista propositione 'hominem currere est hominem currere vel hominem non currere', nam si ly 'vel' capiatur ut se tenet ex parte complexe significabilis illius propositionis 'homo currit vel homo non currit', falsa est, si vero ly 'vel' coniungit duo complexe significabilia, vera est." (*MD*, 2ra)

81 Pardo hace notar la congruencia de esta tesis con la definición de proposición de Pedro Hispano, "una proposición es una oración que significa lo verdadero o lo falso", en la que parecen atribuirse las modalidades "verdadero" y "falso" al significado de la proposición (ver la nota siguiente).

modalidades de las proposiciones en las modalidades de sus correspondientes *complexe significabilia*: se dice que una proposición es verdadera porque su significado adecuado es verdadero, y se dice que es falsa porque su significado adecuado es falso, y así con las restantes modalidades[82].

Pardo extrae esta tesis del comentario de Gregorio al prólogo de las *Sentencias* (cuestión primera, artículo primero). Sin embargo, el interés de Gregorio en este artículo no está dirigido a fundar la verdad de las proposiciones, sino que lo que pretende es refutar la teoría que considera la proposición como el objeto de la ciencia. Uno de los argumentos a favor de la teoría que pone a la proposición como el objeto de la ciencia es el siguiente: nada es sabido sino lo verdadero, pero sólo la proposición es verdadera, por tanto, sólo la proposición es sabida. Al responder a este argumento es donde Gregorio se ocupa de la cuestión de la verdad y falsedad de los *complexe significabilia*. La idea de que no sólo las proposiciones se dicen verdaderas o falsas, sino también sus enunciables o significados adecuados, aunque en distinto sentido, se justifica mediante la autoridad de Aristóteles[83]. A continuación,

---

82 "Tertia conclusio: complexe significabilia dicuntur vera vel falsa, necessaria vel contingentia, possibilia vel impossibilia, et a talibus complexe significabilibus propositiones dicuntur vere vel false, necessarie vel contingentes, possibiles vel impossibiles. Unde si queratur isti opinioni quare aliqua propositio est vera, respondet quia significatum adequatum est verum. Et quare falsa, quia significatum adequatum est falsum. Et secundum hoc, bene dicebat Petrus Hispanus: propositio est oratio verum vel falsum significans. Similiter, propositio dicitur necessaria quia significatum adequatum seu complexe significabile est necessarium et sic de aliis." (*MD*, 2rb)

83 En *Categorías*, 10, 12b 10, Aristóteles establece que las cosas que subyacen a la afirmación y la negación se oponen entre sí como la afirmación y la negación, y en *Categorías*, 10, 13b 3 y 13b 27, señala que en ese caso siempre lo uno es verdadero y lo otro es falso. "Ad rationes opinionis, dicendum: ad primam respondetur negando minorem, ubi sciendum est quod non solum enuntiationes ipse dicuntur vere vel false, sed earum enuntibilia seu significata adequata, licet in alio et alio sensu. Unde philosophus in postpredicamentis, capitulo de oppositis, vult quod significata propositionum contradictoriarum sint adinvicem opposita, sicut et ipse propositiones contradictorie, et infra dicit quod si unum est verum et reliquum est falsum." (*In I Sent*, 2ra)

Gregorio expone tres modos de fundar esas modalidades que se atribuyen a los enunciables.

1.3.1. *El fundamento de las modalidades*

En primer lugar, hay quienes atribuyen a los enunciables las calificaciones de "verdadero" y "falso" como denominaciones extrínsecas, en virtud de las correspondientes enunciaciones verdaderas o falsas (incluso aunque estas enunciaciones no se hayan formado de hecho). Así, explica Gregorio, se dice falso el enunciable cuya enunciación es falsa o sería falsa si existiera, y verdadero el enunciable cuya enunciación es verdadera o sería verdadera si llegara a formarse. Dicho de otra manera, se llama "verdadero" a lo que es enunciable mediante una enunciación verdadera, y "falso" a lo que es enunciable mediante una enunciación falsa[84]. Por eso puede decirse que *hominem non esse asinum* es verdadero, y que *hominem esse asinum* es falso, incluso aunque no existiera ninguna otra enunciación creada (y, por tanto, no existieran las correspondientes enunciaciones *"Homo non est asinus"* y *"Homo est asinus"*)[85].

En segundo lugar, Gregorio propone otro fundamento de las modalidades de los *complexe significabilia*: todos los enunciables verdaderos pueden decirse verdaderos por la verdad increada, que es el juicio verdadero de todos ellos. Así se logra justificar modalidades que del primer modo no pueden explicarse. Por ejemplo,

---

[84] Nuchelmans destaca el carácter potencial de "enunciable": lo que puede ser enunciado por una enunciación verdadera o falsa, aunque de hecho tal enunciación no exista. G. Nuchelmans, *Theories of the proposition*, 235.

[85] "Et dicuntur huiusmodi vera et falsa quedam extrinseca denominatione ab ipsis enuntiabilibus veris et falsis. Unde illud dicitur falsum enuntiabile, cuius enuntiatio est falsa, vel esset falsa si esset, et illud verum, cuius enuntiatio est vera, vel esset vera si formaretur. Vel aliter: illud dicitur verum quod est enuntiabile per veram enuntiationem, illud falsum quod per falsam. Isto modo dicimus quod hominem non esse asinum est verum, et hominem esse asinum est falsum, etiam si nulla alia enuntiatio creata existeret." (*In I Sent*, 2ra)

así es como san Agustín (354-430) y san Anselmo (1033-1109) pueden decir que antes de que el mundo fuera creado era verdad que el mundo iba a existir, y si el mundo fuera destruido, sería verdad que el mundo había sido destruido; de este modo puede decirse también que si no existiera ninguna criatura, sería verdad que ninguna criatura existe: todos estos enunciables se dirían verdaderos por la primera verdad, aunque las correspondientes enunciaciones no pudieran ser verdaderas (porque ni siguiera podrían existir)[86].

Este segundo modo de fundar las modalidades resulta para Gregorio más acertado que el primero. Según el primer modo, explica, *nullam creaturam esse* no sería un posible verdadero, sino un imposible falso. En cambio, el segundo modo sí permite calificar como verdadero a este enunciable, al no exigir que la correspondiente proposición sea verdadera (o lo fuera, en caso de existir)[87].

Sin embargo, también el segundo modo de fundar las modalidades tropieza con una dificultad: si lo verdadero se dice verdadero en virtud de la verdad increada, ¿cómo puede lo falso decirse falso, puesto que no hay una falsedad primera en que se funde tal denominación? Gregorio ofrece dos soluciones a la objeción. Por una parte, puede decirse que, a diferencia de las enunciaciones, ningún enunciable se dice falso, sino simplemente "no verdadero". Así, dadas dos enunciaciones contradictorias, una es

---

86 "Possunt autem et omnia talia vera enuntiabilia dici vera a veritate increata, que omnium eorum et cuiuslibet eorum est verum iudicium. Et secundum hoc dicunt Augustinus in 'Soliloquiis' et Anselmus in 'De veritate', in 'Monologium' suo, quod antequam mundus fieret verum erat mundum fore, et si mundus interiret, verum esset mundum interisse, et ita etiam si nulla creatura esset, verum esset nullam creaturam esse, et quodlibet denominaretur verum a prima veritate." (*In I Sent*, 2ra) Acerca de este problema, ver A. d'Ors, "*Non erat veritas, non erit veritas.* Sobre las pruebas anselmianas de la eternidad de la verdad", *Verdad, percepción, inmortalidad: miscelánea en homenaje al profesor Wolfgang Strobl* (S. Castellote, ed.), Facultad de Teología San Vicente Ferrer, Valencia, 1995, 201-214.

87 "Et iste modus dicendi potior est, quia secundum modum priorem nullam creaturam esse non esset verum possibile, sed falsum impossibile, quod non videtur dandum." (*In I Sent*, 2rb)

verdadera y la otra falsa, mientras que sus correspondientes enunciables son uno verdadero y el otro no verdadero. Por otra parte, la calificación de "falso" puede admitirse para los enunciables, no en el sentido de que un enunciable sea falso porque sea significado por un signo falso (una falsedad primera), sino porque no es significado por el signo de todos los significables verdaderos (la verdad primera, por la que todo lo verdadero se dice tal)[88].

Gregorio propone aún un tercer modo de fundar las modalidades de los enunciables: puede decirse que un enunciable es verdadero porque es así (*sic est*) si es afirmativo (o enunciable afirmativamente[89]), o porque no es así (*sic non est*) si es negativo. Por ejemplo, *hominem esse animal* es verdadero porque el hombre es animal, y *hominem non esse asinum* es verdadero porque el hombre no es burro[90].

Gregorio deja abierta la posibilidad de adoptar cualquiera de los tres criterios, pero señala que, en todo caso, es manifiesto que no sólo las proposiciones se dicen verdaderas, sino también sus significados adecuados (y éstos son los objetos de las ciencias)[91].

---

88 "Sed tunc, quomodo falsum dicetur falsum cum nulla sit falsitas prima a qua ipsum possit denominari falsum. Huic dicitur quod nullum dicetur falsum et quod de talibus contradictoriis enuntiabilibus non tenet regula quod si unum est verum reliquum est falsum, sed quod reliquum non est verum, quamvis quarumlibet contradictoriarum enuntiationum una sit vera et reliqua falsa. Posset tamen forte non inconvenienter dici quod etiam reliquum est falsum, non quidem falsum quia falso signo significetur, sed quia non eo quod omnium verorum est signum et a quo omne verum denominatur ipsum significatur." (*In I Sent*, 2rb)

89 Gregorio vuelve a tener en cuenta la posibilidad de que exista un enunciable sin que se haya formado la correspondiente proposición.

90 "Vel tertio potest dici aliquod enuntiabile esse verum quia sic est, si ipsum est affirmativum tantum, vel affirmative enuntiabilem, vel quia sic non est, si est negativum, verbi gratia, hominem esse animal est verum quia homo est animal, et hominem non esse asinum est verum quia homo non est asinus, et sic de aliis." (*In I Sent*, 2rb) El intento de fundar las modalidades sin recurso a la verdad divina tiene su origen en un problema que examinaré más adelante (sección 1.3.2, segunda objeción propuesta por Pardo contra el fundamento de las modalidades en la primera verdad): si Dios no existiera, sería verdad que Dios no existe.

91 "Sive tamen hoc vel alio modo dicatur, patet quod non solum ipse propositiones dicuntur vere, sed etiam earum significata adequata, et de talibus veris sunt scientie tanquam de obiectis." (*In I Sent*, 2rb)

Sin embargo, como señala Nuchelmans[92], la primera opinión parece estar en desacuerdo con la idea de Gregorio de Rímini acerca del objeto del conocimiento: es el significado, y no la proposición, lo que se dice conocido en sentido primario. Por eso, no es extraño que Pardo declare que, según Gregorio, son los significados, y no las proposiciones, los portadores primarios de los valores de verdad. Son entonces las modalidades de los significados las que fundan las modalidades de las proposiciones, y no al contrario. Pero las modalidades de los significados necesitan también un fundamento, y Pardo elige el segundo modo presentado por Gregorio: los *complexe significabilia* son verdaderos por la primera verdad, el juicio más verdadero de todas las cosas verdaderas[93].

La interpretación de Pardo de la postura de Gregorio le permite establecer la siguiente jerarquía de "verdades": la verdad primeramente, por sí misma y del modo más esencial (*primo et per se et principalissime*) se encuentra en el juicio divino (o mejor, *es* el juicio divino, aclara Pardo); en segundo lugar, se encuentra por sí misma pero no primeramente (*per se et non primo*) en el *complexe significabile;* por último, la verdad se encuentra sólo accidentalmente (*per accidens*) en el signo creado, es decir, en la proposición, ya sea vocal, mental o escrita[94]. Así, si se pregunta, por ejemplo, por qué es verdadera la proposición *"Homo est animal"*, la respuesta es: porque su significado (*hominem esse animal*) es verdadero. Y si se pregunta por qué es verdadero *hominem esse animal,* la respuesta es: porque Dios juzga como verdadero este *complexe significabile.*

---

92 G. Nuchelmans, *Theories of the proposition,* 236.

93 "Et si ulterius queratur illi opinioni quare significatum adequatum alicuius propositionis est verum. Respondet quod ideo quia est iudicatum a Prima Veritate que est Deus, que est omnium verorum verissimum iudicium." (*MD,* 2rb)

94 "Ideo infero quod veritas primo et per se et principalissime reperitur in iudicio divino, seu est iudicium divinum; sed per se et non primo invenitur in complexe significabili; per accidens in signo creato, puta, in propositione vocali, mentali, vel scripta." (*MD,* 2rb)

Pardo considera este segundo modo de fundar la verdad de los *complexe significabilia* como el más acorde con la doctrina de Gregorio de Rímini, y contra él presenta las posibles objeciones.

1.3.2. *Contra el fundamento de las modalidades en una primera verdad*

En primer lugar, Pardo atiende a la acusación, ya examinada por Gregorio, de que esta postura da cuenta sólo del *complexe significabile* verdadero, pero deja sin fundamento al *complexe significabile* falso. Pardo considera sólo una respuesta a esta objeción, la que Gregorio propone en segundo lugar[95].

La segunda objeción trata de demostrar que no es necesaria la existencia de la Verdad para que exista algo verdadero. Se argumenta partiendo de la hipótesis imposible de la inexistencia de Dios: si Dios no existiera, sería verdadero el *complexe significabile* correspondiente[96]; pero no podría decirse que es verdadero porque es juzgado por la primera verdad, ya que, por hipótesis, esa primera verdad no existe. Resulta, así, que puede existir lo verdadero sin la verdad, con lo que se demuestra que la verdad no es el fundamento del *complexe significabile* verdadero. Pardo admite que

---

95 "Contra istam conclusionem arguitur primo sic: quia licet iste modus ostendat quare complexe significabilia dicantur vera, non tamen ostendit quare complexe significabilia dicantur falsa. Arguitur enim sic: si complexe significabilia dicuntur vera a Prima Veritate, ergo complexe significabilia dicuntur falsa ab una prima falsitate, et tunc duo essent ponenda: unum quod non potest iudicare nisi verum, scilicet Deus, et aliud quod non potest iudicare nisi falsum, quod vocaretur prima falsitas, quod est absurdum et hereticum. Ad hoc responderetur secundum doctorem istum quod licet complexe significabilia dicantur vera a Prima Veritate, non tamen dicuntur falsa a prima falsitate, cum nulla talis sit prima falsitas. Et si queras quare ergo complexe significabilia dicuntur falsa, dico quod ideo dicuntur falsa quia non iudicantur a prima veritate seu quia prima veritas non eis assentit." (*MD*, 2rb)

96 Para nombrar este *complexe significabile* Pardo no utiliza el *dictum*, sino la proposición (nominativo y verbo en indicativo): *"istud complexe significabile Deus non est"*.

de lo imposible se sigue cualquier cosa: si Dios no existiera, sería verdadero que Dios no existe y falso que Dios existe[97].

Pardo considera que es este argumento el que motiva la manera "moderna" de fundar lo verdadero, el tercer modo propuesto por Gregorio: el *complexe significable* verdadero no se funda en una primera verdad, sino en el "ser así" (*ita esse*). Según algunos autores, explica Pardo, un *complexe significabile* se dice verdadero porque es tal como es (*ita est qualiter est*) si es afirmativo, o porque tal no es como no es (*non est ita qualiter non est*) si es negativo. Así, en el ejemplo propuesto, si *per impossibile* Dios no existe, *Deum non esse* es verdadero, porque *Deum non esse* tal no es como no es[98].

Sin embargo, Pardo piensa que esta explicación puede reconducirse a la anterior, si en un segundo momento se propone el juicio divino como fundamento del *ita esse*. Según él, esta solución es más acorde con la opinión que está defendiendo, ya que, para quienes la sostienen, sólo Dios es la verdad, y todas las demás cosas se dicen verdaderas como por denominación extrínseca, en cuanto que el juicio divino recae sobre ellas[99].

La siguiente objeción cuestiona el valor de la primera verdad como fundamento de las modalidades de lo necesario y lo contingente. Parece absurdo decir que algo necesario y algo con-

---

97 "Et si arguatur: si per impossibile Deus non esset, adhuc istud complexe significabile Deus non est esset verum, et tamen non diceretur verum quia iudicatur a prima veritate, quia tunc non esset veritas prima, igitur iste modus non est sufficiens. Respondeo: ad impossibile sequitur quodlibet, specialiter ad illud impossibile, et ideo si Deus non esset, verum esset Deum non esse et falsum esset Deum esse." (*MD*, 2rb)

98 "Propter illud argumentum ponunt aliqui moderni unum modum dicendi quod complexe significabile ideo dicitur verum quia ita est qualiter est, si sit affirmativum, vel quia non est ita qualiter non est, si sit negativum. Sic dico in proposito quod si per impossibile Deus non esset, Deum non esse esset verum, quia Deum non esse taliter non est qualiter non est." (*MD*, 2rb)

99 "Sed alter modus dicendi est pulchrior, dico enim quod ita esse est a iudicio divino, unde homo est animal quia Deus iudicat hominem esse animal, cum solus ipse est via et veritas, et alia quasi extrinseca denominatione dicuntur vera, pro quanto iudicium divinum super ipsa fertur." (*MD*, 2va)

tingente se dicen verdaderos por la misma verdad. Por ejemplo, *Deum esse*, que es necesario, y *hominem currere*, que es contingente, se dirán verdaderos, según Gregorio de Rímini, en virtud de la misma verdad. Esto no es absurdo si se concede que ambos son verdaderos por la misma primera verdad, pero uno es necesario porque es juzgado necesariamente por ella, otro es contingente porque es juzgado contingentemente. Lo contingente y lo necesario, que son ambos verdaderos y, por tanto, juzgados por la primera verdad, tienen su fundamento en la modalidad del juicio con que son juzgados por esa primera verdad[100]. Así, Pardo defiende a Gregorio echando mano de una idea central en su teoría de las modalidades: junto a las modalidades de las proposiciones y de sus significados, hay también unos modos de juzgar, que se expresan adverbialmente (*necessario, contingenter*).

Una última objeción contra la tesis de Gregorio acerca del fundamento de los *complexe significabilia* verdaderos es la que deduce de ella la afirmación, que se considera contraria al dogma, de la existencia de verdades eternas distintas de Dios[101]. En efecto, si los *complexe significabilia* son verdaderos porque son juzgados tales por Dios, se sigue que son verdaderos desde la eternidad, porque Dios los juzga así desde la eternidad, y de aquí se sigue que hay unas verdades, los *complexe significabilia*, que son eternas aunque distintas de Dios[102]. Pero Pardo distingue dos sentidos en

---

100 "Et si iterum dicas: sequitur quod duo sic se habentia quorum unum est necessarium et aliud contingens dicerentur vera ab eadem veritate. Probatur consequentia, et capio ista duo complexe significabilia, scilicet, Deum esse et hominem currere: ista dicuntur vera ab eadem veritate, puta, a prima, et tamen unum est necessarium et aliud contingens. Respondeo quod illa duo sunt vera a prima veritate, et tamen unum est necessarium, quia necessario iudicatur a prima veritate, et aliud est contingens, quia contingenter iudicatur a prima veritate, et hoc non est inconveniens." (*MD*, 2va)

101 En su *Conceptus et insolubilia*, Pedro de Ailly ataca la doctrina del *complexe significabile* de Gregorio utilizando este argumento: P. V. Spade, *Peter of Ailly: Concepts and insolubles*, Reidel, Dordrecht, 1980, § 193.

102 Pardo propone primero el ejemplo del *complexe significabile* afirmativo *hominem esse animal*, pero inmediatamente lo sustituye por el negativo *hominem non esse asinum*, sin duda para eludir la objeción de la posible falsedad del primero en caso de que no existieran hombres.

que puede entenderse la afirmación de que hay verdades eternas distintas de Dios. Por una parte, la verdad puede atribuirse como denominación intrínseca, y entender, por tanto, que desde la eternidad existen en la realidad algunas cosas verdaderas (entidades en sentido estricto). Este es el sentido condenado por el artículo parisiense[103]. Pero, por otra parte, la verdad puede atribuirse a los *complexe significabilia* como denominación extrínseca, y entender la alusión a las verdades eternas en el sentido de que Dios juzga desde la eternidad que algunos *complexe significabilia*, entes en sentido amplio, son verdaderos. Este sentido, considera Pardo, no es objeto de ninguna condena[104].

Tras la discusión acerca de lo verdadero y lo falso, llega el turno de lo posible, que merece una atención especial por los peculiares problemas que suscita. La opinión de Gregorio establece que el significado de una proposición se dice posible porque puede ser juzgado por la primera verdad. Si la verdad de las proposiciones encontraba su fundamento en la verdad del *complexe significabile* y éste en el juicio divino, de manera análoga, la posibilidad de las proposiciones remite a la posibilidad de su significado y ésta

---

103 Se trata de una de las proposiciones condenadas en 1240 por el obispo de París y los regentes de la facultad de Teología: "*Item, quod multae fuerunt veritates ab aeterno quae non erant Deus*". Ver H. Élie, *Le complexe significabile*, 72; P. V. Spade, *Peter of Ailly: Concepts and insolubles*, nota 538.

104 En este mismo sentido se habla de los *complexe significabilia* como objetos necesarios o contingentes: no como objetos en sentido estricto, sino en el sentido amplio establecido por Gregorio (ver la nota 53). "Sed adhuc obiiciet aliquis quia si hoc esset verum sequeretur quod alique veritates essent eterne preter Deum, quod est contra articulum parisiensem. Antecedens patet, quia illud complexe significabile hominem esse animal ab eterno fuisset verum, vel saltem illud: hominem non esse asinum, quia Deus ab eterno iudicavit hominem non esse asinum. Respondetur quod esse aliquas veritates ab eterno potest intelligi dupliciter. Uno modo, per denominationem intrinsecam, sic videlicet quod ab eterno fuerint aliqua existentia in rerum natura que dicuntur vera, et hoc modo dicit quod non, et ad istum sensum negat articulus parisiensis aliquas veritates esse ab eterno. Alio modo potest intelligi quod alique veritates sint ab eterno per denominationem extrinsecam, ita videlicet quod aliqua complexe significabilia, que sint entia large, sunt iudicata a Deo esse vera ab eterno, et hoc modo non est inconveniens, noticia enim Dei denominatur necessaria vel contingens secundum quod fertur in obiectum necessarium vel contingens." (*MD*, 2va)

a la posibilidad de ser juzgado ese significado por la primera verdad. Por ejemplo, si la proposición *"Omne ens est Deus"* es posible, lo será porque su significado adecuado, *omne ens esse Deum*, es posible, y este significado será posible si puede ser juzgado por la primera verdad[105].

Pero la proposición *"Omne ens est Deus"* es un caso especial de proposición posible, que suscita problemas peculiares[106]. La presencia del cuantificador *"omne"* permite analizar el significado de la proposición, haciendo que *"Omne ens est Deus"* signifique la suma de los significados de las proposiciones singulares que se siguen de ella en virtud del descenso bajo el sujeto *"ens"*[107] Pero una vez efectuado este análisis, entre los significados de *"Omne ens est Deus"* se encontrará alguno no posible: por ejemplo, *Sortem esse Deum*. Si el significado de la proposición no es posible, se sigue que la proposición *"Omne ens est Deus"* no es posible[108]. Pardo propone dos soluciones a la objeción.

La primera, más general, es una respuesta que podría hacer suya cualquier explicación del significado de la proposición. Se basa en el recurso a la distinción entre significación adecuada y no adecuada. Pardo indica que la proposición *"Omne ens est Deus"* significa *Sortem esse Deum* sólo según una significación inadecuada, secundaria y parcial, pero no según su significación total, adecuada y primaria. Según la significación adecuada, signi-

---

105 "Et ut dictum est de veritate, dicatur de possibilitate, significatum enim dicitur possibile quia potest iudicari a prima veritate. Ut si queratur utrum ista sit possibilis 'omne ens est Deus', dico quod sic, quia significatum adequatum est possibile, scilicet omne ens esse Deum, et illud significatum dicitur possibile quia potest iudicari a prima veritate." (*MD*, 2va)

106 Como se verá, estos problemas surgen también en las explicaciones del significado de Buridán y de Pardo mismo.

107 Ver la sección 5.2 del capítulo primero, sobre significados parciales y secundarios.

108 "Et si dicas: significatum istius propositionis 'omne ens est Deus' non est possibile, ergo ista propositio 'omne ens est Deus' non est possibilis. Antecedens patet, quia ista propositio 'omne ens est Deus' significat Sortem esse Deum, et hoc non est possibile, ergo ista propositio 'omne ens est Deus' non est possibilis." (*MD*, 2va)

fica que todo ente es Dios, y este significado es posible, como antes ha demostrado, porque puede ser juzgado por la primera verdad[109].

La segunda respuesta se elabora ya desde la teoría del significado de Gregorio de Rímini. Según Pardo, la noción de *complexe significabile* tal como la entiende Gregorio quizá no permita afirmar que la proposición *"Omne ens est Deus"* significa *Sortem esse Deum*, es decir, el *complexe significabile* nombrado por el *dictum "Sortem esse Deum"*[110]. Puesto que *"Omne ens est Deus"* significa el *complexe significabile omne ens esse Deum,* afirmar esto implicaría identificar los dos significados. Pero Gregorio no permitiría la identificación del *complexe significabile omne ens esse Deum* con el *complexe significabile Sortem esse Deum,* puesto que las proposiciones *"Omne ens est Deus"* y *"Sortes est Deus"* no son sinónimas.

Pardo termina aquí su exposición de la doctrina de Gregorio de Rímini. Ha presentado las tres tesis que él considera fundamentales, y ha aportado también las respuestas a un buen número de objeciones. Ha ofrecido, así, una reconstrucción consistente de la doctrina de Gregorio acerca del significado de las proposiciones. Pero el *complexe significabile* de Gregorio de Rímini, una entidad no existente, esencialmente distinta de los significados de los términos simples, resulta extraña al ambiente nominalista en que está inmerso Pardo. Mucho más familiar es la teoría de Buridán, para quien el significado de una proposición no se distingue de las entidades significadas por los extremos.

---

109 "Respondeo: ista propositio 'omne ens est Deus' de significatione inadequata, seu secundaria, seu partiali, quod idem est, significat Sortem esse Deum, non tamen de significatione totali, adequata seu primaria, ymo de significatione adequata significat omne ens esse Deum, et hoc est possibile." (*MD,* 2va)

110 "Forte tamen secundum istum modum dicendi non esset dicendum quod ista 'omne ens est Deus' significat Sortem esse Deum, id est, hoc complexe significabile Sortem esse Deum." (*MD,* 2va)

2. JUAN BURIDÁN (1295-1358)

Pardo presenta a Buridán[111] como el defensor de la postura contraria a la de Gregorio de Rímini. En sus páginas, trata de reconstruir también esta doctrina de una forma consistente, defendiéndola de las posibles objeciones[112]. Pero, frente a la teoría de Gregorio, la de Buridán es la teoría del significado que Pardo considera verdadera, al menos en sus líneas generales, y así lo declara al comenzar su exposición[113].

La ventaja de la doctrina buridaniana sobre la de Gregorio de Rímini es, en palabras de Ashworth, que "no fuerza nuestra credulidad ontológica"[114]. No hay un nuevo tipo especial de entidades que sean los significados de las proposiciones: para ejercer

---

111 Juan Buridán nace en Béthune y estudia en París, donde obtiene el grado de maestro en artes hacia 1320. Es rector de la universidad de París en dos ocasiones (1328, 1340). Sus obras son difundidas por toda Europa, se toman como libros de texto en varias universidades, y ejercen una poderosa influencia hasta principios del siglo XVI. Buridán se ocupa del significado de las proposiciones en *Sophismata* (editado por T. K. Scott) y en *In Metaphisicam Aristotelis quaestiones* (reimpreso por Minerva G. M. B. H.). Acerca de su vida y obra, pueden consultarse: E. A. Moody, "Jean Buridan", *Dictionary of scientific biography* (C. C. Gillispie, ed.), II, Charles Scribner's Sons, New York, 1981, 603-608; E. Faral, "Jean Buridan. Notes sur les manuscrits, les éditions et le contenu de ses ouvrages", *Archives d'histoire doctrinale et littéraire du moyen âge* 15 (1946), 1-55. Acerca de su teoría del significado y su oposición a la teoría del *complexe significabile*, ver: M. E. Reina, "Il problema del linguaggio in Buridano", *Rivista critica di storia della filosofia* 14 (1959), 367-417, y 15 (1960), 141-165 y 238-264; G. Nuchelmans, *Theories of the proposition*, 243-250; J. Biard, *Logique et théorie du signe au XIVe siècle*, 162-202; T. K. Scott, "John Buridan and the objects of demonstrative science", *Speculum* 40 (1965), 654-673.

112 Las críticas a la doctrina de Buridán por autores postmedievales pueden encontrarse en el artículo citado de Ashworth: E. J. Ashworth, "Theories of the proposition: some early sixteenth century discussions", 99-107.

113 "Alius est modus dicendi qui, licet verus, multas tamen oppugnationes patitur, ut contra veritatem plerumque contingere solet." (*MD*, 2va)

114 E. J. Ashworth, "Theories of the proposition: some early sixteenth century discussions", 107.

este papel basta simplemente con las entidades particulares del mundo extramental.

No hay, para Buridán, dos especies de entidades, unas a las que corresponde ser significadas de manera incompleja, mediante los términos simples, y otras a las que corresponde ser significadas de manera compleja, mediante las proposiciones. Una y la misma entidad se dice *complexe significabile* en cuanto que puede ser significada por una expresión compleja, y se dice *incomplexe significabile* en cuanto que puede ser significada por una expresión incompleja. Los calificativos *"complexe significabile"* e *"incomplexe significabile"* son denominaciones extrínsecas, que pueden aplicarse exactamente a las mismas entidades, a las únicas entidades que hay, los individuos existentes (o que pueden existir)[115].

De este modo, a la pregunta "¿qué es el *complexe significabile*?", a la que Gregorio de Rímini respondía con una nueva ontología de entidades no existentes, Buridán contesta de una manera más simple: todos los entes del mundo pueden decirse *complexe significabilia*[116], no hay un reino aparte de entidades distintas a las existentes, destinadas a ser los significados de las proposiciones, porque cualquier entidad del mundo puede ser significada por una expresión compleja o incompleja[117].

---

115 "Et si dicas: ergo talia non debent dici complexe significabilia. Patet, quia non differunt ab illis que significantur per istos terminos simplices seu incomplexos. Respondet quod eadem res potest dici complexe significabile et incomplexe significabile, nam inquantum potest significari per aliquod complexum vocatur complexe significabile, et inquantum potest significari per aliquod incomplexum vocatur incomplexe significabile. Ideo ista, puta significari complexe vel incomplexe, conveniunt alicui per denominationem extrinsecam seu ab extrinseco." (*MD*, 2v)

116 Incluso una entidad absolutamente simple, Dios, puede ser significada de manera compleja: "Tamen propter hoc non nego quin sint multa complexe significabilia, Deus enim qui est simplicissimus non solum est incomplexe significabilis, immo etiam complexe, quoniam complexe significatur per illas propositiones: 'Deus est prima causa', 'Deus est primus actus', et sic de aliis, et sic omnis res de mundo est complexe significabilis." (*In Met*, 31r)

117 "Ex quo sequitur quod omnia entia mundi possunt dici complexe significabilia, quia omne ens, quodcumque sit illud, potest significari per aliquod complexum." (*MD*, 2vb) Buridán hace esta afirmación en su respuesta al sofisma *"complexe sig-*

Buridán rechaza, así, la distinción entre el significado de una proposición y los significados de sus extremos. La significación, aunque sea la de una expresión compleja, debe terminar siempre en los individuos del mundo extramental.

2.1. La ontología de Buridán

Según Normore, el nominalismo de Buridán (como el de Ockham) se caracteriza porque pretende responder a la pregunta por la relación entre el lenguaje y lo que lo hace verdadero[118]. En ambos casos, la preocupación de fondo es la de establecer cuáles son las entidades que pueblan el mundo , y el camino por el que esto se alcanza pasa a través del lenguaje[119]. Para determinar de qué está hecho el mundo, deben separarse las expresiones sincategoremáticas (las que no remiten a ninguna cosa) de las categoremáticas (las que remiten a un cierto "algo"); entre estas últimas, deben separarse los términos connotativos (los que tienen definiciones nominales y, por tanto, pueden eliminarse sin que el lenguaje pierda su poder expresivo) de los términos absolutos. Son los términos absolutos los que señalan las cosas de las que se compone el mundo.

---

nificabilia sunt chimere": "Omnia entia de mundo sunt complexe significabilia. Etiam omne ens, quantumcumque simplex, est complexe significabile. Verbi gratia, Deus, qui est summe simplex, significatur complexe per hanc orationem 'Deus est Deus'." (*Soph*, 6v). Y en el comentario a la *Metafísica*: ver la nota anterior.

[118] Ver C. G. Normore, "The tradition of medieval nominalism" en *Studies in medieval philosophy* (J. F. Wippel, ed.), The Catholic University of America Press, Washington, 1987, 212. Normore cita dos trabajos sobre las ontologías de Ockham y Buridán: M. M. Adams, "Things versus 'hows', or Ockham on predication and ontology", *How things are* (J. Bogen y J. E. McGuire, eds.), Reidel, Dordrecht, 1985, 175-188; C. G. Normore, "Buridan's ontology", *How things are,* 189-204.

[119] Se trata, sin duda, de algo parecido a lo que hace Quine en "Acerca de lo que hay".

Por otra parte, los términos, tanto singulares como universales, remiten a un mundo de entidades particulares. Como señala Scott, una de las dos metas fundamentales del nominalismo medieval es la reducción de la ontología a las entidades concretas particulares. La segunda meta es la fundamentación del conocimiento en este mundo de particulares concretos. El nominalismo se enfrenta a la tarea de explicar la relación entre un lenguaje en el que los términos generales y abstractos juegan un papel esencial y un mundo en el que no hay nada más que entidades particulares y concretas[120].

En esta empresa, la lógica de las propiedades de los términos se convierte para los nominalistas en el instrumento ideal. La doctrina terminista puede ser interpretada y aplicada de tal manera que permita fundar el significado y la verdad de las proposiciones en las entidades particulares existentes. Por una parte, la doctrina del descenso logra reducir el significado de las proposiciones con términos generales al de proposiciones que contengan sólo términos singulares; por otra parte, la teoría de la suposición es capaz de fundar la verdad de las proposiciones en la referencia de sus términos a entidades particulares existentes[121].

Frente a Gregorio de Rímini, Buridán sostiene que en una proposición no puede encontrarse más significación que la que proporcionan sus términos: afirmar otra cosa significaría abrir la puerta a unas entidades que no está dispuesto a admitir[122]. Pardo resume la opinión de Buridán acerca del *complexe significabile*

---

120 T. K. Scott, "John Buridan on the objects of demonstrative science", 657.

121 T. K. Scott, "John Buridan on the objects of demonstrative science", 658.

122 Normore sugiere que hay una división entre los nominalistas del siglo XIV por este motivo: frente a Ockham y Buridán, Wodeham mantiene que pueden usarse en semántica elementos que no tengan un lugar en la ontología. Ver C. G. Normore, "The tradition of medieval nominalism", 215. Pardo podría ser un seguidor de esta línea: aunque no hay nada más que las entidades particulares, las proposiciones significan algo más.

mediante la siguiente tesis: el significado de la proposición no se distingue de los significados de los términos[123].

Si, de acuerdo con el uso común, Buridán admite que la proposición *"Homo est animal"* significa *hominem esse animal*[124], no puede, en cambio, coincidir con Gregorio de Rímini interpretando este significado como una entidad no existente y significable sólo complejamente. Para Buridán, *hominem esse animal* no se distingue del hombre y del animal, de las cosas significadas por los extremos de la proposición, *"homo"* y *"animal"*[125]. Lo único que hay son las entidades particulares, y sólo ellas pueden ser significadas.

2.2. El lenguaje en Buridán: significación y suposición

Sobre esta ontología de particulares, Buridán puede articular un lenguaje que queda justificado, en todos sus niveles, por su relación a las cosas del mundo: desde el nivel de los términos simples hasta el nivel superior de complejidad, el de las proposiciones, la significatividad del lenguaje está fundada en los particulares a los que, en último término, cualquier expresión remite.

Buridán distingue el lenguaje mental del lenguaje vocal y escrito, y entiende "significar" como una propiedad de las palabras (*dictiones*) que pueden formar parte de la oración. Según Buridán, el que propiamente significa es el lenguaje vocal (y también el escrito), mientras que al mental le corresponde más bien concebir

---

123 "Complexe significabile seu significatum propositionis non distinguitur a significationibus terminorum." (*MD*, 2va) Pardo parece confundir significado (*significatum*) y significación (*significatio*), puesto que habla de las *significaciones* de los términos para referirse a las cosas *significadas* por los términos.

124 Como se verá, en ocasiones Buridán rechaza el uso común: por ejemplo, *"Homo est asinus"* no significa *hominem esse asinum*. Ver las secciones 2.2.3 y 2.4.2.

125 "Ut ista propositio 'homo est animal' significat hominem esse animal, tunc dicit quod hominem esse animal non distinguitur ab homine et animali, seu ab illis que significantur per istos terminos 'homo' et 'animal'." (*MD*, 2va)

las cosas[126]. Significar consiste, para las palabras, en constituir un concepto en quien las oye[127]. Las palabras, así, significan los conceptos por los cuales han sido impuestas para significar. Buridán llama a esta significación *"significatio apud mentem"*. Pero mediante los conceptos se conciben cosas del mundo exterior, de modo que las palabras también remiten, aunque indirectamente, a estas cosas del mundo. Aunque subordinadas a los conceptos, las palabras han sido impuestas para significar las cosas del mundo extramental. Si los conceptos son los significados inmediatos de las palabras, las cosas son sus significados ultimados. A esta segunda significación de las palabras la denomina Buridán *"significatio ad extra"*, y es a ella a la que se refiere la presente sección[128].

Para determinar las cosas del mundo a las que, según Buridán, remiten los signos lingüísticos (en particular, las proposiciones), atenderé a ellos de acuerdo con distintos niveles de complejidad (hasta alcanzar el nivel proposicional). En el plano del lenguaje mental, Buridán distingue los conceptos simples de los complejos, y entre las *complexiones* separa la *complexio indistans* (cuyas partes se unen sin la mediación de una cópula) de la *complexio distans* (cuyas partes se unen mediante la cópula)[129]. En el plano del lenguaje vocal, estas divisiones no quedan reproducidas

---

126 Ver: M. E. Reina, "Il problema del linguaggio in Buridano (I)", 384; J. Biard, *Logique et théorie du signe au XIVe siècle*, 172. Biard destaca el contraste de la postura de Buridán con la de Ockham, que entiende los conceptos como signos.

127 "Cuiuslibet dictionis, quae non materialiter sumpta est pars orationis, interest significare et audienti eam conceptum aliquem constituere secundum institutionem sibi ad placitum data." (*De suppositionibus*, citado por M. E. Reina, "Il problema del linguaggio in Buridano (I)", 369)

128 Ver: M. E. Reina, "Il problema del linguaggio in Buridano (I)", 382-387; J. Biard, *Logique et théorie du signe au XIVe siècle*, 168-171.

129 En la práctica, esa distinción tiende a difuminarse. Por una parte, la *complexio indistans* se comporta en ciertos aspectos como una proposición: es afirmativa o negativa, verdadera o falsa. Por otra parte, ambos tipos de expresiones compuestas significan, como se verá a continuación, las cosas individuales significadas por sus partes categoremáticas. Ver: M. E. Reina, "Il problema del linguaggio in Buridano (I)", 408-410; G. Nuchelmans, *Theories of the proposition*, 244-246.

estrictamente, porque los conceptos complejos pueden ser significados mediante voces simples o complejas.

Pueden encontrarse, así, los siguientes niveles de expresiones del lenguaje vocal: términos simples que significan conceptos simples (*"homo"*), términos simples en apariencia, pero que significan conceptos complejos (*"vacuum"*), y términos complejos que significan conceptos complejos. Entre estos últimos, las *orationes*, pueden distinguirse las oraciones no proposicionales (*"homo albus"*) y las proposiciones (*"Homo est animal"*)[130]. Un tipo especial de oración no proposicional es el *dictum*, el agregado de acusativo e infinitivo (*"hominem esse animal"*), al que Buridán presta una atención especial.

En las páginas que siguen, articularé en dos partes la búsqueda buridaniana del significado de la proposición: en primer lugar, investigaré cuáles son las entidades significadas por los distintos niveles de signos, hasta llegar a las proposiciones; en segundo lugar, cuáles son las entidades por las que supone cada uno de estos signos. Por último, puesto que el *dictum* aparece como una vía especial de acceso al significado de las proposiciones, examinaré algunos problemas a los que da lugar.

2.2.1. Significación de los términos según su nivel de complejidad

Buridán, como se ha dicho, identifica el significado de la proposición con las entidades significadas por sus extremos. Esta identificación se funda, explica Pardo, en una tesis general, relativa a la significación de las expresiones complejas de cualquier tipo: todo complejo o agregado de partes significa lo mismo que significan sus partes por separado (*seorsum*)[131]. Si, en la doctrina

---

130 Ver A. Maierù, "Significatio et connotatio chez Buridan", *The logic of John Buridan* (J. Pinborg, ed.), Museum Tusculanum, Copenhagen, 1976, 103.

131 "Et secundum istam opinionem est unum fundamentum: quod omne complexum seu aggregatum ex partibus aliquibus significat illud idem quod partes seorsum

buridaniana, la significación de lo complejo remite a la de lo simple, comenzaré investigando la significación de los términos simples.

Aunque las palabras significan los conceptos, su significado ultimado son las cosas para cuya significación han sido impuestas. Para Buridán, sólo pueden ser significadas las entidades particulares, pero puede tratarse tanto de particulares actuales como posibles: la significación tiene un carácter atemporal (el término "rosa" significa las rosas también en invierno, cuando no hay ninguna rosa existente). Así, un término simple siempre significa alguna entidad particular. Por ejemplo, *"homo"* significa todos los hombres que existen, han existido, existirán o pueden existir[132].

Para Buridán, con toda voz significativa que signifique en acto se significa algo[133]. Las palabras se imponen para significar las cosas concebidas con el concepto correspondiente, y mediante todo concepto se concibe algo: sería absurdo decir que se concibe si no se concibe nada[134]. Sin embargo, hay términos simples que parecen no significar ninguna entidad real o posible. Es el caso del término *"chymera"*: puesto que no hay ni puede haber quimeras, algunos sostienen que este término no significa ninguna entidad. Buridán critica esta opinión, afirmando que los términos que tienen una

---

significant, ita videlicet quod si volo cognoscere quid significat aliquod complexum, debo aspicere quid partes seorsum significant." (*MD*, 2vb) No he encontrado una formulación explícita de esta tesis en Buridán, pero en varios lugares se pone de manifiesto su admisión: en las conclusiones octava y undécima del capítulo primero de los *Sophismata*, en la conclusión quinta del capítulo segundo. Spade llama a esta tesis el "principio aditivo", y lo atribuye también a Ockham: P. V. Spade, "Ockham's distinctions between absolute and connotative terms", *Vivarium*, 13 (1975), 58.

132 Ver J. Biard, *Logique et théorie du signe au XIVe siècle*, 180-181.

133 "Omni voce significativa et actu significandi aliquid significatur." (*Soph*, 3v)

134 "Omni conceptu aliquid concipitur, vel forte non unum solum, sed multa simul. Absurdum enim est dicere quod aliquis intelligit vel quod videt et quod nihil intelligit vel videt." (*Soph*, 3v)

definición nominal son sólo simples en apariencia, porque significan un concepto complejo[135].

Si estos términos son en realidad compuestos, su significación procederá, de acuerdo con el principio antes enunciado, de la significación de sus partes. Así, puesto que *"chymera"* significa *"animal compositum ex membris ex quibus nihil potest esse compositum"*, significa a la vez todas las cosas significadas por los términos *"animal"*, *"membrum"* y *"compositum"*[136]. Lo mismo sucede con el término *"vacuum"*: significa *"locus non repletus corpore"* y, así, significa de una vez todo lo que significa cada una de sus partes por separado[137].

Ya en el nivel de los términos explícitamente complejos, un primer tipo son los complejos indistantes, en los que la determinación se une a su determinable sin mediación de una cópula: *"asinus risibilis"*, *"homo albus"*. Según Buridán, cualquier complejo indistante significa lo que significan sus partes por separado: así, *"asinus risibilis"* significará todos los burros y todos los risibles[138], como *"homo albus"* significa todos los hombres y todos los

---

135 La definición *quid nominis* significa separadamente los distintos elementos que componen la significación del término aparentemente simple. Ver M. E. Reina, "Il problema del linguaggio in Buridano (I)", 391.

136 "Decima conclusio erit quod isti termino vocali 'chimera' non correspondet solum conceptus simplex [...]. Sequitur ergo undecima conclusio, quod huic termino vocali 'chimera' correspondet conceptus complexus quem primo significat esse secundum quem impositus est ad significandum. Quia, ut dictum est, oportet voci correspondere conceptum quem immediate significat, vel secundum quem imponitur ad significandum. [...] Ita ergo huic termino 'chimera' correspondet conceptus complexus quo multa concipiuntur [...]. Et sic, iste termino 'chimera' significat omnia illa quae significant isti termini 'animal', 'membrum' et 'compositum' [...]." (*Soph*, 5r)

137 "Sed descendendo specialius ad propositum, haec oratio 'locus non repletus corpore' correspondet conceptui complexi, quo intelligimus locum, et corpus, et repletionem. Et tamen hoc nomen 'vacuum' impositum est ad significandum simul illa omnia qua significat haec oratio 'locus non repletus corpore'. [...] Ergo hoc nomen 'vacuum' significat multas res, scilicet omnes quas significant isti termini: 'locus', et 'corpus', et 'repletus', et sibi correspondet conceptus complexus quo multa cocipitur." (*Soph*, 5r)

138 "Tunc, per istum conceptum complexum ex conceptu asini et conceptu risibilis, ego concipio asinos per conceptum asini et risibilia per conceptum risibilis. Ideo,

blancos[139]. Éstas son las cosas que traen a la mente los conceptos simples significados por sus partes.

Hasta aquí, los ejemplos propuestos de complejos indistantes sólo contienen partes categoremáticas. Pero puede formarse también un término complejo modificando los categoremas mediante algún sincategorema. ¿Cuáles serán las cosas significadas mediante un término complejo de este tipo? Todo complejo significa lo mismo que sus partes por separado: las partes categoremáticas significan las entidades particulares para las que han sido impuestas, pero las partes sincategoremáticas no han sido impuestas para significar ninguna cosa o cosas. Según Buridán, los sincategoremas no significan ninguna cosa o cosas, sino que significan los distintos modos en que pueden concebirse las cosas[140]. En cuanto a la significación *ad extra*, los sincategoremas no añaden nada a la significación de los categoremas; sí lo hacen en cuanto a la significación *apud mentem*, porque cada sincategorema significa un concepto distinto, una manera distinta de concebir las mismas entidades del mundo. Por eso, un complejo indistante en el que aparezca algún sincategorema significará exactamente las mismas cosas que el complejo en el que ese sincategorema no aparece: las cosas significadas por las partes categoremáticas.

---

ex conceptu complexo multa concipio, scilicet homines et asinos. [...] Deinde ulterius notandum est quod licet vox immediate significet conceptum, tamen mediante conceptu imposita est ad significandum ea quae illo conceptu concipiuntur. Ideo, haec dictio 'asinus' imposita est ad significandum mediante conceptu asini, significat enim asinos qui illo conceptu concipiuntur. Ista vox 'risibile' imponitur per conceptum risibilis significare risibilia quae illo conceptu concipiuntur. Ideo, omnia risibilia et omnes asini significantur per hanc vocem complexam 'asinus risibilis'." (*Soph*, 4v)

139 "Nam omnes homines significantur per hanc vocem 'homo albus' propter istum terminum 'homo', et omnia alba propter istum terminum 'albus'." (*Soph*, 4v)

140 Estos modos son los conceptos sincategoremáticos. Ver M. E. Reina, "Il problema del linguaggio in Buridano (I)", 404-405.

Considérese, por ejemplo, el complejo indistante negativo *"homo non albus"*[141]. ¿Cuáles son, según Buridán, las cosas significadas por este término? Exactamente las mismas cosas que significa el complejo afirmativo *"homo albus"*. Si la negación no añade nada respecto a la significación de cosas exteriores, los términos *"homo albus"* y *"homo non albus"* significan *ad extra* las mismas cosas, aunque cada uno tiene distinta significación *apud mentem*: los distintos conceptos que conocen esas realidades de distintos modos[142].

Hay un sincategorema especial, cuya presencia en un complejo lo convierte en un complejo distante: la cópula *"est"*, que une sujeto y predicado en una proposición[143]. Una proposición es considerada por Buridán como un tipo especial de término complejo: especial, porque la cópula que contiene hace que la proposición signifique *apud mentem* un "concepto complexivo" (la cópula mental) con el que el intelecto compone o divide los conceptos

---

141 Buridán distingue, entre las complexiones indistantes, unas afirmativas y otras negativas (la misma distinción que reconoce entre las complexiones distantes). "Dico ergo quod apud intellectum est duplex complexio conceptuum: una potest vocari distans, alia indistans. Distans vocatur quando in propositione predicatum complectitur cum subiecto mediante copula, et hoc potest fieri affirmative vel negative, ut 'homo est animal', 'homo non est animal'. Sed complexio indistans vocatur quando adiectivum complectitur cum sustantivo sine copula media. Et etiam potest fieri affirmative aut negative, ut 'homo albus', 'homo non albus'." (*In Met*, 23va)

142 "Unde ista oratio 'homo albus' et ista 'homo non albus' non significant aliquid extra nisi homines albos vel albedines. Sed tamen apud intellectum est alius et alius modus intelligendi illas res easdem, scilicet compositivus si sit sine negatione, et divisivus si sit cum negatione." (*In Met*, 23vb) Ocurre lo mismo con los complejos distantes: la proposición afirmativa y la negativa significan exactamente las mismas cosas (ver la sección 2.4.2).

143 Nuchelmans describe otros modos de entender la distinción entre *complexio distans* y *complexio indistans*: un segundo modo que incluye, junto a la cópula *"est"*, otros elementos conectivos (*"vel"*, *"et"*...); y un tercer modo que incluye estos nuevos elementos, pero excluye entre las complexiones distantes cualquier complejo proposicional. Ver G. Nuchelmans, *Late-scholastic and humanist theories of the proposition*, 31-33. Aquí tomaré *"complexio distans"* en el sentido utilizado por Buridán: el complejo cuyas partes están unidas mediante la cópula *"est"*.

simples[144]; término complejo como los demás, porque la significación *ad extra* de la proposición se reduce a la de sus partes categoremáticas[145]. También las proposiciones significan las mismas cosas que significan sus partes por separado: por ejemplo, *"Homo est animal"* no significa sino los hombres y los animales (existentes o posibles).

De acuerdo con la tesis general que reduce la significación del complejo a la significación de las partes, toda proposición, en cuanto término complejo, significa alguna cosa del mundo: también las proposiciones negativas y las proposiciones falsas. Por ejemplo, la proposición negativa *"Homo non est albus"* significa los hombres y las cosas blancas; la proposición falsa *"Homo currit"* (en el caso de que ningún hombre corra) significa los hombres y las cosas que corren. Incluso una proposición imposible, como *"Homo est asinus"*, significa cosas reales: los hombres y los burros. Desde esta perspectiva, cualquier proposición significa algo, aunque no pueda decirse, en general, que la proposición signifique *una cosa*, sino una pluralidad, todas las cosas significadas por sus partes[146].

Pero, habitualmente, se utiliza el *dictum* para hacer referencia al significado de la proposición: este modo de acceso al significado de las proposiciones establece una nueva perspectiva que termina por imponer un nuevo y más definitivo sentido de "significado de una proposición". El viejo sentido de significado, como aquello que la proposición, en cuanto término compuesto, trae a la mente,

---

144 Ver M. E. Reina "Il problema del linguaggio in Buridano (I)", 395.

145 Aunque, según Buridán, la cópula no es un sincategorema puro, porque connota un tiempo determinado (excepto en las proposiciones científicas, donde se hace abstracción del tiempo), esta consignificación no afecta a la significación *ad extra* de las proposiciones.

146 Como explica Nuchelmans, en Buridán no hay algo así como un "significado" específico de la proposición, como distinta de los términos. La proposición vocal significa la correspondiente proposición mental, y en ese sentido puede decirse que la mental es su significado, pero, por lo que respecta a la significación de cosas reales, ésta corresponde sólo a los términos categoremáticos, de modo que la proposición significa exactamente las mismas cosas que sus términos categoremáticos. G. Nuchelmans, *Theories of the proposition*, 244-245.

queda en un segundo plano, mientras que triunfa un nuevo sentido de significado de la proposición, como aquella realidad o realidades que el *dictum* hace presentes.

Por otra parte, el desplazamiento del interés desde la proposición hacia el *dictum* se une a un segundo desplazamiento, desde la significación hacia la suposición, que imprime un nuevo carácter a la búsqueda del significado de la proposición. El significado de la proposición quedará reducido, como se verá, no al significado del *dictum*, sino a la entidad o entidades por las que éste supone[147]. Si a la pregunta: "¿qué significa la proposición *'Homo est animal'*?", se responde que significa *hominem esse animal*, la siguiente pregunta es: "¿por qué supone *'hominem esse animal'* en la proposición *'Homo est animal significat hominem esse animal'*?".

Buridán no se interesa sólo por la relación significativa entre un término (simple o complejo) y las cosas (reales o posibles) para cuya significación ha sido impuesto. Esta relación no basta para determinar la verdad o falsedad (puesto que todo término significa, cualquier proposición sería verdadera). La verdad depende de una correspondencia con la realidad que no viene dada por la significación de los términos, sino por su suposición, por su referencia a las cosas existentes. En consecuencia, Buridán busca, para cada término, su correlato real existente, su *debita correspondentia in re*[148].

Todo término significa, pero no todo término remite a una entidad actualmente existente, ni supone por todas las entidades que significa. A continuación examinaré las diferencias entre

---

147 El *dictum*, como el resto de los términos complejos, significa las cosas significadas por sus partes categoremáticas: por ejemplo, *"hominem esse animal"* significa los hombres y los animales. Sin embargo, no siempre supone por todos esos significados. En consecuencia, sólo algunas de las cosas significadas por las partes son consideradas "el significado" de la proposición en este sentido restringido.

148 No sólo las proposiciones, sino también los complejos indistantes, se dicen en cierto modo "verdaderos" o "falsos" según que exista o no esta correspondencia (ver la nota 129).

significación y suposición de los términos para los distintos niveles de complejidad.

2.2.2. *Suposición de los términos según su nivel de complejidad*

Un término supone por aquella entidad o entidades de las que se puede verificar diciendo "esto es un *x*" (de acuerdo con el tiempo de la cópula de la proposición en que ese término aparece)[149]. De acuerdo con esto, un término simple como *"equus"* supone en la proposición *"Equus currit"* por todos los caballos actualmente existentes, aunque haya sido impuesto para significar también los pasados, los futuros y los meramente posibles.

En el caso de los términos complejos, la determinación de los individuos por los que un término puede suponer comienza antes de su inserción en una proposición: es la mutua restricción entre las partes del compuesto la que reduce el campo de los significados a la de los posibles supuestos. Por ejemplo, en un compuesto de determinación y determinable como *"homo albus"*, el término *"albus"* restringe a *"homo"*, obligándolo a suponer sólo por los hombres que son blancos, al mismo tiempo que *"homo"* restringe a *"albus"* para que suponga sólo por los blancos que son hombres. Así, el término compuesto *"homo albus"*, que significa todos los hombres y todas las cosas blancas, puede suponer sólo por los hombres blancos[150].

---

149 En principio, Buridán define la suposición como propiedad del término en una proposición: "Est autem suppositio prout hic accipitur acceptio termini in propositione pro aliquo vel pro aliquibus, quo demonstrato vel quibus demonstratis per ista pronomina 'hoc' vel 'haec' vel equipollentia illis, terminus vere affirmatur de isto pronomine mediante copula illius propositionis." (*Soph,* 12r)

150 "Sed de conceptu complexo est alia ratio. Nam si sit conceptus complexus per modum determinationis et determinabilis, ut conceptus correspondens huic orationi 'homo albus', si fieret propositio mentalis quod 'homo albus currit', tunc licet conceptu hominis concipiatur indifferenter omnis homo, tamen conceptus ille non supponit pro omnibus hominibus, sed solum pro albis, quia per conceptum albi sibi coniunctum restringitur. Nec conceptus albi supponit pro omnibus albis, sed res-

En este tipo de compuestos puede ocurrir, incluso, que cada parte no sólo limite la suposición de la otra, sino que la impida, haciendo que el compuesto no pueda suponer por nada. Por ejemplo, *"homo hinnibilis"* o *"asinus risibilis"* significan muchas cosas, pero no puede decirse que exista en la realidad la entidad correspondiente a esos conceptos complejos. Cuando no se da una *debita correspondentia in re*, el concepto correspondiente es un *conceptus fictus*, y el término no puede suponer[151]. El hecho de que las partes sean mutuamente repugnantes no afecta a la significación del compuesto, pero sí a su suposición: *"asinus risibilis"* es un término significativo, pero no puede suponer por nada[152].

Sucede lo mismo en el caso de términos simples que significan un concepto complejo: en ocasiones, las partes de ese complejo restringen su suposición de tal modo que el término no supone por nada. Es lo que ocurre con los términos *"chymera"* o *"vacuum"*: aunque significan todas las cosas que su definición nominal trae a la mente, las partes de esa definición son mutua-

---

tringitur per conceptum hominis ad supponendum solum pro illis albis qui sunt homines." (*Soph*, 4r) "Sicut in praecedente conclusione dicebatur quod in ista propositione 'homo albus currit', illud subiectum 'homo albus' non supponit pro omnibus hominibus nec pro omnibus albis, quia iste terminus 'albus' prohibet ne supponat pro aliis quam pro albis, et iste terminus 'homo' econverso prohibet ne supponat pro aliis quam pro hominibus." (*In Met*, 4v)

151 "Et econverso, si substantivum et adiectivum non supponant pro eodem, ut dicendo 'homo hinnibilis', iste esset conceptus fictus, et pro nullo supponeret, et tamen significaret veras res, scilicet omnes homines indifferenter propter istum terminum 'homo', et omnes hinnibiles equos propter istum terminum 'hinnibilis'. Sed tales res tali modo intelliguntur et significantur per istam orationem 'homo hinnibilis', quia tali modo significandi non est in re debita correspondentia." (*In Met*, 23vb)

152 "Tunc per istum conceptum complexum ex conceptu asini et conceptu risibilis, ego concipio asinos per conceptum asini et risibilia per conceptum risibilis. Ideo ex conceptu complexo multa concipio, scilicet hominies et asinos. Et tamen ille conceptus complexus pro nullo supponit, quia conceptus risibilis prohibet ne supponat pro aliis quam pro risibilibus, ideo non potest supponere pro asinis. Et conceptus asini prohibet ne supponat pro aliis quam pro asinis, ideo non potest supponere pro risibilibus. Et sic nihil restat pro quo possit supponere. [...] Et potest inferri correlarium quod determinatio addita determinato nihil aufert vel restringit de significatione illius, sed bene restringit vel aufert omnino eius suppositionem." (*Soph*, 4v)

mente repugnantes, de manera que el término no puede verificarse de ningún particular, es decir, no puede suponer por ninguno de esos significados[153].

Llega el turno de ocuparse del complejo indistante que interesa en relación con el significado de la proposición: el *dictum*. Pardo observa que, según Buridán, el *dictum* puede tomarse de dos modos: con suposición material o con suposición personal. No le interesa el primer modo[154], ya que no se trata de un uso del *dictum* para hablar del significado de la proposición[155]. Le interesa, en cambio, el segundo modo de suposición, cuando el *dictum* está tomado significativamente, como estando por entidades extra-

---

153 "Tunc, ad propositum, videamus descriptionem huius termini 'vacuum' indicantem quid nominis, scilicet, 'locus non repletus corpore'. Hec oratio significat omnia loca de mundo indifferenter per illum terminum 'locus', et significat etiam omne repletum corpore, sed modo divisivo, et ita est quia quod eadem res est universaliter pro qua supponit ille terminus 'locus' et ille terminus 'repletus corpore', ideo tali modo intelligendi vel complectendi non est correspondentia in re, propter quod ista oratio, sive mentalis, sive vocalis, 'locus non repletus corpore' pro nullo supponit. Nec per consequens illa dictio 'vacuum', quia illa dictio et illa oratio non differunt nisi secundum vocem, utrique enim correspondet idem conceptus, non simplex, sed complexus. Ita etiam de isto termino 'chimera', sit enim descriptio 'compositum ex impossibilibus componi ad invicem, sicut ex capite hominis, ex corpore capre, ex cauda draconis', et nec ista oratio significat omnia composita et omnia impossibilia componi, sed per talem modum significat illas res quod non est in re debita correspondentia. Ideo illa oratio, sive vocalis, sive mentalis, pro nullo supponit, nec per consequens hoc nomen 'chimera'." (*In Met*, 23vb)

154 Pardo distingue, dentro de este primer caso, dos posibilidades: el *dictum* puede suponer o bien por sí mismo y los semejantes a él, o bien puede suponer por la proposición subyacente. Sin embargo, en Buridán no aparece el primer sentido. Cuando el *dictum* tiene suposición material es cuando está tomado por la proposición correspondiente. Por ejemplo, *In Met*, libro 5, q. 7; libro 6, q. 10-11. Pardo, en cambio, parece considerar el primer sentido como el modo más propio de suposición material del *dictum*, ya que en alguna ocasión propone que, cuando el *dictum* está tomado por la proposición, su suposición es personal, y no material (ver *MD*, 106vb-107ra).

155 "Et si ulterius queratur isti modo dicendi pro quo supponunt dicta aggregata ex accusativo et infinitivo, verbi gratia, queritur pro quo supponit 'hominem esse animal'. Respondet quod omne aggregatum ex infinitivo et acusativo potest capi dupliciter, uno modo materialiter, alio modo significative. Materialiter adhuc dupliciter, uno modo pro tali aggregato et quolibet sibi simili, sive in voce, sive in scripto, alio modo pro propositione que subiacet tali aggregato." (*MD*, 2vb)

lingüísticas, las cosas significadas por la proposición correspondiente.

Se ha dicho que el *dictum* se utiliza como una expresión nominal, como el nombre de las cosas significadas por la proposición, pero también se ha dicho que el infinitivo, al ser una forma verbal, le confiere un engañoso aspecto de proposición. Es esta apariencia proposicional la que impide reconocer la entidad o entidades nombradas por el *dictum*: por eso algunos han creído que se trataba de *complexe significabilia* distintos de cualquier entidad existente. Según Buridán, si la oración de infinitivo es una expresión oscura, debe ser resuelta en una expresión más clara, en una expresión claramente nominal.

Tal objetivo se consigue mediante la sustitución del acusativo por el nominativo, y del infinitivo por el participio: *"hominem esse animal"* se resuelve en *"homo existens animal"* y *"hominem currere"* en *"homo currens"*, que parecen ya apuntar claramente a entidades extralingüísticas (los hombres que son animales, los hombres que corren). La reducción al agregado de nominativo y participio permite así descubrir cuál es la entidad o entidades por las que supone el *dictum*. Como complejo indistante, la suposición de este agregado viene determinada por la restricción mutua entre sus partes: *"homo existens animal"* (y su equivalente *"hominem esse animal")* no supone por todos los hombres y todos los animales, sino sólo por los hombres que son animales.

Esta es, según Buridán, la forma correcta de responder a la pregunta "qué es *hominem esse animal*": el significado de la proposición *"Homo est animal"* ya no corre el peligro de ser considerado una entidad no existente, sino que resulta ser, sencillamente, un *homo existens animal*, es decir, un hombre[156].

---

156 "Et ad videndum pro quo supponunt talia aggregata si capiantur personaliter, accusativus resolvendus est in nominativum et verbum in suum participium, ut 'hominem esse animal' sic resolvitur: id est, 'homo existens animal', 'hominem currere' est 'homo currens'. Et tunc videndum est pro quo supponunt illa aggregata ex nominativo et participio, quia pro illo supponunt aggregata ex infinitivo et accusativo. Resolvendo, igitur, si queratur quid est

2.2.3. *El* dictum *y el significado de la proposición*

La consideración del *dictum* (y del agregado de nominativo y participio) como un complejo indistante, cuyas partes se restringen entre sí, evita una identificación demasiado apresurada del significado de la proposición con el significado de su sujeto: un *homo existens animal* no es, sin más, un hombre, sino un hombre en una cierta disposición (*taliter se habens*), en este caso, en relación con los animales.

En su comentario a los *Primeros Analíticos*, Buridán se ocupa de la pregunta *"quae res est hominem bibere vinum"*. Allí parece exponer de manera neutral cuatro respuestas, sin inclinarse por una más que por otra, y sin resolver la cuestión, que, según él, pertenece más bien a la metafísica[157]. Sin embargo, en otros lugares da a entender que su propia respuesta se identifica con la que allí ofrecía en tercer lugar: *hominem bibere vinum* no es nada distinto del hombre dispuesto de una manera determinada respecto al vino (*homo taliter se habens ad vinum*). Por ejemplo, en el comentario a la *Metafísica*, Buridán explica que *lapidem non esse asinum* es una piedra que no es burro (*lapis quod non est asinus*),

---

hominem esse animal, respondet quod hominem esse animal est homo existens animal." (*MD*, 2vb)

157 "Aliqui dicunt quod hoc non est nisi una propositio, ita quod haec oratio 'hominem bibere vinum' supponit pro illa propositione 'homo bibit vinum'. Alii dicunt: hominem bibere vinum est quoddam significabile complexum correspondens ex parte rei huic corruptibili propositioni 'homo bibit vinum'. Et alii dicunt quod hominem bibere vinum non est aliud quam homo taliter se habens ad vinum. Alii autem dicunt quod est quoddam accidens inhaerens homini, ut taliter se habeat ad vinum. Et non est in hoc loco discutiendum quid istorum sit verum, immo pertinet ad quintum Metaphysicae." (*In libros priorum*, I, q. 5, citado por M. E. Reina, "Il problema del linguaggio in Buridano (I)", 160-161, nota 181)

y *hominem non esse album* es un hombre carente de blancura (*homo carens albedine*)[158].

Pero ¿qué sucede cuando las partes del complejo se restringen de tal modo que anulan su suposición? En estos casos, la supuesta entidad nombrada por el *dictum* no es nada. Pero el *dictum* se tomaba como nombre del significado de la proposición. La falta de suposición obliga a Buridán a rechazar un uso universal del *dictum* como nombre del significado de la proposición: sólo en algunos casos está justificado tal uso. Por ejemplo, según Buridán, *Deum non esse* no es nada, y tampoco es algo *hominem non esse animal*, ni *lapidem esse asinum*. El *dictum* correspondiente a las proposiciones falsas no nombra ninguna entidad[159]. Por eso, es un error decir que *"Deus non est"* significa *Deum non esse*, o que *"Homo non est animal"* significa *hominem non esse animal*.

Con mayor razón sucederá esto en el caso de las proposiciones imposibles: como se verá más adelante, Buridán niega que la proposición *"Homo est asinus"* signifique *hominem esse asinum*. Y ocurre algo semejante con las proposiciones cuyo sujeto no supone por una entidad actualmente existente: *chymeram non esse* o *Antichristum non esse* no son nada[160]. Pardo pone como ejemplo la proposición *"Antichristus erit"*: *Antichristum fore*, que equivale a *Antichristus futurus*, no es nada en el momento presente, sino que será en el futuro[161].

La interpretación de Buridán conduce a sostener que el *dictum* sólo supone por aquellos individuos que hacen verdadera a la

---

[158] "Sed probabiliter potest dici quod lapidem non esse asinum est lapis quod non est asinus, et hominem non esse album est homo carens albedine."(*In Met*, 20rb)

[159] "Videtur mihi dicendum quod Deum non esse nihil est, quod hominem non esse animal nihil est, aut etiam lapidem esse asinum nihil est, et sic de talibus orationibus quibus correspondent propositiones false, sive affirmative sive negative, et hoc patet per rationes que ad hoc fiebant in principio questionis." (*In Met*, 20rb)

[160] "Similiter, dico quod chimeram non esse nihil est, Antichristum non esse nihil est, quia nec est chimera nec Antichristus, nec dispositio eis adherens, nec potest poni quod aliud sit chimeram non esse." (*In Met*, 20ra)

[161] "Et 'Antichristum fore' equivalet huic 'Antichristus futurus', et sicut Antichristus futurus non est, sed erit, ita Antichristum fore non est, sed aliquid erit." (*MD*, 2vb)

proposición correspondiente (en caso de que tales individuos existan). Una proposición afirmativa como *"Homo est animal"* es verdadera, para Buridán, sólo si su sujeto y su predicado suponen por lo mismo[162]. Para que la proposición sea verdadera, tienen que existir entidades por las que supone el término *"homo"*, entidades por las que supone el término *"animal"*, y algunas de las primeras deben coincidir con algunas de las segundas: debe existir alguna entidad que sea, a la vez, hombre y animal. Si la existencia de hombres-animales es lo que hace verdadera a la proposición, también es lo que hace que el *dictum* suponga por algo. El *dictum* supone por las cosas que son *homo existens animal*, pero *"animal"* y *"homo"* se restringen mutuamente: en consecuencia, el *dictum* sólo supone por los individuos que son a la vez hombre y animal, es decir, los mismos hombres-animales que hacen verdadera a la proposición *"Homo est animal"*.

Si la proposición es falsa, en cambio, quiere decir que su sujeto y su predicado no suponen por lo mismo, cuando es afirmativa[163]. Pero esto implica que no hay una entidad por la que suponga el *dictum*: por ejemplo, la proposición *"Lapis est asinus"* es falsa, porque no hay ninguna entidad que sea a la vez piedra y burro. En el *dictum* correspondiente, *"lapidem esse asinum"*, los términos *"lapidem"* y *"asinum"* se restringen entre sí, de modo que *"lapidem esse asinum"* sólo supone por los individuos que son piedra y burro a la vez, es decir, no supone por ningún individuo. Cuando no hay ningún individuo que haga verdadera a la proposición, el *dictum* no supone por nada. No podrá decirse, por tanto, que la proposición *"Lapis est asinus"* significa *lapidem esse asinum*. Buridán trata de dejar muy claro que la falsedad de las proposiciones afirmativas no requiere nada en la realidad: no

---

162 "Decima conclusio est quod ad veritatem cathegoricae affirmativae requiritur quod termini, scilicet subiectum et praedicatum, supponant pro eodem vel eisdem." (*Soph*, 9r; ver también *In Met*, 38rb)

163 "Ideo etiam ad eius falsitatem sufficit quod non supponant pro eodem vel eisdem." (*Soph*, 9r)

existe una "entidad que hace falsa a la proposición", análoga a la entidad que la hace verdadera[164].

Lo que sucede con las proposiciones afirmativas falsas sucede con las negativas verdaderas: no se requiere una causa de su verdad. Para la verdad de las proposiciones categóricas negativas, basta con que sujeto y predicado no supongan por lo mismo[165]. Por eso, cuando el sujeto o el predicado no suponen, la proposición es verdadera, sin que haya ninguna entidad real que la haga verdadera. Por ejemplo, la proposición *"Chymera non est chymera"* es verdadera aunque no hay ninguna entidad que la haga verdadera. Pero, si no hay quimeras que no son quimeras (porque no hay quimeras de ningún tipo), el *dictum "chymeram non esse chymeram"* no supone por nada. Del mismo modo, la proposición *"Equus non est asinus"* sería verdadera incluso en el caso de que no existiera ningún caballo ni burro. Pero, en ese caso, el *dictum "equum non esse asinum"* no supondría por nada, porque no habría ningún caballo que no es burro. En el caso de las proposiciones negativas verdaderas, no siempre está garantizada la existencia de una entidad por la que supone el *dictum*[166].

Las proposiciones negativas falsas, puesto que para su falsedad se requiere que sujeto y predicado supongan por lo mismo[167], sí exigen una entidad o entidades reales que causen su falsedad: la

---

164 "Alia conclusio ponitur: quod ad falsitatem affirmative nulla est causa, quia nihil requiritur in re significata vel in rebus significatis, quia sufficit quod sit formata et non vera." (*In Met*, 39ra)

165 "Undecima conclusio: quod ad veritatem negativae cathegoricae, sufficit quod subiectum et praedicatum non supponant pro eodem nec pro eisdem, licet tamen aliqua sit vera in qua subiectum et praedicatum supponunt pro eodem vel eisdem, ut 'animal non est homo'." (*Soph*, 9v)

166 Como se ha visto, Buridán admite que *lapidem non esse asinum* es *lapis quae non est asinus*, y *hominem non esse album* es *homo carens albedinem*. Sin embargo, Buridán explica que la carencia de blancura no añade nada al hombre y, por tanto, *hominem non esse album* es, sin más, hombre (*In Met*, 20va). Es cierto que no añade nada, pero restringe al término a suponer sólo por los hombres que no son blancos, y no, sin más, por los hombres.

167 "Et sic etiam ad falsitatem negativae requiritur quod subiectum et praedicatum supponant pro eodem, licet non sequitur 'subiectum et praedicatum supponunt pro eodem, ergo negativa est falsa." (*Soph*, 9v)

misma entidad o entidades que hacen verdadera a su contradictoria afirmativa. Sin embargo, esto tampoco quiere decir que el *dictum* suponga por esas entidades. El *dictum* supone por la entidad o entidades que hacen verdadera a la proposición (en caso de que las haya), pero no por las que la hacen falsa. Por ejemplo, el *dictum* correspondiente a la proposición *"Homo non est animal"* debería suponer por lo mismo que el agregado de nominativo y participio, *"homo non existens animal"*, pero no hay tales hombres (por eso mismo la proposición es falsa): por lo tanto, el *dictum* no supone por nada.

He aquí una primera diferencia entre el significado de la proposición tal como lo entiende Buridán y los *complexe significabilia* propuestos por Gregorio de Rímini: para este último toda proposición, verdadera o falsa, posible o imposible, tiene su propio *complexe significabile* eterno, cuyo nombre propio es el *dictum* correspondiente. Para Buridán, hay casos en los que no tiene sentido nombrar el significado de la proposición mediante el *dictum*: por una parte, toda proposición falsa, por otra parte, las proposiciones verdaderas cuyos términos no suponen[168].

La asimetría que, en la doctrina buridaniana del significado, existe entre proposiciones verdaderas y falsas se pone de manifiesto en la respuesta que Pardo ofrece a una de las objeciones contra Buridán. Si el significado de una proposición se identificara en todos los casos con la entidad o entidades significadas por sus extremos, habría que admitir que *Sortem diligere Deum* (el significado de la proposición *"Sortes diligit Deum"*) es Sócrates, y que *Sortem odire Deum* (el significado de la proposición *"Sortes odiat Deum"*) también es Sócrates. Pero entonces podría argumentarse así:

(1) *Sortem diligere Deum* es Sócrates,

(2) *Sortem odire Deum* es Sócrates,

(3) por tanto, *Sortem diligere Deum* es *Sortem odire Deum*.

---

168 La misma idea se encuentra en Pablo de Venecia. Ver G. F. Pagallo, "Nota sulla *Logica* di Paolo Veneto: la critica alla dottrina del 'complexe significabile' di Gregorio da Rimini", *Atti del XII Congresso Internazionale di Filosofia*, IX, Sansoni, Firenze, 1960, 183-191.

Pardo rechaza esta conclusión como evidentemente falsa[169]. Buridán presta atención a este problema en el capítulo primero de sus *Sophismata*, a propósito del quinto sofisma, *"complexe significabilia sunt chymerae"*. Allí se llega a esta misma conclusión, y se rechaza porque *Sortem diligere Deum* es bueno y premiable, mientras que *Sortem odire Deum* es malo y condenable[170].

La respuesta de Buridán es que *Sortem diligere Deum* es Sócrates sólo si Sócrates ama a Dios, y *Sortem odire Deum* es Sócrates sólo si Sócrates odia a Dios. Es decir, la premisa (1) es verdadera sólo en el caso de que Sócrates ame a Dios, pero bajo ese supuesto *Sortem odire Deum* no es Sócrates, porque no es nada: cuando la proposición correspondiente es falsa, el *dictum* no supone por nada. Por lo tanto, si la premisa (1) es verdadera, la premisa (2) es falsa, y no puede afirmarse la verdad de la conclusión (3). Buridán añade que quizá *Sortem odire Deum* sí *fue* Sócrates, en caso de que en algún momento pasado Sócrates haya odiado a Dios. En el caso de las proposiciones contingentes, cuyo valor de verdad puede cambiar según se considere un momento del tiempo u otro, también puede cambiar la entidad por la que supone el *dictum*[171].

---

169 "Tertio arguitur sic (et capio istud complexe significabile Sortem diligere Deum): si Sortem diligere Deum esset Sortes, ergo Sortem odire Deum est Sortes. Tunc arguitur sic: Sortem diligere Deum est Sortes, Sortem odire Deum est Sortes, ergo Sortem diligere Deum est Sortem odire Deum, quod est falsum." (*MD*, 4ra)

170 "Item, aliqui credunt valde difficulter arguere quod Sortem diligere Deum vel est ipse Sortes diligens Deum vel est tale significabile complexe. <Et si est tale significabile complexe> habeo propositum, ita enim erit dicendum de aliis. Sed ostendo quod non sit Sortes diligens Deum, quia tunc non esset nisi Sortes, et tunc pari ratione Sortem odire Deum esset Sortes odiens Deum et nihil aliud. Ergo idem esset Sortem odire Deum et diligere Deum, et hoc est impossibile, quia hoc est valde bonum et praemiabile, et illud est valde malum et damnabile." (*Soph*, 2v)

171 "Ad aliam dico quod Sortem diligere Deum est Sortem, si Sortes diligit Deum. Sed si Sortes non diligit Deum, tunc dico quod Sortem diligere Deum nihil est. Et similiter, Sortem odire Deum est Sortes, si Sortes odit Deum. Sed si Sortes non odit Deum, nihil est. Tunc ergo tu arguis sic: Sortem diligere Deum est Sortes. Ego concedo, posito casu quod Sortes diligat Deum. Sed tu dicis istam similiter Sortem odire Deum est Sortes; ego nego, quia nihil est quando Sortes diligit Deum.

La respuesta de Pardo sigue una argumentación paralela a la de Buridán: *Sortem diligere Deum* es Sócrates si Sócrates ama a Dios, y *Sortem odire Deum* es Sócrates si Sócrates odia a Dios. La razón es que *Sortem diligere Deum* es *Sortes diligens Deum,* pero *"Sortes diligens Deum est Sortes"* sólo es verdadera si Sócrates ama a Dios, porque en otro caso el sujeto no supone por nada. Por lo tanto, las premisas, (1) y (2), del argumento anterior son mutuamente repugnantes, con lo que no puede afirmarse la verdad de la conclusión[172].

Pardo trata de resumir el pensamiento de Buridán a este respecto en la siguiente recomendación: para comprobar si son verdaderas las proposiciones en las que se habla de *complexe significabilia,* debe resolverse el acusativo en nominativo y el verbo en su participio. Pardo recuerda, así, la necesidad de no dejarse engañar por la apariencia proposicional del *dictum,* que debe ser considerado, más bien, como una expresión nominal: el nominativo y participio desvelan este carácter nominal y facilitan el reconocimiento de la entidad por la que supone el *dictum,* condición indispensable para decidir acerca de la verdad o falsedad de la proposición en que aparece. Por ejemplo, para saber si *Sortem currere* es Sócrates, debe identificarse la cosa por la que supone el *dictum* en la proposición *"Sortem currere est Sortes",* y ver si esa cosa coincide con la cosa por la que supone *"Sortes".* Esa identificación es más sencilla si el problema se reduce a comprobar si es verdadera la proposición *"Sortes currens est Sortes"*: es evidente

---

Sed forte Sortem odire Deum fuit Sortes si Sortes prius erat odiens Deum." (*Soph,* 6v)

172 "Respondetur quod Sortem diligere Deum est Sortes si Sortes diligit Deum, et Sortem odire Deum est Sortes si Sortes odiat Deum. Et ratio huius est: quia Sortem diligere Deum est Sortes diligens Deum, modo ista est vera 'Sortes diligens Deum est Sortes' si Sortes diligit Deum, et est falsa si Sortes odiat Deum, quia est una affirmativa cuius subiectum pro nullo supponit, et ideo illa est falsa. Ideo, ille due propositiones 'Sortem diligere Deum est Sortes' et 'Sortem odire Deum est Sortes' repugnant adinvicem, utendo tempore presenti ut indivisibili, et quando una est vera reliqua est falsa, et sic patet solutio ad argumentum." (*MD,* 4ra)

que *Sortes currens* es Sócrates si Sócrates corre, y no es Sócrates si Sócrates no corre[173].

La reducción del *dictum* al agregado de nominativo y participio permite resolver muchos de los problemas suscitados por el uso del *dictum* como nombre del significado de la proposición[174]. Acaba de verse cómo la tesis de que el *dictum* supone por la entidad o entidades que hacen verdadera a la proposición conduce a tratar de un modo especial las proposiciones falsas (el *dictum* no supone por nada) o las contingentes (el *dictum* puede suponer o no, según el momento del tiempo que se considere). Más adelante consideraré el caso de las proposiciones imposibles, al que Pardo presta una atención especial.

Este trato distinto que reciben algunos tipos de proposiciones es, como se ha dicho, una primera gran diferencia entre la teoría del significado de Buridán y la de Gregorio de Rímini. Otra importante diferencia, que ya ha sido mencionada, es que, para Buridán, una misma entidad puede ser a la vez *complexe* e *incomplexe significabile*. Nada más alejado de la opinión de Gregorio de Rímini, para quien existía un riguroso paralelismo entre las entidades y las expresiones destinadas a significarlas: a la proposición, expresión compleja, correspondía significar una entidad compleja, el *complexe significabile* (cuyo nombre propio era otra expresión compleja, el *dictum*), mientras que a los

173 "Cautela, ergo, ad videndum an tales propositiones in quibus ponuntur complexe significabilia sint vere, oportet, ut dictum est, resolvere accusativum in nominativum et verbum in suum participium, ita quod si queratur an Sortem currere sit Sortes, videndum est an ista sit vera 'Sortes currens est Sortes', et tunc dicendum est quod Sortes currens est Sortes si Sortes currat, et Sortem currere non est Sortes si Sortes non currat." (*MD*, 4r)

174 Pardo añade, sin embargo, que hay proposiciones cuyo significado no se expresa mediante un agregado de infinitivo y acusativo, por ejemplo, las condicionales, aunque pospone al capítulo sobre las hipotéticas la investigación de cuáles son esos significados: "Sunt tamen alique propositines quarum significata non exprimuntur per infinitivum et accusativum, quemadmodum esset in conditionalibus. Ut istius 'si Sortes currit, Sortes movetur', non exprimeretur significatum per infinitivum et accusativum. De quibus tamen possint verificari talia significata, vel complexa accepta pro talibus significatis, ex his que in ypotheticis de conditionatis dicuntur facile cognoscitur." (*MD*, 4rb)

términos simples correspondía significar entidades incomplejas, las entidades existentes.

Para Buridán, como se ha dicho, no hay dos tipos de entidades, unas intrínsecamente significables complejamente y otras intrínsecamente significables incomplejamente, sino que sólo hay las entidades simples existentes, que pueden ser significadas tanto compleja como incomplejamente. Así, un significable "complejo" como *hominem esse animal*, en la teoría de Buridán puede también ser significado por un término incomplejo como *"homo"*. Vale como prueba la siguiente argumentación:

(1) Todo hombre es significado por el término *"homo"*,

(2) pero *hominem esse animal* es hombre,

(3) por lo tanto, *hominem esse animal* es significado por el término *"homo"*.

La clave de la argumentación es la premisa (2), que se funda en la reducción de la suposición de la oración de infinitivo a la suposición del agregado de nominativo y participio: *"hominem esse animal"* supone por lo mismo que *"homo existens animal"*, es decir, las mismas entidades que son *hominem esse animal* son *homo existens animal*. Pero no cabe duda de que un *homo existens animal* es un hombre. Por lo tanto, un *hominem esse animal* es un hombre[175].

Una argumentación muy parecida es utilizada por Buridán en la cuarta conclusión del capítulo segundo de sus *Sophismata*, donde demuestra que *hominem esse* es significado por el término *"homo"* y *asinum esse* es significado por *"asinus"*, y del mismo modo *hominem esse animal* es significado por *"homo"* y *asinum esse animal* es significado por *"asinus"*[176]. No debe olvidarse, sin

175 "Primo, sequitur quod hominem esse animal significatur per istum terminum 'homo'. Probatur, quia omnis homo significatur per istum terminum 'homo', sed hominem esse animal est homo, ergo hominem esse animal significatur per istum terminum 'homo'." (*MD*, 2vb)

176 "Hominem esse significatur per istum terminum 'homo', quia omnis homo significatur per istum terminum 'homo'. Sed omnis homo est hominem esse, prout videri debet quarto Metaphisicae. Et etiam hoc alias declaratum est primo Phisicorum, et quod hominem generare est homo generans, et hominem esse album est homo albus. Ideo, sequitur per darapti in tertia figura quod hominem esse sig-

embargo, aunque Pardo no alude a ello, que el *dictum* sólo supone por la entidad que hace verdadera a la proposición, en caso de que exista, y, por tanto, sólo en ese caso vale la argumentación anterior. Por ejemplo, en la teoría de Buridán, *hominem currere* será significado por el término *"homo"* sólo si algún hombre corre[177].

La identificación buridaniana del *complexe significabile* con las entidades particulares del mundo extramental tiene como consecuencia dos nuevas diferencias con la doctrina de Gregorio de Rímini. Por una parte, para Buridán no tendría sentido el problema de la supuesta relación entre el *complexe significabile* y sus partes: las entidades existentes no son partes de las entidades significables complejamente, sino que *son* esas mismas entidades *complexe significabilia*, entidades que pueden ser significadas complejamente mediante la proposición.

Por otra parte, el *dictum*, que era un nombre propio para Gregorio de Rímini (puesto que suponía por un *complexe significabile* único para cada proposición y sus sinónimas), puede ser para Buridán un término común (puesto que, si la proposición es verdadera, el *dictum* supone por lo mismo que supone el sujeto, aunque restringido por el predicado: si el sujeto es un término común, el *dictum* también lo será). Si en la teoría de Gregorio el *"est"* entre dos *dicta* era signo de identidad (la proposición resultante afirmaba la identidad de dos *complexe significabilia* singulares), en la teoría de Buridán, al tratarse de términos comunes, el *"est"* que une dos *dicta* es un signo de predicación (en la proposición resultante un término común se predica de otro).

De acuerdo con esto, Buridán puede sostener que *hominem esse animal* es *hominem esse album*. Un *dictum* puede predicarse

---

nificatur per istum terminum 'homo', et asinum esse significatur per istum terminum 'asinus', et similiter, hominem esse animal vel asinum esse animal." (*Soph*, 8v)

177 "Immo etiam si homo currit, hominem currere significatur per istum terminum 'homo', quia omnis homo per illum terminum 'homo' significatur, et tamen aliquis homo est hominem currere. Ergo conclusio sequitur in tertia figura per datisi." (*Soph*, 8v)

de otro con verdad, aunque las proposiciones correspondientes no sean sinónimas[178]. Ya no se trata, como ocurría en los ejemplos de Gregorio de Rímini, de dos nombres distintos de una misma entidad singular, sino de dos términos comunes que pueden suponer por las mismas entidades. El sentido de *"Hominem esse animal est hominem esse album"* se obtiene mediante la reducción del *dictum* al agregado de nominativo y participio: *"Homo existens animal est homo existens albus"*, es decir, alguna entidad que es *homo existens animal* es *homo existens albus*. Esta es una afirmación verdadera, porque sujeto y predicado suponen por lo mismo: hay individuos que son hombre-animal y hombre-blanco a la vez, es decir, de los que se puede predicar *"homo existens animal"* y *"homo existens albus"* a la vez, y por eso los dos términos pueden predicarse uno de otro con verdad[179].

Pero el uso del *dictum* en nuevas proposiciones es ocasión de problemas que merecen ser estudiados con más detalle. El *dictum* puede aparecer como sujeto y como predicado de proposiciones más complejas, que pueden construirse tanto con el verbo *"est"* como con verbos adjetivos (*"significare"*, *"intelligere"*, *"facere"*) , y tanto en la voz activa como en la pasiva. El *dictum* mismo, como término complejo, puede tener también un grado mayor de complejidad: puede contener cuantificadores, negaciones, verbos ampliativos..., y la combinación de estos elementos puede afectar a su significación y su suposición. En lo que sigue se verá el papel que puede jugar el orden de los términos, tanto dentro de la proposición que contiene un *dictum* como dentro del *dictum* mismo.

---

178 Buridán admite, por ejemplo, que *hominem esse album* es *hominem esse coloratum* (*In Met*, 30vb).

179 "Secundo, sequitur quod hominem esse animal est hominem esse album, quia sensus est quod homo existens animal est homo existens albus, et hoc est verum." (*MD*, 2vb)

2.3. Algunos problemas relativos al uso del *dictum* en proposiciones complejas

Como es sabido, el latín utilizado por los lógicos escolásticos no es el latín ordinario, sino un lenguaje normalizado en el que ningún elemento es casual. Así, el orden de los términos juega un papel a la hora de interpretar las proposiciones, porque una u otra posición de los términos puede hacer variar el valor de verdad de la proposición, al afectar, por ejemplo, al alcance de los signos confusivos, al efecto ampliativo o restrictivo de los verbos, o a la apelación.

Por ejemplo, al exponer algunos corolarios que se siguen de la tesis buridaniana, Pardo contrasta las dos proposiciones siguientes:

(1) *"Nichil est omnem hominem esse animal"*,

(2) *"Omnem hominem esse animal est aliquid"*.

La verdad de la primera proposición se pone de manifiesto al efectuar la reducción del *dictum* al agregado de nominativo y participio: su sentido es *"Nichil est omnis homo existens animal"*. Si el *dictum* debe comportarse como cualquier término complejo, en este caso le serán aplicables las leyes que rigen el uso de cualquier término precedido por un cuantificador universal. Lo mismo ocurrirá (y de forma más evidente, al perderse la apariencia cuasi-proposicional) con el equivalente del *dictum*, el agregado de nominativo y participio. Pero un cuantificador universal afecta de un modo a los términos que le siguen cuando el complejo precede al verbo, y de otro modo cuando el complejo sigue al verbo. Por ejemplo, *"Omnis homo est animal"* suele considerarse verdadera, porque el cuantificador *"omnis"* puesto en la parte del sujeto funciona como un signo distributivo: la proposición afirma que cada individuo hombre es un animal. En cambio, *"Animal est omnis homo"* suele considerarse falsa, porque el cuantificador *"omnis"* puesto en la parte del predicado funciona como un signo colectivo: la proposición afirma que algún animal es el conjunto de todos los hombres.

Lo mismo sucede en el ejemplo propuesto por Pardo: "*omnem hominem esse animal*" y "*omnis homo existens animal*" son términos complejos como "*omnis homo*", y el cuantificador que contienen se comporta del mismo modo. Por eso puede decirse que nada es *omnem hominem esse animal*, es decir, ninguna entidad particular es este colectivo, mientras que *omnem hominem esse animal* sí es algo, puesto que cada hombre es algo. Este reconocimiento lleva a concluir la falsedad de "*Hec propositio 'omnis homo est animal' significat omnem hominem esse animal*" (donde el "*omnem*" colocado tras el verbo se convierte en signo colectivo), y admitir, en cambio, la verdad de "*Hec propositio 'omnis homo est animal' omnem hominem esse animal significat*" (donde el "*omnem*" que precede al verbo funciona como un signo distributivo)[180].

La posición respecto al verbo también afecta al valor de la negación, y el hecho de que esa negación sea parte de un *dictum* no le permite escapar a las leyes generales que rigen su funcionamiento. Así, Pardo puede afirmar que cualquier cosa del mundo es *nullum hominem esse asinum*, porque de cualquier cosa del mundo es verdadero decir "esto es *nullus homo existens asinus*". En efecto, la negación que sigue a la cópula es siempre una negación infinitante. En consecuencia, el término "*nullum hominem esse asinum*" equivale a "*non-(hominem esse asinum)*". Pero *hominem esse asinum* no es nada (porque un *homo existens asinus* no es nada); por tanto, el término infinito que resulta de anteponer la negación supondrá por todos los entes del mundo[181].

---

180 "Tertio, sequitur quod nichil est omnem hominem esse animal. Patet, quia nichil est omnis homo existens animal. Dico tamen quod omnem hominem esse animal est aliquid, quia omnis homo existens animal est aliquid. Ideo, ista est falsa 'hec propositio: omnis homo est animal, significat <omnem> hominem esse animal', licet ista sit vera '<hec propositio: omnis homo est animal>, omnem hominem esse animal significat'." (*MD*, 2vb)

181 "Quarto, sequitur quod quelibet res mundi est nullum hominem esse asinum. Patet, quia, qualibet re mundi demonstrata, verum est dicere 'hec res est nullus homo existens asinus', ibi enim ly 'nullus' est negatio infinitans, sicut universaliter contingit quando negatio ponitur post copulam, saltem si non addatur 'copule implicationis'." (*MD*, 2vb)

No sólo la posición del *dictum* respecto de la cópula principal, sino también la posición de los distintos elementos dentro del mismo *dictum*, afecta a su suposición y por tanto a la verdad de la proposición compleja. Para mostrarlo, Pardo compara estas dos proposiciones:

(1) *"Deum posse producere b.angelum aliquid est"*,

(2) *"b.angelum posse produci a Deo nichil est"*[182].

En el caso de que el ángel no sea producido, ambas proposiciones serían verdaderas, a pesar de su aparente incompatibilidad. La diferencia radica en la posición del término *"angelum"* (que, en el caso propuesto, no supone por una entidad existente) respecto del verbo ampliativo *"posse"*: cuando sigue al verbo, su suposición queda ampliada a los supuestos posibles, pero en la proposición (2), puesto que *"angelum"* precede al verbo *"posse"*, no se ve afectado por su poder ampliativo. En consecuencia, debe suponer sólo por los individuos presentes y, por tanto, no supone por nada. *"Deum posse producere b.angelum"*, en cambio, supone por Dios mismo, y por eso puede decirse que es algo.

El mismo análisis vale para el efecto del verbo *"cognoscere"* sobre la suposición del término *"Antichristum"* en el siguiente par de proposiciones:

(1) *"Deum cognoscere Antichristum aliquid est"*,

(2) *"Antichristum cognosci a Deo nichil est"*.

En la segunda proposición, el término *"Antichristum"* no puede ampliar su suposición a lo posible, porque el verbo ampliativo *"cognosci"*, situado detrás, no le afecta. Puesto que el Anticristo no es una entidad existente, sino meramente posible,

---

182 El signo "b" es uno de los cuantificadores artificiales que los lógicos introducen a finales del siglo XV (y cuyo uso se generaliza en las primeras décadas del siglo XVI) para conferir nuevos modos de suposición a los términos. En concreto, el signo "b" añadido a un término hace que suponga determinadamente, aunque ese término esté bajo el influjo de un cuantificador confundente. Ver, por ejemplo, E. J. Ashworth, "Multiple quantification and the use of special quantifiers in early sixteenth century logic", *Notre Dame journal of formal logic* 19 (1978), 599-613.

en la proposición (2) el término *"Antichristum"*, que debe suponer sólo por individuos presentes, no supone por nada[183].

Otros problemas suscitados por el uso del *dictum* como extremo de una proposición van más allá de la suposición o ausencia de suposición, para entrar en el terreno de la apelación. Una de las objeciones contra la doctrina de Buridán es semejante a un argumento al que debe enfrentarse Andrés de Novocastro en su comentario a las *Sentencias*[184]: si la identificación del significado de la proposición con la entidad por la que supone el *dictum* fuera correcta, se seguiría que *Sortem esse patrem Platonis* sería algo, en el caso de que Sócrates fuera el padre de Platón. Pero, si *Sortem esse patrem Platonis* fuera algo, habría alguna entidad real positiva que Dios no podría causar por sí mismo: en efecto, Dios no puede hacer que Sócrates sea el padre de Platón (*Sortem esse patrem Platonis*) sin el concurso de Sócrates. Pero esta consecuencia ha sido condenada como herética: los artículos de París establecen que Dios puede causar por sí mismo el efecto de una

183 "Sequitur quinto quod Deum posse producere b.angelum aliquid est, sed b.angelum posse produci a Deo nichil est, posito quod b.angelus non sit productus, quia 'Deum posse producere b.angelum' tantum valet sicut 'Deus potens producere b.angelum', et tale aggregatum pro Deo supponit, sed 'b.angelum posse produci a Deo' tantum valet sicut 'b.angelus possibilis a Deo produci', modo tale aggregatum pro nullo supponit. Et similiter Deum cognoscere Antichristum aliquid est, sed Antichristum cognosci a Deo nichil est." (*MD*, 2vb-3ra)

184 La teoría de Andrés de Novocastro, clara enemiga de la de Gregorio de Rímini, coincide en muchos aspectos con la teoría buridaniana, y debe, por tanto, enfrentarse a las mismas objeciones. Andrés resume su doctrina en la primera cuestión del prólogo, donde se pregunta si *Deum esse dignissimum entium* es una esencia en sí. (Ver H. Élie, *Le complexe significabile*, 84-94.) En opinión de Andrés de Novocastro (y contra la opinión de Gregorio), el inteligible *Deum esse dignissimum entium* es una entidad incompleja, que puede señalarse y que existe, porque equivale a *Deum esse*, que es Dios. Según Andrés, sus oponentes argumentan que *Deum esse dignissimum entium* no es nada, por analogía con el significable *Petrum esse patrem Platonis*: si este significable fuera algo, se seguiría que entre las criaturas existiría una entidad real positiva que Dios no podría causar eficientemente por sí mismo. Esta objeción es análoga a la examinada por Pardo, quien cita a Andrés de Novocastro como inspirador de la respuesta que él ofrece en primer lugar.

causa segunda sin el concurso de esta causa segunda[185]. Por tanto, habrá que rechazar la tesis que ha conducido a ella[186].

Pardo expone en primer lugar la respuesta de Andrés de Novocastro. Para él, el problema surgiría al interpretar de manera equivocada la proposición *"Sortem esse patrem Platonis Deus potest facere se solo"*. La presencia del modo *"potest"* introduce una ambigüedad en la proposición, que puede interpretarse de dos maneras: en sentido compuesto y en sentido dividido[187]. Si el modo verbal *"potest"* se toma personalmente, da lugar al sentido dividido: en este caso, la proposición es verdadera, según Andrés, y no entra en conflicto con el artículo de París. Si el modo verbal *"potest"* se toma impersonalmente, da lugar al sentido compuesto: en este caso, la proposición debe ser declarada falsa.

La explicación que ofrece Pardo de los motivos que llevan a concluir la verdad en el primer caso y la falsedad en el segundo, aunque no es suficientemente explícita, deja ver que estos motivos van más allá de la simple distinción entre sentido compuesto y dividido. Cuando se toma la proposición en sentido dividido, la posibilidad de la que se habla es la posibilidad de la composición de las cosas significadas por sujeto y predicado: *"Deus"* y *"Sortem esse patrem Platonis faciens se solo"* (analizando *"potest facere"*

---

185 Se trata de uno de los artículos condenados en 1226 por Tempier: *"Item, quod Deus non potest in effectum causae secundariae sine ipsa causa secundaria: error."* Ver H. Élie, *Le complexe significabile*, 87, nota 1.

186 "Secundo, arguitur sic: si predicta conclusio sit vera, sequitur quod Sortem esse patrem Platonis vel generare Platonem esset aliquid, posito quod Sortes sit pater Platonis. Consequentia est nota, et falsitas consequentis probatur: quia tunc sequeretur quod esset aliqua entitas realis positiva quam Deus non posset causare se solo effective, quod est falsum, quia, secundum articulum parisiensem, quicquid Deus potest cum causa secunda in genere cause efficientis potest se solo. Sed Deus non potest facere Sortem esse patrem Platonis absque Sorte, igitur Sortem esse patrem Platonis non est aliqua entitas." (*MD*, 3vb)

187 A partir del siglo XIV, cada vez es más habitual disolver esta ambigüedad mediante reglas que conectan cada uno de estos sentidos con una determinada posición de los términos en el complejo, aunque estas reglas varían según los autores. Para los distintos modos de sentido compuesto y dividido, y el tratamiento que reciben en diversos autores, ver A. Maierù, *Terminologia logica della tarda scolastica*, 499-600.

como *"potest esse faciens"*). Pardo explica que, en este caso, el sentido de la proposición sería: la cosa que es o puede ser *Sortem esse patrem Platonis* Dios la puede hacer por sí solo. Puesto que esa cosa es Sócrates, la proposición es verdadera, porque Dios puede hacer a Sócrates por sí solo. En contraste, cuando se toma la proposición en sentido compuesto, la posibilidad de la que se habla es la posibilidad de la proposición no modal que compone sujeto y predicado: es decir, la posibilidad de la proposición *"Sortem esse patrem Platonis Deus facit se solo"*. En este caso, no hay ninguna alusión a la cosa que es o puede ser padre de Platón: aunque Pardo no lo indica, en este segundo sentido está escondida una interpretación diferente del *dictum*. Sólo más adelante se descubre cuál es esta interpretación y a qué se debe[188].

Siguiendo a Andrés de Novocastro, Pardo indica que el mismo análisis sirve para resolver los problemas suscitados por proposiciones análogas: *"Voluntatem libere causare potest esse effective a solo Deo"*, *"Voluntatem causare potest esse totaliter a Deo"*, *"Deum esse dominum creature non potest intelligi absque creatura"*. Los aparentes problemas teológicos se disuelven con un análisis lingüístico adecuado[189].

---

188 "Ad hoc argumentum respondeo sicut respondet unus doctor (in marg: Andreas de Novo Castro), quod ista propositio 'Sortem esse patrem Platonis Deus potest facere se solo' potest habere duplicem sensum, divisionis, scilicet, et compositionis. In sensu divisionis vera est, quia sensus eius est verus, scilicet, iste: istam rem que est vel potest esse Sortem esse patrem Platonis Deus potest facere se solo, et hoc est verum, quia Sortes est illa res que est vel potest esse Sortem esse patrem Platonis, et Sortem Deus potest facere se solo. Sed in sensu compositionis falsa est, quia sensus est iste: talis propositio est possibilis 'Sortem esse patrem Platonis Deus facit se solo'." (*MD*, 3vb)

189 "Ista consimiliter esset distinguenda: 'voluntatem libere causare potest esse effective a solo Deo', vel de ista: 'voluntatem causare potest esse totaliter a Deo', et etiam ista: 'Deum esse dominum creature non potest intelligi absque creatura'. Argueretur enim sic: Deus potest intelligi absque creatura, et Deum esse dominum creature non potest intelligi absque creatura, ergo Deum esse dominum creature non est Deus. Respondendum esset quod illa minor habet duplicem sensum, unus sensus est: 'illa res que est Deum esse dominum creature non potest intelligi absque creatura', et hoc est falsum, alius sensus est quod hec est impossibilis 'intelligitur Deum esse dominum creature et non intelligitur [Deus] <creatura>', et iste sensus est verus." (*MD*, 4ra)

Que el problema va más allá de la distinción entre sentido compuesto y dividido (o que esta distinción lleva consigo otra de mayor alcance) se pone de manifiesto gracias a la comparación que establece Pardo entre la primera proposición, *"Sortem esse patrem Platonis Deus potest facere se solo"*, y esta otra: *"Deus possibiliter facit se solo Sortem esse patrem Platonem"*, que se diferencia de la primera, fundamentalmente, por la posición del *dictum* respecto al verbo. Si en el primer ejemplo el *dictum* precedía al verbo, en el segundo el *dictum* va colocado detrás de él. La diferencia entre una posición y otra no es irrelevante. Pardo señala que el predicado *"faciens se solo Sortem esse patrem Platonis"* no puede suponer por nada, ya que de nada puede ser verdadero decir "esto es *faciens se solo Sortem esse patrem Platonis"*[190]. ¿Por qué? La respuesta viene a través de un nuevo ejemplo: la proposición *"Facio Sortem transire per pontem"*, que pone de manifiesto que bajo la distinción entre sentido compuesto y sentido dividido se esconde en los casos propuestos una distinción más radical, la distinción entre dos maneras bien distintas de interpretar el *dictum*.

La proposición *"Facio Sortem transire per pontem"* da lugar al siguiente argumento contra la doctrina de Buridán: si su teoría

---

190 "Veruntamen ista est falsa, etiam in sensu diviso: 'Deus possibiliter facit se solo Sortem esse patrem Platonis', quia predicatum illius modalis divise est illud 'se solo faciens Sortem esse patrem Platonis', quod pro nullo potest supponere, cum de quolibet hec sit impossibilis: 'hoc est faciens se solo Sortem esse patrem Platonis'. De similibus in materia modalium ample declarabitur. Et per idem videretur quod ista esset falsa, etiam in sensu divisionis 'Sortem esse patrem Platonis Deus potest facere se solo', quia predicatum est istud 'Sortem esse patrem Platonis faciens se solo', quod pro nullo potest supponere. Sed sophista responderet quod ymo mediante copula de possibili, quod nihil est, sicut ostenditur in modalibus. In ista tamen propositione 'Sortem esse patrem Platonis', non solum est difficultas modales respiciens, sed etiam ex parte illius 'Sortem esse patrem Platonis' in casu posito. Tamen de illa difficultate suppositionis obliquorum in materia de descensu prolixe pertractatur. Satis ergo sit, propter argumentum, quod illa propositio 'Sortem esse patrem Platonis Deus possibiliter facit se solo' in sensu divisionis vera est, in sensu compositionis falsa. Unde breviter eodemmodo dicendum est de ista 'Sortem esse patrem Platonis Deus potest facere se solo' sicut de ista 'Sortem existentem patrem Platonis Deus potest facere se solo'." (*MD*, 3vb-4ra)

fuera verdadera, se seguiría que yo no puedo hacer *Sortem transire per pontem* sin hacer a Sócrates, puesto que el significable *Sortem transire per pontem* no es nada distinto de Sócrates mismo (en caso, eso sí, de que la proposición correspondiente sea verdadera).

El *dictum* tiene, como ya se ha dicho, un significado material (las cosas por las que supone) y un significado formal (el resto de las cosas significadas por él): es un término connotativo, que supone por algunas cosas, pero que trae a la mente otras, que no son supuestas, sino apeladas por él[191]. Según Pardo, por ser el *dictum* un término connotativo, el verbo *"facio"* puede aplicar su significado formal al significado material del *dictum* o al significado formal: que se trata de uno u otro caso debe indicarse por la posición de los términos.

Pardo distingue, así, entre las proposiciones *"Facio Sortem transire per pontem"* y *"Sortem transire per pontem facio"*. En la primera, por estar colocado el *dictum* después del verbo, éste aplica la acción significada por él al significado formal del *dictum*: el sentido de la proposición es que yo soy la causa de que Sócrates pase por el puente, es decir, del pasar Sócrates por el puente. Pardo utiliza para expresarlo la subordinada con *"quod"*: *"quod Sortes transit per pontem"*. Parece querer con ello acentuar el carácter verbal del *dictum*, frente a su carácter nominal. En la segunda, en cambio, puesto que el *dictum* precede al verbo, la acción de éste no se aplica al significado formal del *dictum*, sino a su significado material, a la cosa que es *Sortem transire per pontem*: el sentido de la proposición es, por tanto, que yo soy la causa de Sócrates. Ahora es el carácter nominal del *dictum* el que se tiene en cuenta: el *dictum* es el nombre de una entidad, de Sócrates mismo[192].

---

191 Ver la sección 5.3 del capítulo primero.

192 "Per idem solvitur argumentum, quia si iste modus dicendi sit verus, sequeretur quod non possem facere Sortem transire per pontem quin facerem Sortem, quod probatur ex eo quia, secundum istum modum dicendi, Sortem transire per pontem non est nisi Sortes. Si ergo possum facere Sortem transire per pontem, possum facere Sortem. Respondeo: hoc argumentum difficultatem habet ex parte appellationis. Nam si dicam 'facio Sortem transire per pontem', ly 'facio'

Pueden ahora entenderse mejor los motivos por los que Pardo declara a la proposición *"Sortem esse patrem Platonis Deus potest facere se solo"* falsa en sentido compuesto, verdadera en sentido dividido. En la interpretación que Pardo hace de esta proposición se produce una superposición de las dos distinciones anteriores: sentido compuesto y dividido de la proposición, significado material y formal del *dictum*. En este caso, no es la posición del término apelativo *"faciens"* la que decide entre una y otra interpretación del *dictum*, sino la distinción entre sentido compuesto y dividido: el sentido compuesto lleva consigo la consideración del significado formal del *dictum*, mientras que el sentido dividido obliga a considerar el significado material[193]. Así, cuando Pardo analiza el significado de la proposición tomada en sentido dividido, está teniendo en cuenta el significado material del *dictum*: lo que la proposición dice en ese caso es que Dios puede hacer por sí mismo la cosa que es (o puede ser) *Sortem esse patrem Platonis*. Pero esta entidad es Sócrates mismo, y Dios puede hacer a Sócrates sin la colaboración de ninguna causa segunda. Por tanto, la proposición *"Sortem esse patrem Platonis Deus potest facere se solo"* es verdadera. En cambio, cuando analiza el significado de la proposición tomada en sentido compuesto, Pardo tiene en cuenta el significado formal del *dictum*: *"Sortem esse patrem Platonis Deus facit se solo"* no es

appellat factionem convenire connotationi incluse in hoc complexo 'Sortem transire per pontem', sensus enim illius est quod Sortes transit per pontem, et Sortes non transit per pontem nisi me efficiente, vel saltem cogente ad huiusmodi transitionem. Sed cum dico 'Sortem transire per pontem facio', ly 'faciens' appellat factionem illius rei que est Sortem transire per pontem, ideo ad veritatem illius propositionis requireretur Sortem facere. Sed de istis in materia appellationum ample dicetur." (*MD*, 4ra)

[193] La idea de ligar sentido compuesto y significado formal, por una parte, sentido dividido y significado material, por otra, podía estar bastante extendida en la época de Pardo. Maierù cita varios autores italianos (Alessandro Sermoneta, Bernardino di Pietro Landucci) que, siguiendo a Guillermo Heytesbury, consideran que el término que causa el sentido compuesto hace que el término al que afecta apele su significado formal, cosa que no sucede con el sentido dividido. Ver A. Maierù, *Terminologia logica della tarda scolastica*, 549, 577, 587.

una proposición posible, porque Dios no puede hacer que Sócrates sea padre de Platón sin el concurso de Sócrates.

El mismo ámbito de problemas es el que subyace a tres sofismas citados por Pardo, que parecen poner en peligro la inmutabilidad divina y su independencia de las criaturas: *"Deus non semper erit Deum velle A fore"*, *"Deus desinet velle A fore"*, *"Ad Deum velle A fore requiritur A fore"*. En los dos primeros casos, en función de la posición del *dictum* respecto a los términos *"semper"* y *"desinet"*, estos términos harán que el *dictum* apele su significado formal (cuando precedan al *dictum*), o que simplemente suponga por su significado material (cuando sigan al *dictum*). En el tercer caso, si se interpreta el término *"requiritur"* como dando un sentido compuesto a la proposición, hará que el *dictum* apele su significado formal, mientras que si se elige el sentido dividido, el *dictum* supondrá simplemente por su significado material[194].

Al estudiar el problema de las proposiciones imposibles, Pardo se pregunta si puede significarse y entenderse lo imposible. Como se verá, la proposición *"Aliquis intelligit hominem esse asinum"* está abierta también a dos interpretaciones, según se tome el significado material o formal del *dictum*. Pero antes de analizar el problema de las proposiciones imposibles, presentaré el problema

---

194 "Et circa talia, multa sophismata fiunt quibus similibus fiunt in terminis connotativis. Ut ponatur quod Deus nunc de facto velit A fore, et arguatur sic: Deus semper erit Deus sed non semper erit Deum velle A fore, ergo Deum velle A fore non est Deus. Vel sic: aliquando Deus desinet velle A fore, sed nunquam desinet esse Deus, ergo Deum velle A fore non est Deus. Respondetur quod Deus non semper erit Deum velle A fore, tamen Deum velle A fore semper erit Deus. Similiter, Deus desinet esse Deum velle A fore et tamen Deum velle A fore nunquam desinet esse Deus. Et si arguatur: ad Deum velle A fore requiritur A fore, sed ad Deum non requiritur A fore, ergo Deus non est Deum velle A fore. Respondeo: illa propositio 'ad Deum velle A fore requiritur A fore', si in sensu quem formaliter videtur habere capiatur, falsa est, quia nulla est res que sit Deum velle A fore aut que possit esse Deum velle A fore ad quam necessario requiratur A fore. Si vero illa caperetur ut ly 'requiritur' dicit necessitatem consequentie, ita quod sit sensus 'hec consequentia est bona et necessaria: Deus vult A fore, ergo erit'. Sed ex hoc non sequitur illa conclusio quod Deus non sit Deum velle A fore, sed potius sequeretur quod Deus non necessario est Deum velle A fore." (*MD*, 4rb)

general de las modalidades de las proposiciones en la doctrina buridaniana.

2.4. El fundamento de las modalidades

La teoría buridaniana, que reduce el significado de las proposiciones a los significados de los términos simples, parece, a primera vista, menos capaz de explicar las modalidades proposicionales que la doctrina de Gregorio de Rímini. Para Gregorio, el juicio divino funda las modalidades de los *complexe significabilia* y éstas fundan las modalidades de las proposiciones que los significan. Aunque algunos casos pueden resultar más problemáticos, como se ha visto, en general no es difícil asignar a cada *complexe significabile* la modalidad que interesa para fundar la modalidad de la proposición correspondiente. En la doctrina de Buridán, en cambio, la tarea tropieza de entrada con serias dificultades: por una parte, si las proposiciones no son más que términos complejos, ¿en qué sentido podrían fundarse la verdad y falsedad en el significado, cuando todo término significa alguna cosa o cosas?; por otra parte, si las proposiciones no significan nada distinto de las entidades particulares, ¿cómo explicar las distintas modalidades proposicionales, cuando todas las entidades particulares (excepto Dios) son contingentes?; por último, ¿cómo podría haber proposiciones imposibles, cuando sólo pueden significarse los particulares existentes o posibles?

2.4.1. Significado de la proposición y modalidades

La teoría del significado de las proposiciones de Buridán parece ser incompatible con las definiciones comúnmente admitidas de proposición verdadera, falsa, posible, imposible, necesaria y contingente. Estas definiciones fundan las modalidades de una proposición en el ser tal como por ella es significado. Pero si este significado se entiende según la doctrina de Buridán, las consecuencias son insostenibles: por una parte, según la teoría del significado de Buridán, todas las proposiciones que hablan de entidades existentes deberían ser verdaderas, y falsas las que hablan de entidades no existentes; por otra parte, todas las proposiciones que hablan de Dios deberían ser necesarias, mientras que todas las que hablan de las criaturas deberían ser contingentes; por último, no podría haber proposiciones imposibles. Pardo muestra cómo se siguen estas consecuencias al combinar las definiciones habituales de las modalidades con la interpretación del significado de Buridán.

En primer lugar, la definición de proposición verdadera se formula así:

> D1. Proposición verdadera es la que, de la manera en que ella significa, así es en la realidad.

Para ilustrar el problema, Pardo toma como contraejemplo la proposición *"Homo est asinus"*, que se considera falsa sin discusión (su verdad requeriría la existencia de un individuo que perteneciera a dos especies distintas). Ahora bien, según la doctrina de Buridán, que reduce el significado de la proposición al significado de los extremos, esta proposición no significa nada distinto del hombre y el burro. Pero hombre y burro son verdaderamente en la realidad[195] y, según la definición de proposición verdadera, si lo significado por *"Homo est asinus"* es en la realidad, la proposición, en contra del sentido común, será verdadera[196].

---

195 Parece que Pardo se deja llevar por su propia teoría, que defenderá más adelante, según la cual a las modalidades de las proposiciones corresponden modalidades relativas reales. De ahí este "verdaderamente" (*vere*), cuando se trata de una proposición verdadera.

196 "Antecedens patet, et primo ostendo quod destruit modum diffiniendi quid est propositio vera, nam propositio vera sic diffinitur: est que qualitercunque ipsa significat ita est in re. Tunc sic, iste modus non potest salvare istam diffinitionem, ergo iste modus est insufficiens. Antecedens patet, quia si ista diffinitio esset bona sequeretur quod ista esset vera 'homo est asinus'. Patet, quia ita est in re sicut per ipsam significatur, igitur est vera. Antecedens patet, nam per ipsam non significatur nisi homo et asinus, sed ista vere sunt in re, ergo ita est in re sicut per eam

El mismo juego se aplica a la definición de proposición posible. Pardo formula la definición clásica de proposición posible de este modo:

> D2. Proposición posible es la que, tal como por ella se significa es posible que sea así.

Contra esta definición se presentan dos contraejemplos: una proposición afirmativa, *"Antichristus est"*, y una negativa, *"Chymera non est"*, que suelen considerarse ambas posibles (la primera, según el dogma, será verdadera en el futuro y por lo tanto es posible; la segunda se considera más que posible: necesaria).

La primera proposición, *"Antichristus est"*, será posible, según la definición, si es posible que sea tal como por ella se significa. Pero es habitualmente admitido que por ella se significa *Antichristum esse*, y puede probarse que este significado no es posible. Para demostrarlo, Pardo construye la proposición *"Possibile est Antichristum esse"*, y prueba su falsedad: de acuerdo con Buridán, *Antichristum esse* es *Antichristus existens*; pero no hay ninguna entidad de la que sea verdadero decir "esto es *Antichristus existens*", por lo tanto, el predicado de la proposición *"Possibile est Antichristum esse"* no supone, y la proposición es falsa[197]. Queda así demostrado que no es posible *Antichristum esse*, y en consecuencia que la proposición *"Antichristus est"* no es posible[198].

---

significatur." (*MD*, 5ra) La proposición *"Homo est asinus"* es el quinto sofisma analizado por Buridán en el capítulo segundo de sus *Sophismata*.

197 Puede observarse el papel que juega el orden de los términos en la determinación de la suposición del *dictum*: el modo nominal *"possibile"*, que es un término ampliativo, sólo extiende su acción a los términos que lo preceden. Así, puesto que *"Antichristus existens"* se sitúa detrás del modo, no supone por nada.

198 "Sed quod iste modus non salvet diffinitionem propositionem possibilis ostenditur sic, nam sic diffinitur propositio possibilis: est illa que qualiter per ipsam significatur possibile est ita esse. Sed iste modus non potest salvare istam diffinitionem, igitur non est sufficiens. Minor probatur, nam si ista diffinitio esset bona, sequeretur quod ista non esset possibilis 'Antrichristus est'. Patet, quia si esset possibilis, possibile esset ita esse sicut per eam significatur. Sed consequens est falsum, quia ista est falsa 'possibile est Antichristum esse', cum predicatum

En cuanto a la segunda proposición, *"Chymera non est"*, se prueba que no es una proposición posible de modo análogo: admitiendo que esta proposición significa *chymeram non esse*, hay que demostrar que no es posible que sea tal como por ella se significa, es decir, que no es posible *chymeram non esse*. Pero la proposición *"Possibile est chymeram non esse"* es falsa, porque es una afirmativa cuyo predicado no supone. En efecto, según Buridán, *chymeram non esse* es *chymera non existens*, pero no hay ninguna entidad que sea *chymera non existens* (porque no hay ninguna entidad de la que el término *"chymera non existens"* se pueda predicar con verdad). Si el predicado no supone, la proposición *"Possibile est chymeram non esse"* es falsa, y por tanto, *chymeram non esse* no es posible. En consecuencia, tampoco la proposición *"Chymera non est"* es posible[199].

La definición de proposición necesaria tiene también sus contraejemplos. Pardo formula de este modo la definición habitual:

> D3. Una proposición es necesaria cuando es necesario que sea tal como por ella se significa en virtud de su significación total[200].

Las proposiciones consideradas son *"Petrus non est Paulus"*, *"Chymera non est"* y *"Tu curris vel tu non curris"*, que parecen necesarias: en la primera se niega la identidad de dos individuos distintos, en la segunda se niega la existencia de una entidad

---

non supponit, cum de nullo verum sit dicere 'hoc est Antichristum esse seu Antichristus existens'." (*MD*, 5ra)

199 "Item, capio istam propositionem 'chymera non est', et admittamus quod ista propositio 'chymera non est' significat chymeram non esse. Tunc, arguo sic: non est possibile ita esse sicut per ipsam significatur, igitur non est possibilis. Antecedens patet, quia per ipsam significatur chymeram non esse, sed non est possibile chymeram non esse, igitur. Minor patet, quia ista est falsa 'possibile est chymeram non esse', quia est una affirmativa cuius predicatum pro nullo supponit, quia de nullo verum est dicere quod sit chymeram non esse seu chymera non existens." (*MD*, 5ra)

200 La precisión *"de significatione totali"* no aparece en ninguna de las otras definiciones, y aquí no parece tener ninguna motivación especial: no responde a ningún problema específico ni se hace referencia a ella a lo largo de la prueba.

imposible, en la tercera se combinan en disyunción dos proposiciones contradictorias.

Sin embargo, de acuerdo con la teoría del significado de Buridán, no sería necesario que fuera tal como se significa por estas proposiciones. En cuanto a las proposiciones *"Petrus non est Paulus"* y *"Tu curris vel tu non curris"*, puede decirse que no es necesario que sea tal como por ellas se significa, porque las entidades significadas por estas proposiciones son particulares contingentes. En efecto, según Buridán *"Petrus non est Paulus"* significa *Petrum non esse Paulum*, pero *Petrum non esse Paulum* es *Petrus non existens Paulus*, que es una entidad contingente (Pedro). De igual modo, *"Tu curris vel tu non curris"* significa, de acuerdo con Buridán, *te currere vel te non currere*, pero *te currere vel te non currere* no es sino *tu currens vel tu non currens*, que es una entidad contingente (tú)[201]. Por lo que respecta a la proposición *"Chymera non est"*, si se admite que significa *chymeram non esse*, se prueba que no significa tal como es necesario que sea, puesto que la proposición *"Necesse est chymeram non esse"* es falsa. Como sucedía en el caso de la proposición posible, aplicando los criterios establecidos por Buridán para determinar la suposición del *dictum*, se advierte que se trata de una afirmativa cuyo predicado no supone[202].

---

201 "Sed quod iste modus non salvet diffinitionem propositionis necessarie ostendo, nam propositio necessaria sic diffinitur: est per quam necesse est esse sicut per ipsam significatur de significatione totali. Sed iste modus non salvat istam diffinitionem, igitur. Minor patet, tunc ista non esset necessaria 'Petrus non est Paulus', quia non est necesse ita esse sicut per eam significatur, quia res per eam significata contingens est, scilicet Petrum non esse Paulum, nam quia Petrum non esse Paulum est Petrus non existens Paulus, quod est res contingens non necessaria. [...] Item, capio istam disiunctivam 'tu curris vel tu non curris'. Non est necesse ita esse sicut per eam significatur, ergo non est necessaria. Antecedens patet, quia per eam significatur te currere vel te non currere, sed quacunque re demonstrata de qua verum est dicere quod est te currere vel te non currere, id est, tu currens vel tu non currens, illa est contingens, ergo contingens est ita esse sicut per ipsam significatur quantum est ex parte rei significate." (*MD*, 5rb)

202 " Et confirmatur: 'chymera non est' non esset necessaria, quia ista est falsa 'necesse est chymeram non esse', quia est una affirmativa cuius predicatum pro nullo supponit." (*MD*, 5rb)

En cuanto a la definición de proposición imposible, también parece entrar en conflicto con la teoría de Buridán. Ésta es la formulación que Pardo ofrece de la definición habitual:

> D4. Una proposición es imposible cuando es imposible que sea tal como por ella se significa.

El ejemplo presentado por Pardo es la proposición *"Deus non est Deus"*, que es imposible porque niega la identidad de una cosa existente consigo misma. Esta proposición, según la interpretación de Buridán, no significa nada distinto de Dios, pero Dios es una entidad posible (más aún: necesaria), luego no es imposible que sea tal como por ella se significa y, en consecuencia, la proposición no es imposible[203].

Por último, Pardo ofrece la siguiente definición de proposición contingente:

> D5. Una proposición contingente es la proposición que, tal como ella significa, es contingente que sea así.

El ejemplo es la proposición *"Deus creat"*, que según el dogma es contingente, porque no es necesario que Dios cree. Pero la proposición *"Deus creat"* significa *Deum creare*, una entidad que, según Buridán, no será otra que el mismo Dios, que es una entidad necesaria y no contingente. Por lo tanto, la proposición *"Deus creat"* no significa tal como es contingente que sea y no es, entonces, contingente[204].

No sólo las definiciones de las modalidades, sino también la definición de buena consecuencia parece conducir a un resultado

---

203 "Etiam, non videtur salvari diffinitio propositionis impossibilis, sic enim diffinitur propositio impossibilis: est per quam impossibile est ita esse sicut per eam significatur. Hanc diffinitionem non salvat, quia tunc ista non esset impossibilis 'Deus non est Deus'. Patet: per eam non significatur nisi Deus, et Deus non est aliquid impossibile, ymo necessarium." (*MD*, 5rb)

204 "Et consimiliter, arguitur quod non salvat diffinitionem propositionis contingentis, quia propositio contingens sic diffinitur: propositio contingens est propositio que qualiter significat contingens est ita esse, quam diffinitionem non salvat, nam ista est contingens 'Deus creat', et tamen non est contingens ita esse sicut per eam significatur, ipsa enim significat Deum creare, et Deum creare non est res contingens, ymo necessaria secundum istum modum dicendi, igitur." (*MD*, 5rb)

incómodo si se interpreta de acuerdo con la teoría buridaniana. La definición habitual de buena consecuencia es:

> D6. Buena consecuencia es aquella por la que es imposible que sea tal como se significa por el antecedente sin que sea tal como se significa por el consecuente.

Por ejemplo, sería buena la consecuencia *"Homo est homo et asinus est asinus, ergo homo est asinus"*. Según Buridán, lo significado por *"Homo est homo"* son los hombres y lo significado por *"Asinus est asinus"* son los burros: lo significado por *"Homo est homo et asinus est asinus"* serán, por tanto, hombres y burros. Pero lo significado por *"Homo est asinus"* son también hombres y burros. Es decir, el antecedente y el consecuente significan exactamente las mismas cosas y, por consiguiente, es imposible que sea tal como se significa por el antecedente sin que sea tal como se significa por el consecuente. Por tanto, la consecuencia debe ser declarada buena, a pesar de que su antecedente es posible y su consecuente es imposible[205].

Todos estos ejemplos muestran la incompatibilidad de las definiciones habituales con la teoría de Buridán acerca del significado de las proposiciones, ya sea en su versión más amplia (la proposición, como toda expresión compleja, significa lo que significan sus partes), como en su versión más restringida (la proposición significa aquello por lo que supone el *dictum*, en los casos en los que el *dictum* supone por algo). Por eso, Buridán renuncia a tomar la verdad, falsedad y las otras modalidades en función del significado, es decir, en función de que sea o no sea en la realidad tal como es significado por la proposición (*ita esse, aliter esse*). En lugar de ofrecer unas definiciones generales en función del *ita esse*, prefiere asignar reglas específicas para cada tipo de pro-

---

205 "Et preter hec argumenta posset argui quod iste modus non salvat diffinitionem bone consequentie, in qua sic dicitur: bona consequentia est per quam impossibile est ita esse sicut significatur per antecedens quin ita sit sicut significatur per consequens. Quod ostenditur, quia tunc ista consequentia esset bona 'Homo est homo et asinus est asinus, ergo homo est asinus'. Patet, quia impossibile est ita esse sicut significatur per antecedens quin ita sit sicut significatur per consequens, cum idem significetur per antecedens et consequens, scilicet homines et asini." (*MD*, 5rb)

posición, que establecen la verdad o falsedad atendiendo a la suposición de los términos[206].

En el capítulo segundo de sus *Sophismata*, Buridán resume esta doctrina en algunas tesis. La segunda tesis establece que no es necesario para la verdad de una proposición vocal que del modo en que ella signifique *ad extra*, así sea en cuanto a las cosas significadas *ad extra*. Es decir, hay alguna proposición verdadera para la que, sin embargo, no es en las cosas significadas *ad extra* tal como ella significa. Por ejemplo, la proposición de futuro *"Antichristus ambulabit"* es verdadera, aunque el Anticristo y su andar no son nada ahora. Lo mismo sucede con la proposición de pasado *"Aristoteles disputavit"*, la proposición de "posible" *"Antichristus potest ambulare"*, y la proposición *"Equus non est asinus"* en el supuesto de que todos los hombres y todos los burros fueran aniquilados por Dios: puesto que las cosas significadas por esas proposiciones no son nada, no pueden ser así ni ser de otra manera[207].

206 "Propter hec argumenta, doctor tenens istum modum dicendi ponit veritatem vel falsitatem propositionis non debere aspici ex parte eius significati, videlicet quod sit in re sicut per eam significatur vel quia aliter sit in re quam per ipsam significatur, sed secundum diversitatem propositionum diverse sunt regule assignande quare propositiones sunt vere, que ex suppositionibus vel acceptionibus terminorum sumuntur: aliter et aliter de propositione universali, aliter de particulari, secundum regulas que communiter solent poni." (*MD*, 5rb)

207 "Secunda conclusio est quod non requiritur ad veritatem propositionis vocalis quod qualitercumque significat ad extra ita sit quantum ad res significatas ad extra. Vel ponatur conclusio sub hac forma: aliqua propositio est vera, tamen non qualitercumque significat ad extra, ita est in rebus quae significantur ad extra. Probatur haec conclusio quia ego pono quod nondum est Antichristus, sed erit et ambulabit. Et tunc ista est vera 'Antichristus ambulabit', et per istam propositionem Antichristus et eius ambulatio significantur ad extra quae tamen nihil sunt. Et in eo quod nihil est, nec est ita esse nec aliter esse. Ergo in rebus significatis per illam propositionem ad extra non est ita sicut per istam propositionem significatur. Ita similiter argueretur de ista propositione 'Aristoteles disputavit', posito quod Aristoteles sit annihilatus. Et ita argueretur de ista 'Antichristus potest ambulare'. Et ita etiam argueretur de ista negativa 'equus non est asinus', posito quod Deus annihilaret omnes equos et omnes asinos, ex quo etiam res significatae non essent nec esset in eis ita nec aliter." (*Soph*, 8r)

La octava tesis extiende este rechazo del *ita esse* también a las proposiciones de presente: una proposición afirmativa, *de inesse* y de presente verdadera no es verdadera porque lo que se significa por ella, o tal como se significa por ella, así es. Por ejemplo, la proposición *"Homo est animal"* significa *Aristotelem esse*, que no es en la realidad[208]. O la proposición *"Homo est asinus"* significa las mismas cosas que las proposiciones *"Homo est homo"* y *"Asinus est asinus"*, los hombres y los burros, pero éstas son verdaderas mientras que aquélla es falsa. Esto conduce a Buridán a la conclusión de que para asignar las causas de verdad y de falsedad de proposiciones no basta con acudir a las significaciones de los términos, sino que hay que atender a sus suposiciones[209].

Las tesis siguientes se dedican a dar algunas reglas de verdad y falsedad en función de la suposición de los términos, para las proposiciones categóricas *de inesse*[210]. Para la verdad de la afirmativa es necesario, aunque no suficiente, que los términos supongan por lo mismo. Para su falsedad, es suficiente, no necesario, que los términos no supongan por lo mismo[211]. Para la verdad de

---

208 Buridán considera, en este caso, una significación parcial de la proposición. En la sección 2.2.2 del capítulo tercero se verá qué tiene que decir Pardo al respecto.

209 "Ex dictis ergo infero octavam conclusionem, quod propositio affirmativa de inesse et de praesenti vera non ex eo est vera quia quicquid vel qualitercumque esse significatur per eam, ita est. Quia haec propositio 'homo est animal' est vera, per quam tamen Aristotelem esse significatur, quod non est ita in re. Item quicquid et qualitercumque significatur esse per istas duas propositiones 'homo est homo' et 'asinus est asinus', illud taliter esse significatur per istam propositionem 'homo est asinus', ut patet ex dictis. Et tamen haec est falsa 'homo est asinus' per quam idem significatur, et tamen illae duae erant verae. Et sic videtur mihi quod in assignandis causis veritatum et falsitatum, non sufficit ire ad significationes terminorum, sed ire ad suppositiones." (*Soph*, 9r)

210 En el libro sexto del comentario a la *Metafísica* (cuestión 10), Buridán expone las causas de verdad para las proposiciones hipotéticas y modales. En estos casos, las causas de verdad no se asignan según la suposición: en el caso de las hipotéticas, hay que acudir a las categóricas que las componen; en el caso de las modales, Buridán sí recurre al *ita esse* para fundar la verdad.

211 "Et de suppositionibus, pono nonam conclusionem, scilicet quod non sequitur si termini propositionis affirmative supponunt pro eodem quod propositio sit vera. Primo enim hoc habet instantiam de propositionibus universalibus, quia si solus

la negativa, es suficiente, aunque no necesario, que sujeto y predicado no supongan por lo mismo, y para su falsedad, es necesario, no suficiente, que supongan por lo mismo[212].

Considerando los casos concretos, en función de la cantidad y cualidad de las proposiciones, Buridán establece tres reglas para la verdad y tres para la falsedad[213]. 1) Toda proposición particular afirmativa verdadera es verdadera porque sujeto y predicado suponen por la misma cosa o las mismas cosas. 2) Toda universal afirmativa verdadera es verdadera porque por todas las cosas por las que supone el sujeto, por lo mismo supone el predicado. 3) Toda particular afirmativa falsa es falsa porque sujeto y predicado no suponen por ninguna cosa igual. 4) La universal afirmativa falsa es falsa porque no por todo aquello por lo que supone el sujeto, por ello supone el predicado. 5) Toda particular negativa verdadera es verdadera porque la universal afirmativa contradictoria es falsa. 6) Toda universal negativa falsa es falsa porque la particular afirmativa contradictoria es verdadera[214].

---

homo sit currens, tunc subiectum et praedicatum huius propositionis 'omnis homo est currens' supponunt pro eodem, et tamen propositio est falsa. Sed etiam licet praedicatum supponeret pro omni eo pro quo supponit subiectum, adhuc esset instantia in vocatis insolubilibus. [...] Decima conclusio est quod ad veritatem cathegoricae affirmativae requiritur quod termini, scilicet subiectum et praedicatum, supponant pro eodem vel eisdem. Ideo etiam ad eius falsitatem sufficit quod non supponant pro eodem vel eisdem." (*Soph*, 9)

212 "Undecima conclusio quod ad veritatem negative cathegoricae, sufficit quod subiectum et praedicatum non supponant pro eodem nec pro eisdem, licet tamen aliqua sit vera in qua subiectum et praedicatum supponunt pro eodem vel eisdem, ut 'animal non est homo'. Et sic etiam ad falsitatem negativae requiritur quod subiectum et praedicatum supponant pro eodem, licet non sequitur: subiectum et praedicatum supponunt pro eodem, ergo negativa est falsa." (*Soph*, 9v)

213 Omite las reglas para la falsedad de la particular negativa y para la universal negativa verdadera: seguramente por descuido, puesto que habla de ocho reglas y no de seis.

214 "Ideo recolligendo ponitur ista decimaquarta conclusio, quod omnis propositio particularis affirmativa vera ex eo est vera quia subiectum et praedicatum supponunt pro eodem vel eisdem. Et omnis universalis affirmativa vera ex eo est vera quia pro quocumque vel pro quibuscumque subiectum supponit, pro eodem vel pro eisdem praedicatum supponit. Et omnis particularis affirmativa falsa ex eo est falsa quia subiectum et praedicatum pro nullo eodem

Aunque la definición de las modalidades en función del *ita esse* está muy arraigada en el modo de hablar, Buridán prefiere sustituir las definiciones de la verdad y la falsedad basadas en el significado por esta serie de reglas que asignan las causas de verdad y falsedad según los distintos tipos de proposiciones[215].

La doctrina del significado de las proposiciones de Pardo se presenta como respuesta a este punto débil de la teoría buridaniana. La teoría de Buridán parece entrar en conflicto con las definiciones de las modalidades basadas en el significado, pero Pardo trata de defender una y otras. Para hacerlo, sin embargo, debe modificarlas. Por una parte, Pardo construye una teoría del significado de las proposiciones que pretende fundarse en la buridaniana, pero que la corrige y completa con elementos originales (y extraños a esta doctrina); por otra parte, reformula las definiciones de las modalidades para adaptarlas a esta nueva teoría del significado.

Antes de exponer su propia respuesta, Pardo alude a otros dos autores que también perciben los problemas suscitados por la definición de las modalidades en función del *ita esse*.

---

supponunt nec pro eisdem. Et universalis affirmativa falsa ex eo est falsa quia non pro omni illo nec pro omnibus pro quo vel pro quibus subiectum supponit supponit praedicatum. Et omnis particularis negativa vera ex eo est vera ex quo universalis affirmativa sibi contradictoria est falsa, et dictum est unde hoc esset. Et omnis universalis negativa falsa ex eo est falsa ex quo particularis affirmativa sibi contradictoria esset vera. Et dictum est quod haec est decimaquarta conclusio quae continet octo conclusiones partiales. Apparet omnino ex praeexistentibus propter hoc principium quod quicquid est causa veritatis unius contradictoriarum vel requisitum ad veritatem eius, illud est causa falsitatis alterius vel requisitum ad eius falsitatem." (*Soph*, 10r)

215 "Sed ultimo notandum est quod nominibus uti possumus ad placitum; quando plures communiter hoc modo loquendi utuntur, ut de omni propositione vera dicamus quod ita est et de omni falsa quod non est ita, ego non intendo illum modum loquendi removere, sed ad brevius loquendum ego forte utar eo, semper intendens per eam non quod significat de primaria impositione, sed causas veritatum vel falsitatum prius assignatas, diversas in diversis propositionibus, sicut dictum est." (*Soph*, 10)

En primer lugar, menciona a Guillermo Heytesbury († 1380)[216], que rechaza la posibilidad de definir la proposición verdadera, puesto que todas las definiciones dadas hacen referencia a un *aliqualiter esse*, pero no hay tal correlato de la proposición *ex parte rei*[217]. En consecuencia, Heytesbury propone lo que Maierù denomina una "definición lógica", mediante una consecuencia de la forma *"Haec propositio 'tu sedes' praecise significat quod tu sedes, ergo haec est vera 'tu sedes'"*[218].

En segundo lugar, Pardo presenta la opinión de Pedro de Mantua († 1400)[219], que define las modalidades en función de la rectitud del intelecto[220]. Pardo considera, sin embargo, que las

---

216 Guillermo Heytesbury estudia en Oxford, donde alcanza el grado de doctor en teología. Perteneció al Merton College y fue canciller de la universidad. Se ocupa del significado y la verdad de las proposiciones en su *Tractatus de sensu composito et diviso*, publicado junto con las *Regulae solvendi sophismata* en Venecia (1494). Sobre su vida y obra, ver C. A. Wilson, "William Heytesbury", *Dictionary of scientific biography*, VI, 376-380. Sobre su teoría de la verdad y el significado de las proposiciones, ver: A. Maierù, "Il problema della verità nelle opere di Guglielmo Heytesbury", *Studi medievali* 7 (1966), 40-74; "Il tractatus de sensu composito et diviso di Guglielmo Heytesbury", *Rivista critica di storia della filosofia* 21 (1966), 234-263.

217 "Alius doctor dicit quod diffinuntur propositio vera et falsa per taliter vel aliqualiter, quia non ignotescit nobis alius modum ostendendi veritatem et falsitatem nisi per taliter et qualiter, quamvis hoc non possit salvari." (*MD*, 5rb)

218 Ver A. Maierù, "Il problema della verità nelle opere di Guglielmo Heytesbury", 55-56.

219 Pedro Alboini de Mantua estudia en Padua, donde obtiene el grado de doctor en artes. Enseña en la universidad de Bolonia hasta su muerte en 1400. Escribe una *Logica* y un *Tractatus de instanti*. Sobre su vida y obra, ver: A. Maierù, "Il problema del significato nella Logica di Pietro da Mantova", *Antiqui und Moderni* (A. Zimmermann, ed.), Miscellanea Mediaevalia IX, de Gruyter, Berlin, 1974, 155-159.

220 "Alius doctor, hiis argumentis coactus, diffinit aliter membra predicta, dicens: propositio vera est oratio indicativa perfecta univoca per quam adequate intellectus redditur rectus. Propositio autem falsa est oratio indicativa perfecta univoca per quam adequate intellectus non redditur rectus. Propositio possibilis vera est oratio indicativa perfecta univoca per quam intellectus adequate, aut per secum convertibilem sic significantem, potest reddi verus, aut saltem possit deducta terminorum repugnantia. Propositio impossibilis est oratio indicativa perfecta univoca per quam sic significantem adequate intellectus non potest reddi verus, nec per secum convertibilem, nec posset etiam deducta terminorum

definiciones del Mantuano no resuelven el problema: si se pregunta por el fundamento de la rectitud del intelecto, habrá que responder que el intelecto se vuelve recto porque concibe ser tal como es (*ita esse sicut est*), con lo que las nuevas definiciones estarán sujetas a las mismas objeciones que las definiciones tradicionales[221].

Pardo, que se declara partidario de la opinión de Buridán, no está dispuesto, sin embargo, a renunciar al significado de las proposiciones como fundamento de las modalidades. Antes de examinar su teoría (a la que estará dedicado el capítulo tercero), presentaré el análisis que hace Pardo de un caso especial, el de las proposiciones imposibles, en el que se ponen de manifiesto los problemas suscitados por la reducción del significado de las proposiciones a las entidades particulares y se empiezan a apuntar las vías de solución.

---

repugnantia. Propositio contingens est oratio indicativa perfecta univoca per quam sic significantem adequate intellectus potest reddi verus et etiam reddi falsus, vel per secum convertibilem posset deducta terminorum repugnantia. Necessaria autem propositio est oratio indicativa perfecta univoca per quam sic significantem adequate non potest intellectus reddi falsus, nec per secum convertibilem posset deducta terminorum repugnantia, quod dicitur propter tales propositiones 'aliqua propositio est vera', 'propositio est', etcetera, hec propositio 'Sortes non est' que sit in mente Sortis." (*MD*, 5va) La relación de la verdad con la "rectitud del intelecto" tiene una clara raíz en el *De Veritate* de san Anselmo: ver A. d'Ors, "*Non erat veritas, non erit veritas.* Sobre las pruebas anselmianas de la eternidad de la verdad".

221 "Sed iste modus petit principium, quia si inquiratur cur intellectus redditur rectus, iam respondendum est quia concipit ita esse sicut est, et tunc remanent difficultates pretacte insolute, ut patet intuenti." (*MD*, 5va) En efecto, Pedro de Mantua explica en qué consiste que una proposición vuelva recto o no recto el intelecto: "Dico [...] propositionem reddere intellectum rectum cum per illam concipit intellectus affirmative rem esse quae est, aut negative rem non esse quae non est, vel rem non fuisse quae non fuit, vel rem non fore quae non erit, et ita de aliis, sicut enim res habet esse vel fuisse vel fore, ita habet cognosci affirmative aut negative. Redditur autem non rectus intellectus cum non correspondet compositioni ex parte rei, aut non correspondebat, aut non correspondebit, aliquid extra secundum terminos propositionis." (Pedro de Mantua, *Logica*, citado por A. Maierù, "Il problema del significato nella Logica di Pietro da Mantova", 170)

2.4.2. El problema de las proposiciones imposibles

Pardo presenta el caso de las proposiciones imposibles como base de una objeción contra la teoría buridaniana: una proposición imposible como *"Homo est asinus"* parece significar un *complexe significabile* distinto de los significados de los extremos. Esta afirmación se funda en el siguiente argumento:

(1) La proposición *"Homo est asinus"* significa *hominem esse asinum,*

(2) pero *hominem esse asinum* no es significado por *"homo"* ni por *"asinum"* (los extremos de la proposición).

(3) Por tanto, la proposición *"Homo est asinus"* significa algo que no es significado por sus extremos.

La premisa (1) es admitida comúnmente, y la premisa (2) se sigue de la teoría de Buridán: de acuerdo con la propuesta buridaniana, *hominem esse asinum* es *homo existens asinus,* pero ninguna entidad es *homo existens asinus* (no hay nada que sea un hombre que es burro, ningún hombre puede ser al mismo tiempo burro, y ningún burro puede ser al mismo tiempo hombre[222]). Por tanto, si *homo existens asinus* no es hombre ni burro, no será significado ni por *"homo"* ni por *"asinus"*. Pero si *homo existens asinus* es significado por la proposición, sin ser significado por sus extremos, deberá admitirse que *"Homo est asinus"* significa un *complexe significabile* distinto de los significados de los términos *"homo"* y *"asinus"*[223].

Pardo considera válido este argumento y, puesto que la conclusión (3) no es compatible con la postura de Buridán, pero la

---

[222] Hombre y burro son dos especies distintas, que no pueden darse en el mismo sujeto.

[223] "Quarto, arguitur sic: ista propositio 'homo est asinus' significat aliquod complexe significabile quod distinguitur a significatis extremorum, ergo predicta opinio est falsa. Antecedens patet, quia ista propositio 'homo est asinus' significat hominem esse asinum, et hominem esse asinum non significatur per istum terminum 'homo' neque per istum terminum 'asinus', ergo ista propositio 'homo est asinus' significat aliquod complexe significabile distinctum a significatis terminorum." (*MD*, 4rb)

premisa (2) se sigue de su interpretación del *dictum*, concluye que la única salida consiste en negar la premisa (1): Buridán está obligado a sostener que *"Homo est asinus"* no significa *hominem esse asinum*[224]. En efecto, como se ha visto, Buridán considera que sólo en algunos casos tiene sentido nombrar el significado de la proposición mediante el *dictum*, porque el *dictum* sólo supone por las entidades que hacen verdadera a la proposición correspondiente. Pero una proposición imposible no puede ser verdadera. En consecuencia, no hay una entidad por la que pueda suponer el *dictum* y que pueda ser el significado de la proposición en este sentido.

Pero en este asunto, como indica Pardo, está involucrada una cuestión más general: la de si los imposibles pueden ser significados. Su examen permitirá comprender mejor la concepción del significar que Pardo hereda de Buridán, así como las insuficiencias que tratará de remediar con su propia teoría. Pardo presenta el problema exponiendo dos opiniones opuestas: la de Buridán, que niega que los imposibles sean significables, y la de ciertos "antiguos doctores", para quienes lo imposible es inteligible y, por tanto, significable[225].

2.4.2.1. *Los imposibles no son significables*

Según Buridán, no puede significarse nada imposible: sólo las entidades particulares, existentes o posibles, pueden ser significa-

---

[224] "Respondeo: necessarium est dicere propter hoc argumentum, tenentibus hunc modum dicendi, quod ista propositio 'homo est asinus' non significat hominem esse asinum, ut bene probat ratio. Si enim illa propositio 'homo est asinus' significaret hominem esse asinum, iam propositio haberet aliquod significatum preter significata terminorum, quod est contrarium isti propositioni." (*MD*, 4rb)

[225] Ashworth analiza estas dos posturas en E. J. Ashworth, "Chimeras and imaginary objects: a study in the post-medieval theory of signification", *Vivarium* 15 (1977), 66-72. Allí presenta a Marsilio de Inghen (1330-1396) como defensor de la postura contraria a la de Buridán, e incluye una tercera opinión, la de Roberto Holkot (1290-1349), menos famosa que las otras dos.

das. Como se ha visto, los términos simples se imponen para significar las cosas posibles, y las expresiones complejas significan, en virtud de sus términos, esas mismas cosas posibles y nada más: *"Homo est asinus"* no significa *hominem esse asinum,* porque *hominem esse asinum* no es ninguna entidad posible. Como toda expresión compleja, esta proposición no significa nada distinto de las entidades posibles significadas por sus partes: hombres y burros[226].

En el libro cuarto de su comentario a la *Metafísica* (cuestión 14), Buridán investiga si el no ente puede ser pensado, y su respuesta es negativa. Como se ha visto en la sección 2.2.1, los términos que, como *"chymera"* o *"vacuum"*, parecen significar imposibles (la quimera y el vacío), no significan sino los posibles significados por las partes de su definición nominal. En cuanto a las expresiones del nivel proposicional, en el libro sexto (cuestión 11), Buridán asegura que *"Equus est asinus"* no significa *equum esse asinum,* porque *equum esse asinum* no es nada[227]. Análogamente, *hominem esse asinum* no es nada y no puede ser significado: por lo que respecta a la significación *ad extra,* la proposición *"Homo*

---

226 "Unus modus dicendi est quod impossibilia non sunt significabilia. Ideo, secundum istum modum dicendi ista propositio 'homo est asinus' non significat hominem esse asinum, cum hominem esse asinum non sit possibile. Et si queras quid significat ista 'homo est asinus', dico quod significat omnes homines et omnes asinos, quia secundum istam opinionem posita est regula generalis: quod nullum complexum aliquid significat preter illud quod sue partes seorsum significant." (*MD*, 4rb)

227 "Quia capio istam affirmativam 'equus est asinus', et tunc quero quid ipsa significat. Constat enim quod ipsa non significat nisi equos et asinos et nihil ultra, vel saltem significat equum esse asinum aut quod equus est asinus. [...] Si vero dicas quod ipsa significat equum esse asinum, tunc ego quero pro quo supponit hec oratio 'equum esse asinum', et verum est si supponit materialiter quod tunc supponit pro ista propositione 'equus est asinus'. [...] Si vero tu dicis quod hec oratio 'equum esse asinum' capiatur personaliter sive significative, et non materialiter, tunc illa oratio pro nullo supponit, equum enim esse asinum nihil est." (*In Met*, 40vb)

est asinus" no significa ninguna cosa distinta de los hombres y los burros, a los que significa en virtud de sus términos[228].

Pero, señala Pardo, la tesis buridaniana de que lo imposible no es significable podría combatirse con la siguiente argumentación:

(1) Todo lo que puede ser pensado puede ser significado,

(2) pero muchos imposibles pueden ser pensados;

(3) por tanto, esos imposibles pueden ser significados.

La primera premisa es evidente, porque, si el intelecto piensa algo, hay una noticia por la cual ese algo es pensado, una noticia que es signo de ese algo pensado. Por lo tanto, siempre que el intelecto piensa algo, ese algo es significado por la noticia mediante la cual el intelecto lo piensa. La premisa segunda se prueba mediante ejemplos: suele admitirse que el intelecto puede pensar que un hombre es un burro o que un hombre es irracional, y muchos otros imposibles. Como prueba el argumento, afirmar que esos imposibles son inteligibles implica afirmar, en contra de Buridán, que son significables[229]. La idea de que es posible pensar algo imposible se refuerza por la experiencia de que muchos sabios sostienen opiniones contrarias, algunas de las cuales pueden ser imposibles[230]: esto prueba que pueden pensarse como verdaderas cosas imposibles[231].

---

228 "Et universaliter videtur mihi concludendum esse quod ista propositio 'homo est asinus' nihil de mundo significat ad extra, nisi homines et asinos quos significat ratione suorum terminorum. Et dico 'nihil significat ad extra', quia certum est michi quod illa vocalis 'homo est asinus' significat bene unam mentalem sibi correspondentem, sed ultra in rebus extra animam nihil significat nisi precise homines et asinos." (*In Met*, 40vb)

229 "Sed contra istum modum dicendi arguitur: omne illud quod potest intelligi potest significari. Ista maior est nota, quia si aliquid intellectus intelligit, illud significatur per noticiam per quam intellectus intelligit. Sed multa impossibilia intellectus intelligit, quia intellectus potest intelligere hominem esse asinum, intellectus etiam potest intelligere hominem esse irrationalem, et sic de multis aliis impossibilibus." (*MD*, 4rb)

230 La objeción abandona el ejemplo de la proposición *"Homo est asinus"*, tomando en su lugar las opiniones de "algunos doctores". La intención, es sin duda, impedir la salida fácil que consiste en replicar que nadie cometería el error de pensar que un hombre es un burro. No hay escapatoria cuando la experiencia

Contra estos argumentos, la defensa que hace Pardo de la tesis buridaniana está articulada en tres etapas: en primer lugar, argumentando desde el plano lingüístico, aunque se conceda que el intelecto puede pensar muchos imposibles (*hominem esse asinum, hominem esse irrationalem...*), no puede concederse que lo imposible es inteligible, porque la proposición *"Impossibile est intelligibile"* no puede ser verdadera. En segundo lugar, pasando al plano gnoseológico (y su relación con el ontológico), aunque se conceda que alguien sostiene como verdadera una opinión imposible, esto no implica admitir que su noticia cognoscitiva termine en una entidad imposible. En tercer lugar, volviendo al plano lingüístico, Pardo explica en qué sentido debe entenderse la proposición *"Aliquis intelligit hominem esse asinum"* para que su verdad no obligue a admitir que lo imposible es inteligible.

Primer paso: es evidente, para Pardo, que la proposición *"Impossibile est intelligibile"*, como *"Chymera est intelligibilis"*, *"Hominem esse asinum significatur"* y *"Hominem esse asinum intelligitur"*, no puede ser verdadera. Todas ellas deben ser declaradas falsas, porque son proposiciones afirmativas cuyos sujetos no suponen por nada[232].

Segundo paso: ninguno de quienes opinan que algo imposible es verdadero y le conceden su asentimiento tiene en realidad un

---

muestra que de hecho muchos sabios doctores asienten, convencidos, a algo que resulta ser un imposible.

231 "Et si obiicias: non est salvabile quin impossibile sit intelligibile et opinabile, igitur opinio ista non est sufficiens. Antecedens patet, et gratia exempli capio aliquos doctores quorum unus assentit uni opinioni, alter vero opposite, aliquando ita est quod illud cui assentit aliquis illorum est omnino impossibile, ergo impossibile est intelligibile, multi enim credunt aliqua esse vera que sunt impossibilia." (*MD*, 4va)

232 "Respondeo: secundum istum modum dicendi omnes iste de rigore sunt false: 'impossibile est intelligibile', 'chymera est intelligibilis', 'hominem esse asinum significatur', 'hominem esse asinum intelligitur', quia omnes iste sunt propositiones affirmative quarum subiecta pro nullo supponunt, ideo sunt false." (*MD*, 4rb-va) Pardo ha elegido ejemplos pertenecientes a tres niveles de complexión: un término compuesto de sincategorema y categorema (*"impossibile"*), un término complejo en virtud de su definición (*"chymera"*) y un término complejo con complexión distante (*"hominem esse asinum"*).

acto de conocimiento que termine en algo imposible, del mismo modo que nadie tiene un acto de conocimiento que termine en un inteligible cuyo nombre sea *"hominem esse asinum"*[233]. Admitir algo imposible como término de un acto de pensar sería admitir una entidad ficticia, como lo es admitir los *complexe significabilia* de Gregorio de Rímini como significados de las proposiciones.

Por eso, Pardo asegura que lo imposible no es un objeto en el que termina el acto de pensar, porque no es nada en absoluto[234]. También Gregorio de Rímini defendería que nada puede ser inteligible a menos que sea ente, pero sus sentidos amplios de "ente" le permiten conceder la verdad de una proposición como *"'Homo est asinus' significat hominem esse asinum"*. Desde una ontología buridaniana, en cambio, esa amplitud no puede ser admitida[235].

Tercer paso: aunque Pardo asegura, como Buridán, que lo imposible no es inteligible, encuentra, sin embargo, un sentido en el que podría concederse la proposición *"Aliquis intelligit hominem esse asinum"*. La presencia del *dictum* con su doble significación, material y formal, tras el verbo apelativo *"intelligit"*, determina el

---

233 "Respondeo: quicunque doctores contrarias habent opiniones, non habent aliqua impossibilia obiective terminantia eorum iudicia. Unde sicut aliquis non habet noticiam terminatam ad aliquod intelligibile quod dicatur hominem esse asinum, sic neque aliquis illorum doctorum habet noticiam terminatam ad aliquod impossibile." (*MD*, 4va)

234 Esta idea se encuentra en Andrés de Novocastro. En su comentario a la tercera cuestión del prólogo de las *Sentencias*, Andrés explica que una proposición imposible no tiene por significado un inteligible imposible, en el que termine objetivamente la intelección: cualquier intelección termina en cosas posibles, pero esas cosas son aprehendidas de una u otra manera. Por ejemplo, por la proposición *"Petrus est Paulus"* no se aprehende un objeto inteligible imposible, sino que se aprehenden los inteligibles Pedro y Pablo, de una manera determinada. Ver H. Élie, *Le complexe significabile*, 111.

235 "Ideo, magis videtur tenendum secundum istum modum dicendi de complexe significabilibus quod impossibile non est obiectum terminans intellectionem, ymo etiam secundum primum modum dicendi de complexe significabilibus posset dici quod nichil est intelligibile nisi sit ens primo, secundo, vel tertio modo, quapropter primus modus dicendi concederet hanc propositionem 'homo est asinus significat hominem esse asinum'. Sed secundus modus dicendi non concederet." (*MD*, 4vb)

carácter ambiguo de esta proposición. Como sucedía con los ejemplos examinados en la sección 2.4, son posibles dos lecturas totalmente distintas de la proposición, según se tome el significado material del *dictum* o su significado formal.

Por una parte, la proposición *"Aliquis intelligit hominem esse asinum"* puede interpretarse en el siguiente sentido: que alguien entienda *hominem esse asinum* quiere decir que alguien entiende el objeto imposible *hominem esse asinum*. En este sentido, la proposición es falsa: según Buridán, nadie puede entender un imposible, un imposible no puede ser objeto de un acto de pensar (*hominem esse asinum* no es nada, y no puede ser pensado)[236]. Pero, por otra parte, la proposición puede interpretarse en el siguiente sentido: entender *hominem esse asinum* no es entender un objeto imposible, sino que es entender algo posible (a saber, hombres y burros) en el modo en que la proposición *"Homo est asinus"* los significa (de manera compositiva y afirmativa). Sólo así puede sostenerse con verdad que alguien piensa *hominem esse asinum*[237].

La misma interpretación debe adoptarse cuando alguien dice que piensa un no-ente: su afirmación sólo será verdadera si lo que quiere decir es que piensa el modo en que todos los entes son significados negativamente. Igualmente, el término *"non intelligibile"* no significa un objeto no inteligible (y, por tanto, no significable), sino que significa todos los objetos inteligibles, negativamente[238]. Esta interpretación garantiza que los objetos de los actos

---

236 "Et si dicas aliquis dicitur intelligere hominem esse asinum, respondeo aliquem intelligere hominem esse asinum potest intelligi dupliciter. Uno modo, in sensu quem formaliter habet illa propositio, et sic dico quod est falsa." (*MD*, 4va)

237 "Alius sensus est quod quis intelligat hominem esse asinum, id est, quod quis intelligat hominem esse asinum eo modo quo ista propositio significat hominem esse asinum, scilicet affirmative, et sic est vera." (*MD*, 4va)

238 "Etiam, quis dicitur intelligere non ens, quia intelligit modum secundum quem omnia entia negative significantur, et iste terminus 'non intelligibile' significat omnia intelligibilia negative, de quo plura in secundo capitulo, et sic de aliis dicatur." (*MD*, 4va) En el segundo capítulo de la *Medulla*, Pardo explica la significación de los sincategoremas, entre ellos el *"non"*, y concluye examinando la significación y suposición del término infinito *"non intelligibile"*: este término signi-

de conocimiento son las entidades particulares, siempre posibles, pero contempla distintos modos de pensar estas entidades. Son estos modos, y no las entidades, los que se extienden más allá de lo posible[239].

2.4.2.2. *Lo imposible es inteligible y significable*

Frente a la opinión de Buridán, Pardo presenta la de quienes defienden que lo imposible es inteligible y significable[240]. Los términos que, como *"homo irrationalis"* o *"chymera"*, significan un compuesto de incomposibles (ya sea explícita o implícitamente), y las proposiciones que, como *"Homo est asinus"*, dicen una composición que no puede darse en la realidad, significan su correspondiente imposible: un hombre irracional, una quimera, el

---

fica todos los inteligibles negativamente en orden a todo inteligible, pero no supone por nada. "Et si obiicias: si hoc sit verum, sequitur quod iste terminus infinitus 'non intelligibile' non est significativus, quod patet ex eo quia si ly 'non' significat, maxime significat omnia intelligibilia negative, sed hoc non, quia nichil est quod negative se habet ad quolibet intelligibile. Respondeo: iste terminus 'non intelligibile' quodlibet intelligibile significat negative in ordine ad quodlibet intelligibile. [...] Dico, ergo, quod iste terminus 'non intelligibile' omnia significabilia significat negative in ordine ad quodlibet intelligibile. Et ita, quilibet terminus infinitus significat omne ens seu omne significabile negative in ordine ad quolibet significatum termini infiniti. Et si queras pro quo ergo supponet terminus infinitus, respondeo terminus infinitus supponit pro omni ente quod de facto se habet vere negative ad quodlibet significabile per terminum infinitatum. Et si nullum sit tale, pro nullo supponit, ut iste terminus 'non intelligibile' quodlibet intelligibile significat, sed quia nullum est intelligibile quod negative vere se habet ad quodlibet intelligibile (nam nullum intelligibile se habet negative vere ad seipsum, falsum enim est quod hoc intelligibile non sit ipsummet intelligibile), ideo non supponit." (*MD*, 14r)

239 Pardo adopta esta idea de los distintos modos de pensar las realidades existentes, pero, incapaz de admitir que el intelecto pueda poner algo que no esté en la realidad, postula también unos modos de ser que se anticipan a las infinitas modalidades que el intelecto puede pensar.

240 Sobre la correlación entre significar y entender, que funda el *significare* en el *intelligere*, ver, por ejemplo, A. Maierù, "Il problema della verità nelle opere di Guglielmo Heytesbury", 59-60.

significable *hominem esse asinum*. Deben ser, por tanto, verdaderas las proposiciones *"Iste terminus 'chymera' significat chymeram", "Iste terminus 'homo irrationalis' significat hominem irrationalem", "Ista propositio 'homo est asinus' significat hominem esse asinum"*[241]. Entre quienes defienden esta opinión se encuentra Marsilio de Inghen (1330-1396)[242].

Aunque Marsilio está, como Buridán, en completo desacuerdo con la teoría del *complexe significabile* de Gregorio de Rímini[243], por lo que respecta a la significación de lo imposible se convierte en oponente de Buridán y se acerca más a Gregorio, al admitir ciertos significables (no complejos), que no pueden existir en la realidad. Según él, los nombres de entidades ficticias, como *"chymera"*, significan algo, una *res ymaginata* o *ymaginativa*. Los nombres de entidades ficticias pueden significar *per se* (y no sólo en virtud de sus partes, como piensa Buridán), porque la voluntad puede querer que los imposibles puedan ser entendidos por el intelecto[244].

En consecuencia, Marsilio considera verdaderas las proposiciones que Buridán declaraba falsas, como *"'Chymera' significat chymeram"* o *"'Homo est asinus' significat hominem esse asi-*

---

241 "Sed alius est modus dicendi, quod impossibile est intelligibile et significabile. Ideo, omnes iste propositiones sunt vere: 'iste terminus: chymera, significat chymeram', 'iste terminus: homo irrationalis, significat hominem irrationalem', 'ista propositio: homo est asinus, significat hominem esse asinum'." (*MD*, 4vb)

242 Parece que Marsilio no nació en Inghen, sino en alguna localidad cercana a Nimega. Estudió en la universidad de París, donde es muy probable que asistiera a las lecciones de Buridán (de quien se declara discípulo), y obtuvo el grado de maestro en artes en 1362. Fue rector de las universidades de París y Heidelberg, donde muere al poco tiempo de obtener el grado de maestro en teología. Entre otras obras, escribe un comentario a las *Sentencias*, otro a los *Primeros Analíticos* y unos *Parva logicalia* que han sido editados por E. P. Bos. También se le atribuye un comentario a los *Tractatus* de Pedro Hispano. Sobre su vida y obra puede consultarse: G. Federici Vescovini, "Marsilius of Inghen", *Dictionary of scientific biography*, IX, 136-138; E. P. Bos, introducción a *Treatises on the properties of terms*, Reidel, Dordrecht, 1983.

243 Ver G. Nuchelmans, *Theories of the proposition*, 251-254.

244 Ver E. P. Bos, "An unedited sophism by Marsilius of Inghen: 'Homo est bos'", *Vivarium* 15 (1977), 53.

num". Pardo hace notar que, si se admite la verdad de estas proposiciones, hay que admitir la verdad de las correspondientes proposiciones en voz pasiva: por ejemplo, *"Hominem esse asinum significatur per istam propositionem: homo est asinus"*, *"Chymera significatur"*, *"Chymera intelligitur"*. Pero estas proposiciones son afirmativas cuyo sujeto no supone por ninguna entidad existente: *hominem esse asinum* o una quimera son entidades imaginarias[245].

Para garantizar la verdad de proposiciones como éstas, Marsilio debe extender la ampliación a la quinta diferencia: los verbos *"significare"* o *"imaginare"* amplían la suposición a los objetos que pueden sólo ser imaginados o entendidos[246]. *"Chymera"*, que significa un objeto imaginario, puede también suponer por él cuando esta ampliación tiene lugar, y lo mismo sucede con el *dictum "hominem esse asinum"*[247].

Un poco más adelante, Pardo critica el recurso a la ampliación del verbo *"significatur"* sobre el *dictum "hominem esse asinum"* para defender la verdad de *"Hominem esse asinum significatur"*: al aplicar esta ampliación, el *dictum* estaría por todo lo que puede ser pensado como *hominem esse asinum* y, por lo tanto, estaría por todo ente. Pardo responde que si el *dictum* se toma por algo aplicando esta estrategia, se pierde la idea de que la noticia

---

245 "Et si arguas: bene sequitur: ista propositio 'homo est asinus' significat hominem esse asinum, ergo hominem esse asinum significatur per istam propositionem 'homo est asinus'. Illa consequentia patet ab activo ad passivum. Sed falsitas consequentis probatur, quia consequens est una propositio affirmativa cuius subiectum pro nullo supponit, ergo est falsa. Et similiter si arguatur de ista propositione 'chymera significatur', 'chymera intelligitur', et sic de similibus." (*MD*, 4vb)

246 Ver E. J. Ashworth, "Chimeras and imaginary objects", 70-71.

247 "Ad hoc respondet quod dicendo 'hominem esse asinum significatur', licet 'hominem esse asinum' non supponat pro illo quod est, nec quod fuit, nec quod erit, nec quod potest esse, supponit tamen pro illo quod potest intelligi esse, et hoc sufficit. Unde dicit quod ista verba 'significatur', 'intelligitur', ampliant ad illud quod est, fuit, erit, quod potest esse, et quod potest intelligi esse." (*MD*, 4vb)

cognoscitiva termina en un imposible, puesto que, al resolver el *dictum* en algo, la noticia termina en ese algo, que es posible[248].

Dejando aparte esta discusión técnica, Pardo presenta el siguiente argumento contra la opinión enemiga de la buridaniana: hay al menos un imposible que no es inteligible, y no hay más razón para que éste no lo sea que para los demás; por lo tanto, ningún imposible es inteligible y, en consecuencia, tampoco es significable. La premisa mayor se prueba de este modo:

(1) Lo no inteligible es imposible.

(2) Lo no inteligible no es inteligible.

(3) Por tanto, algún imposible no es inteligible.

La premisa (1) es evidente: si lo no inteligible fuera posible, podría ser entendido y sería, por tanto, inteligible. La premisa (2) debe ser verdadera, porque su contradictoria, *"Non intelligibile est intelligibile"*, parece difícil de admitir. Queda así demostrado que algún imposible no es inteligible y, en consecuencia, que ninguno lo es[249].

Sin embargo, hay quienes se atreverían a rechazar la verdad de la premisa (2) y, con ello, la de la conclusión (3), defendiendo de este modo la postura de Marsilio de Inghen. Según Pardo, Guillermo Heytesbury considera verdadera la proposición

---

248 "Neque aliquid facit illa ampliatio que ponitur huius complexi 'hominem esse asinum', sicut clare in materia ampliationum monstratur. Ponunt enim aliqui quod ista sit vera 'hominem esse asinum significatur', eo quod ly 'hominem esse asinum' stat pro omni eo quod potest intelligi hominem esse asinum, sed omne ens potest intelligi hominem esse asinum, ergo stat pro omni ente. Hoc nichil est dicere, quia si illa sit vera eo quod ly 'hominem esse asinum' pro aliquo supponit, iam non exprimitur quod illa noticia terminetur obiective ad aliquod impossibile, ymo totali facta resolutione sensus, ad possibilis tantum invenies terminari noticiam." (*MD*, 4vb-5ra)

249 "Sed contra istum modum dicendi arguitur sic: aliquod impossibile non est intelligibile, et non est maior ratio de uno quam de alio, ergo nullum impossibile est intelligibile nec, per consequens, significabile. Maior probatur, et capio illud impossibile: non intelligibile. Tunc arguitur sic: istud impossibile, puta, non intelligibile, non est intelligibile, igitur aliquod impossibile non est inteligibile. Antecedens patet, quia tunc ista esset vera 'non intelligibile est intelligibile', et hoc capiendo terminos significative. Sed videtur valde difficile concedere istam propositionem 'non intelligibile est intelligibile'." (*MD*, 4vb)

"Intelligibile est non intelligibile" y también *"Quod non potest intelligi potest intelligi"*[250].

Para Guillermo Heytesbury, el lenguaje debe tener la capacidad de significar objetos imaginarios (inexistentes o imposibles). Pero Heytesbury es heredero de una tradición que ha reducido la significación a referencia, y que ha propuesto como modo básico de significar la referencia a cosas actualmente existentes[251]. Para garantizar la significación de objetos imaginarios, sin dejar de entender la significación como referencia, Heytesbury debe postular, como Marsilio de Inghen, una *res imaginabilis*. Así, un término como *"chymera"* tiene una referencia, aunque se trata de una cosa no existente, sino simplemente imaginable. Las proposiciones anteriores son verdaderas porque hay una *res imaginabilis* por la que los términos *"non intelligibile"* y *"quod non potest intelligi"* pueden suponer, del mismo modo que podría hacerlo el

---

250 "Ad hoc argumentum dicunt aliqui quod ista est vera 'intelligibile est non intelligibile', et ista similiter 'quod non potest intelligi potest intelligi'."(*MD*, 4vb) En el capítulo dedicado a la ampliación, Pardo explica cómo deben entenderse las proposiciones *"Aliquid possibile est intelligere quod tamen non potest intelligi"* y *"Aliquid quod impossibile est intelligi possibile est intelligi"* para que puedan concederse como verdaderas (*MD*, 82va).

251 Según Biard, este modo de pensar aparece y cobra fuerza en Oxford, especialmente a partir de Roger Bacon, y más tarde se extiende hasta alcanzar la universidad de París (por ejemplo, a Marsilio de Inghen). Esta tradición sostiene, por una parte, que el significado propio de los términos vocales no son los conceptos, sino los objetos reales, extramentales, que son siempre objetos individuales. Por otra parte, afirma también que la significación primaria es la significación de objetos presentes, efectivamente existentes, significación que en un segundo momento puede ampliarse a los objetos no presentes. Que Ockham es heredero de esta tradición se observa, por ejemplo, en su definición de la significación en virtud de la suposición, y de ésta mediante el pronombre demostrativo que señala objetos presentes. Guillermo Heytesbury también recibe la influencia de esta corriente: para él, la significación se funda en la denotación de objetos reales, y puede después extenderse a los objetos no presentes, incluso a los objetos que no pueden existir. Ver: J. Biard, "La signification d'objets imaginaires dans quelques textes anglais du XIVe siècle (Guillaume Heytesbury, Henry Hopton)", *The rise of British logic* (P. O. Lewry, ed.), Pontifical Institute of Medieval Studies, Toronto, 1983, 265-268.

término *"chymera"*, efectuada la ampliación a la quinta diferencia temporal[252].

Contra Heytesbury, Pardo muestra la falsedad de la proposición *"Non intelligibile est intelligibile"*, derivando de ella una proposición falsa mediante la aplicación de una serie de reglas de inferencia admitidas: de *"Non intelligibile est intelligibile"* se sigue *"Intelligibile est non intelligibile"* por conversión simple; de aquí se sigue *"Intelligibile non est intelligibile"*, argumentando de una afirmativa de predicado infinito a una negativa de predicado finito. Pero la contradictoria de esta última es verdadera: *"Omne intelligibile est intelligibile"*. Por lo tanto, todas las anteriores son falsas, incluida *"Non intelligibile est intelligibile"*, de modo que nuevamente queda frustrado el intento de demostrar que lo imposible es inteligible[253].

Junto a esta refutación de la tesis de la inteligibilidad de lo imposible, Pardo ofrece, en el capítulo sexto de la *Medulla dyalectices*, otro argumento en apoyo de la tesis buridaniana, que toma de Dorp (fl. 1490): lo imposible no es inteligible, porque, si el intelecto pensara lo imposible, o bien sería el mismo imposible el que movería al intelecto para conocerlo, o bien sería algo posible. La primera opción queda excluida, porque algo imposible no puede causar una especie en el intelecto. Pero la segunda opción también se excluye, porque con más razón lo posible movería al intelecto a entender algún otro posible, con el que tiene más afinidad que con el imposible. Por consiguiente, al entender algo posible, el intelecto entendería algún otro posible distinto de aquél. Pero esto no

---

252 Ver: J. Biard, "La signification d'objets imaginaires", 271-276; A. Maierù, "Il problema della verità nelle opere di Guglielmo Heytesbury", 59.

253 "Sed contra predictam solutionem arguitur. Bene sequitur: non inteligibile est intelligibile, ergo intelligibile est non intelligibile. Patet consequentia per conversionem simplicem. Sed consequens est falsum, quia bene sequitur: intelligibile est non intelligibile, ergo intelligibile non est intelligibile. Patet consequentia ab affirmativa de predicato infinito ad negativam de predicato finito. Sed consequens est falsum. Patet, quia sua contradictoria est vera, scilicet ista 'omne intelligibile est intelligibile'." (*MD*, 4vb)

ocurre: por tanto, tampoco a través de lo posible puede el intelecto entender lo imposible[254].

Los defensores de la inteligibilidad de lo imposible responden a este argumento que lo posible es capaz de mover al intelecto para que entienda lo imposible, de este modo: las cosas posibles y presentes se presentan a sí mismas al intelecto, generando unos conceptos en él, y el intelecto compone estos conceptos entre sí. Cuando esos conceptos son mutuamente repugnantes y no pueden convenir a las mismas cosas, el agregado de esos conceptos significa un imposible. Por ejemplo, cuando el intelecto entiende una montaña de oro, es movido por la montaña para formar el concepto de montaña, y es movido por el oro para formar el concepto de oro, y después compone esos dos conceptos, de modo que resulta el concepto complejo "montaña de oro", que significa un imposible, una montaña de oro. Así, resulta que lo posible mueve al intelecto a entender lo imposible, pero lo hace *per accidens*: las cosas posibles mueven *de se* a formar los conceptos correspondientes, que después el intelecto compondrá para formar el concepto complejo y entender mediante él lo imposible[255].

---

254 "Si intellectus intelligeret impossibile, vel ergo ad intelligendum impossibile movetur ab impossibili, vel a possibili. Non ab impossibili, quia impossibili non diffundit aliquam speciem in ipsum intellectum. Neque a possibili, nam possibile potius movet intellectum ad intelligendum quodlibet aliud ab impossibili quam ad intelligendum impossibile. Ex quo unius possibilis ad alia possibilia est maior convenientia quam sit inter possibile et impossibile, et sic, intellecto uno possibili, quodlibet aliud intelligeretur. Sed hoc est falsum, igitur." (*MD*, 82ra)

255 "Ad hoc respondetur quod intellectus movetur a possibilibus ad intelligendum impossibile, per istum modum: nam possibilia et presentia presentant seipsa intellectui, generando conceptus in ipsum intellectum, et intellectus illos adinvicem componit. Sed quia illi conceptus sunt repugnantes et non potentes eidem convenire, aggregatum ex illis conceptibus significat unum impossibile. Ut intellectus intelligendo montem aureum movetur a monte, formando conceptum montis, et movetur ab auro, formando conceptum auri, et postea illos conceptus adinvicem componit, et sic resultat ille conceptus complexus mons aureus, qui significat impossibile, scilicet montem aureum. Et per illud patet solutio rationis, ut dicunt, nam licet possibilia movent intellectum ad intelligendum impossibile, hoc est per accidens, nam possibilia movent de se ad

Pardo ofrece dos argumentos para demostrar que los conceptos de los entes posibles no pueden de ningún modo representar cosas imposibles. En primer lugar, si pudieran hacerlo, sería en virtud de su mutua unión. Pero esto no es así, porque a lo representado o bien le conviene por su propia naturaleza el estar siempre unido a esos conceptos, o bien es meramente extrínseco. Pero se ha visto que los conceptos de cosas posibles no pueden representar lo imposible por su propia naturaleza. Por tanto, es algo extrínseco, y por más conceptos que se unan, no podrán representarlo[256].

En segundo lugar, si los conceptos de las cosas posibles pudieran representar lo imposible, lo harían de modo natural propio o de modo convencional. No lo hacen de modo convencional, porque se trata de conceptos. Tendrán que hacerlo, por tanto, de modo natural propio. Pero si esto fuera así, se seguiría que el intelecto nunca podría tener las noticias simples de cosas posibles incompatibles sin conocer también lo imposible: si mi intelecto tuviera el concepto de todos los hombres y el concepto de todos los irracionales, y esos dos conceptos representaran naturalmente al hombre irracional, yo no podría tener esos conceptos sin conocer el hombre irracional. Puesto que esto es falso, también lo es que pueda pensarse lo imposible[257].

Pardo prefiere, así, sumarse a la tesis buridaniana de que lo imposible no es significable. Sin embargo, también ha defendido

---

formandum conceptus ipsorum, quibus formatis intellectus componit illos ad seinvicem. Et sic intelligit impossibile." (*MD*, 82ra)

256 "Sed hec solutio penitus nulla est, nam conceptus entium possibilium nullo modo possunt impossibilia representare, nam hoc maxime esset propter unionem eorum adinvicem, sed hoc non, quia quod representatur ex natura sua eis convenit semper uniri, aut est mere extrinsecum. Si ergo ex natura sua non possunt representare impossibile, quantuncunque uniantur non poterunt representare." (*MD*, 82ra)

257 "Item, aut illi conceptus representant impossibile naturaliter proprie, aut ad placitum. Non secundum, ergo primum. Sed hoc est falsum, quod declaro quia tunc sequeretur quod nunquam intellectus posset habere noticias simplices aliquorum disparatorum possibilium, quin cognosceret impossibile. Nam si intellectus meus habet conceptum qui est naturalis similitudo omnium hominum, haberet etiam conceptum irrationalis qui est naturalis similitudo omnium irrationalium, illi conceptus naturaliter representant hominem irrationalem, ergo illos conceptus non possum habere quin cognoscam hominem irrationalem." (MD, 82ra)

que en un sentido puede decirse que alguien piensa un imposible, como *hominem esse asinum*. Como se ha visto, hay un modo de interpretar la proposición *"Aliquis intelligit hominem esse asinum"* que no obliga a conceder que los imposibles son significables.

2.4.2.3. *La solución intermedia de Pardo*

La proposición *"Aliquis intelligit hominem esse asinum"* puede entenderse de manera que el verbo *"intelligit"* aplique su significado formal al significado formal del *dictum*. En ese caso, lo que la proposición declara es que alguien piensa las cosas posibles (hombres y burros) mediante una proposición imposible (*"Homo est asinus"*). El término de toda noticia cognoscitiva son los particulares existentes o posibles, pero estos particulares pueden ser conocidos de muchos modos, también *imposiblemente*.

Esta es la dirección que toma Pardo al ofrecer, en el capítulo sexto de la *Medulla dyalectices*, una defensa de la inteligibilidad de lo imposible: podría argumentarse que los conceptos de las cosas posibles pueden representar lo imposible, en el sentido de que pueden causar un nuevo concepto, simple en su entidad, pero complejo en su representación, es decir, sincategoremático en el sentido utilizado por Pardo (lo complejo es lo que significa las cosas *de un modo*). El nuevo concepto representaría las cosas imposiblemente (*impossibiliter*), y en este sentido podría decirse que representa lo imposible. Estrictamente hablando, sin embargo, Pardo prefiere declarar, con Buridán, que lo imposible no es inteligible ni significable (y tampoco volible, como se verá a continuación), porque sólo los particulares posibles pueden ser significados[258].

---

258 "Si autem intelligere velit iste modus dicendi quod ex duobus conceptibus rerum possibilium resultat, id est, potest causari unus conceptus qui est simplex in entitate sua et complexus in representando, qui impossibiliter representaret secundum modum tactum alias circa materiam de propositione mentali, forsitan

Si los objetos conocidos y significados son siempre las entidades particulares, Pardo puede defender, de acuerdo con Buridán, la tesis de que dos proposiciones contradictorias significan lo mismo, pero una de una manera y otra de otra manera[259]. Esta tesis fue defendida por Nicolás de Autrecourt († 1350) y condenada en 1346 por el Cardenal Curty[260]. Según Nicolás de Autrecourt, las proposiciones *"Deus est"* y *"Deus non est"* significan exactamente lo mismo, puesto que la negación no significa ninguna entidad[261].

Pardo desarrolla esta idea ayudado por la distinción entre significación material y formal de las proposiciones: dos proposiciones contradictorias significan lo mismo según su significación material, pero no según su significación formal. En otros términos: aunque dos proposiciones contradictorias signifiquen las mismas entidades (coinciden en su significación material), una las significa de un modo y otra de otro (estos modos son los que determinan las distintas significaciones formales).

Pardo explica que la proposición *"Deus est"* significa *Deum esse*[262], y la proposición *"Deus non est"* significa también *Deum esse*, pero la primera lo hace de un modo y la segunda de otro: la proposición *"Deus est"* significa *Deum esse* de modo afirmativo (*affirmative*), y la proposición *"Deus non est"* lo significa de modo

---

difficilis esset impugnationis. Quo non obstante, melius videtur dicendum quod impossibile non est intelligibile neque significabile, immo neque volibile, sicut dictum est in primo capitulo." (*MD*, 82ra)

259 "Et secundum istam opinionem ponenda est regula generalis: idem omnino significatur per unum contradictorium et per reliquum, sed aliter et aliter." (*MD*, 4va)

260 *"Item, dixi in quadam disputatione quod contradictoria ad invicem idem significant. Falsum."* Y bajo la forma de un caso particular: *"Item, quod propositiones 'Deus est', 'Deus non est', penitus idem significant, licet alio modo."* Ver H. Élie, *Le complexe significabile*, 39.

261 Ver H. Élie, *Le complexe significabile*, 39-40. Otros autores que defienden esta tesis son Pedro de Ailly y Andrés de Novocastro. Ver, por ejemplo, H. Élie, *Le complexe significabile*, 74, 111.

262 Es decir, significa a Dios, porque *Deum esse* no es otra cosa que Dios.

negativo (*negative*)[263]. *Deum esse* es una manera compleja de aludir a la entidad incompleja significada por ambas proposiciones, Dios. Lo que distingue a una proposición de su contradictoria no es la entidad o entidades significadas (que vienen determinadas por las partes categoremáticas, idénticas en ambas), sino el modo en que esas entidades son significadas (que viene indicado por la presencia de distintos sincategoremas).

Así, aunque puede decirse que la proposición *"Deus non est"* significa *Deum esse* (porque significa la entidad particular que puede ser nombrada por esta expresión compleja), no lo significa según su significación formal, sino sólo según su significación material. Lo que la proposición significa formalmente no es, sin más, una entidad, sino que es esa entidad en cuanto significada por una cierta intelección (una cierta proposición mental), y no por otra. Por tanto, aunque puede decirse que *"Deus non est"* significa, en cuanto a la cosa (*realiter*), *Deum esse* (es decir, Dios), no puede decirse que lo signifique formalmente, porque no lo significa mediante la proposición mental *"Deus est"*[264].

Esta distinción es la que Pardo tiene presente cuando concede que alguien puede juzgar verdadero que un hombre es un burro (*assentire hominem esse asinum*). En la proposición *"Quis assentit hominem esse asinum"*, el *dictum* puede tomarse como estando por el significado material de la proposición correspondiente (que no es nada distinto de lo significado por los términos simples: hombres y burros), o puede tomarse como explicando la significación formal de la proposición (la proposición significa esas cosas de un modo). Para que la proposición sea verdadera, el

---

263 "Ut ista propositio 'Deus est' significat Deum esse, dico consimiliter quod ista propositio 'Deus non est' significat etiam Deum esse, sed aliter et aliter, quia ista propositio 'Deus est' significat Deum esse affirmative, et ista propositio 'Deus non est' significat Deum esse negative." (*MD*, 4va)

264 "Non tamen ista propositio 'Deus non est' significat Deum esse formaliter, unde aliquam propositionem significare formaliter Deum esse non solum importat quod significatum per eam sit realiter Deum esse, sed etiam quod taliter significat Deum esse qualiter exprimitur affirmando Deum esse. Ideo, dicendum est. Si queratur an illa propositio 'Deus non est' significat Deum esse, dico quod sic de significatione materiali, sed non de significatione formali." (*MD*, 4va)

dictum deberá tomarse en este segundo sentido. Así, como se ha dicho, juzgar que un hombre es un burro no es, para Pardo, pensar un objeto imposible, sino asentir a hombres y burros en el modo en que son significados por la proposición *"Homo est asinus"*[265].

Pardo admite que afirmar que hombres y burros son los objetos de un acto de asentimiento resulta un modo impropio de hablar, porque el asentimiento es una noticia judicativa, cuyo objeto debe ser significado por un complejo distante, y no por un término simple como *"homo"* o *"asinus"*. El problema es que a veces ese complejo distante no basta para hacer verdadera a la proposición, cuando significa un imposible y por tanto no supone por nada: sirven de ejemplo las proposiciones *"Iudico quod homo est asinus"* o *"Iudico de homine quod est asinus"*. En esos casos, Pardo considera que hay que preocuparse más de la verdad que del modo de hablar, y así admite la proposición *"Assentio homini et asino affirmative"*, para mostrar que el acto de juzgar no termina en ningún imposible, sino en la cosa que es hombre y la cosa que es burro[266].

¿Quiere esto decir que la noticia judicativa no se distingue de las noticias simples mediante las cuales se conocen los individuos? Pardo demuestra que su postura no implica una confusión del nivel de lo simple con el de lo complejo, sirviéndose del ejemplo: *"Deus iudicatur a iudicante quod Deus est Deus"*. La distinción que resuelve el problema está tomada, según Pardo, de

---

265 "Patet ergo quod quis dicitur assentire hominem esse asinum quia assentit homini et asino eo modo quo significantur per istam propositionem 'homo est asinus'." (*MD*, 4va)

266 "Et quamvis iste sit improprius modus loquendi, 'assentio homini et asino', eo quod terminus significans noticiam iudicativam requirit aliquod complexum distans tanquam significans id in quod transit obiective noticia iudicativa, aliquando tamen non vere exprimitur per tale complexum, sicut hec non est concedenda in sensu quem formaliter habet: 'iudico quod homo est asinus', nec ista: 'iudico de homine quod est asinus', propter defectum suppositionis illorum complexorum significantium id ad quod terminantur actus iudicandi. Veritas tamen magis curanda est quam modus loquendi. Si ergo dicatur 'assentio homini et asino affirmative', intelligo quod nichil terminat actum iudicandi preter illam rem que est homo et illam rem que est asinus." (*MD*, 4va)

Andrés de Novocastro. La proposición *"Deus iudicatur a iudicante quod Deus est Deus"* puede entenderse en el sentido de que aquello en lo que termina la noticia judicativa es Dios, y en este sentido es verdadera, porque el objeto significado por la proposición *"Deus est Deus"*, según la opinión de Buridán, no es otra cosa que Dios mismo. Pero la proposición puede también entenderse en el sentido de que el acto de juzgar es un acto incomplejo que significa de manera puramente nominal, tal como el término simple *"Deus"* significa a Dios, y en este sentido sería falsa: el acto de juzgar no es simple, sino complejo, porque presupone la aprehensión compleja que suele llamarse composición o división[267].

Resuelto el problema de la inteligibilidad de lo imposible, Pardo considera el problema de lo imposible como objeto de la otra facultad superior, la voluntad. Si lo imposible pudiera ser objeto de un acto de voluntad, no habría razón para que no fuera también objeto de un acto del intelecto. Para reforzar su demostración de que lo imposible no es inteligible, Pardo trata de demostrar que lo imposible no es volible. Alguien podría decir, por ejemplo, que Lucifer quería ser igual que Dios (*se esse equalem Deo*), y esto (que Lucifer sea igual que Dios) es imposible. Parece demostrado, por tanto, que lo imposible es volible.

La respuesta es la misma que en el caso de lo inteligible. En un sentido, la proposición *"Lucifer volebat se esse equalem Deo"* es falsa, porque no se puede querer un imposible. Pero en otro sentido, la proposición no dice que el objeto de la volición sea el imposible *Lucifer esse equalem Deo*. Lo que dice es que los objetos en que termina el acto de querer son dos posibles, Lucifer y la igualdad a Dios, pero considerados uno en comparación con el otro. Y

---

267 "Unde posset distingui ista propositio 'Deus iudicatur a iudicante quod Deus est Deus', ut distinguit unus doctor (in marg: Andreas de Novo Castro): quia unus sensus est quod illud quod immediate terminat noticiam illam iudicativam est Deus, et sic est verum. Alius sensus est quod actus iudicandi sit actus incomplexus significans formaliter et equivalenter pure nominaliter, quemadmodum iste terminus 'Deus' significat Deum, et sic est falsum. Ymo, ille actus iudicandi est complexus et presupponit apprehensionem complexam veram vel falsam que dicitur compositio vel divisio, sicut in materia appellationis rationis pertractatur." (*MD*, 4vb)

en este sentido la proposición es verdadera[268]. Del mismo modo, cuando Aristóteles dice que también hay voluntad acerca de los imposibles[269], lo que está diciendo, según Pardo, es que el acto de voluntad es de los posibles significados *de un modo imposible*, es decir, en cuanto que son significados por una proposición imposible[270].

Pardo compara su respuesta con la de Escoto, que concede que lo imposible es inteligible mediante una intelección comparativa, y es volible mediante una volición comparativa. Según Pardo, habría que rechazar también esta interpretación, porque la postura que está defendiendo no concedería que lo imposible es volible o inteligible, ni siquiera mediante una volición o intelección comparativa, sino que lo volible o inteligible son siempre las cosas posibles comparadas[271].

Lo que Pardo trata de destacar en la teoría buridaniana es su convicción de que lo único que puede ser significado son las entidades particulares, existentes o posibles. En este sentido, Pardo admite la reducción del significado de la proposición a los significados de los términos. Sin embargo, como se verá en el capítulo tercero, aun admitiendo esta reducción como base, Pardo no la considera suficiente para fundar la teoría del significado. Sin percibir que el resultado final será una teoría muy cercana a la de

---

268 "Et si dicas 'Lucifer volebat se esse equalem Deo', igitur impossibile est volibile. Respondeo falsa est hec propositio in sensu quem formaliter habet 'Lucifer volebat se esse equalem Deo'. Si ergo in aliquo sensu veritatem habeat habet in isto: quod [Deus] <Lucifer> et equalitas Dei, unum in comparatione ad aliud, sunt obiecta terminantia illam volitionem." (*MD*, 5ra)

269 *Etica a Nicómaco*, III, 2, 1111b 22.

270 "Et si dicas: dicit Aristoteles tertio Ethicorum quod voluntas est impossibilium. Respondeo: ista propositio 'voluntas est impossibilium' sic debet intelligi: voluntas est impossibilium, id est, voluntas est possibilium quodammodo impossibili significatorum, id est, ut significantur per propositionem impossibilem. Sed de hoc magis in sequenti argumento." (*MD*, 5ra).

271 "Ideo, non esset concedendum quod unus doctor (in marg: Scotus) concedit: querens utrum impossibile sit intelligibile, dicit quod non intellectione simplici, sed bene intellectione comparativa seu collativa. Similiter, impossibile non est volibile volitione simplici, sed bene volitione comparativa." (*MD*, 5ra)

Gregorio de Rímini, Pardo siente la necesidad de enriquecer la doctrina de Buridán con nuevos elementos. En la sección que sigue se verá cómo la crítica de Pedro de Ailly a la doctrina de Buridán, aunque es rechazada por Pardo, contiene ya algunas de las ideas que él incorpora a su teoría.

3. PEDRO DE AILLY (1350-1420)

La teoría del significado de la proposición de Pedro de Ailly[272] se construye como una crítica al *complexe significabile* de Gregorio de Rímini. Como Buridán, Pedro de Ailly pretende fundar toda significación en la relación de los signos lingüísticos a las cosas particulares del mundo extramental. Por eso considera que la doctrina de Gregorio es "irracional e ininteligible", y propone seis tesis contra ella[273].

Las dos primeras rechazan la ampliación de la ontología efectuada en la doctrina de Gregorio: no hay *complexe significabilia* en el sentido establecido por Gregorio de Rímini, sino que cualquier entidad puede ser significada tanto compleja como incomplejamente. Las tesis tercera y cuarta, junto con la quinta, que es una consecuencia de la anterior, consideran la proposición como expresión compleja, y tratan de determinar desde esta perspectiva

---

272 Petrus de Alliaco nace en Ailly y muere en Aviñón. Estudia en París, en el colegio de Navarra. Obtiene el grado de maestro en artes en 1367 y el de doctor en teología en 1381. Es nombrado cardenal en 1411, y participa en el Concilio de Constanza (1414-1418). Se ocupa del significado de las proposiciones en *Conceptus et insolubilia*, escrito hacia 1372 (París, 1495, traducido por P. V. Spade). Sobre su vida y obra, ver: L. Salembier, "Pierre d'Ailly", *Dictionnaire de théologie catholique*, I, cols. 642-654; "Introduction" de P. V. Spade, *Peter of Ailly: Concepts and insolubles*, 1-15. Sobre su teoría del significado de las proposiciones, ver: H. Élie, *Le complexe significabile*, 64-82; G. Nuchelmans, *Theories of the proposition*, 259-265; J. Biard, *Logique et théorie du signe au XIVe siècle*, 275-280.

273 P. V. Spade, *Peter of Ailly: Concepts and insolubles*, §§ 190-209.

su significación y su significado. La sexta y última tesis quiere asestar el golpe definitivo a la doctrina de Gregorio, al impedir que el *dictum*, la expresión utilizada para nombrar el significado de la proposición, pueda estar personalmente por él (más aún: como se verá, las expresiones en las que se utiliza el *dictum* pretendiendo hablar de un *complexe significabile* son la mayoría de las veces, según Pedro de Ailly, gramaticalmente incorrectas).

Como se ve, Pedro de Ailly ataca a la doctrina de Gregorio desde tres planos: el ontológico, al que menos espacio dedica por considerar más obvia su refutación; el lógico-semántico, en el que, como Buridán, considera la proposición como un signo compuesto, y reduce su significación a la significación de sus partes; el lógico-gramatical, desde el que refuta los *complexe significabilia* por la incapacidad del *dictum* para ser usado con suposición personal.

A continuación expondré la crítica de Pedro de Ailly en cada uno de estos planos, y añadiré la respuesta de Pardo a los puntos en los que considera que esta crítica ataca también a la postura buridaniana, que él pretende defender.

3.1. El rechazo de los *complexe significabilia*

La primera tesis contra la doctrina de Gregorio de Rímini establece que no hay ni puede haber ningún *complexe significabile*, verdadero o falso, en el sentido establecido por Gregorio. Esta tesis se prueba de cuatro modos[274].

En primer lugar, el estatuto ontológico de los *complexe significabilia* es absurdo, puesto que son, pero no son nada; no son sustancia ni accidente; no son Dios ni criatura. Pedro de Ailly no puede admitir ninguna entidad que no lo sea en el sentido propio,

---

274 Ver P. V. Spade, *Peter of Ailly: Concepts and insolubles*, §§ 191-195.

y que no caiga bajo alguna de las categorías que clasifican a las entidades propiamente dichas[275].

En segundo lugar, Pedro de Ailly argumenta contra el carácter de entidades eternas de los *complexe significabilia* propuestos por Gregorio (o, al menos, de algunos de ellos, como *mundum fore* o *Deum esse*). Este argumento toma su fuerza de la condena de París contra la tesis de que hay verdades eternas distintas de Dios[276].

En tercer lugar, Pedro de Ailly se pregunta por la localización espacial de los *complexe significabilia*: no puede decirse que estén en un lugar y no en otro, pues no hay razón para preferir uno de ellos, pero tampoco puede decirse que estén en todas partes, porque esto sólo corresponde a Dios. En consecuencia, no están en ninguna parte y, por tanto, no existen[277].

En cuarto lugar, la teoría de Gregorio de Rímini establece un *complexe significabile* para cada proposición, cuya modalidad coincide con la modalidad proposicional. Esto es así para cualquier proposición, incluso para las proposiciones imposibles. Pero si una proposición imposible significa un *complexe significabile* imposible, habrá que admitir algo imposible distinto de las proposiciones, lo cual es absurdo[278].

Esta primera tesis constituye la parte negativa de la crítica ontológica a los *complexe significabilia*. La segunda tesis contra la doctrina de Gregorio, que constituye la parte positiva de la crítica, afirma que todo lo que es o puede ser es complejamente signi-

---

275 Como se ha visto, para Gregorio esto no es absurdo, puesto que los *complexe significabilia* pueden decirse "algo" sólo en sentido amplio (ver la sección 1.1.1).

276 Ver la nota 103 en la sección 1.3.2. En esa sección se explicaba en qué sentido pueden admitirse, en la doctrina defendida por Gregorio, verdades eternas distintas de Dios.

277 Spade critica este argumento señalando un supuesto no justificado: que todo lo existente debe ocupar un lugar: P. V. Spade, *Peter of Ailly: Concepts and insolubles*, nota 541. Junto a esto, puede decirse que el argumento no constituye una objeción contra la doctrina de Gregorio, ya que éste considera a los *complexe significabilia*, precisamente, como entidades no existentes.

278 Para Gregorio, como se ha visto, no es absurdo que un *complexe significabile* sea imposible, puesto que lo es porque el juicio divino lo juzga imposiblemente.

ficable. Pedro de Ailly coincide con Buridán en considerar la etiqueta *"complexe significabile"* como una denominación extrínseca: no hay algunas cosas de suyo significables complejamente y otras de suyo significables incomplejamente, sino que todo lo que es es significable tanto compleja como incomplejamente[279]. Por ejemplo, Dios es significable complejamente porque puede ser significado mediante la proposición *"Deus est"*, y lo mismo ocurre con cualquier otra entidad del mundo: no sólo pueden ser significadas mediante términos incomplejos, sino también mediante proposiciones[280].

Mostrar de qué modo las proposiciones pueden significar las entidades incomplejas del mundo extramental es tarea de las tesis que se exponen a continuación.

3.2. La proposición como término compuesto

Al igual que Buridán, Pedro de Ailly considera la proposición como un término complejo, cuya significación se reduce a la significación de sus partes. Pero, a diferencia de Buridán, Pedro de Ailly no sólo tiene en cuenta las partes categoremáticas de la proposición, sino también las partes sincategoremáticas, que contribuyen de una manera especial a la significación de la proposición. Sin embargo, la tendencia a reducir toda significación a referencia (en definitiva, a suposición personal) sigue presente en Pedro de Ailly, y le impide integrar los dos elementos de la proposición (categoremas y sincategoremas) en una significación superior. Esto es lo que le lleva, por una parte, a rechazar un significado total de la proposición y a reducir lo significado por ella a los significados de sujeto y predicado; por otra parte, a proponer, como elemento propio en la significación de las proposi-

279 Ver la sección 2.1.

280 Ver P. V. Spade, *Peter of Ailly: Concepts and insolubles*, §§ 196-197.

ciones, un *aliqualiter*, que no es sino un modo distinto de significar las mismas entidades significadas por los extremos.

De acuerdo con la tercera tesis, nada es el significado adecuado o total de una proposición mental propiamente dicha[281]. Puesto que una proposición equivale a sus partes en el significar[282], la proposición significará muchas cosas distintas en razón de sus partes categoremáticas: todas aquellas cosas que son significadas por esas partes[283]. Supuesta la reducción del significar a significar *cosas*, son las partes categoremáticas las que indican cuáles son las cosas significadas, puesto que los sincategoremas no significan ninguna cosa o cosas.

La proposición, por tanto, significa muchas cosas, pero ¿puede decirse que tiene un significado, como lo tienen los términos? El significado total o adecuado de la proposición sería, para Pedro de Ailly, la suma total de lo que es significado por ella[284], pero no hay

---

281 Pedro de Ailly distingue cuatro tipos de términos y proposiciones: escritos, vocales, mentales en sentido impropio (imágenes mentales de los signos vocales o escritos) y mentales en sentido propio (que son actos de conocimiento, signos naturales). Ver G. Nuchelmans, *Theories of the proposition*, 259. La tesis de Pedro de Ailly se refiere al significado de una proposición mental propiamente dicha: las proposiciones vocales y escritas, y las mentales en sentido impropio, significan la proposición mental, y podría decirse que ese es su significado. Ver P. V. Spade, *Peter of Ailly: Concepts and insolubles*, §§ 93, 98.

282 Una proposición mental no se considera compuesta porque conste de varios actos de conocimiento parciales, ni porque equivalga a las distintas partes de las proposiciones vocales o escritas, ni porque signifique una composición o división en los seres, sino porque equivale en su significación a varios actos de conocimiento, que son sus partes en sentido figurado: porque significan parte a parte todas las cosas que la proposición mental significa de una vez. Ver: P. V. Spade, *Peter of Ailly: Concepts and insolubles*, §§ 125-137; G. Nuchelmans, *Theories of the proposition*, 260; J. Biard, *Logique et théorie du signe au XIVe siècle*, 279-280.

283 Pedro de Ailly parece asumir la verdad de la regla general en que se basaba la opinión de Buridán, denominada por Spade "principio aditivo": cualquier expresión compleja significa la suma de todas las cosas significadas por sus partes categoremáticas.

284 Spade explica que una expresión significa algo inadecuadamente cuando ese algo es una entre varias cosas significadas por ella; en cambio, significa algo adecuadamente cuando significa ese algo y ninguna otra cosa: P. V. Spade, *Peter of Ailly: Concepts and insolubles*, nota 149.

ninguna entidad que sea esta suma total. En consecuencia, nada es el significado total o adecuado de una proposición, porque nada es todo lo significado por ella[285].

Según Biard, aunque Pedro de Ailly rechaza que exista un "significado adecuado y total" de la proposición, no le niega, sin embargo, una significación global[286]. La existencia de esta significación global de la proposición se hace evidente cuando Pedro de Ailly se ocupa de las modalidades. La verdad de una proposición mental no se define en virtud de una verdad exterior a la proposición (por ejemplo, un *complexe significabile* verdadero como los propuestos por Gregorio de Rímini)[287], ni tampoco en virtud de la suposición de los términos (como pretendía Buridán)[288], sino en virtud de su significación total. Por ejemplo: "Toda proposición mental propiamente dicha, categórica, *de inesse* y afirmativa, si es verdadera, lo es porque del modo en que por ella, según su significación total, es significado que es, fue o será, así es, fue o será."[289]

El reconocimiento de esta significación total es lo que permite a Pedro de Ailly formular su cuarta tesis, como complemento de la tercera, y que se estructura en dos partes. En primer lugar, es cierto, como se ha argumentado hace un momento, que lo que es significado mediante una proposición mental propiamente dicha según su significación total es también significado por alguna parte de la proposición, a la que equivale en el significar. Pero, en

285 P. V. Spade, *Peter of Ailly: Concepts and insolubles*, §§ 198-199.

286 J. Biard, *Logique et théorie du signe au XIVe siècle*, 276.

287 P. V. Spade, *Peter of Ailly: Concepts and insolubles*, §§ 140-143.

288 P. V. Spade, *Peter of Ailly: Concepts and insolubles*, §§ 144-147.

289 Pedro de Ailly define de modo semejante la falsedad de las afirmativas, la verdad y falsedad de las negativas, y la posibilidad e imposibilidad de las afirmativas. Ver: P. V. Spade, *Peter of Ailly: Concepts and insolubles*, §§ 159, 165; J. Biard, *Logique et théorie du signe au XIVe siècle*, 276-277. Pedro de Ailly explica que, en estas definiciones, "significación total" se opone a "significación parcial", es decir, a "significación en virtud de sus partes": por ejemplo, puesto que *"Homo est"* puede considerarse como una parte de *"Homo est asinus"*, puede decirse que *"Homo est asinus"* significa parcialmente *hominem esse*. Ver P. V. Spade, *Peter of Ailly: Concepts and insolubles*, § 168.

segundo lugar, debe admitirse que de algún modo es significado mediante la proposición, según su significación total, que no es significado por ninguna de sus partes.

La proposición no significa ninguna *cosa* que no sea ya significada por sus partes categoremáticas, pero en la proposición hay también partes sincategoremáticas, que no significan ninguna cosa, sino que significan *de un modo*. Esto es lo que la proposición añade a la significación de los extremos, pero en Pedro de Ailly lo añade como una suma: la proposición significa *de un modo* las *cosas* significadas por sus extremos. La proposición sigue siendo un término complejo, que significa las mismas cosas del mundo extramental significadas por los términos de cualquier tipo, pero las significa de un modo especial en virtud de sus partes sincategoremáticas.

Por ejemplo, explica Pedro de Ailly, la proposición *"Homo est animal"* significa, según su significación total, de un modo que no es significado por ninguna de sus partes. Así, cuando se dice que *"Homo est animal"* significa *hominem esse animal*, no se está indicando un significado total y adecuado, distinto de las cosas significadas por los términos, sino el modo en que esta proposición significa esas mismas cosas.

La quinta tesis ilustra perfectamente esta suma de significación categoremática y sincategoremática que se da en la proposición: todas las proposiciones mentales (propiamente dichas) contradictorias entre sí significan la misma cosa o cosas, pero de modos distintos. Por ejemplo, *"Homo est animal"* y *"Nullus homo est animal"*: puesto que sus partes categoremáticas son idénticas, las dos proposiciones significan la misma cosa o cosas; puesto que difieren en las partes sincategoremáticas, significan esas cosas de modos distintos.

Pedro de Ailly es consciente de que una de las condenas contra Nicolás de Autrecourt se refiere a la tesis de que *"Deus est"* y *"Deus non est"* significan lo mismo, pero de modos distintos[290]. Él propone una solución intermedia, puesto que considera que la

---

290 Ver la sección 2.4.2.3 de este capítulo.

condena se refiere con razón a las proposiciones escritas, vocales y mentales en sentido impropio: en estos tipos de proposiciones, dos contradictorias no significan lo mismo, porque cada una significa una proposición mental distinta, una afirmativa y otra negativa. La tesis de Pedro de Ailly se refiere, en cambio, a las mentales en sentido estricto. Para este tipo de proposiciones es perfectamente válida esta quinta tesis, porque la proposición significa lo que significan sus partes: la igualdad de categoremas implica la igualdad de cosas significadas, la diversidad de sincategoremas implica la diversidad de modos de significar.

En el caso de las proposiciones contradictorias, se aprecian con claridad los dos elementos que Pedro de Ailly reconoce en el significar de las proposiciones. Por una parte, como afirma también Buridán, las cosas significadas por la proposición no se diferencian de las cosas significadas por los términos (en concreto, por sus términos categoremáticos, puesto que sólo ellos significan *cosas*). Por otra parte, y en esto se separa de Buridán, Pedro de Ailly pone un mayor énfasis en las partes sincategoremáticas de la proposición, y destaca, por tanto, el modo de significar las cosas que es específico de la proposición. Sin embargo, la proposición significa, como los términos simples, las cosas del mundo extramental.

La reducción del significar a significar *cosas* es la que lleva a Pedro de Ailly a rechazar la idea de un significado total y adecuado de la proposición, puesto que no hay ninguna cosa que pudiera ser este significado. Pedro de Ailly identifica el significado total de la proposición con la entidad por la que supone el *dictum*[291]: por eso, como se verá ahora, la crítica de Pedro de Ailly contra el

---

[291] Después de proponer seis tesis acerca de la verdad y falsedad de las proposiciones, basando las modalidades en el ser tal como (*aliqualiter esse*) es significado por la proposición "según su significación total", Pedro de Ailly plantea tres dudas acerca del "significado total y adecuado" de una proposición. En primer lugar, si la oración *"Omnis homo est animal"*, según su significación total, significa *omnem hominem esse animal*, se pregunta "cuál es, en ese caso, el significado total, o por qué supone el *dictum*". Ver P. V. Spade, *Peter of Ailly: Concepts and insolubles*, § 179.

significado total y adecuado adopta la estrategia de impedir al *dictum* estar personalmente por algo.

3.3. El *dictum* como nombre del significado de la proposición

Pedro de Ailly formula de este modo su sexta tesis contra la doctrina de Gregorio de Rímini: para ninguna proposición mental en sentido estricto, el *dictum* correspondiente, es decir, la oración de infinitivo correspondiente, supone por ninguna cosa cuando se toma significativamente. Por ejemplo, la oración de infinitivo *hominem esse animal*, que corresponde a la proposición *"Homo est animal"*, puede tomarse materialmente por esta proposición, pero si pretende tomarse personalmente por alguna cosa o cosas del mundo extramental, no supone por nada.

3.3.1. La suposición personal del dictum

El *dictum*, como cualquier otro término complejo, significará todas las cosas significadas por sus partes categoremáticas. Por eso Pedro de Ailly puede decir que, cuando el *dictum* se toma personalmente, significa varias cosas: las mismas cosas que significa la proposición, puesto que sus partes categoremáticas se corresponden. Por lo que respecta a la significación de los términos complejos, la teoría de Pedro de Ailly no se diferencia de la de Buridán.

Pero, a la hora de determinar la suposición de los términos complejos, Buridán establecía una restricción mutua entre las partes del complejo. Pedro de Ailly, en cambio, no encuentra ninguna razón para restringir la suposición del complejo, de modo que suponga por algunos de sus significados y no por otros. Por tanto, concluye, el *dictum* deberá suponer por todos sus significados o por ninguno. Pero sería absurdo decir que, ya que *"homi-*

nem esse animal" significa todos los hombres y todos los animales (en virtud de sus partes *"homo"* y *"animal"*), supone también por los burros. Por tanto, si no puede suponer por todos sus significados pero no hay razón para que suponga por unos y no por otros, no supondrá por ninguno[292].

De este modo, Pedro de Ailly se opone a quienes consideran, como Buridán, que *Deum esse* es Dios, o que *hominem esse animal* es un hombre. Las proposiciones *"Deum esse est Deus"* y *"Hominem esse animal est homo"* son falsas, porque su sujeto no puede suponer por nada si se toma personalmente[293].

Pedro de Ailly añade, además, que quien defiende la verdad de estas proposiciones deberá defender, análogamente, que *"omnem hominem esse animal"* es un hombre, que *"hominem esse asinum"* es un hombre o que *"chymeram non esse chymeram"* es algo. Pero todo esto es falso: por tanto, la opinión citada también es falsa. En primer lugar, no hay ningún hombre del que se pueda decir con verdad que es *omnem hominem esse animal*. Pedro de Ailly no da más explicaciones, pero la razón debe ser la misma que ponía en juego Pardo en su análisis de la doctrina de Buridán: el valor colectivo que toma el cuantificador *"omnis"* al aparecer en el predicado[294]. En segundo lugar, *hominem esse asinum* no puede ser un hombre, porque para Pedro de Ailly no hay razón para que el *dictum* esté por un hombre y no por un burro. En tercer lugar, *chymeram non esse chymeram* sería cualquier cosa del mundo, pero esto es ridículo[295].

---

292 Ver P. V. Spade, *Peter of Ailly: Concepts and insolubles*, §§ 204-205. Pardo resume así el pensamiento de Pedro de Ailly: "Minor patet, quia hec oratio infinitivi modi 'hominem esse animal', capta significative, non supponit pro aliqua re, quod probatur ex eo quia illa oratio sic sumpta significat plura, scilicet omnia que significat propositio, ergo non est minor ratio quare supponat pro uno illorum significatorum magis quam pro alio, ergo vel pro quolibet vel pro nullo. Sed nullus diceret quod pro quolibet, quia sic illa oratio 'hominem esse animal' supponeret pro asino, ergo pro nullo." (*MD*, 3ra)

293 P. V. Spade, *Peter of Ailly: Concepts and insolubles*, § 206.

294 Ver la sección 2.3 de este capítulo.

295 Parece que el razonamiento implícito es el siguiente: decir que *Deum esse* es Dios, que *hominem esse animal* es hombre, que *omnem hominem esse animal* es

Hay que decir, sin embargo, que la teoría buridaniana, tal como ha sido expuesta por Pardo, no admitiría ninguna de estas supuestas consecuencias de su doctrina. Como se ha visto, el *dictum* sólo supone por la entidad o entidades que hacen verdadera a la proposición, en caso de que tales entidades existan. Por tanto, no puede decirse que *hominem esse asinum* sea un hombre (la proposición *"Homo est asinus"* es falsa), o que *chymeram non esse chymeram* sea algo (no para toda proposición negativa hay una "entidad que la hace verdadera")[296].

Pedro de Ailly resume su opinión recordando que nada es el significado total de una proposición. Cuando se dice que *"Omnis homo est animal"* significa, según su significación total, *omnem hominem esse animal,* no se está nombrando el significado total, porque en su uso significativo el *dictum* no supone por nada[297]. Pedro de Ailly añade que la misma pregunta "¿qué es *hominem esse animal*?" es ridícula e incongruente, como si se preguntara "¿qué es *omnem hominem*?"[298].

Por el mismo motivo, según Pedro de Ailly, aunque puede decirse *"'Omnis homo est animal' significat omnem hominem esse animal"*, no puede inferirse de aquí la proposición *"Omnem hominem esse animal significatur per 'Omnis homo est animal'"*, como de *"'Omnis homo' significat omnem hominem"* no puede inferirse *"Omnem hominem significatur per 'omnis homo'"*,

---

hombre y que *hominem esse asinum* es hombre, es pretender determinar la suposición del *dictum* señalando las cosas significadas por su sujeto. Por tanto, puesto que las cosas significadas por el sujeto de *"chymeram non esse chymeram"* son todos los entes (en virtud de las partes de la definición nominal de *"chymera"*), esta opinión estará obligada a decir que *chymeram non esse chymeram* es cualquier cosa del mundo. Ver P. V. Spade, *Peter of Ailly: Concepts and insolubles,* §§ 207-209.

296 Ver la sección 2.2 de este capítulo.

297 P. V. Spade, *Peter of Ailly: Concepts and insolubles,* §§ 210-211.

298 Como indica Pardo: "Et ultra, superaddit iste doctor quod ista questio est derisoria et incongrua: quid est hominem esse animal, sicut quereretur 'quid est hominem'." (*MD,* 3ra)

simplemente porque estas nuevas proposiciones están mal construidas[300].

El error que se comete en el caso de *"Omnem hominem significatur per 'omnis homo'"* es que un acusativo ocupa el lugar de sujeto, que correspondería a un nominativo. Pedro de Ailly se dispone a mostrar cuál es el error gramatical escondido en la fórmula *"Omnem hominem esse animal significatur per 'Omnis homo est animal'"*. Para hacerlo, establece una serie de reglas gramaticales acerca del uso del *dictum* como parte de nuevas proposiciones.

3.3.2. *Algunas reglas gramaticales*

Pedro de Ailly no admite, sin más, cualquier expresión en la que aparezca un *dictum* como sujeto o predicado, sino que establece algunas restricciones, basadas en cuatro reglas relativas a la congruencia gramatical de las proposiciones de las que el *dictum* forma parte.

La posibilidad de usar el *dictum* como sujeto y como predicado de proposiciones, admitida tanto por Gregorio de Rímini como por Buridán, se fundaba en el carácter nominal de la oración de infinitivo: el infinitivo, la forma nominal del verbo, sin perder su carácter verbal (y conservando, por tanto, su capacidad de llevar complementos, indicar tiempo, etc.), confiere al *dictum* la capacidad de desempeñar las mismas funciones que podría ejercer un nombre, la de sujeto y la de predicado.

Pedro de Ailly, en cambio, distingue dos usos distintos del infinitivo tomado significativamente, uno nominal y otro verbal. Cuando se toma nominalmente, el infinitivo equivale a un nombre verbal (por ejemplo, *"legere"* equivale a *"lectio"*), y puede ponerse como sujeto. Cuando se toma, en cambio, verbalmente (y éste es el sentido que tiene cuando se pretende hablar del signifi-

300 P. V. Spade, *Peter of Ailly: Concepts and insolubles*, § 212.

cado de una proposición mediante el *dictum*), no puede ejercer las funciones del nombre[301]. Pedro de Ailly propone cuatro reglas para delimitar los usos correctos e incorrectos del *dictum*.

a) Según la primera regla, está mal construida toda oración en la que se ponga en la parte del sujeto (*a parte subiecti*) un verbo en infinitivo tomado significativamente, siendo el sujeto total y tomado verbalmente, porque un verbo tomado significativamente no puede ser el supuesto de otro verbo. Por ejemplo, del mismo modo que es incorrecta la construcción *"Sedeo est"*, también lo será *"Sedere est"* (o, en el ejemplo propuesto por Pardo, *"Studere est"*)[302].

Ninguna de las precisiones que aparecen en esta regla es casual. En primer lugar, habla de infinitivos tomados significativamente, porque tomados en suposición material sí pueden ser el sujeto de otro verbo. En segundo lugar, habla de un infinitivo que sea el sujeto total, y no una parte del sujeto, ya que el infinitivo sí podría ponerse como complemento de algún otro término que funcionara como sujeto. En tercer lugar, el infinitivo debe estar tomado verbalmente y no nominalmente: si el infinitivo se toma nominalmente, funciona como un nombre y puede, por tanto, desempeñar el papel de sujeto.

Por ejemplo, en *"Sedere est quiescere"*, el infinitivo está tomado nominalmente (según Pedro de Ailly, como equivalente al participio *"sedens"*). En consecuencia, *"Sedere est quiescere"* se considera bien construida, porque equivale a *"Sedens est quiescens"*. Lo mismo sucede con *"Legere et non intelligere negligere est"*, como con cualquier otra construcción en la que el infinitivo

---

301 Ver G. Nuchelmans, *Late-scholastic and humanist theories of the proposition*, 67-68.

302 P. V. Spade, *Peter of Ailly: Concepts and insolubles*, §§ 213-214. Pardo copia literalmente la regla formulada por Pedro de Ailly: "Ad cuius declarationem ponit aliqua documenta grammaticalia. Primum: quelibet oratio in qua a parte subiecti ponitur verbum infinitivi modi, significative sumptum, existens totale subiectum, et acceptum verbaliter, est incongrua, quia verbum significative sumptum non potest reddere suppositum verbo. Ideo, hec est incongrua: 'studere est'." (*MD*, 3ra)

se tome nominalmente. Por eso, Pedro de Ailly considera superflua la discusión acerca de la pregunta *"utrum generare sit generans"*[303]: si *"generare"* está tomado verbalmente, la pregunta está mal formulada; si, en cambio, está tomado nominalmente, equivale a preguntar si el que genera es el que genera, y la respuesta es evidente[304].

b) De acuerdo con la segunda regla, que Pardo presenta como un corolario de la anterior, está mal construida una expresión en la que aparezca, en la parte del sujeto y siendo el sujeto total, el agregado de infinitivo y acusativo, tomado este agregado significativamente. Por ejemplo, está mal construida la proposición *"Omnem hominem esse animal significatur per istam 'omnis homo est animal'"*, cuando el sujeto se toma significativamente. Si se tomara materialmente (por sí mismo o por la proposición correspondiente), sí estaría bien construida y podría ser verdadera o falsa. Ocurre lo mismo con la proposición *"Omnem hominem esse animal est verum"*[305].

Pedro de Ailly considera mal construida toda proposición en la que se predica algo del *dictum*, tomado significativamente por el significado de la proposición correspondiente. En consecuencia, resultan incongruentes muchas de las construcciones que pretenden hablar del significado de las proposiciones. Pardo ex-

---

303 Spade indica que no ha encontrado rastros de esta discusión en la literatura: P. V. Spade, *Peter of Ailly: Concepts and insolubles*, nota 589.

304 P. V. Spade, *Peter of Ailly: Concepts and insolubles*, §§ 214-215. En la versión de Pardo, casi literal: "Dicitur notanter 'verbum acceptum personaliter et verbaliter', quia quandoque verbum infinitivi modi accipitur significative nominaliter, loco unius nominis verbalis, et tunc est nomen. Ut in ista: 'sedere est quiescere', que tantum valet sicut ista 'sedens est quiescens', et in ista: 'legere et non intelligere negligere est', et in similibus. Ex quo infert quod illa questio est valde superflua quam aliqui valde curiose disputant, scilicet, utrum generare sit generans, quia si 'generare' capiatur verbaliter, est incongrua, si nominaliter, tunc est querere utrum generans sit generans, et manifestum est quod sic." (MD, 3ra)

305 Ver P. V. Spade, *Peter of Ailly: Concepts and insolubles*, §§ 216-217. Pardo formula así la segunda regla: "Ex isto documento sequitur correlarium: quod quelibet oratio in qua a parte subiecti ponitur verbum infinitivi modi cum accusativo sequente est incongrua, ut ista est incongrua: 'hominem esse animal significatur per istam homo est animal'." (*MD*, 3ra)

plica cómo el paso de activa a pasiva no garantiza, según esta opinión, la corrección gramatical de la construcción en pasiva. No puede argumentarse desde la verdad de "*'Homo est animal' significat hominem esse animal*" a la verdad de "*Hominem esse animal significatur per istam: 'homo est animal'*", como de "*Homo significat hominem*" no se sigue "*ergo hominem significatur per istud terminum 'homo'*". "*Hominem significatur per istud terminum 'homo'*" está mal construida por tener un acusativo como sujeto, "*Hominem esse animal significatur per istam: 'homo est animal'*" lo está por tener un verbo como sujeto[306].

Del mismo modo, para Pedro de Ailly están mal construidas las proposiciones que pretenden adscribir modalidades al significado de las proposiciones, puesto que en ellas se usa el *dictum* significativamente como sujeto: "*Hominem esse animal est verum*". La misma proposición está bien construida y es verdadera, en cambio, cuando la modalidad se atribuye a la proposición correspondiente al *dictum*, que en ese caso está tomado materialmente[307]. Como en Buridán, en Pedro de Ailly los portadores de las modalidades son las proposiciones mentales (las proposiciones vocales y escritas significan lo verdadero y lo falso, es decir, las proposiciones mentales, mientras que las proposiciones mentales son verdaderas o falsas)[308]. Como se verá, Pardo difiere de ambos a este respecto, pues opina que las modalidades se atribuyen primariamente a los significados de las proposiciones, y sólo derivada-

---

306 "Et si arguatur: bene sequitur 'homo est animal significat hominem esse animal, ergo hominem esse animal significatur <per istam propositionem>', ille modus arguendi no valet, sicut nec iste: 'homo significat hominem, ergo hominem significatur <per istum terminum>', antecedens enim est congruum et consequens incongruum." (*MD*, 3ra)

307 P. V. Spade, *Peter of Ailly: Concepts and insolubles*, §§ 217-218. Pardo lo resume así: "Ideo, si quis quereret an hominem esse animal est verum, illa distinguenda est et omnes consimiles: aut ly 'hominem esse animal' accipitur materialiter pro propositione que sibi subiacet, et tunc illa est vera, aut ly 'hominem esse animal' accipitur significative, et tunc illa est incongrua, et ita in aliis est distinguendum." (*MD*, 3ra)

308 Ver G. Nuchelmans, *Theories of the proposition*, 246, 260.

mente, en virtud de la modalidad de su significado, a las proposiciones mismas.

c) La tercera regla, que Pardo considera también como un corolario de la primera, establece que nunca es correcto añadir al verbo *"est"* tomado personalmente, ni precediéndolo ni siguiéndolo, un infinitivo tomado verbalmente, ni una oración de infinitivo, ni tampoco una proposición tomada significativamente[309]. Por ejemplo, están mal construidas las proposiciones *"Legere est bonum"* y *"Occidere est malum"*, tomando los infinitivos significativa o personalmente. Estarían bien construidas si los infinitivos se tomaran materialmente, o nominalmente, por los nombres verbales *"lectio"* y *"occisio"*[310].

El fundamento de esta regla no puede ser otro que el carácter reversible de las construcciones con *"est"*: el sujeto puede pasar a ser predicado y el predicado a ser sujeto, sin ninguna otra alteración. Si el fundamento de la ley que prohibía el infinitivo como sujeto era que un verbo tomado significativa y verbalmente no puede ser el supuesto de otro verbo, dado que con el verbo *"est"* el predicado puede ser también sujeto, hay que prohibir igualmente en el predicado la aparición de un verbo tomado significativa y verbalmente.

Pedro de Ailly tiene, en consecuencia, algo que objetar a la identificación de dos *complexe significabilia* que Gregorio de Rímini establecía mediante una proposición de identidad cuyo

---

309 En el capítulo décimo, Pardo aborda la cuestión de si una proposición puede suponer personalmente. Responde que sí, y entiende que su suposición coincide con la del *dictum* correspondiente: por ejemplo, en *"Omne animal est homo est homo"* la proposición *"Omne animal est homo"* está por todo animal que es hombre (*pro omni animal existente homine*), porque *"homo"* restringe a *"animal"* para que esté sólo por los hombres. Ver *MD*, 150v.

310 P. V. Spade, *Peter of Ailly: Concepts and insolubles*, § 219. En la formulación de Pardo: "Sequitur secundo quod respectu huius verbi 'est' significative sumpti, neque a parte ante neque a parte post unquam construitur infinitivus verbaliter sumptus, vel oratio infinitivi modi, vel etiam propositio significative sumpta, unde etiam iste sunt incongrue, loquendo significative seu personaliter: 'legere est bonum', 'occidere est malum', nisi capiantur illi infinitivi materialiter aut nominaliter pro istis nominibus verbalibus 'lectio', 'occisio'." (*MD*, 3rb)

sujeto y predicado eran dos *dicta*[311]. Por ejemplo, *"Hominem esse animal est idem quod hominem esse substantiam animatam sensitivam"* es gramaticalmente incorrecta. Tampoco admite, por el mismo motivo, las proposiciones concedidas por Buridán, en las que un *dictum* se predica de otro, como *"Hominem esse animal est hominem esse album"*[312]. Pedro de Ailly, considera, sin embargo, un sentido impropio en que podría admitirse la proposición citada, entendiéndola así: no se da el caso de que el hombre es animal sin que sea el caso que el hombre es una sustancia animada sensitiva[313].

d) La cuarta regla afirma que un infinitivo tomado personal y verbalmente, o significativamente, sólo puede ponerse en la parte del predicado en el caso de que el verbo admita la oración subordinada con *"quod"*. Por ejemplo, puesto que puede decirse *"Volo quod Sortes currat"*, *"Scio quod homo est animal"* o *"Hec oratio significat quod Deus est"*, también será correcto decir *"Volo Sortem currere"*, *"Scio hominem esse animal"*, *"Hec oratio significat Deum esse"*. A estos ejemplos Pedro de Ailly añade las proposiciones *"Video quod Sortes currit"* y *"Sentio quod ignis est calidus"*, en las que el verbo principal significa actos de conocimiento sensible. En consecuencia, el *dictum* puede también acompañar a este tipo de verbos: *"Video Sortem currere"*, *"Sentio ignem esse calidum"*[314].

---

[311] Ver la sección 1.2.2.2 de este capítulo.

[312] Ver la sección 2.2.3 de este capítulo.

[313] P. V. Spade, *Peter of Ailly: Concepts and insolubles,* § 219. "Similiter, iste sunt incongrue: 'hominem esse animal est idem quod homo est animal', 'hominem esse animal est idem quod hominem esse substantiam animatam sensitivam'. Et hoc loquendo proprie, improprie tamen et causa brevitatis tales propositiones seu locutiones admittuntur, ad hunc sensum: quod non stat ita esse quod homo est animal quin ita sit quod homo sit substantia sensibilis." (*MD,* 3rb)

[314] P. V. Spade, *Peter of Ailly: Concepts and insolubles,* § 220. "Secundum documentum est quod in talibus verbis solum a parte post construi potest infinitivus personaliter, verbaliter et significative sumptus, cum quibus potest construi hec oratio imperfecta 'quod sic est'. Verbi gratia, sicut congrue dicitur 'volo quod Sortes currat', 'scio quod homo est animal', 'hec oratio significat quod Deus est', ita congrue dicitur 'volo Sortem currere', et sic de aliis. Et ideo iste sunt congrue: 'video Sortem currere', 'sentio ignem esse calidum'." (*MD,* 3rb)

Si la primera regla rechazaba muchas de las expresiones con las que se habla del significado de las proposiciones, esta cuarta regla, en cambio, da por correctas muchas otras. Se ve, entonces, que Pedro de Ailly no pretende deshacerse de toda expresión que hable del significado de las proposiciones, sino sólo de aquellas que más inclinan a considerarlo como una entidad (aquellas en las que aparece como sujeto, y en las que acompaña al verbo *"est"*)[315].

La crítica gramatical de Pedro de Ailly, que iba dirigida a refutar los *complexe significabilia* de Gregorio de Rímini, afecta también a la teoría del significado de Buridán, al considerar incongruentes muchas de las construcciones con *dicta* admitidas por Buridán. Pardo trata de defender la opinión de Buridán frente a las críticas de Pedro de Ailly, aportando diversos argumentos y ejemplos contra cada una de estas reglas gramaticales. La acusación de incorrección gramatical no podrá utilizarse, por tanto, como base para el rechazo de la doctrina buridaniana del significado de la proposición.

3.3.3. *Los argumentos de Pardo contra estas reglas*

Pardo argumenta contra la primera y cuarta reglas ofrecidas por Pedro de Ailly. La segunda y la tercera no necesitan ser refutadas, puesto que Pardo las considera como corolarios que se siguen de la primera: rechazada ésta, también ellas quedarán rechazadas.

Contra la primera regla se argumenta de varios modos. En primer lugar, se aduce la ley según la cual de toda proposición de verbo activo puede inferirse la correspondiente proposición de verbo pasivo. Por ejemplo, de la proposición *"Volo legere epis-*

315 Nuchelmans indica que la tesis de Pedro de Ailly de que el *dictum*, cuando se usa para hablar del significado de una proposición, no es una expresión nominal (y no nombra, por tanto, ninguna entidad), recuerda a la doctrina de Abelardo según la cual lo aseverado no es ninguna cosa. Abelardo distingue netamente las proposiciones de los nombres: las proposiciones no nombran nada, sino que dicen que algo es o no es el caso. Ver G. Nuchelmans, *Theories of the proposition*, 153, 265.

tolam" puede inferirse *"Legere epistolam est volitum a me"*. Pero el que pueda inferirse exige que sea una proposición gramaticalmente correcta. Y no es válido atribuir la corrección a una interpretación nominal del infinitivo *"legere"*: si *"legere"* fuera un nombre, su complemento *"epistolam"* debería estar en genitivo, y no en acusativo (en el sentido de "La lectura *de la carta* es querida por mí"). El paso de activa a pasiva demuestra, de este modo, la corrección de muchas construcciones con un infinitivo tomado verbalmente como sujeto[316].

A esta prueba se añade un argumento de autoridad: se pueden encontrar afirmaciones de Aristóteles que contradicen esta primera ley. Por ejemplo, Aristóteles dice que el que exista un hombre (*hominem esse*) y el que *"Homo est"* sea verdadera (*istam esse veram homo est*) se convierten[317]: al hacerlo, está tomando la oración de infinitivo *"hominem esse"* como sujeto y no nominalmente, sino significativa y personalmente. Y un poco más adelante, Aristóteles dice que el hecho de que un hombre exista (*esse hominem*) es causa de la verdad de la oración en la que se afirma que el hombre existe[318]: también en este caso está tomando personalmente la oración de infinitivo (*esse hominem*) como sujeto[319].

---

316 "Primo, quia omnis propositio de verbo activo potest inferre propositionem de verbo passivo, ergo ista propositio 'volo legere epistolam', que est de verbo activo, potest inferre propositionem de verbo passivo, et non aliam quam istam: 'legere epistolam est volitum a me', igitur illa est congrua. Si forte dicatur quod illa est congrua capiendo ly 'legere' nominaliter et non verbaliter, contra: ly 'epistolam' est accusativi casus, et tamen si ly 'legere' esset nomen deberet esse genitivi casus, ut patet ex grammatica. Sensus enim illius esset iste: 'lectio epistole est volita a me'." (*MD*, 3va)

317 *Categorías*, 14b 15.

318 *Categorías*, 14b 20.

319 "Secundo, Aristoteles videtur dicere contra illud documentum in postpredicamentis, cum ait quod hominem esse et istam esse veram 'homo est' convertuntur secundum essendi consequentiam, ubi clarum est quod ly 'hominem esse' non accipitur nominaliter, sed tantum significative et personaliter. Item post Aristoteles dicit quod esse hominem est causa veritatis orationis qua dicitur quod homo est, ubi ly 'esse hominem' personaliter accipitur." (*MD*, 3va)

Como apoyo teórico de estos argumentos, Pardo recuerda la doctrina de Martín Lemaistre (1432-1482)[320], que justifica la corrección de muchas proposiciones rechazadas por la ley que se está refutando (en concreto, de las construcciones con verbo en pasiva). Según Lemaistre, la oración de infinitivo con acusativo puede ser el sujeto de un verbo pasivo cuando significa aquello sobre lo que recae el acto importado por el verbo activo, puesto que los actos importados por el verbo activo y el pasivo son el mismo, y el objeto al que se dirige el acto del verbo activo es el mismo que el objeto que recibe el acto del verbo pasivo. Por ejemplo, el acto de querer puede recaer sobre el acto de comer, y así este verbo en infinitivo (*"comedere"*) significará aquello sobre lo que recae el acto importado por el verbo querer en activa (*"Volo comedere"*) y, por lo tanto, según esta regla, podrá ser el sujeto del verbo querer en pasiva (*"Comedere est volitum a me"*)[321].

La prohibición de colocar el infinitivo como sujeto se basaba en que un verbo no puede ser el supuesto de otro verbo. Así, la proposición *"Legere est"* sería tan incorrecta como *"Lego est"*, donde se pretende poner un verbo en forma personal como supuesto de otro verbo. Pero Pardo recuerda la característica que distingue al infinitivo de los verbos en forma personal: la ausencia

---

320 El francés Martín Lemaistre estudia y enseña en París, en el colegio de Navarra. Obtiene el grado de doctor en teología en 1473. Dirige el colegio de Santa Bárbara y aspira a la dirección del colegio de Navarra, sin conseguirla. Sus obras más importantes son *De consequentiis* y *De predicabilibus*. Ver H. Élie, "Quelques maîtres de l'université de Paris", 195-196.

321 "Posset igitur probabiliter dici, ut dicit unus doctor (in marg: Magister Martinus Magistri), omnes istas esse congruas quas negat esse congruas, dicendo quod infinitivus cum accusativo potest esse suppositum verbi passivi quando illud significat illud in quod transit actus importatus per verbum activum, servata congruitate locutionis. Sed sic est quod accusativus cum infinitivo significat id in quod transit actus importatus per verbum activum, cum regatur ab eo ex vi transitionis. Actus enim volendi potest transire super actum comedendi, ergo non videtur repugnare quod terminus infinitivi modi significet id in quod transit actus importatus per verbum activum habens significationem activam, ergo omnis talis terminus potest esse suppositum respectu verbi passivi quod significat id in quod transit actus importatus per verbum activum. Hec consequentia tenet, quia idem est in quod transit actus et quod recipit, et idem est actus importatus per verbum activum et passivum." (*MD*, 3va)

de los accidentes del número y la persona. Los verbos en forma personal, al tener número y persona por su propia naturaleza, no pueden desempeñar la función de sujeto, mientras que el infinitivo, aunque puede ser considerado como si los tuviera (puede ser tomado verbalmente), por sí mismo carece de un número y persona determinados, de manera que sí puede ejercer de sujeto de otro verbo[322].

Respecto a la distinción de Pedro de Ailly entre dos usos distintos del infinitivo, verbal y nominal, Pardo la admite, aunque corrige la interpretación de Pedro de Ailly en algunos casos (por ejemplo, de *"Sedere est quiescere"* como *"Sedens est quiescens"* o de *"Generare est generans"* como *"Generans est generans"*). El infinitivo se resolverá en un participio cuando esté tomado verbalmente, porque el participio retiene la significación del verbo. En cambio, si se toma nominalmente, el infinitivo deberá resolverse en un nombre, y no en un participio. Por ejemplo, si en la proposición *"Ad mereri sequitur premiari"* los infinitivos se toman nominalmente, deberán resolverse en *"Ad meritum sequitur premium"*, pero no en *"Ad merentem sequitur premians"*. Por otra parte, como ha indicado antes, si el infinitivo se toma como nombre, sus complementos deberán estar en genitivo (o estar tomados como genitivos)[323].

---

322 "Et cum dicebat quod ista est incongrua 'lego est', ergo et ista 'legere est', verbaliter capiendo ly 'legere', respondeo: infinitivus caret certo numero et determinata persona, alia autem verba numerum et personam determinatam habent, ideo rationabile videtur ut infinitivus possit habere locum persone, alia autem verba personam debent habere ex sua natura, id est, debent esse apposita respectu prime, secunde, vel tertie persone, ideo non possunt suplere vicem suppositorum." (*MD*, 3va)

323 "Sed unum quod hec opinio tangebat, videlicet quod infinitivus dupliciter sumitur, nominaliter et verbaliter, satis bene videtur dictum propter multas propositiones que solent concedi et alias que solent negari. Et quando accipitur verbaliter, exponende sunt tales propositiones per participium, eo quod participium quoddamodo retinet significationem verbi, sed quando accipitur nominaliter, per nomen venit exponenda talis propositio, sicut ista propositio 'ad mereri sequitur premiari' recte sic exponitur 'ad meritum sequitur premium' et non sic recte explicaretur 'ad merentem sequitur premians'. Et si aliquis casus poneretur post ly 'mereri', deberet esse genitivus vel capi loco genitivi." (*MD*, 3va)

Todos estos argumentos justifican, en opinión de Pardo, la corrección de las expresiones que la primera regla de Pedro de Ailly rechazaba como incorrectas. En cuanto a la cuarta regla, se proponen los contraejemplos *"Sortes incipit moveri"* y *"Sortes deberet solvere"*. En estos dos casos, los verbos principales admiten la construcción con infinitivo y, sin embargo, no admiten la construcción con *"quod"* (*"Sortes incipit quod moveatur"* y *"Sortes debet quod solvat"* son ambas incorrectas)[323]. La cuarta regla queda, con esto, también refutada: la posibilidad de la construcción con *"quod"* no es un criterio para decidir la corrección de las construcciones con infinitivo.

Con estas reglas gramaticales, Pedro de Ailly quería reforzar su rechazo del significado total de la proposición: la mayoría de las construcciones que ponen un *dictum* en el sujeto o el predicado son gramaticalmente incorrectas. Respecto a las pocas que son correctas, según Pedro de Ailly no pueden utilizarse como pruebas en favor de un significado total de las proposiciones, porque el *dictum* tomado personalmente no supone por nada.

La crítica a los *complexe significabilia* de Gregorio de Rímini representada por la sexta tesis de Pedro de Ailly tiene, por tanto, dos aspectos. Pedro de Ailly considera que la pregunta "¿qué es *x*?" debe responderse indicando la entidad por la que supone "x" cuando se toma personalmente. Desde una perspectiva gramatical, previa al análisis lógico de la suposición, Pedro de Ailly asegura que la misma pregunta "¿qué es *hominem esse animal*?" de la que se parte está mal formulada. Desde el punto de vista lógico, en los casos en que la construcción es gramaticalmente correcta, también es un error hablar de un *complexe significabile* como significado de la proposición, porque el *dictum*, la expresión que se utiliza para nombrar el significado de la proposición, no supone personalmente por nada.

---

323 "Secundum documentum non videtur verum, nam iste propositiones sunt congrue: 'Sortes incipit moveri', 'Sortes deberet solvere', et tamen iste sunt incongrue: 'Sortes incipit quod moveatur', 'Sortes debet quod solvat', et ita secundum documentum falsum." (*MD*, 3rb)

Puesto que este aspecto de la crítica a Gregorio de Rímini afecta también a la doctrina de Buridán, Pardo debe defender la postura buridaniana frente a la tesis de Pedro de Ailly. Acaba de refutar la parte gramatical de la crítica. Para salvar la doctrina de Buridán, una vez recuperada la pregunta "¿qué es *hominem esse animal*?", Pardo quiere refutar también la parte lógica de la crítica, rescatando la rechazada suposición personal del *dictum*[324].

A la crítica de que no hay razón para que *"hominem esse animal"* suponga por un hombre y no por un burro, Pardo responde que sí la hay. La razón es que *"homo"* restringe a *"animal"*, haciendo que suponga sólo por los animales que son hombres. No admitir esta restricción es dejarse engañar por la apariencia proposicional del *dictum*. En una proposición los extremos no se restringen el uno al otro, pero las partes del *dictum* no constituyen dos extremos distintos sino uno solo, de modo que el todo tiene una única acepción y una parte restringe a la otra (es como si se relacionaran *per modum indistantis*, sin cópula). Así, en *"hominem esse animal"*, los dos términos constituyen un único extremo y se restringen entre sí: el agregado no supone por los burros. La respuesta a la pregunta *"quid est hominem esse animal"* no es todos los hombres y todos los animales, sino sólo las entidades que son *homo existens animal*[325].

---

324 Pardo, como Pedro de Ailly, considera que la pregunta "¿qué es *x*?" debe responderse indicando la entidad por la que supone "x" cuando se toma personalmente.

325 "Et cum dicitur quod non est ratio quare ly 'hominem esse animal' non supponat pro asino, respondeo quod ymo, quia ly 'animal' restringitur per ly 'hominem'. Si autem queras cur restringitur ly 'animal' dicendo 'hominem esse animal', et non dicendo 'homo est animal', respondeo: quandocunque aliqua se habent ut diversa extrema, non tanquam constituentia unum extremum, tunc ambo <non> restringunt seinvicem; sed quando se habent tanquam constituentia unum extremum, totum habet suam acceptionem, et una pars alteram restringit secundum sui exigentiam, quia tunc alterum se habet per modum indistantis in ordine ad aliud. Tunc, ad propositum dico quod si totum hoc 'homo est animal' accipiatur in aliqua oratione ut unum extremum, tunc illa duo 'homo' et 'animal' seinvicem restringunt. Ut, si admittatur iste modus loquendi: 'homo est animal est homo', accipiendo ly 'homo est animal' personaliter, tunc ly 'homo est animal' solum supponit pro homine (quod enim una tota propositio possit personaliter

Pardo recupera, así, en nombre de Buridán, la suposición personal del *dictum* como modo de determinar el significado de la proposición correspondiente: hay casos en los que Buridán defiende la existencia de un significado total y adecuado de la proposición, y lo identifica con la entidad por la que supone el *dictum*. Esa entidad se reconoce mediante la reducción del *dictum* al agregado de nominativo y participio. Por ejemplo, para Buridán, hay entidades que son el significado de la proposición *"Homo est animal"*, aquellas entidades que son un *homo existens animal*. La teoría de Pedro de Ailly, para quien en ningún caso hay algo que sea "el significado" de una proposición, resulta incompatible con la doctrina buridaniana que Pardo pretende defender[327]. Por eso, tras la refutación de la parte lógico-gramatical de la crítica de Pedro de Ailly, Pardo emprende una refutación de todo el planteamiento general.

3.4. La defensa de la postura buridaniana

La propuesta de Pedro de Ailly consiste en la negación de un "algo" que sea el significado adecuado o total de una proposición. Contra Gregorio de Rímini, que pone el significado de la proposición en una entidad no existente, pero también contra Buridán, que lo identifica con la entidad o entidades por las que supone el *dictum* (en los casos en que el *dictum* supone), Pedro de

---

supponere, in sequentibus ostendetur). Sed capiendo ly 'homo est animal' non per modum unius extremi, tunc ly 'animal' et ly 'homo' se habent tanquam diversa extrema, et non sunt partes unius extremi, ideo non seinvicem restringunt. Ideo, ex his concludendum est quod quando totum hoc 'hominem esse animal' se habet per modum unius extremi, tunc ly 'animal' et ly 'hominem' seinvicem restringunt, et per consequens ly 'animal' non supponit pro asino cum queritur 'quid est hominem esse animal', et ita vere responderetur quod est homo existens animal." (*MD*, 3vb)

327 "Contra istam conclusionem, eo modo quo declaratum est, arguit primo unus doctor (in marg: Petrus de Aliaco). Significatum istius propositionis 'homo est animal' nichil est, et tamen aliquid esset sic explicando 'hominem esse animal': 'homo existens animal'. Igitur, illa declaratio est minus bene posita." (*MD*, 3ra)

Ailly niega que haya alguna entidad que sea el significado adecuado y total de una proposición (en ningún caso el *dictum* supone, cuando se usa significativamente). En lugar de un significado total y adecuado, específico de la proposición, Pedro de Ailly propone considerar el modo en que las proposiciones significan: en este modo, y no en un hipotético significado, está lo específico de cada proposición.

De acuerdo con esta interpretación, Pardo resume la postura de Pedro de Ailly en dos tesis:

> T1. Aunque todo lo que es sea significable complejamente, sin embargo, nada es el significado adecuado de una proposición[328].
>
> T2. Aunque lo que se significa mediante una proposición según su significación total sea significado por alguna parte de ella, sin embargo, mediante la proposición se significa de un modo en que no es significado por ninguna de sus partes[329].

Si la postura de Pedro de Ailly no sólo se opone a la doctrina del *complexe significabile* de Gregorio de Rímini, sino que también representa, en algunos aspectos, una crítica de la doctrina buridaniana[330], Pardo debe defender a Buridán del ataque que suponen estas dos tesis. Los argumentos que presenta son de dos tipos. Por una parte, demuestra la incompatibilidad entre las dos tesis, de modo que una de las dos deberá ser falsa. Por otra parte, demuestra directamente la falsedad de la primera tesis.

Respecto a la incompatibilidad de las tesis con las que ha resumido la postura de Pedro de Ailly, Pardo ofrece dos pruebas. En primer lugar, la segunda tesis concede la proposición *"Hec pro-*

---

328 "Prima conclusio: licet omne quod est sit complexe significabile, tamen nichil est significatum adequatum seu totale alicuius propositionis. Patet, quia quelibet talis, ratione suarum partium quibus equivalet in significando, plura significat adinvicem distincta, et non est maior ratio quod supponat pro uno quam pro alio, ut deducebatur in argumento principali." (*MD*, 3ra)

329 "Secunda conclusio: licet quicquid significatur per aliquam propositionem secundum eius totam significationem significetur per aliquam eius partem, tamen aliqualiter significatur per propositionem qualiter non significatur per eius partes." (*MD*, 3rb)

330 "Est una opinio que primo modo dicendi est adversa, sed cum secundo non omnino habet convenientiam." (*MD*, 3ra)

positio: 'homo est animal' significat hominem esse animal", en la que, según Pedro de Ailly, el *dictum* explica el modo de significar de la proposición. Pero Pardo exige, para que esta proposición sea verdadera, que el *dictum* suponga por algo. Ahora bien, admitir que *"hominem esse animal"* supone por algo implica admitir que *hominem esse animal* es algo. Pero el *dictum* es el nombre del significado de la proposición: así, la segunda tesis, por el recurso a la suposición personal que Pardo ha recuperado frente a Pedro de Ailly, se vuelve en contra de la primera tesis, que establecía que para ninguna proposición es algo su significado total. En consecuencia, admitir la segunda tesis implica rechazar la primera[331].

En segundo lugar, Pardo prueba que admitir la primera tesis implica rechazar la segunda, ya que permite probar la falsedad de la proposición *"Hec propositio: 'homo est animal' significat hominem esse animal"*. Según Pardo, de la primera tesis se sigue que el *dictum "hominem esse animal"* no supone por nada, porque la proposición no tiene un significado, sino muchos, y no hay más razón para que suponga por algunos de ellos más que por otros. Pero, si el *dictum* no supone, la proposición citada es falsa. La proposición concedida por la segunda tesis, resulta, nuevamente, incompatible con la primera tesis[332].

Pardo invalida el intento de escapar a esta crítica mediante el recurso a la ampliación operada por el verbo *"significat"*. Si se concediera la ampliación de la suposición del *dictum* a los inteligibles, *"hominem esse animal"* estaría por todo lo que puede ser pensado como *hominem esse animal*; pero todo ente puede pen-

331 "Contra ipsum tamen arguitur, nam secunda conclusio manifeste repugnat prime, quod ostenditur nam in secunda conclusione concedit hanc propositionem 'hec propositio: homo est animal, significat hominem esse animal'. Queritur pro quo supponit ly 'hominem esse animal', aut pro aliquo aut pro nullo. Si pro aliquo, ergo male dicit in prima conclusione quod nullius propositionis significatum adequatum est aliquid." (*MD*, 3rb)

332 "Hoc etiam idem probatur per suam rationem, quia non est maior ratio quod suponat pro homine quam pro asino, ergo vel pro utroque vel pro neutro, sed non pro utroque, ergo pro neutro, et ita habetur quod pro nullo supponit et per consequens est falsa." (*MD*, 3rb)

sarse como *hominem esse animal*; por tanto, el *dictum* estaría por todo ente. Por una parte, Pardo no considera oportuno este resultado (en la doctrina buridaniana el *dictum* no debe estar por todo ente, sino sólo por los que hacen verdadera a la proposición); por otra parte, Buridán rechazaría esta ampliación a la quinta diferencia[333].

Demostrada, según Pardo, la incompatibilidad de ambas tesis, será preciso rechazar al menos una de ellas. Pardo considera que la tesis falsa es la primera, la que asegura que el significado total de la proposición no es nada. Si Pedro de Ailly presentaba esta tesis con carácter universal, Pardo ofrece un ejemplo para el que la tesis es falsa: el significado de la proposición *"Deus est Deus"* sí es algo. Según el mismo Pedro de Ailly, esta proposición significa lo mismo que sus extremos, es decir, significa a Dios. El problema aparecía en el paso de la significación a la suposición: si se afirma que la proposición significa *Deum esse Deum*, no hay un criterio para seleccionar, de entre todos los entes significados, aquellos por los que el *dictum* supone. Pero, en este caso, sólo hay un ente por el que el *dictum* pueda suponer, Dios mismo. Y no hay peligro de que el significado sea algo no existente, porque Dios es el único ente cuya existencia se toma como indudable. Con una sola proposición queda refutada la tesis universal según la cual de ninguna proposición puede decirse que su significado es algo[334].

Por lo que respecta a la segunda tesis de Pedro de Ailly, Pardo no trata de argumentar contra ella. Él mismo considera también

---

333 "Hanc rationem evadere non posset, nisi dicendo quod ly 'hominem esse animal' pro omni ente supponit, propter ampliationem quam habet ab illo verbo 'significat', quod ampliat usque ad ymaginabilia vel potius intelligibilia, et ita ly 'hominem esse animal' stat pro illo quod potest intelligi hominem esse animal, sed omne ens potest intelligi hominem esse animal, ergo stat pro omni ente. Ista evasio non est multum ad propositum. Etiam, talis larga ampliatio in materia ampliationum impugnabitur." (*MD*, 3rb) Sobre la opinión de Buridán acerca de la ampliación a lo imaginable, ver *MD*, 81vb.

334 "Item, simpliciter loquendo falsa est illa prima conclusio eo modo universaliter intellecta sicut ab eo ponitur, nam significatum istius 'Deus est Deus' aliquid est, neque de illo procedit sua probatio ut constat, per illam enim propositionem solus Deus significatur." (*MD*, 3rb)

que hay un modo de significar específico de las proposiciones, al que contribuyen las partes sincategoremáticas. Lo que Pardo no admite es que esta tesis se vuelva contra la teoría buridaniana, que él considera correcta en sus líneas generales: Pardo no quiere negar a las proposiciones un significado total y adecuado.

Ahora bien, Pardo distingue dos modos de entender la expresión "significado total o adecuado" de una proposición. Por una parte, el significado total de una proposición puede entenderse como el agregado de todos los objetos inteligibles significados por la proposición. Si una proposición significa un conjunto de objetos inteligibles, puede llamarse "significado" de esa proposición al agregado de todos aquellos objetos, sean o no existentes. El significado de la proposición no es así una entidad: no es ni "uno" ni "entidad", sino una colección de objetos inteligibles. Entendido así, el significado de *"Homo est animal"* no sería *hominem esse animal*. Hasta aquí, la teoría buridaniana no entraría en conflicto con la de Pedro de Ailly, aunque éste no admitiría la denominación de este agregado como "significado total y adecuado de la proposición".

Pero, por otra parte, es posible entender el "significado" total de una proposición como una entidad o entidades existentes: como aquellas entidades por las que supone el *dictum* correspondiente, que son las entidades que hacen verdadera a la proposición. Aquí es donde la doctrina buridaniana se hace inaceptable para Pedro de Ailly. Para Buridán, y también para Pardo, puede decirse que el significado total de la proposición *"Homo est animal"* es *hominem esse animal*, y también que ese significado es algo: el significado de la proposición es un hombre, porque *hominem esse animal* es un hombre, el hombre que hace verdadera a la proposición[335].

---

335 "Tunc respondendum est ad rationem principalem que in primo documento declarabatur, quod totale seu adequatum significatum alicuius propositionis potest dupliciter sumi. Uno modo, pro aggregato ex omnibus obiectis intelligibilibus significatis per propositionem, et sic dico quod significatum adequatum istius propositionis 'homo est animal' non est hominem esse animal. Alio modo capitur significatum adequatum propositionis pro illo pro quo supponit aggregatum ex infini-

Estas dos maneras de entender el significado total y adecuado de una proposición constituirán también la base de la teoría del significado de Pardo: como se verá, la proposición, en cuanto término complejo, significa muchas cosas (sentido amplio de "significado de la proposición"), pero significa algunas de ellas de un modo más determinado, en relación con la suposición y la verificación (sentido restringido de "significado de la proposición").

En este capítulo se han examinado las tres teorías del significado de las proposiciones que Pardo tiene en cuenta para elaborar la suya. Pardo busca una teoría que le permita, por una parte, explicar la especificidad de la significación de las proposiciones frente a los términos y, por otra parte, fundar satisfactoriamente la verdad, falsedad y el resto de las modalidades.

Cada una de las teorías que considera le proporciona elementos útiles para su propósito, aunque ninguna de ellas le satisface plenamente. La de Gregorio de Rímini, que explica la especificidad de las proposiciones y permite fundar las modalidades, obliga a admitir unas entidades no existentes, distintas de los particulares significados por los términos. La de Pedro de Ailly, más satisfactoria en el primer aspecto, puesto que funda la especificidad de la proposición en el modo de significar de sus partes sincategoremáticas, insiste en rechazar el significado adecuado de las proposiciones, sin el cual, en opinión de Pardo, no pueden explicarse las modalidades. Pardo declara que la teoría más acertada es la de Buridán, que admite un significado de las proposiciones, sin pretender extenderlo más allá del dominio de los particulares significables por los términos.

Sin embargo, como se ha visto en la sección 2.4.1, el mundo de los particulares sin más también resulta insuficiente para fundar las modalidades. Pardo se inspira en Pedro de Ailly para proponer unos modos de significar estos particulares, que constituirán las

---

tivo et accusativo, seu pro quo supponit dictum sibi correspondens, et hoc modo hominem esse animal est significatum adequatum illius propositionis 'homo est animal', ideo homo est significatum adequatum illius propositionis, cum homo sit hominem esse animal." (*MD*, 3va)

distintas modalidades de las proposiciones. Ahora bien, puesto que estos modos necesitan un fundamento, Pardo debe extender el mundo de los particulares para incluir también en "la realidad" los distintos modos en que estos particulares pueden relacionarse. Aunque esta ampliación de la ontología recuerda a la efectuada por Gregorio de Rímini, Pardo insiste en que las relaciones no son nada distinto de los particulares relacionados.

La teoría de Pardo encuentra un significado específico de las proposiciones y puede fundar, gracias a él, las modalidades, sin abandonar los presupuestos buridanianos. En el capítulo tercero estudiaré este proceso y los problemas a los que conduce.

CAPÍTULO III

LA SOLUCIÓN DE PARDO

La respuesta de Pardo a la pregunta por el significado de las proposiciones, como la de los autores examinados en el capítulo precedente, no puede entenderse separada de los presupuestos ontológicos y gnoseológicos que la sustentan. Estos presupuestos son, en lo esencial, de corte buridaniano: el ambiente intelectual del París de finales del siglo XV está marcado por el resurgir del nominalismo a partir de 1481 y la reintroducción de las obras buridanianas de la mano de Tomás Bricot († 1516)[1], y Pardo se declara perteneciente a esta tradición. Como en Buridán, hay en Pardo un afán por desprenderse de cualquier entidad inútil, así como un intento de fundar el conocimiento en las entidades particulares y contingentes. Puesto que no hay nada más, a ellas deberá remitir en último término cualquier expresión lingüística.

Partiendo de una ontología de particulares contingentes, el problema de Pardo, como el de Buridán, es el de fundar el conocimiento y, en especial, el conocimiento científico. En definitiva, debe hallarse el modo de hacer compatible la concepción aristotélica de la ciencia, como conocimiento de lo universal y necesario[2], con las exigencias nominalistas de la singularidad de todo ente y la contingencia de las criaturas. Pardo considera que la teoría de Buridán, aunque correcta en sus líneas generales, no logra resolver satisfactoriamente el problema.

---

1 Ver H. Élie, "Quelques maîtres de l'université de Paris vers l'an 1500", 197-200.

2 *Ética a Nicómaco*, VI, 3, 1139b 20-25.

La solución de Pardo a este problema está determinada por una concepción del lenguaje y el conocimiento como puro reflejo de la realidad. Pardo exige que el lenguaje y el conocimiento estén hasta tal punto fundados en la realidad, que no deja resquicio para la actividad del entendimiento. Como se verá, la única relación que Pardo reconoce entre la proposición y la realidad es la significativa, entendida según un estricto paralelismo: el entendimiento no puede poner en una proposición nada que no esté antes en la realidad. Incluso las modalidades de las proposiciones deben ser previamente modalidades de la realidad significada. Esta convicción lleva a Pardo a reformular las definiciones de las modalidades, con objeto de fundarlas en el significado.

La exigencia de poner en la realidad todo lo que quiere encontrar en las proposiciones obliga a Pardo a buscar una noción de significado que haga compatible la singularidad y contingencia de las cosas significadas con la universalidad y necesidad de las proposiciones que hablan de ellas. Para encontrarla, analiza las doctrinas de Gregorio de Rímini, Buridán y Pedro de Ailly, y toma de cada uno los elementos que necesita para elaborar su teoría. El resultado será la construcción de una ontología de significados de proposiciones cada vez más complejos (al estilo de los *complexe significabilia* de Gregorio de Rímini), que no pueden ser nada distinto de las entidades significadas por los términos (como exige Buridán), pero que no son estas entidades sin más, sino en cuanto dispuestas de tantos modos como se significa mediante las distintas proposiciones (los modos de significar reconocidos por Pedro de Ailly)[3]. Sobre esta ontología, Pardo puede construir su teoría del significado, y fundar más tarde las modalidades de las proposiciones.

---

[3] Podría establecerse un paralelismo entre estas tres concepciones del significado y las de tres famosos autores modernos: Frege, que coloca los sentidos de las proposiciones en el reino de lo objetivo; Russell, que desciende a los constituyentes de la proposición; Wittgenstein, que atiende a las relaciones de unos objetos con otros dentro de estados de cosas.

1. REALIDAD Y LENGUAJE

En esta sección se examinarán primero los distintos elementos que Pardo pone en la realidad para fundar el significado y las modalidades de las proposiciones (1.1.3), como respuesta a su exigencia de un estricto paralelismo entre lenguaje y realidad (1.1.1) y al problema que esta exigencia suscita respecto al fundamento de las modalidades (1.1.2). A continuación, se atenderá a la relación de esa realidad con las expresiones lingüísticas de los diversos niveles de complejidad (1.2.1), para pasar a analizar algunas peculiaridades de la teoría del significado de Pardo, en particular el papel de la verificación en la determinación del significado (1.2.2 y 1.2.3). Puesto que Pardo se declara seguidor de Buridán, se prestará especial atención a los aspectos en que su teoría se aparta de la estrictamente buridaniana.

1.1. La ontología de Pardo

La teoría de Buridán del significado de las proposiciones parece seguirse inevitablemente del universo nominalista: puesto que sólo hay entidades particulares, las proposiciones significan estos particulares y nada más. La objeción más grave contra esta teoría es, como se ha visto, su incompatibilidad con las definiciones habituales de las modalidades. Buridán resuelve el problema renunciando a construir definiciones de las modalidades fundadas en el significado. Pero Pardo está convencido de que las modalidades de las proposiciones deben fundarse en su significado. Para lograrlo, tiene que revisar no sólo la teoría buridaniana del significado, sino también la ontología sobre la que se construye.

1.1.1. El paralelismo lenguaje-realidad

La búsqueda de las entidades significadas por la proposición parece estar mediada, en Pardo, por la teoría del descenso. Las cosas significadas por una proposición son para él, como para Buridán, los particulares a los que cabe descender en la resolución de esa proposición. Por ejemplo, de una proposición como *"Homo est albus"* se desciende a *"Hic* $homo_1$ *est albus, vel hic* $homo_2$ *est albus, vel hic* $homo_3$ *est albus..."*, donde los distintos *"hic homo"* pueden estar por cualquier hombre que es, fue, será o puede ser[4].

Esta idea de particular está, en principio, desligada de la existencia actual y del tiempo: incluye tanto los particulares actualmente existentes como los que han existido en pasado pero ya no existen, los que no existen actualmente pero existirán en el futuro, e incluso los meramente posibles.

Aunque en principio independientes del tiempo, estos particulares pueden también ser considerados en su relación con la existencia y con el tiempo. De entre todos los particulares significados por una proposición, algunos existen en presente, otros han tenido una relación con la existencia en el pasado pero ya no la tienen (Adán), otros no la tienen pero la tendrán en el futuro (el Anticristo). Los individuos existentes son sólo un subconjunto dentro del universo de los particulares posibles, un subconjunto definido por la relación de esos particulares a la existencia en el momento presente.

El mundo de Pardo quiere ser un mundo de particulares y nada más, pero inevitablemente, como se verá, se va llenando de relaciones cada vez más complejas, que son significadas mediante las proposiciones y no mediante los términos simples. Si las proposiciones significan relaciones entre particulares (modos de estar dispuestos unos respecto de otros), estas relaciones deben, según Pardo, "darse" de algún modo en la realidad.

---

4 "Sic etiam dico quod per illam noticiam unitivam cui subordinatur hec vocalis 'homo est albus' de quolibet homine qui est, fuit, erit et potest esse significatur quod est, fuit et erit albus." (*MD*, 19rb)

Pero hay una relación más básica que la relación entre particulares (sobre ella, como se verá, Pardo termina fundando toda su ontología). Se trata de la relación del particular a la existencia en presente, relación que es significada mediante la proposición de *"est"* segundo adyacente. La relación a la existencia toma todas las modalidades que después van a encontrarse en las proposiciones: es afirmativa o negativa, verdadera o falsa, posible o imposible, necesaria o contingente. Por ejemplo, el Anticristo se relaciona tanto afirmativa como negativamente con la existencia: la primera relación es falsa, aunque posible, mientras que la segunda relación es verdadera[5].

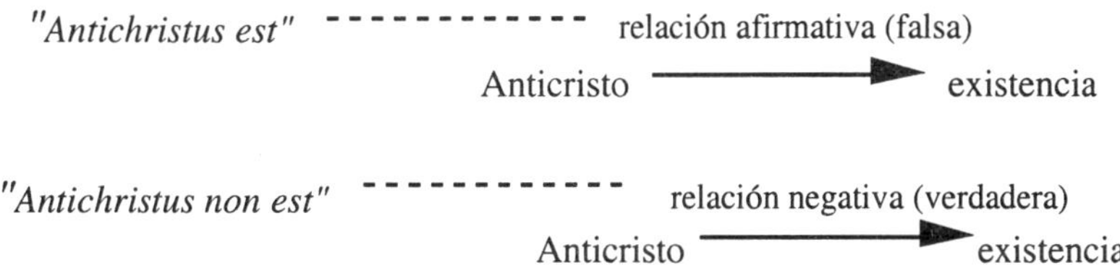

Por otra parte, cualquier particular (existente en presente o no) puede considerarse como relacionado con cualquier otro, y estas relaciones son significadas por las proposiciones de *"est"* tercero adyacente[6]. Por ejemplo, según Pardo, el hombre está relacionado con el burro divisivamente. Es esta relación de división la que funda la división con que el intelecto la conoce, es decir, la que mueve al intelecto a formar la proposición *"Homo non est asinus"*. Pardo insiste en que no es la proposición la que pone esta relación entre hombres y burros, sino que la relación se da en la realidad, independientemente de cualquier operación del intelecto. El intelecto, al aplicarse a las cosas, conoce una relación de

---

5 En la sección 1.1.3 se verá en qué consisten para Pardo esas modalidades de las relaciones.

6 Pardo tiende a analizar también en tres componentes las proposiciones de verbo adjetivo. Así, reduce la proposición *"Sortes currit"* a *"Sortes est currens"*: ver, por ejemplo, *MD*, 9.

división que ya está en ellas. Según Pardo, esto es evidente para cualquiera[7].

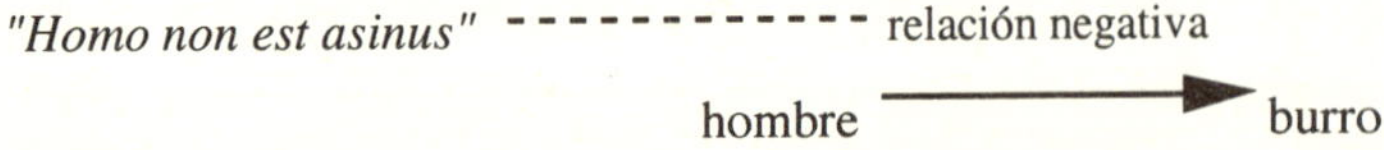

Sin embargo, no es tan evidente que la relación que causa una proposición falsa también se dé entre los particulares significados por los extremos. Por ejemplo, en opinión de Pardo, entre hombre y burro debe darse también una relación de composición, que cause la proposición afirmativa *"Homo est asinus"*. Si el intelecto es capaz de construir esta proposición, debe haber una relación de composición que cause la composición del intelecto[8].

Esta exigencia se funda en la concepción de Pardo de la naturaleza del lenguaje y el conocimiento. La condición de posibilidad de cualquier signo lingüístico es que sea causado por la realidad: *intellectus movetur a re*[9]. La relación afirmativa y la negativa, es decir, la composición y división real, tienen para Pardo una consistencia ontológica semejante: ambas *se dan* entre los particulares, y se dan a la vez entre cualesquiera dos particulares. Hombres y burros están relacionados afirmativamente, porque esta relación es la que mueve al intelecto a componer la proposición *"Homo est asinus"*, y también están relacionados negativamente, porque esta relación es la que mueve al intelecto a formar la proposición *"Homo non est asinus"*

7 "Exemplum, circunscripta omni operatione intellectus, homo et asinus sunt res diverse. Hoc cuilibet est manifestum. Si ergo sunt res diverse, habent quandam divisionem inter se, propter quam diversitatem intellectus potest cognoscere hominem non esse asinum. Est ergo prius in re divisio quam in intellectu, immo ille actus cognoscendi hoc nomen 'divisionis' propter res ab eo representatas sumpsit, ideo homo relative dicitur ad asinum negative seu divisive." (*MD*, 5vb)

8 . "Et si queras an illa res que est homo se habeat relative affirmative ad asinum, respondeo: homo se habet relative affirmative ad asinum." (*MD*, 6ra)

9 *MD*, 5vb.

Pero, según Pardo, estas relaciones no se dan ambas del mismo modo, sino que toman distintas modalidades, que son las que determinan las modalidades veritativas de cada proposición: verdad y falsedad, posibilidad, imposibilidad, necesidad o contingencia[10]. Por ejemplo, la proposición *"Homo est animal"* significa la relación afirmativa entre hombres y animales y, puesto que esta relación es verdadera, la proposición que la significa también lo es.

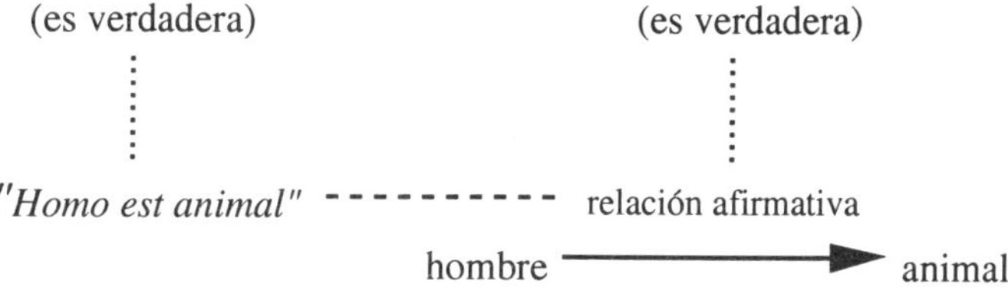

Como se verá, para Pardo la realidad admite infinitos niveles de modalidad: los particulares se relacionan de un modo que es significado por las proposiciones, y estas relaciones tienen unas modalidades; pero pueden construirse nuevas proposiciones que hablen de las modalidades de estas relaciones, y estas proposiciones tendrán a su vez modalidades de las que podrá hablarse, generando un proceso sin término. Esta infinidad de modalidades sucesivas debe darse también en la realidad. Por ejemplo, puede construirse la proposición *"Homo false est asinus"*, que significa la falsedad de la relación afirmativa entre hombres y burros y, para que la proposición sea verdadera, esa falsedad debe darse verdaderamente. Entre hombre y burro, por tanto, se van superponiendo distintos niveles de modalidades (*affirmative-false-vere*), en un proceso sin término, porque las posibilidades del lenguaje son ilimitadas y, por tanto, deben serlo también las combinaciones que son su fundamento en la realidad[11].

---

[10] Como se verá en la sección 4, si el paralelismo propuesto por Pardo se lleva a sus últimas consecuencias, estas diferencias desaparecen, y termina resultando imposible distinguir un fundamento real de las modalidades.

[11] "Ideo, ista est vera 'homo false est asinus', quia significat quod homo false se habet ad asinum, et taliter vere est." (*MD*, 6rb) En la sección 1.2.1 se verá cómo están articulados los distintos niveles, y en qué consiste ese "darse falsamente" de la relación.

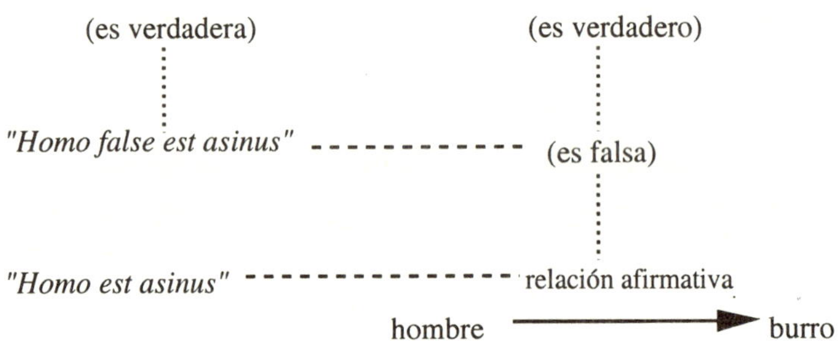

Aunque su adhesión a Buridán no parece permitirle admitir ninguna entidad distinta de los particulares que son, fueron, serán o pueden ser, Pardo necesita estas complejas disposiciones de los particulares entre sí para garantizar la significatividad y justificar las modalidades de las proposiciones. Su teoría se desarrolla tratando de buscar un equilibrio entre una ontología de particulares y una concepción del lenguaje como reflejo de la realidad.

Por una parte, puesto que la única realidad que Pardo admite son las entidades particulares, son estos particulares los que causan las distintas noticias por las que el intelecto los conoce. Hay, como se verá, distintas categorías de noticias, pero no corresponden a distintas categorías de la realidad, porque la realidad está compuesta únicamente por entidades particulares. Pero, por otra parte, es preciso buscar un fundamento real para esta diversidad de aprehensiones: en aparente contradicción con el espíritu nominalista de Pardo, la realidad se ve invadida por innumerables relaciones entre particulares. Pardo debe ingeniárselas para continuar sosteniendo, sin embargo, que no hay nada más que los particulares: las relaciones son necesarias para fundar la significatividad del lenguaje y, en ese sentido, debe haberlas, pero no las hay como algo distinto de los particulares significados. Las relaciones son los mismos particulares, en cuanto que son capaces de fundar uno u otro modo de conocerlos.

Cuando Pardo dice, por ejemplo, que la proposición significa una división real, no está contradiciendo la tesis buridaniana de que una proposición significa lo que significan sus extremos (en último término, lo que significa su sujeto, con la restricción impuesta por el predicado). La negación significada por la proposición *"Homo non est asinus"* no es, para Pardo, una entidad distinta de las entidades significadas por el sujeto *"homo"*. Sin embargo, como afirmaba Pedro de Ailly, la proposición no significa estas entidades del mismo modo en que son significadas por el término *"homo"*.

Ese modo especial que tiene la proposición de significar su significado se funda, según Pardo, en un modo especial de estar dispuesta la realidad. La negación significada por la proposición *"Homo non est asinus"* es el mismo hombre, pero en cuanto que está dispuesto (*se habet*) de una determinada manera respecto al burro: el hombre en su relación de división respecto al burro. Aunque Pardo habla a veces en términos sustantivos (*"negatio"*), prefiere la forma adverbial para expresar este carácter de *se habere* que posee el significado de la proposición: la negación de la que habla la proposición *"Homo non est asinus"* no es una nueva entidad, sino el hombre relacionado negativamente (*negative*) con el burro[12].

Según Pardo, a esta entidad en cuanto relacionada se refiere el comentario al libro sexto de la *Metafísica* en que se dice que la proposición verdadera afirmativa significa una composición en los entes, y la verdadera negativa significa una división en los entes[13]. Esta composición o división no son entidades distintas de los particulares existentes, sino esas mismas entidades en cuanto relacionadas compositiva o divisivamente con otras entidades[14].

---

12 "Ideo negatio in re importata per istam propositionem 'homo non est asinus' est homo negative se habens in ordine ad asinum, a qua negatione noticia illa qua cognoscitur homo negative in ordine ad asinum habet quod dicatur negatio." (*MD*, 5vb)

13 En Pardo, no sólo la verdadera, sino también la proposición falsa significa la correspondiente composición o división en los seres. Todo lo que puede decirse en una proposición debe tener, para Pardo, su correlato real. Por eso, el fundar las modalidades en el significado se convierte para su teoría en un problema.

14 "Et hoc videtur dicere commentator sexto Methaphisice commento octavo, dicens quod vera affirmativa significat compositionem in entibus, et vera negativa divisionem in entibus." (*MD*, 6ra)

Pardo introduce en el mundo infinitos significados, con una consistencia ontológica independiente de la actividad del entendimiento, que garantizan la significatividad de cualquier proposición que el intelecto pueda construir, y que tienen unas modalidades, independientemente de toda actividad del entendimiento, que justifican las modalidades de esas proposiciones que los significan. Pardo piensa que la verdad, falsedad, necesidad, contingencia, posibilidad e imposibilidad de las proposiciones tienen que derivarse de las modalidades de su significado.

Esto es evidente, en su opinión, por lo que respecta a la necesidad e imposibilidad: una proposición no se dice necesaria o imposible por denominación intrínseca, porque la necesidad o imposibilidad sean propiedades de ella como entidad, puesto que una proposición es una cosa contingente. Por lo tanto, la proposición se dirá necesaria o imposible por denominación extrínseca. Si la necesidad e imposibilidad de las proposiciones proceden de algo exterior a ellas, Pardo piensa que ese algo no puede ser sino su significado, que es necesario o imposible. Lo que se prueba así para la necesidad y la imposibilidad puede extenderse, según Pardo, al resto de las modalidades: el fundamento de todas ellas debe ser el significado de la proposición[15].

Pero la identificación del significado de las proposiciones con los particulares significados por los extremos es, como se ha visto al exponer la doctrina de Buridán, una fuente de problemas: se ha demostrado que hay algunas proposiciones necesarias a las que no corresponden particulares necesarios, sino contingentes (*"Petrus non est Paulus"*, *"Chymera non est"*, *"Tu curris vel tu non curris"*, eran, para Buridán, proposiciones necesarias que, sin

---

15 "Sed quod necesse sit et veritatem, et falsitatem, et necessitatem, et contingentiam, possibilitatem et impossibilitatem, ex parte significati propositionis sumi, quod negabat unus doctor, ostenditur maxime de necessitate et impossibilitate, sic: propositio non dicitur necessaria vel impossibilis per intrinsecam denominationem, secundum formalem necessitatem vel impossibilitatem sue entitatis, quia ipsa formaliter est res contingens. Dicitur ergo necessaria vel impossibilis per extrinsecam denominationem, et non nisi quia ei correspondet aliquod intelligibile et necessarium vel impossibile pro suo per se significato." (*MD*, 5va)

embargo, significaban entidades contingentes), y también se ha probado que no hay ninguna entidad imposible que sea el significado de una proposición imposible (para Buridán, lo imposible no es inteligible ni significable)[16]. Si, como pretende Pardo, las modalidades de las proposiciones proceden de las modalidades de sus significados, la identificación del significado de las proposiciones con las entidades particulares significadas por los extremos parece reducir las modalidades de las proposiciones a las modalidades que pueden atribuirse a las entidades particulares. Según esto, únicamente las proposiciones que hablan de Dios serían necesarias, las que hablan de los seres contingentes serían todas contingentes, y no habría proposiciones imposibles, puesto que no hay entidades imposibles. Pardo no está dispuesto a aceptar esta conclusión.

En su lugar, propone dos respuestas al problema. La de Andrés de Novocastro, que considera insuficiente, y la suya, que ya ha sido anunciada al hablar del significado de las proposiciones imposibles[17].

1.1.2. El problema del fundamento de las modalidades

En la cuestión tercera del prólogo de su comentario a las *Sentencias*, Andrés de Novocastro se pregunta si toda proposición ("todo complejo verdadero o falso") significa de manera compleja un inteligible distinto de las entidades existentes (en acto o en potencia) y significables mediante una expresión incompleja[18].

---

16 "Cuius oppositum probatum est de aliquibus propositionibus que sunt necessarie quibus non correspondet tanquam significatum nisi aliquod intelligibile contingens. Etiam, probatum est quod nulli propositioni impossibili correspondet aliquod intelligibile impossibile tanquam eius per se significatum." (*MD*, 5va)

17 Puede encontrarse el resumen de ambas respuestas en J. Coombs, *The truth and falsity of modal propositions in renaissance nominalism*, 159-176 y "Jerónimo Pardo on the necessity of scientific propositions", *Vivarium* 33 (1995), 18-20.

18 Ver H. Élie, *Le complexe significabile*, 107.

Para responder, examina por separado distintas clases de proposiciones: necesarias, imposibles, de pasado, de futuro, contingentes y de posible[19].

En cuanto a las proposiciones necesarias que hablan de cosas contingentes, como *"Petrus non est Paulus"*, Andrés de Novocastro demuestra que mediante ellas no se significa ningún inteligible distinto de las entidades existentes significadas por los términos incomplejos, porque, de lo contrario, se seguirían numerosas contradicciones[20]. El razonamiento va seguido de una objeción, que se funda en la siguiente argumentación:

> (1) Cualquier inteligible necesario e invariable debe distinguirse de todo inteligible contingente y variable;
>
> (2) mediante la proposición *"Petrus non est Paulus"* se significa un inteligible necesario e invariable que le corresponde objetivamente;
>
> (3) ninguna de las entidades *incomplexe significabiles* contenidas en esta proposición[21] es un inteligible necesario ni invariable;
>
> (4) por tanto, el inteligible significado por la proposición *"Petrus non est Paulus"* debe distinguirse de las entidades significadas incomplejamente.

Las premisas (1) y (3) son evidentes, y la premisa (2) ha de concederse si se admite que toda proposición necesaria debe tener por significado un inteligible necesario. Pero la conclusión (4) obligaría a sostener un *complexe significabile* distinto de los significados de los términos. Para evitar esta conclusión, Andrés debe rechazar la premisa (2): no hace falta poner fuera del espíritu un inteligible necesario en sí, como significado de las proposiciones necesarias.

Cuando se dice que una proposición es necesaria, no se exige, según Andrés de Novocastro, que deba darse en la realidad ningún inteligible, sino que, en caso de darse tal inteligible, debería tratarse de uno necesario. Pero hay casos en que a la proposición no corresponde tal inteligible en la realidad. El intelecto es movido por los objetos inteligibles significados por esa proposi-

---

19 Ver H. Élie, *Le complexe significabile*, 107-114.

20 Ver H. Élie, *Le complexe significabile*, 107-109.

21 Poco antes, Andrés ha equiparado contener o incluir con significar: H. Élie, *Le complexe significabile*, 108.

ción, es decir, por los objetos inteligibles significados por sus extremos, como si se tratara de un único inteligible significable complejamente y necesario, pero no es así en la realidad. Andrés de Novocastro establece, y así lo trasmite Pardo, que lo que se aprehende mediante las proposiciones necesarias que hablan de cosas contingentes no es un inteligible necesario, sino un "cuasi-inteligible necesario": no se trata de un verdadero inteligible necesario, sino que se le aplica este nombre figuradamente, como un modo de hablar[22].

No hay, según Andrés de Novocastro, tal inteligible necesario en la realidad, sino una pluralidad de inteligibles contingentes, a los que se dirige el acto de entender como si se tratara de un único inteligible, proporcionado a ese acto de entender: es decir, necesario y significable de manera compleja[23]. En la realidad no hay más que las cosas singulares contingentes (exceptuando a Dios), pero el intelecto finge que sus aprehensiones, complejas y necesarias, tienen un objeto proporcionado, *complexe significabile* y necesario, aunque tal objeto no existe en la realidad.

Con las proposiciones sucede lo mismo, según Andrés de Novocastro, que con los conceptos universales: cuando el intelecto aprehende algo universalmente, parece que mediante ese concepto aprehende un objeto inteligible que es universal en el mundo exterior (*extra animam*). Pero no es así en la realidad: no hay universales fuera del alma[24].

---

22 "Ad quod respondet alius doctor (in marg: Andreas de Novo Castro) quod per propositiones illas que sunt necessarie, de quibus probatum est quod non significatur per eas nisi res contingens, apprehenditur quoddam quasi intelligibile necessarium in proportione et figura vel forma loquendi." (*MD*, 5va) Ver H. Élie, *Le complexe significabile*, 109.

23 "Quia intellectus fertur super obiecta intelligibilia quasi sibi corresponderet tale intelligibile necessarium significabile complexum, sed non est ita secundum veritatem et proprietatem rei." (*MD*, 5va) Ver H. Élie, *Le complexe significabile*, 109.

24 "Sicut intellectus apprehendendo universaliter videtur per conceptum communem apprehendere aliquod universale intelligibile extra animam, et tamen non est ita in re." (*MD*, 5va) Ver H. Élie, *Le complexe significabile*, 109.

Para Andrés de Novocastro, como para Buridán, el intelecto puede captar las cosas extramentales de maneras distintas: compleja o incomplejamente, particular o universalmente. Pero se trata, simplemente, de modos distintos de aprehender las mismas realidades, las entidades particulares, las únicas admisibles. Andrés previene contra el error de proyectar en la realidad esos modos de aprehender las cosas: tales modos no se dan en la realidad extramental, sino sólo en el intelecto. Si se atribuyen a la realidad, a las entidades particulares, es en sentido figurado, como reflejo de las distintas maneras que el intelecto tiene de aprehender esas realidades[25].

Pardo utiliza esta idea de Andrés de Novocastro para dirigir una severa crítica contra la teoría del *complexe significabile* de Gregorio de Rímini. Esta doctrina procede del error que consiste en imaginar que a la diversidad de aprehensiones corresponde una diferencia análoga entre los objetos inteligibles que son el término de esas aprehensiones. Gregorio estaría, sencillamente, inventando realidades nuevas para hacerlas corresponder con lo que no son sino distintos modos de aprehender las únicas realidades que hay. Un error que no sólo tiene lugar en el nivel de lo compuesto, sino también en el de lo simple.

Por ejemplo, puesto que el intelecto forma conceptos individuales, conceptos específicos y conceptos genéricos, algunos han pensado (erróneamente, según Andrés de Novocastro y Pardo) que a la variedad de conceptos de estos tipos le corresponde en el mundo exterior una variedad análoga de objetos inteligibles de distintos tipos. Así, habría para ellos en la realidad objetos inteligibles singulares e inferiores respecto a otros (como el concepto individual lo es respecto a la especie o el género), objetos comunes, aunque en grado menor que otros (igual que el concepto específico es común respecto al concepto individual, pero menos común que el genérico), y objetos más comunes (de modo semejante a como el concepto genérico es más común que el específico). La

25 Ver G. Nuchelmans, *Late-scholastic and humanist theories of the proposition*, 60-61.

realidad, sin embargo, es que fuera del alma no hay más que las cosas singulares: pensar que las especies y los géneros están en la realidad es, según Andrés de Novocastro, una ilusión[26].

El mismo tipo de ilusión estaría en el origen de la teoría del *complexe significabile*: nuestras aprehensiones son muy variadas, algunas complejas y otras incomplejas, y entre las complejas algunas afirmativas y otras negativas, algunas verdaderas y otras falsas, algunas contingentes y otras necesarias, algunas posibles y otras imposibles, y esta variedad ha llevado a suponer fuera del alma una variedad análoga de objetos inteligibles que serían el término de estas aprehensiones. Así, a las aprehensiones complejas deberían corresponder en la realidad unos *complexe significabilia*, entidades especiales sólo significables mediante proposiciones, de los cuales unos serían afirmativos, otros negativos, unos verdaderos y otros falsos, unos contingentes y otros necesarios, unos posibles y otros imposibles, porque tal es la variedad de las aprehensiones de tipo proposicional. Pura ilusión, según Andrés de Novocastro, porque en la realidad no hay más que las cosas particulares –existentes o posibles–, las que pueden ser significadas igualmente mediante los términos simples[27].

Pardo considera útil la propuesta de Andrés de Novocastro como crítica a la doctrina de Gregorio de Rímini, pero la en-

---

26 "Respectu rerum singularium formamus conceptus individuales, et specificos, et generales: ideo, ex hoc aliqui sunt ymaginati huiusmodi varietati conceptuum correspondere extra animam proportionabiliter <varietatem> de istis modis obiectorum intelligibilium, quorum unum esset singulare et inferius, aliud minus commune, aliud magis commune, et inquisiverunt quid sunt et ubi sunt." (*MD*, 5va)

27 "Ita in proposito, quia de rebus existentibus et possibilibus apprehensiones varias formamus, quasdam incomplexas et quasdam complexas, et harum quasdam affirmativas et quasdam negativas, et quasdam veras et quasdam falsas, quasdam contingens et quasdam necessarias, quasdam possibiles et quasdam impossibiles: ex hoc ymaginati sunt quod huiusmodi diversitati apprehensionum correspondet proportionabiliter differentia intelligibilium obiective terminantium. Et quia non potuerunt salvare esse incomplexe significabilia, posuerunt ista esse quorundam intelligibilium complexe significabilium. Sed non ita est secundum veritatem et rei proprietatem, sed tantum secundum similitudinem et modum intelligendi, intelligimus enim varie et res dicuntur variari quasi esset talis diversitas in re." (*MD*, 5v)

cuentra insatisfactoria como justificación de las modalidades de las proposiciones. De acuerdo con la idea de Andrés de Novocastro, mediante una proposición necesaria que habla de cosas contingentes no se aprehende en realidad un objeto inteligible necesario, esto es sólo una ilusión. Lo que se aprehende es un "inteligible cuasi-necesario", es decir, un objeto inteligible contingente, que puede ser significado mediante un término simple o mediante una proposición contingente, pero que se considera "como si" fuera significable complejamente y necesario, por ser significado mediante una proposición necesaria. Se traslada, como un modo figurado de hablar, la necesidad de la proposición al objeto inteligible aprehendido por ella[28].

Aquí está el problema, en opinión de Pardo, porque, si puede decirse que la proposición significa un objeto inteligible necesario sólo en sentido figurado, también será figurada la necesidad de la proposición que se funda en ese significado[29]. Si se acepta la idea de Andrés de Novocastro, y se admite también que las modalidades de las proposiciones son denominaciones extrínsecas, que se fundan en su significado, las proposiciones no serán ya en realidad necesarias o imposibles (y tampoco verdaderas o falsas, contingentes o posibles) sino que estas denominaciones se les aplicarán sólo figuradamente[30].

---

28 Sucede lo mismo en el caso de las proposiciones imposibles. Como se ha visto, mediante ellas no se aprehende ningún inteligible imposible distinto de las entidades particulares existentes. Tal inteligible imposible es, para Andrés de Novocastro, sólo una ficción. Ver H. Élie, *Le complexe significabile*, 110-111.

29 El problema es, más bien, que se trata de un planteamiento circular. En un primer momento se admite, en sentido figurado, un cuasi-inteligible necesario, porque es aprehendido mediante una proposición necesaria, y a continuación se trata de utilizar ese cuasi-inteligible necesario para fundar la necesidad de la proposición.

30 "Sed adhuc iste doctor non videtur satisfacere, quia, ut dicit, per tales propositiones necessarias, aut etiam impossibiles, solum apprehenditur aliquod intelligibile quasi necessarium, et non quod ita sit in re, sed tantum secundum quandam figuram et modum loquendi, infero ergo etiam tales propositiones secundum rei veritatem non debent dici necessarie vel impossibiles sed tantum secundum figuram et modum loquendi. Quia, ut argumentatum est, propositio non dicitur necessaria vel impossibilis per denominationem intrinsecam, sed tantum

Pardo, en cambio, está convencido de que las modalidades convienen realmente a las proposiciones, y necesita un fundamento real.

1.1.3. Particulares, relaciones, modos

La argumentación de Pardo toma el mismo camino que había sido criticado por Andrés de Novocastro como una ilusión: de la diversidad de modos de concebir se infiere una diversidad de modos en las cosas concebidas. Sin estos distintos modos de estar dispuestas las cosas, los modos de concebir no tendrían fundamento real[31].

Pardo considera que una misma cosa puede ser aprehendida de distintos modos, mediante proposiciones con distintas modalidades: de una manera mediante una proposición necesaria, de otra mediante una proposición contingente, de otra mediante una proposición imposible. En su opinión, esos modos diversos no pueden estar sólo en el acto de conocer, porque el intelecto es

---

per denominationem extrinsecam a suo significato. Sed per ipsum suum significatum non dicitur necessarium secundum veritatem, sed tantum secundum similitudinem figuram, et ita non sufficienter assignat rationem necessitatis, contingentie, possibilitatis vel impossibilitatis propositionum." (*MD*, 5vb)

[31] La búsqueda de un fundamento real para todos los modos de aprehensión de que el intelecto es capaz lleva a Pardo a reconocer incluso la existencia de cosas universales en la realidad, aunque, paradójicamente, no sean nada distinto de las entidades particulares. Por ejemplo, puede decirse que Sócrates es una especie en cuanto que por su naturaleza puede causar un concepto específico, o puede decirse que es un género en cuanto que por su naturaleza puede causar un concepto genérico. Lo universal es lo que puede ser conocido mediante un concepto universal, pero es el mismo Sócrates el que puede ser conocido mediante un concepto específico o genérico: por lo tanto, la entidad particular Sócrates es, en cierto modo, también universal. "Sed an aliqua res dicatur universalis seclusa omni intellectus operatione, respondetur quod nichil dicitur universale nisi inquantum cognoscitur vel natum est cognosci per conceptum universalem. Posset enim dici quod Sortes inquantum est natus causare conceptum specificum dicitur species, inquantum natus est causare conceptum genericum dicitur genus. Obmitto nunc naturas illas communes quas aliqui ponunt, quia hoc non est presentis negocii." (*MD*, 7ra)

movido por la cosa: si mediante una proposición posible se aprehenden las cosas de un modo y mediante una proposición imposible se aprehenden las cosas de otro modo, las cosas mismas deben estar dispuestas (*se habere*) según esos modos en los que son aprehendidas[32].

Pardo pretende reforzar su tesis mediante un ejemplo: la proposición necesaria *"Sortes possibiliter est albus"*, que aparentemente significa cosas contingentes (Sócrates y lo blanco). Si no se admite que, independientemente de toda operación del intelecto, es necesario que sea tal como por ella se significa, entonces no parece haber motivo para denominar necesaria a esta proposición. Si se admite que, independientemente de toda operación del intelecto, es necesario que sea tal como por ella se significa, entonces debe concederse la tesis de Pardo: hay alguna necesidad en la cosa significada, alguna necesidad que permite calificar a la cosa de necesaria, aunque en otro sentido esa misma cosa sea contingente[33].

---

32 "Item sic arguo: aliter concipitur res aliqua per propositionem necessariam, aliter per propositionem contingentem, et aliter per propositonem impossibilem, et illa alietas non tantum in conceptu est consideranda. Intellectus enim movetur a re, si ergo res non aliter se habet ut concipitur per unam propositionem et per aliam, non videtur unde una propositio dicatur possibilis et alia impossibilis (et non capio ly 'ut' causaliter, ita quod causa quare res aliter se habet sit quia cognoscitur per talem noticiam)." (*MD*, 5vb) Esta última observación es importante: no se trata de que las cosas estén dispuestas de una manera *porque* así son concebidas mediante la proposición, sino que las cosas están dispuestas del modo *en que* son concebidas mediante la proposición, y es ese modo de estar dispuestas el que determina el modo de ser concebidas, no al contrario.

33 "Et confirmatur, quia seclusa omni operatione intellectus quero an necesse sit ita esse taliter qualiter significabatur per istam 'Sortes possibiliter est albus' aut non. Si dicatur quod non, queratur unde sumit illa propositio suam necessitatem quando est. Si dicatur quod sic, ergo aliqua necessitas est in re significata propter quam res apprehensa secundum talem necessitatem dicitur necessaria. Dico ergo, salvo meliori iudicio, quod a re sumenda est veritas et falsitas, possibilitas et impossibilitas, necessitas et contingentia, ita quod in re, seclusa omni operatione intellectus, reperitur veritas vel falsitas, necessitas vel contingentia, possibilitas vel impossibilitas." (*MD*, 5vb)

Hay, según Pardo, dos tipos de necesidad, contingencia, posibilidad o imposibilidad en las cosas, la absoluta y la relativa[34]. Las modalidades absolutas se refieren a los tipos de existencia de las entidades (por ejemplo, Dios es una entidad necesaria, y el resto de las entidades son contingentes), mientras que las modalidades relativas se aplican a las entidades cuando se comparan entre sí (una entidad contingente puede ser relativamente necesaria en su comparación con otra)[35]. Los problemas al tratar de asignar modalidades a las proposiciones en función del significado tienen su origen en la confusión de estos dos tipos de modalidades: los mismos particulares pueden tener cierta modalidad absoluta (por ejemplo, la contingencia), y al mismo tiempo otra modalidad relativa (por ejemplo, la necesidad).

La ontología de Pardo es una ontología de particulares, aunque desplegados en innumerables relaciones (relaciones que se multiplican indefinidamente, sin dejar de ser los particulares mismos y nada más). Son estas relaciones las que, como original del que las proposiciones son mero reflejo, tienen distintas modalidades. Lo que Pardo llama modalidades absolutas, las que se refieren al modo de existencia, pueden considerarse también en cierto sentido relativas: no como pertenecientes a la relación de un particular con otro, sino a la relación básica de cada particular con la existencia (que queda reflejada en las proposiciones de "*est*" existencial)[36].

---

34 "Ad quod deducendum, pono talem distinctionem: duplex est necessitas scilicet absoluta et simpliciter dicta, alia est necessitas relativa, seu aliquid dicitur necessarium dupliciter, scilicet absolute et relative. Similiter, de contingentia dicendum est quod est duplex, absoluta et relativa, et pariforma impossibilitas dicenda est duplex, absoluta et relativa." (*MD*, 5vb)

35 Ver J. Coombs, "Jerónimo Pardo on the necessity of scientific propositions", 20. Coombs descubre un planteamiento similar al de Pardo en los tomistas Pablo Soncinas († 1494), Silvestre de Ferrara († 1525) y Domingo Báñez († 1604), aunque éstos se refieren a relaciones entre esencias e individuos, mientras que Pardo sólo reconoce relaciones entre individuos particulares.

36 Podría decirse que las modalidades absolutas son unas modalidades relativas de nivel 0.

Un particular puede relacionarse afirmativa o negativamente con la existencia, y en cada caso puede hacerlo verdadera o falsamente. Por ejemplo, en el momento actual Jerónimo se relaciona afirmativa y verdaderamente con la existencia (su existencia se da de hecho) pero negativa y falsamente (su no existencia no se da de hecho), mientras que Adán se relaciona afirmativa y falsamente (su existencia no se da de hecho), pero también negativa y verdaderamente (su no existencia se da de hecho). Estas modalidades son las que hacen verdaderas a las proposiciones "Jerónimo existe" y "Adán no existe", y falsas a "Jerónimo no existe" y "Adán existe". De estas dos relaciones básicas, la relación afirmativa y la relación negativa del particular a la existencia, la que determina la modalidad que Pardo llama absoluta es la relación afirmativa, que puede ser no sólo verdadera o falsa, sino también posible, imposible, necesaria o contingente.

Las modalidades absolutas son las modalidades de la relación afirmativa de cada particular con la existencia: la relación afirmativa de Dios con la existencia es necesaria (se da necesariamente), y por eso se dice que Dios es necesario absolutamente, mientras que la relación afirmativa de Sócrates con la existencia es contingente (se da contingentemente), y por eso se dice que Sócrates es absolutamente contingente; la relación afirmativa del Anticristo con la existencia es posible (aunque no sea verdadera en presente: no se da de hecho, sino posiblemente), y por eso se dice que el Anticristo es absolutamente posible. En cambio, no hay ningún particular que se relacione afirmativa e imposiblemente con la existencia, porque los particulares son, han sido, serán o pueden ser. Por eso dice Pardo que no hay nada absolutamente imposible.

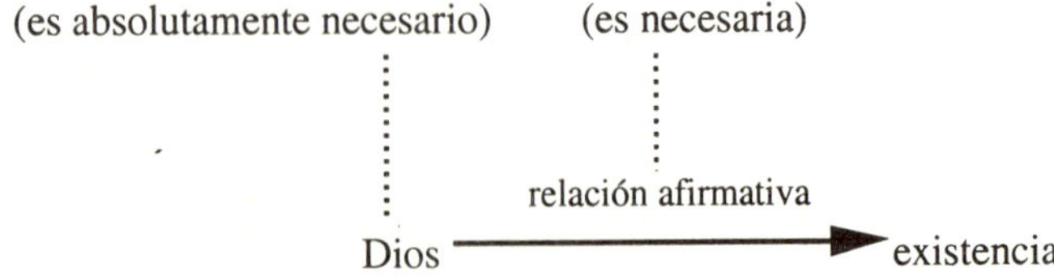

En cuanto a las modalidades que Pardo llama relativas, son las que pertenecen a las relaciones de un particular con otro (relaciones que son significadas por las proposiciones de *"est"* predicativo). Por ejemplo, la relación negativa entre hombre y burro es verdadera, y esta verdad relativa funda la verdad de la proposición *"Homo non est asinus"*[37]. En cambio, la relación afirmativa entre hombre y burro se da falsamente, y esta falsedad de la relación funda la falsedad de la proposición *"Homo est asinus"*[38].

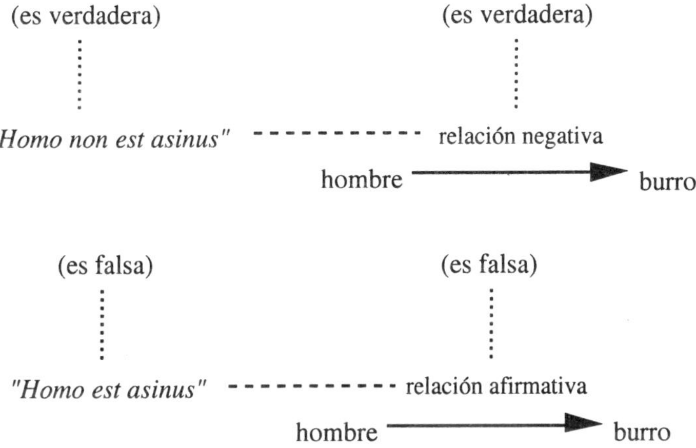

Podría dar la impresión de que Pardo coloca al mismo nivel la relación afirmativa/negativa y la relación verdadera/falsa, de que hombre y burro, que se relacionan afirmativamente, se relacionan *también* falsamente (*"homo se habet relative affirmative ad asinum, sed non relative vere, sed relative false"*), o que hombre y burro, que se relacionan negativamente, se relacionan *también* verdaderamente (*"non solum negative, sed vere negative"*). Sin embargo, un examen más profundo revela que los modos verdadero y falso no son nuevas relaciones entre los extremos de la relación afirmativa o negativa (por ejemplo, los modos verdadero y falso que fundan la verdad de *"Homo non est asinus"* y la falsedad de *"Homo est asinus"* no son relaciones entre hombre y burro), sino que son cualidades o modos de esta primera relación.

---

37 "Et homo similiter in ordine ad asinum se habet negative, non solum negative sed vere negative." (*MD*, 6ra)

38 "Et si queras an illa res que est homo se habeat relative affirmative ad asinum, respondeo: homo se habet relative affirmative ad asinum, sed non relative vere, sed relative false." (*MD*, 6ra)

Estos modos pueden entenderse como una nueva relación entre la primera relación y la existencia: por ejemplo, la verdad en que se funda la verdad de *"Homo non est asinus"* es una relación entre hombre y burro *ya relacionados negativamente,* y el darse en presente de esa relación negativa, mientras que la falsedad en que se funda la falsedad de *"Homo est asinus"* es una relación entre hombre y burro *ya relacionados afirmativamente,* y el darse en presente de esa relación afirmativa (puesto que tal relación no se da en presente, se dice que es falsa o que se da falsamente). De ahí el nombre de modalidades *relativas,* porque son modalidades *de* la primitiva relación.

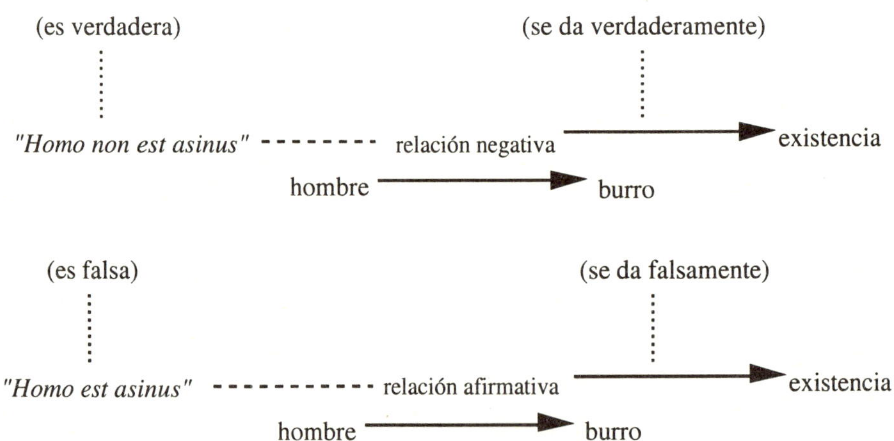

Sin embargo, puesto que la relación inicial no puede ser nada distinto de los particulares significados por los extremos de la proposición, una modalidad de esta relación es, en definitiva, una modalidad de los particulares. Por eso Pardo puede decir que el hombre es una verdad relativa en su relación negativa con el burro (como también es una falsedad relativa en su relación afirmativa con el burro)[39]. Pero la relación verdadera no es una relación entre hombre y burro, sin más, sino entre hombre y burro relacionados negativamente. Por eso, como se verá, esta relación no es

39. "Et ideo est veritas relativa in re, puta ipse asinus relative se habens in ordine ad hominem. [...] Ita quod est ponenda falsitas relativa in re, que est ipse asinus relative affirmative et false se habens in ordine ad hominem." (*MD*, 6ra)

significada por la proposición *"Homo non est asinus"*, que significa la relación negativa, sino por *"Homo vere non est asinus"*.

Por otra parte, la relación negativa entre hombres y burros no sólo es verdadera, sino también necesaria, y esta necesidad funda la necesidad de la proposición *"Homo non est asinus"*. Por eso Pardo puede decir que lo significado por esta proposición es necesario, aunque no absoluta, sino relativamente. Un hombre no es una entidad absolutamente necesaria (algo que no puede no existir: relacionado afirmativa y necesariamente con la existencia), pero sí es una entidad relativamente necesaria (en su relación con el burro), porque necesariamente no es un burro[40].

Análogamente, la relación afirmativa entre hombres y burros no sólo es falsa, sino imposible, y esta imposibilidad funda la imposibilidad de la proposición *"Homo est asinus"*. Aunque no puede haber nada absolutamente imposible (algo que no pueda existir en la realidad: relacionado afirmativa e imposiblemente con la existencia), sí puede decirse que el hombre es relativamente imposible (en cuanto relacionado afirmativamente con el burro)[41].

De este modo, una proposición falsa reproduce la realidad tan fielmente como una proposición verdadera: se limita a reflejar todo lo que, de algún modo, está en la realidad. En la realidad hay afirmaciones y negaciones, verdades y falsedades, necesidades,

---

40 "Et vere est amplius necessitas relativa, nam homo non solum negative et vere refertur ad asinum, sed etiam relative necessario, ita quod homo est quid necessarium necessitate relativa in ordine ad asinum negative, homo enim necessario non est asinus, licet non sit quid necessarium necessitate absoluta, illud enim dicitur necessarium necessitate absoluta quod non potest non existere in rerum natura. Homo igitur et asinus habent necessitatem relativam in re, a qua necessitate propositio habet quod dicatur necessaria." (*MD*, 6ra)

41 "Et non solum relative false se habens in ordine ad hominem, sed relative impossibiliter, ita quod asinus est impossibilis impossibilitate relativa, a qua impossibilitate relativa in re existente propositio illa 'homo est asinus' dicitur impossibilis. Ideo, bene concedo quod non est aliquid impossibile in re impossibilitate absoluta, illud enim dicitur impossibile impossibilitate absoluta quod non potest existere in rerum natura, sed aliquid bene potest esse in re impossibile impossibilitate relativa." (*MD*, 6ra)

contingencias, posibilidades e imposibilidades, que causan y, de este modo, fundan, las proposiciones y sus modalidades.

A quien objeta que, según Aristóteles, la verdad y la falsedad sólo se encuentran en la composición y división del intelecto[42], Pardo responde que el metafísico puede atribuir a las cosas lo que el lógico atribuye a los signos, y aplicar, así, a los significados de las proposiciones las modalidades que el lógico aplica a las proposiciones. La argumentación de Pardo parece seguir esta línea: puesto que los signos son signos de las cosas, lo que se atribuye a los signos serán propiedades de las cosas mismas[43].

Y si se exige, para atribuir las modalidades a las cosas, que sobre ellas recaiga un acto cognoscitivo (nada puede decirse verdadero o falso si no es en virtud del acto de conocimiento, verdadero o falso, que recae sobre ello), Pardo responde que se trata de una discusión puramente nominal. Él sólo busca (y afirma haber encontrado) un fundamento real para las modalidades, y no necesita que ese fundamento se llame "verdad" o "falsedad"[44].

En definitiva, Pardo concibe el lenguaje como puro reflejo de una realidad que debe contener, de algún modo, toda la complejidad con que ese lenguaje es capaz de aprehenderla. Al mismo tiempo, no quiere renunciar a la idea nominalista de que lo único que hay son los individuos particulares. Para escapar a la acusa-

---

42 *Peri hermeneias*, 1, 16a 13.

43 "Et si obiiciatur auctoritate Aristotelis primo Periarmenias qui ait in sola compositione et divisione intellectus esse veritatem vel falsitatem, non ergo in re est veritas vel falsitas, respondeo: ea que logice signis attribuuntur methaphisice rebus ipsis signatis attribuuntur, sicut est de illis: affirmatio, negatio, veritas, falsitas, possibilitas, impossibilitas, necessitas, contingentia, que logicus signis puta propositionibus attribuit, methaphisicus vero significatis propositionum." (*MD*, 6ra)

44 "Et si omnino contendas: in re seclusa omni operatione intellectus nichil dici verum vel falsum, immo res tantum dicitur vera quando supra ipsam cadit actus intelligendi aut saltem cognoscendi, de nomine tantum contendis, ut constat, non de re. Ideo, si non placet appellare 'veritatem' nisi quando supra ipsam fertur actus intelligendi, non contradico, sed satis est quod in re ponendum est a quo propositio denominetur illis denominationibus, quo nomine appelletur non curemus." (*MD*, 6ra)

ción de estar postulando entidades inexistentes al estilo de los *complexe significabilia* de Gregorio de Rímini, Pardo insiste una y otra vez en que este complejo entramado de relaciones y modalidades no es nada distinto de los particulares mismos.

Sin embargo, el mismo Pardo termina reconociendo el fracaso de su intento: pese a todos sus empeños por negarlo, llega un momento en el que debe admitir que hay alguna diferencia entre la cosa y las disposiciones de la cosa que causan las distintas aprehensiones del entendimiento. Por ejemplo, señala que se puede conocer a Sócrates (mediante la noticia simple "Sócrates") y no por ello conocer a Sócrates en relación consigo mismo (esto sería conocido, por ejemplo, mediante la proposición "Sócrates es Sócrates"). Se sigue que ese modo de estar dispuesto Sócrates, en relación consigo mismo, no se identifica completamente con Sócrates: si fueran idénticos, conocer uno sería conocer el otro[45]. Pero Pardo detiene aquí su reflexión, porque continuar en esta dirección le obligaría a reconocer que su postura no es tan lejana de la de Gregorio de Rímini como pretende: Pardo construye un mundo de significados de proposiciones que no son, sin más, los particulares significados por los extremos.

Salvo este fugaz reconocimiento de un cierto fracaso, Pardo cree que ha logrado fundar la significatividad del lenguaje sobre un mundo buridaniano de particulares. A continuación se verá cómo realiza Pardo la articulación entre realidad y lenguaje, analizándolo, como hacía Buridán, según distintos niveles de complejidad.

---

45 "Non sequitur 'cognosco Sortem, ergo cognosco Sortem unitive in ordine ad seipsum', nam per noticiam cui subordinatur iste terminus 'Sortem' cognosco Sortem et tamen non cognosco Sortem unitive in ordine ad seipsum. Et ex hoc videtur apparentia quedam, quod ille modus se habendi unitive non omnino ydemptificetur cum Sorte, ex eo quod stat aliquem cognoscere Sortem et tamen non cognoscit quod Sortes se habeat unitive in ordine ad seipsum. Et istud argumentum posset applicari universaliter de omnibus modis se habendi unius ad aliud probando esse aliquam distinctionem inter rem et modum se habendi, sed hoc omitto quia non est presentis inquisitionis." (*MD*, 17ra)

1.2. El lenguaje en Pardo

Sobre una ontología de particulares, con sus modos de estar dispuestos, Pardo construye un lenguaje que es puro reflejo de las cosas y sus disposiciones. Toda expresión lingüística es, para Pardo, referencial. Como en Buridán, en la teoría de Pardo son posibles distintos niveles de complejidad lingüística, pero en todos se significa un cierto "algo": cualquier expresión remite, en último término, a los particulares que son su causa.

1.2.1. Niveles de aprehensión lingüística

Hay, por ejemplo, conceptos universales, que no son sino modos de conocer las entidades particulares. Siguiendo a Buridán, Pardo distingue entre los conceptos simples, como *"homo"*, y los complejos, como *"homo albus"* o *"chymera"*. Un universal simple como *"homo"* debe estar causado por un particular, puesto que es sencillamente un modo de conocer el particular[46]. No es preciso que el particular que causa el concepto sea un particular existente: podría formarse, por ejemplo, el concepto de hombre aunque no hubiera hombres actualmente existentes. Mediante el concepto de hombre se conocen todos los hombres particulares, tanto los que existen como los que no.

Partiendo de los conceptos simples, el intelecto puede componerlos y formar conceptos complejos: ya sean explícitamente complejos (*"homo albus"*), ya lo sean en virtud de su definición nominal (*"chymera"*). Puesto que las partes de los universales complejos son universales simples, que tienen siempre particulares bajo ellos, también mediante el complejo se conocerá siempre algún particular. Por ejemplo, mediante *"homo albus"* se conocen

---

46 Mediante la noticia común se conoce *confuse* lo que se conoce *distincte* mediante la noticia singular. Ver *MD*, 17ra.

todos los hombres y todos los blancos, o mediante *"chymera"* (ente compuesto de incomposibles) se conocen todos los entes[47].

Pero el intelecto puede combinar también los conceptos simples según un nivel superior de complejidad: el nivel de las proposiciones. Por ser expresiones complejas, las proposiciones remitirán a los particulares que las causan, de modo análogo a como lo hace cualquier otro término complejo. Por tratarse de un nivel superior de complejidad, la significación de las proposiciones añadirá algo respecto a la significación de los términos de niveles inferiores, y podrá buscarse un correlato real de ese "algo".

Por una parte, son los particulares los que mueven al intelecto a componer una proposición, y son, por tanto, conocidos mediante esta proposición. Para Pardo, como para Buridán, la proposición puede ser considerada como un nuevo concepto universal complejo, que significa todos los particulares significados por sus extremos. Por ejemplo, la proposición *"Homo est albus"* significa todos los hombres y todos los blancos. Como sucede con cualquier concepto complejo, el carácter referencial de la proposición está garantizado porque, en el origen, siempre hay particulares que causan los conceptos simples con que se construye. Toda proposición habla de los particulares que han causado sus extremos. En este sentido, Pardo puede decir, con Buridán, que el significado de la proposición no se distingue de los significados de los extremos.

Pero, por otra parte, la proposición no es causada por los particulares sin más, sino por los particulares en cuanto que están en una determinada relación. Según Pardo, la especial complejidad de las proposiciones (su carácter sincategoremático) debe res-

---

47 Al hablar de las proposiciones de extremo condicionado, Pardo distingue dos maneras en que los términos vocales y escritos pueden significar. La primera es por imposición (si son simples) o por imposición de sus partes (si son complejos): según esto, un complejo significa todo aquello que sus partes significan por imposición. "Ideo aliter posset dici quod aliquid dicitur significare duobus modis, et hoc loquendo de voce vel scriptura: uno modo, per impositionem sui vel suarum partium, ita quod si sit complexum dicitur significare illud quia aliqua pars eius est imposita ad illud significandum." (*MD*, 42vb)

ponder a una especial disposición de la realidad que causa esos modos de conocer. Así, concluye, como se ha visto, que la realidad no es una realidad de particulares aislados, sino de particulares relacionados entre sí de innumerables modos: tantos como proposiciones distintas podrían construirse.

Mediante las proposiciones, por tanto, son conocidos no sólo los particulares relacionados, sino también la relación misma, puesto que son los particulares en esa determinada relación los que causan la proposición. Por ejemplo, en la realidad hay hombres y hay cosas blancas, relacionadas entre sí de tal modo (compositivamente) que el intelecto puede componer la proposición *"Homo est albus"*. El intelecto conoce, así, los hombres, los blancos, y su estar relacionados compositivamente.

Cualquier par de particulares está relacionado afirmativa y negativamente, y por eso pueden construirse una proposición afirmativa y una negativa que signifiquen esas relaciones. Pardo reconoce, como se ha visto, una composición real y una división real entre cualquier par de particulares, que funda la composición y la división que pueden ponerse en las proposiciones.

Las relaciones no son, según Pardo, nada distinto de las cosas mismas relacionadas, aunque la proposición significa esos particulares de un modo especial: los significa en cuanto que relacionados. Las relaciones entre particulares, sin ser nuevas entidades, adquieren la suficiente consistencia ontológica como para constituirse en fundamento de la significatividad de la proposición.

Pero las relaciones establecidas por Pardo se asemejan en cierto sentido a las entidades: como ellas, tienen una relación a la existencia, que puede darse o no darse en presente, ser necesaria o contingente, posible o imposible. Es esta segunda relación de la primitiva relación a la existencia la que determina la modalidad de la proposición correspondiente, como la relación de los particulares a la existencia determinaba las modalidades absolutas.

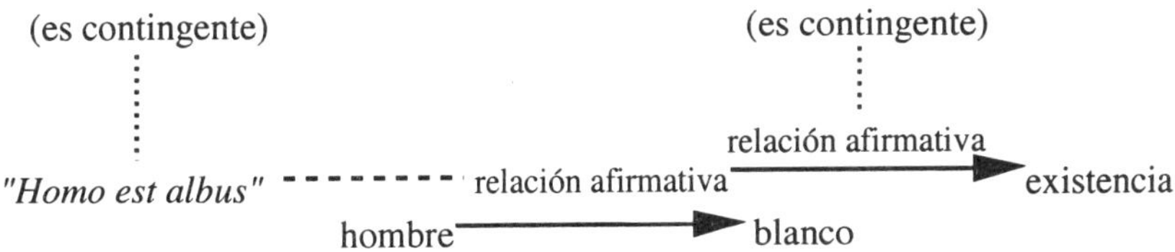

Por ejemplo, el intelecto puede formar la proposición *"Homo est animal"*, porque hay una relación afirmativa entre hombres y animales. Pero esta relación se da en presente, es decir, la relación afirmativa de esta relación a la existencia es verdadera: por eso la proposición *"Homo est animal"* es verdadera. Del mismo modo, el intelecto puede formar la proposición *"Homo non est animal"*, porque también hay una relación negativa entre hombres y animales. Sin embargo, esta relación no se da en presente, es decir, la relación afirmativa de esta relación a la existencia es falsa: por eso la proposición *"Homo non est animal"* es falsa.

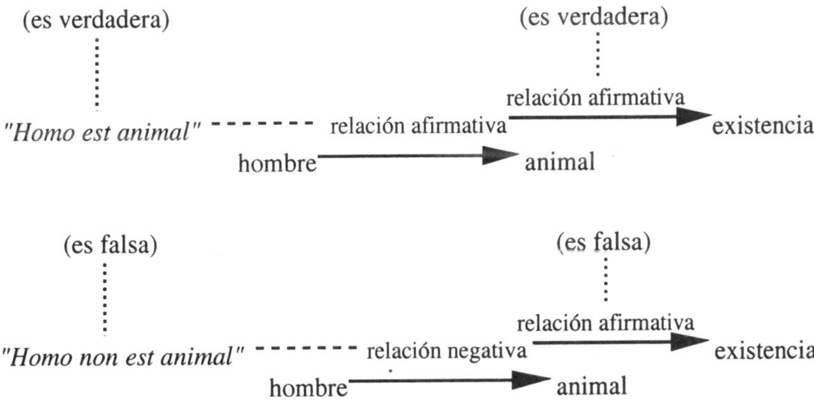

Análogamente, el intelecto puede formar la proposición *"Homo non est asinus"*, porque hay una relación negativa entre hombres y burros. Esta relación, además, se da necesariamente, es decir, la relación afirmativa de esta relación a la existencia es necesaria: por eso la proposición *"Homo non est asinus"* es necesaria. En cambio, aunque el intelecto puede formar también la proposición *"Homo est asinus"*, porque hay una relación afirmativa entre hombres y burros, es imposible que esta relación se dé, es decir, la relación afirmativa de esta relación a la existencia es imposible: por eso la proposición *"Homo est asinus"* es imposible.

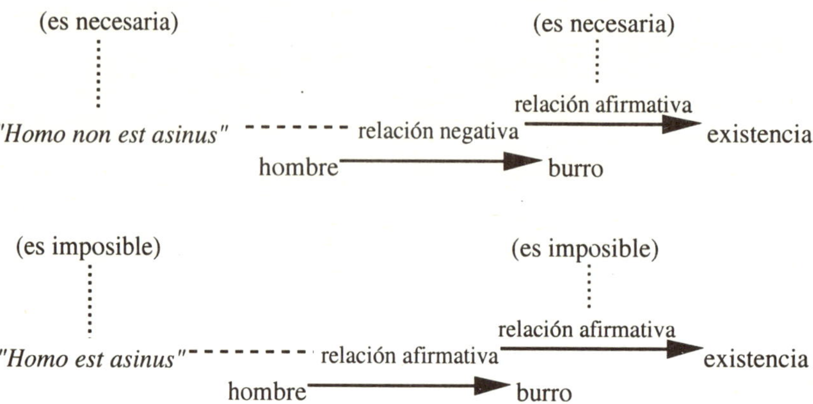

Del mismo modo, el intelecto puede formar la proposición *"Homo est albus"*, porque hay una relación afirmativa entre hombres y blancos, y es posible y contingente que esta relación se dé de hecho, es decir, la relación afirmativa de esta relación a la existencia es posible y contingente: por eso la proposición *"Homo est albus"* es posible y contingente.

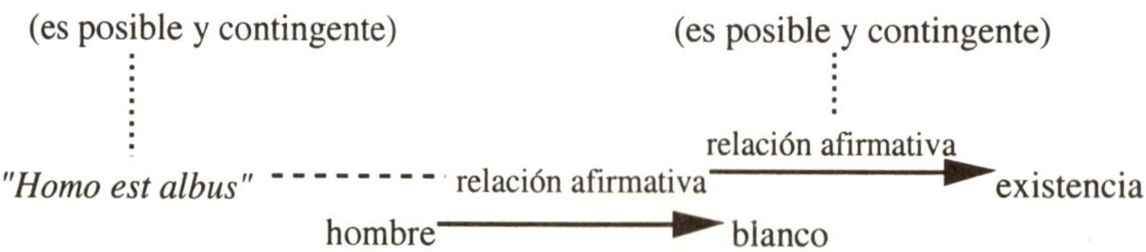

Según Pardo, las modalidades de las relaciones entre particulares no sólo fundan las modalidades de la proposición correspondiente, sino que son, ellas mismas, ciertas realidades de las que puede hablarse mediante nuevas proposiciones. Si las relaciones entre particulares son verdaderas, falsas, necesarias, contingentes, posibles e imposibles, el lenguaje debe estar capacitado para dar cuenta de esta realidad. Puesto que se trata de modos de relaciones, y no de modalidades absolutas de las entidades, las expresiones que se utilizan para significarlos son adverbiales: *"vere"*, *"false"*, *"necessario"*, *"contingenter"*, *"possibiliter"*, *"impossibiliter"*. Por ejemplo, el darse en presente de la relación afirmativa entre hombre y animal se significa con el modo *"vere"*: si la proposición *"Homo est animal"* significa la relación afirmativa entre hombres y animales, la proposición *"Homo vere est animal"* significa la verdad de esta relación.

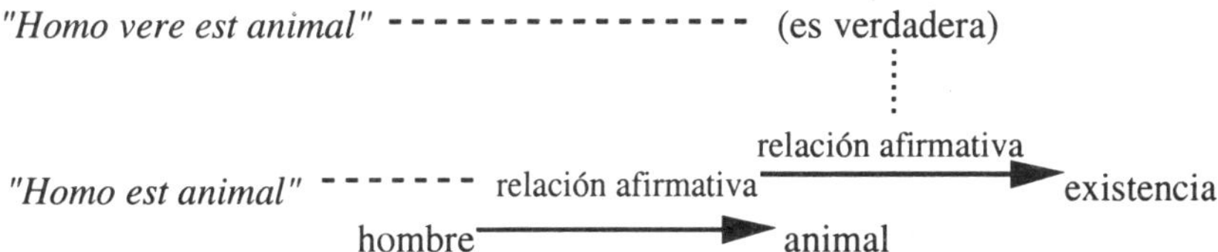

Por supuesto, el paralelismo que Pardo exige entre lenguaje y realidad debe mantenerse también a este nivel. Esto implica, por ejemplo, que la relación afirmativa entre hombre y burro no sólo se relaciona afirmativamente con la existencia, sino también negativamente: por eso el intelecto puede construir la proposición *"Homo false est animal"*, donde significa el no darse de hecho de la relación afirmativa entre hombres y animales, es decir, la relación (digamos: de nivel 2) negativa de esta relación (de nivel 1) a la existencia. Pero esta nueva relación es falsa, y por eso la proposición *"Homo false est animal"* también lo es.

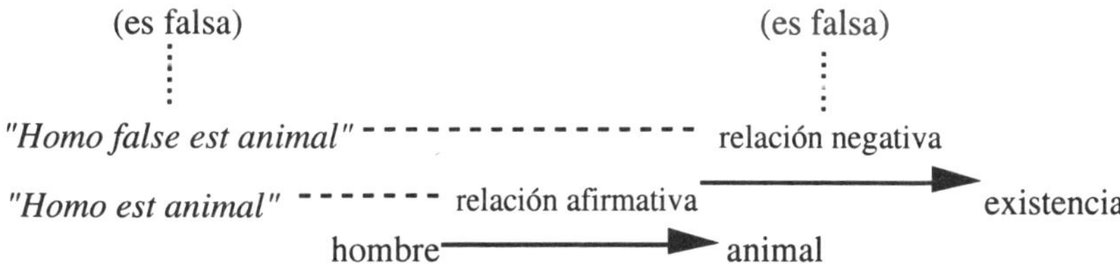

Pero, ¿qué puede querer decir que la nueva relación es falsa, sino que su relación con la existencia no se da de hecho? Surge así una nueva relación, de nivel 3, de la que también es posible hablar, y que tendrá modalidades que funden las modalidades de las correspondientes proposiciones.

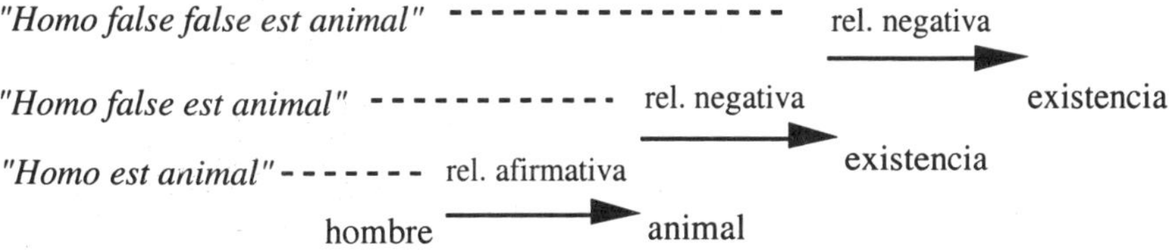

El proceso de generación de proposiciones, y la postulación de "realidades" que funden su significatividad y modalidades, pueden continuar hasta el infinito. Pardo asegura que sólo se trata de modos de estar relacionadas las entidades particulares, que no se distinguen realmente de esos mismos particulares relacionados[48]. En un sentido al menos, el significado de una proposición, por compleja que ésta sea, no es nada distinto de los particulares significados por los extremos.

Pero en Pardo, como en Buridán, cada expresión lingüística no significa por igual todos los particulares que constituyen su significado, sino que una expresión puede tomarse por unos de ellos y no por otros, y puede suponer por unos y no por otros. Como sucedía en la teoría buridaniana, la distinción entre significación, acepción y suposición afecta también en Pardo a las proposiciones y a lo que deba entenderse por "significado de una proposición".

1.2.2. *Significación, acepción, suposición*

Cualquier expresión, simple o compleja, puede ser considerada, según Pardo, como un término que remite a ciertos particulares. Pero los términos no sólo significan sus significados, sino que pueden estar tomados por unos u otros de los particulares significados, y pueden verificarse o no de ellos según el tiempo de la cópula.

Por ejemplo, el término *"homo"*, que significa todo hombre (también los hombres pasados que ya no existen, y los hombres

---

48 "Ideo, ista est vera 'homo false est asinus', quia significat quod homo false se habet ad asinum, et taliter vere est. Ideo, patet quod ad asinum relative false se habere ad hominem sequitur quod vere relative asinus false se habet ad hominem. Neque est inconveniens aliquam rem infinitis modis se habere, et in illis modis se habendi procedatur in infinitum, non tamen dico ut modum se habendi de quo in presenti est mentio realiter distinctum a re que se habet." (*MD*, 6rb)

posibles), al tomarse respecto al verbo *"est"* supone sólo por los hombres que son actualmente[49].

En cuanto a los términos complejos no proposicionales, significan todo lo que significan sus partes, pero pueden tomarse sólo por algunos de esos significados. Tal como ocurría en la doctrina buridaniana, esta restricción viene determinada, en primer lugar, no por el contexto proposicional, sino por el efecto mutuo entre las partes del término. Por ejemplo, en *"homo albus"*, *"albus"* restringe a *"homo"* para que esté tomado sólo por los hombres blancos. Más tarde, al colocar este término complejo en una proposición, por ejemplo, *"Omnis homo albus est homo"*, todo el complejo supone por los hombres blancos que son[50].

Por eso, cuando las partes del complejo son mutuamente repugnantes, ninguna de ellas supone. Por ejemplo, en *"homo irrationalis"*, el término *"homo"* está tomado por los hombres que son irracionales, y el término *"irrationalis"* está tomado por los irracionales que son hombres. Puesto que ninguno de estos particulares existe, ninguno de los términos (tampoco el compuesto) supone[51]. Ésta es la razón por la que *"chymera"*, que significa todos los entes, no supone por ninguno.

---

49 "Non obstante quod ille terminus 'homo' omnem hominem preteritum et possibilem significet, adhuc eo supponente respectu huius verbi 'est' supponit solum pro suis significatis que sunt." (*MD*, 68vb)

50 "Tertia propositio: quando aliqua extrema indistantia se habent indistanter seu per modum indistantis, nata sunt se invicem restringere, et a quocunque natum est unum restringi et reliquum. Intelligo si sint eiusdem casus, pretermitto enim casus illos de quibus sepe disputatur que restrictio sit, cuius ratio est quia illa se habent per modum unius. Exemplum huius, nam si dicatur 'omnis homo albus est homo', ly 'albus' restringit ly 'homo' pro hominibus albis, et ly 'albus' accipitur pro albis qui sunt homines, et sicut illud totum aggregatum habet a ly 'est' ut restringatur ad standum pro hominibus albis qui sunt, ita ly 'homo' habet a ly 'est' ut stet pro hominibus albis qui sunt." (*MD*, 69rb)

51 "Et ideo, quando determinatio repugnat determinabili, neque determinatio neque determinabile supponunt, ut dicendo 'homo irrationalis': nam si ly 'homo' deberet supponere, supponeret pro irrationalibus, et si ly 'irrationale' deberet supponere, supponeret pro rationalibus, ideo sibi invicem sunt impedimento." (*MD*, 69rb)

Las proposiciones también pueden ser consideradas, según Pardo, como términos complejos. Una proposición puede usarse como un término común, que significa varios particulares: todos los que significan sus partes. Por ejemplo, la proposición *"Homo est animal"*, que significa todos los hombres y todos los animales, puede ser usada como un término común[52]. En consecuencia, una proposición, en opinión de Pardo, puede funcionar como sujeto o predicado en nuevas proposiciones.

Una proposición significa todos los particulares significados por sus extremos, pero, como sucede con cualquier otro término complejo, podría no estar tomada por todos ellos. Según Pardo, que permanece en esto fiel a Buridán, para descubrir por cuáles de los particulares significados está tomada una proposición, debe resolverse la proposición en el *dictum*, y éste en el agregado de nominativo y participio. Por ejemplo, *"Homo est animal"* estará tomado por lo mismo que *"hominem esse animal"*, y este *dictum* está tomado por los hombres que son animales (*homo existens animal*)[53]. Al convertir la proposición en un término tomado *per modum indistantis*, sus partes se restringen entre sí: *"homo"* restringe a *"animal"* y le hace estar sólo por los animales que son hombres.

Pardo aplica este análisis a la proposición *"Omne animal est homo est homo"*, cuyo sujeto es el término complejo proposicional *"animal est homo"*. Según Pardo, el sujeto *"animal est homo"*, cuantificado universalmente, está tomado personalmente por todos los hombres: puesto que *"animal"* y *"homo"* constituyen un único extremo, se relacionan entre sí de modo indistante; por ello, *"homo"* restringe a *"animal"* para que esté sólo por los animales que son hombres y así, en virtud del cuantificador

---

52 "Unde hoc 'homo est animal', acceptum ut terminus, est communior terminus quam isti termini 'Sortes', 'Plato' et sic de aliis." (*MD*, 95vb)

53 La diferencia entre Buridán y Pardo radica en que este último destaca el aspecto relativo de la realidad: los hombres que son animales son los hombres *en cuanto relacionados* con los animales, porque es esta relación lo propiamente significado por la proposición *"Homo est animal"*.

universal, *"animal est homo"* está tomado por todo animal que es hombre[54].

Por otra parte, como cualquier otro término, una proposición puede no suponer por todos los particulares por los que está tomada. Por ejemplo, en *"Omnis homo est animal et omnis asinus est animal sunt animalia"*, el sujeto *"omnis homo est animal et omnis asinus est animal"* no supone por nada: no hay nada que sea todo hombre que es animal, ni todo burro que es animal[55]. En cambio, en *"Sortes est Sortes currit si Sortes movetur"*, la condicional *"Sortes currit si Sortes movetur"* supone por cualquier particular[56], y en *"Sortes est Sortes currit vel Sortes non currit"*, el predicado *"Sortes currit vel Sortes non currit"* supone por Sócrates que corre o que no corre[57].

---

54 "Sed ibi incidit dubium: an una tota propositio possit personaliter supponere. Ad quod respondeo quod sic, secundum quam suppositionem ista est concedenda 'omne animal est homo est homo', nam 'animal est homo' habet illas partes, puta ly 'animal' et ly 'homo', se habentes per modum indistantis, ideo ly 'homo' restringit ly 'animal' ad standum pro homine precise, ita quod illud complexum 'animal est homo' stat pro omni animal existente homine." (*MD*, 150va) Ver también *MD*, 95vb.

55 Para que no faltara la suposición, debería entenderse que las apariciones de *"omnis"* no son parte de las proposiciones que se unen en conjunción. "Patet secundo quod una tota ypothetica copulativa potest esse subiectum vel predicatum, ut sic dicendo 'omnis homo est animal et omnis asinus est animal sunt animalia', que vera est si illa copulativa 'homo est animal et asinus est animal' (habens tamen ibi rationem copulati) sit subiectum. Si vero tota illa copulativa 'omnis homo est animal et omnis asinus est animal' accipiatur pro subiecto, falsa est, quia subiectum non supponit." (*MD*, 150vb)

56 "Ex isto patet primo quod una tota ypothetica conditionalis potest esse subiectum vel predicatum, ut si admittatur iste modus loquendi 'Sortes est Sortes currit si Sortes movetur': illa conditionalis 'Sortes currit si Sortes movetur' est predicatum, et illa est vera, nam ipsa habet cognosci per istam conditonalem 'si Sortes est Sortes movetur, Sortes est Sortes currit', sicut patet ex dictis in materia de conditionalibus. Illa autem conditionalis est vera, ideo ipsa est vera. Ideo, non sequitur: est conditionalis falsa, ergo pro nullo supponit. Immo, illa conditionalis 'Sortes currit si Sortes movetur' pro quolibet ente mundi supponit." (*MD*, 150vb)

57 "Patet tertio quod una tota disiunctiva potest esse extremum cathegorice, ut si dicam 'Sortes est Sortes currit vel Sortes non currit', cuius veritas cognoscitur per hanc 'Sortes est Sortes currens vel non currens'." (*MD*, 150vb)

De modo análogo, en *"Necesse est quod chymera sit vel chymera non sit"*, el predicado *"Chymera est vel chymera non est"* no supone por nada si se toma significativamente. Todo cambia si la proposición considerada es esta otra: *"Necesse est quod chymera sit vel quod nulla chymera sit"*, porque el nuevo predicado sí supone, al estar negado el sujeto de la segunda parte de la disyuntiva. En efecto, *"nulla chymera est"* es un término infinito, que supone por todo aquello por lo que no supone el término finito correspondiente, es decir, por todo ente[58].

La consideración de la proposición como término hace que la pregunta por su significado se desdoble: preguntar por el significado de la proposición en algunos casos es, para Pardo, preguntar cuáles son los particulares significados por ella, en otros casos es preguntar por cuáles de esos particulares podría suponer[59].

Puesto que la noción de verificación juega un papel esencial en la determinación de la suposición (un término supone por aquello de lo que se verifica mediante un pronombre demostrativo), también se convierte en una noción clave para determinar el significado de la proposición, entendido en el segundo sentido. Así, los significados de la proposición son las entidades que pueden hacerla verdadera. Esto es lo que ocurre, como se ha visto, en la interpretación buridaniana del significado.

Por ejemplo, para Buridán, la proposición *"Sortes currit"* significa *Sortem currere*, es decir, *Sortes currens*. Para que la proposición sea verdadera es preciso que Sócrates corra, es decir, la entidad que la hace verdadera es el Sócrates que corre, y éste es el significado de la proposición. En cambio, para la proposición

---

58 "Et si queras an ista sit vera 'necesse est quod chimera sit vel chimera non sit'. Respondeo: capiendo totum hoc 'chimera est vel chimera non est' significative, falsa est, quia totum illud 'chimera est vel chimera non est' pro nullo supponit. Bene tamen ista esset vera capiendo significative: 'necesse est quod chimera sit vel quod nulla chimera sit'. Propter quod unus modus dicendi (in marg: Hentisberus) in contradictoriis recitatus, negans illam 'chimera non est' et illam concedens 'nulla chimera est', magnam habet apparentiam, nam dicit non parum esse subiectum negari vel non, quod in proposito apparet." (*MD*, 150vb)

59 En la sección 1.2.3 se relacionará esta división con la distinción entre significación y acepción de los términos.

"Chymera non est" no existe la entidad que la hace verdadera: según Buridán, su supuesto significado, *chymera non existens*, no es nada[60]. Entendido el significado como la entidad o entidades por las que la proposición puede suponer, en la teoría buridaniana un gran número de proposiciones resultan no tener significado.

Para Pardo, en cambio, la significatividad de la proposición está garantizada para todo tipo de proposiciones. Su ontología, que se va desplegando en innumerables relaciones, permite encontrar siempre un "algo" significado por la proposición, incluso cuando se toma el "significado de la proposición" en el sentido restringido. Por ejemplo, la proposición *"Antichristus est"* significa algo, aunque la entidad a la que en último término remite (la entidad que la haría verdadera), *Antichristus existens*, no exista en el momento presente. Lo que la proposición significa, según Pardo, es la relación afirmativa entre el Anticristo y la existencia, una relación que subsiste (de otro modo, no podría ser significada), aunque el particular significado por *"Antichristus"* no exista en el momento actual.

Pero si la no existencia del particular significado por el sujeto no afecta a la significatividad de la proposición *"Antichristus est"*, sí afecta, en cambio, a la verdad de nuevas proposiciones que hablan del significado de esta proposición. Por ejemplo, no puede decirse con verdad *"Possibile est Antichristum esse"*, porque *"Antichristum esse"* no supone por nada. Para poder componer con verdad el término *"possibile"* con el *dictum "Antichristum esse"* es preciso que ambos supongan por algo[61].

Sí es verdadera, en cambio, la proposición *"Antichristus possibiliter est"* (por la ampliación derivada del adverbio *"possibiliter"*). Esta proposición no atribuye la posibilidad al significado

---

60 "Dico quod non est admittendum secundum istum modum dicendi quod ista propositio 'chymera non est' significat chymeram non esse, quia chymeram non esse non est possibile neque intelligibile." (*MD*, 6va)

61 "Et cum dicis: illa propositio significat Antichristum esse, concedo; et: non est possibile Antichristum esse, concedo. Ista enim non est vera <'possibile est Antichristum esse'>, eo quod est una affirmativa cuius predicatum non supponit." (*MD*, 6va)

de *"Antichristus est"* considerado como entidad (como la entidad que haría verdadera a la proposición, la entidad por la que supone el *dictum*), sino considerado como relación entre particulares: la relación del Anticristo a la existencia se da posiblemente. Para que tal relación se dé posiblemente, no es necesario que el Anticristo exista, puesto que Pardo atribuye a las relaciones una subsistencia independiente del hecho de que los términos de la relación existan en presente o no[62].

Pero, en cierto sentido, la posibilidad de que los particulares existan o no en presente sí afecta al significado de las proposiciones. En Pardo, una consecuencia de la identificación del significado de las proposiciones con los particulares significados es que la proposición no es indiferente a los cambios que se producen en esos particulares.

1.2.3. Imposición y acepción: la posibilidad de cambio

Toda entidad, excepto Dios, es contingente: puede existir o no existir, puede empezar a existir después de no haber existido y puede dejar de existir una vez que existe. Sucede lo mismo con sus propiedades y relaciones: pueden tenerlas o no tenerlas de hecho, comenzar a tenerlas y dejar de tenerlas[63]. El lenguaje es capaz de significar todo esto: tanto los particulares existentes como los

---

62 "Sed propterea non sequitur quod non significet taliter qualiter possibile est esse, ymo iste due stant in veritate 'non est possibile Antichristum esse' et 'illa propositio Antichristus est significat taliter qualiter possibile est esse'. Unde posset concedi quod Antichristum esse est possibile possibilitate relativa, per quod tantum intelligitur ac si dicerem 'Antichristus possibiliter est'. Et ad illum intellectum negaretur quod non est possibile Antichristum esse possibilitate relativa importata per ly 'possibile', dummodo argumenta non inquirant illum strictum, rigore loquendi, quoniam si argumentis omnino exquiratur, dentur sensus in quibus capiuntur tales propositiones et cessabunt argumenta." (*MD*, 6va)

63 Como se ha visto, aunque, en Pardo, las relaciones deben siempre "darse", de algún modo, para poder ser significadas, en unos casos se dan "de hecho" y en otros no.

no existentes, tanto las propiedades y relaciones que se dan de hecho como las que no se dan de hecho. La existencia efectiva no introduce modificaciones en orden a la significación, pero sí las introduce en orden a la verdad. Las propiedades de los signos lingüísticos que interesan en orden a la verdad sí se ven afectadas por los posibles cambios en las entidades particulares significadas.

Lo que un término (vocal o escrito) significa está determinado por la imposición originaria de ese término para significar. Una vez recibida una significación por imposición, el término significa todos los particulares que pueden causar la correspondiente intelección, sean o no existentes de hecho. Por ejemplo, el término *"homo"* significa tanto a Adán, como a Jerónimo, como al Anticristo.

Sin embargo, un término, que significa de una vez por todas por imposición, puede estar tomado por unos particulares u otros en distintas ocasiones. Pardo parece estar considerando distintos "universos de discurso", que determinan la acepción de los términos en las distintas situaciones. Por ejemplo, cuando sólo Adán existía, el término *"homo"* en *"Homo est"* estaba tomado por Adán. En cambio, en el momento actual, el universo de discurso ha cambiado, de manera que el mismo término está tomado por individuos diferentes.

Por otra parte, la consideración de distintos universos de discurso no sólo está determinada por la atención a distintos momentos del tiempo, sino por la atención a distintos "mundos posibles", que determinan la acepción que los términos podrían tener si hubieran sido otras las situaciones. Por ejemplo, podría suceder que no existieran más animales que los burros, y en ese mundo el término *"animal"* estaría tomado sólo por los burros.

Las proposiciones, cuyo significado procede de los significados de las partes, se ven también afectadas por el cambio de universo de discurso y por la consideración de distintos mundos[64]. El ejemplo más citado por Pardo es la proposición *"Omne ens est*

---

64 Ver la sección 5.2 del capítulo primero.

Deus"[65]. Por imposición de sus términos para significar, esta proposición significa todos los entes: tanto Dios como las criaturas, tanto las entidades existentes como las no existentes. Pero la introducción de distintos universos de discurso y de distintos mundos posibles hace que la proposición signifique de un modo especial unos u otros de estos significados.

Así, si se consideran distintos universos de discurso en relación con distintos momentos del tiempo, la proposición *"Omne ens est Deus"* puede referirse de manera especial a unas entidades o a otras. Por ejemplo, cuando sólo Dios existía, *"ens"* sólo estaba tomado por Dios; en cambio, en el momento actual, *"ens"* está tomado por todos los entes actualmente existentes. En el primer caso, la proposición *"Omne ens est Deus"* significa de todo ente existente entonces (sólo Dios mismo) que era Dios; en el segundo caso, la proposición *"Omne ens est Deus"* significa de todo ente actualmente existente (Sócrates, Platón, etc...) que es Dios.

El mismo ejemplo puede considerarse desde el punto de vista de los mundos posibles: en un mundo en el que sólo Dios existiera, la proposición *"Omne ens est Deus"* significaría de Dios mismo que es Dios; en un mundo en el que otros entes existieran, la proposición *"Omne ens est Deus"* significaría de todos ellos que son Dios.

Este modo especial de significar la proposición unas entidades y no otras tiene que ver con las condiciones de verificación de esa proposición. Cuando sólo Dios existe, la única entidad que podría hacer verdadera a la proposición es Dios mismo, y por eso *"Omne ens est Deus"* significa de un modo especial a Dios mismo. Cuando otros entes existen, cualquiera de ellos podría tomarse como un candidato a hacer verdadera la proposición (aunque sólo Dios la haga verdadera), y por eso *"Omne ens est Deus"* significa de manera especial a todos ellos.

Pardo habla, así, de una "representación en orden a la verificación" (*representatio verificationis*), que no es otra cosa que

---

65 En la sección 2.2 se verán los problemas que esta proposición suscita en relación con las modalidades.

esta especial significación de las proposiciones, una significación restringida, en virtud de la acepción de los términos: la proposición significa, en una situación dada, aquellos particulares que podrían, en esa situación, hacer verdadera a la proposición. Junto a ella, Pardo sigue reconociendo una significación de la proposición en el sentido más amplio, la que se toma de la significación de los términos y no de su acepción. Esta significación no tiene nada que ver con la verificación de la proposición: la proposición significa todos los particulares que trae a la mente, puedan o no hacer verdadera a la proposición.

Como se anunciaba en la sección 1.2.2, el "significado" de una proposición puede entenderse, según Pardo, en dos sentidos. En un sentido amplio, todas las entidades significadas por los extremos son significados de la proposición. En un sentido restringido, sólo algunas de esas entidades son significados de la proposición. Mientras que el primero es atemporal y puede determinarse independientemente de la situación concreta en que se construye la proposición, este segundo significado depende de la situación y se determina *a posteriori*, después de analizar las condiciones de verdad de cada proposición en concreto.

Por ejemplo, la proposición indefinida *"Homo est albus"* significa, como término complejo, todos los hombres y todos los blancos. Así, según Pardo, esta proposición significa de cualquier hombre (que es, fue, será o puede ser) que es, fue o será blanco. Sin embargo, para su verdad sólo es preciso considerar a los hombres que son, y en orden al tiempo que ahora es presente: el descenso, que explicita las condiciones de verdad de la proposición, conduce a *"hic* $homo_1$ *est albus, vel hic* $homo_2$ *est albus, vel hic* $homo_3$ *est albus..."*, donde los distintos *"homo"* están por los hombres presentes. Estos particulares, de entre todos los "significados" en sentido amplio, son los significados de la proposición según la significación tomada de la acepción de los términos, la significación en orden a la verificación[66].

---

66 "Sic etiam dico quod per illam noticiam unitivam cui subordinatur hec vocalis 'homo est albus' de quolibet homine qui est, fuit, erit et potest esse significatur quod est, fuit et erit albus, tamen solum requirit verificationem pro homine qui est

¿Por qué sólo debe ser considerado el hombre que es en orden al tiempo que ahora es presente? La respuesta de Pardo es: porque así están tomadas las partes de la proposición mental, es decir, porque la noticia simple que causa la proposición mental es noticia del tiempo que ahora es presente, y no de cualquier tiempo[67].

Para mayor claridad, Pardo toma un ejemplo en el que el sujeto es un término general tomado con suposición discreta: *"Iste homo est animal"*. Se trata de ver cuál es la razón que restringe el sujeto, de significar muchos individuos, a estar tomado sólo por uno determinado. La proposición mental *"Iste homo est animal"* significa, de cualquier hombre, que es animal: la proposición está abierta a cualquier uso concreto del demostrativo *"iste"*, que puede señalar, en principio, a todo hombre. Sin embargo, la proposición no es verdadera de cualquier hombre, sino sólo del hombre indicado en el uso concreto del demostrativo que se está considerando. Por eso puede decirse que, aunque la proposición mental *"Iste homo est animal"* significa de cualquier hombre que este hombre es animal, sin embargo lo significa de una forma más determinada del hombre señalado por el demostrativo *"iste"*, y no de otro cualquiera[68].

La distinción entre la significación de la proposición tomada de la significación de los términos y la tomada de la acepción de los términos se convierte, en Pardo, en una distinción entre la significación sin más y la significación en orden a la verificación (*representatio verificationis*). Preguntar de qué habla una proposición es, en este sentido, preguntar qué es lo que haría verdadera a

---

in ordine ad tempus quod modo est presens, quia illud representat representatione verificationis." (*MD*, 19rb)

67 "Que determinatio ad representandum tempus quod modo est presens intantum quod propositio ipsa sufficit et requiritur verificatio provenit quia illa noticia nata est causari ex noticia temporis quod modo est presens, ut puta si utamur tempore presenti ut indivisibili, illa mentalis 'homo est albus' causatur ex noticia discreta huius instantis quod est presens." (*MD*, 19rb)

68 "Respondeo, sicut dictum est, quod noticia cui subordinatur hec vocalis 'iste homo est animal' de quolibet homine significat quod est animal, tamen pro solo homine demonstrato verificatur, et determinatius dicitur representare de homine illo qui demonstratur quam de alio homine quod sit animal." (*MD*, 19rb)

la proposición (en caso de que lo fuera), y esto es lo que la proposición significa de modo más preciso (y no de modo general, en función de la significación de los términos).

El motivo, explica Pardo, es que la proposición mental *"Iste homo est animal"* está causada por la noticia discreta del hombre que de hecho es señalado por el demostrativo, y no por la noticia de ningún otro hombre[69]. La explicación de que un término en una proposición esté tomado por unas cosas u otras no está en la proposición misma, sino en la noticia simple de la que esa proposición procede. Puesto que son las cosas mismas las que mueven al intelecto a formar la noticia simple, que dará lugar más tarde a la noticia proposicional, lo significado por la proposición serán las cosas que han producido la noticia, y no otras. En Pardo, siempre es la cosa la que mueve al intelecto, nunca el intelecto puede ir más allá de lo que la realidad misma le ofrece. Sin embargo, qué cosas son las que mueven al intelecto lo determina Pardo en función de la verificación: lo que debe estar al principio como causa de la noticia sólo puede determinarse al final, después de haber analizado las condiciones de verdad de la proposición.

Buridán también distinguía, como se ha visto, dos sentidos de "significado de la proposición": uno amplio, según el cual los significados de la proposición son los particulares significados por los términos, y uno restringido, según el cual los significados de la proposición son sólo los particulares que la hacen verdadera (y no en todos los casos, sino sólo cuando el *dictum* supone por algo). Pardo no quiere reservar el sentido restringido a unas pocas proposiciones: para él, los significados de la proposición en sentido restringido son los particulares que la *harían* verdadera (esos particulares siempre "se dan": si se dieran verdaderamente, harían verdadera a la proposición, pero cuando se dan falsamente, la hacen falsa).

La relación significativa entre la proposición y la "realidad" está garantizada, en Pardo, para cualquier proposición. Queda por

---

69 "Quod provenit quia ipsa causatur, vel saltem nata est causari, ex noticia discreta illius hominis qui de facto demonstratur." (f. 19rb)

ver cómo Pardo trata de fundar las modalidades en esta misma relación significativa, y los problemas a que esta pretensión conduce.

2. LAS MODALIDADES DE LAS PROPOSICIONES

Pardo ha mostrado cómo debe entenderse el significado de la proposición para que pueda constituirse en fundamento de las modalidades de las proposiciones. Una proposición significa, como cualquier término complejo, los particulares significados por sus partes. Pero la proposición, que se caracteriza por la presencia de una cópula, significa esos particulares en cuanto que están en una determinada relación entre sí. Las relaciones entre particulares pueden tener distintas modalidades, y son precisamente estas modalidades de las relaciones entre particulares las que fundan las modalidades de las proposiciones que hablan de tales relaciones.

2.1. Modalidades relativas y modalidades de la proposición

Antes de examinar las definiciones propuestas por Pardo y los problemas a que se enfrenta, voy a detenerme en el análisis de las proposiciones que habían sido presentadas como objeción contra la teoría buridaniana del significado. Pardo muestra cómo debe entenderse su significado para que la modalidad relativa de ese significado pueda fundar la modalidad que se atribuye a la proposición en cada caso.

2.1.1. *Verdad y falsedad*

En primer lugar, si la verdad y la falsedad de las proposiciones deben fundarse en su significado, es preciso garantizar un significado falso para la proposición falsa *"Homo est asinus"*.

Según Pardo, el significado de esta proposición es el hombre en cuanto relacionado afirmativamente con el burro. En su opinión, esta relación se da de algún modo en la realidad: de no ser así, el intelecto carecería de un fundamento para construir la proposición *"Homo est asinus"*. Pero, si en la realidad se da tal relación, parece que la proposición debería ser considerada verdadera, puesto que su significado se da en la realidad. Sin embargo, según Pardo, aunque la relación afirmativa entre hombre y burro se da en la realidad, no se da verdaderamente (*vere*). El significado de *"Homo est asinus"* no es una verdad relativa y, por lo tanto, no sirve como fundamento de la verdad de la proposición[70].

La proposición *"Homo est asinus"* es falsa, y no verdadera, porque la relación afirmativa entre hombre y burro que ella significa se da en la realidad, pero no verdaderamente, sino falsamente (*false*). La proposición *"Homo est asinus"* significa, así, una falsedad relativa, modalidad real que funda la falsedad de la proposición[71].

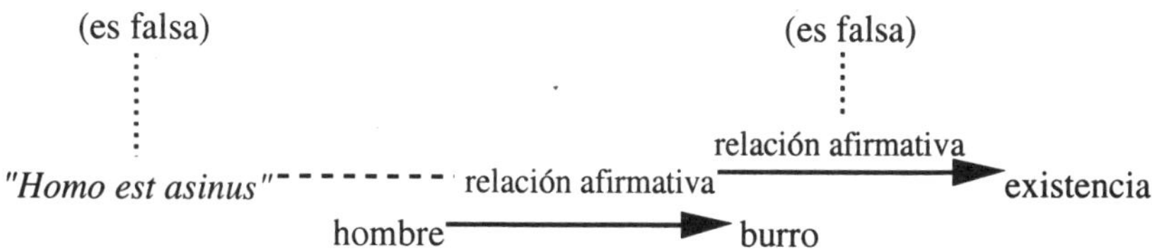

70 "Ideo, ad formam argumenti, cum dicitur quod ista propositio 'homo est asinus' esset vera, negatur, et ratio est quia non significat taliter qualiter est, significat enim hominem et asinum affirmative, et non est vere, quia illi affirmationi unius extremi ad alterum extremum non correspondet veritas relativa in ordine ad idem extremum." (*MD*, 6rb)

71 "Ideo, hoc resolvendo, si queratur quare ista est falsa 'homo est asinus', respondeo quod ideo quia significat hominem affirmative in ordine ad asinum qualiter non vere est, ymo false." (*MD*, 6rb)

Pardo explica que "lo verdadero" y "lo falso" se refieren a la verdad y falsedad relativas, es decir, a las relaciones entre particulares que se dan verdadera o falsamente[72]. Pero las relaciones no son sino los particulares mismos relacionados. Esto quiere decir que Pardo piensa, a diferencia de Buridán, que los portadores primarios de la verdad y falsedad son las cosas significadas por la proposición, y no la proposición mental misma.

2.1.2. *Posibilidad*

En segundo lugar, la posibilidad de las proposiciones debe fundarse también en la posibilidad de su significado. Así, Pardo tiene que justificar la posibilidad del significado de *"Antichristus est"* y *"Chymera non est"*, si quiere considerar posibles a estas proposiciones.

En primer lugar, de acuerdo con la interpretación de Pardo del significado, la proposición *"Antichristus est"* significa el Anticristo relacionado afirmativamente con la existencia[73]. La relación del Anticristo a la existencia debe darse en la realidad, para fundar la significatividad de la proposición, aunque esta relación no se da verdaderamente: por eso la proposición no es verdadera. Pero la proposición es posible, y debe encontrarse un fundamento real de esta posibilidad: la relación entre Anticristo y existencia, que no se da verdaderamente, sí se da posiblemente (*possibiliter*). En otros términos, el Anticristo en cuanto relacionado posiblemente con la existencia es una posibilidad relativa, que funda la posibilidad de la proposición.

---

72 "Unde per illos modos 'verum' et 'falsum' signantur veritas et falsitas relativa." (*MD*, 6rb)

73 La relación significada por una proposición de *"est"* existencial es la relación a la existencia que fundaba la modalidad que Pardo llamaba "absoluta". Sin embargo, al considerarla en cuanto significada por una proposición y no por un término simple, puede tomarse como una modalidad relativa.

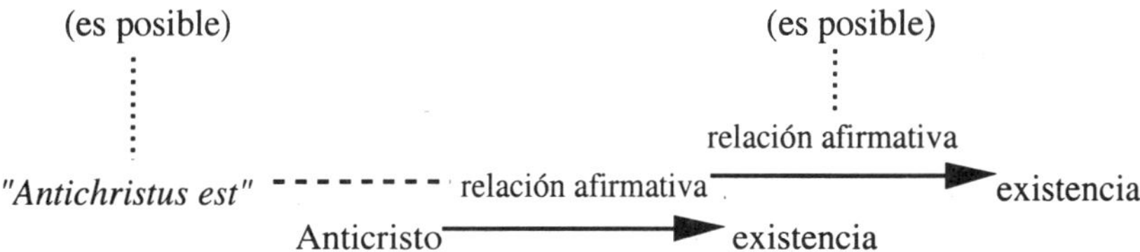

Esta posibilidad relativa puede ser significada, en una nueva proposición, mediante el modo adverbial *"possibiliter"*: la proposición *"Antichristus possibiliter est existens"* significa que la relación del Anticristo con la existencia se da posiblemente[74].

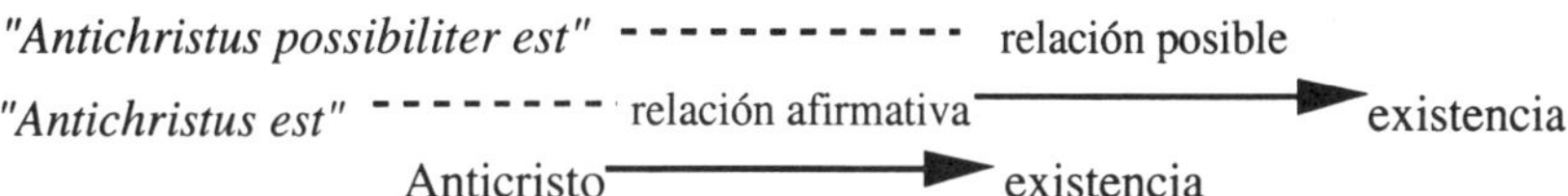

En segundo lugar, Pardo debe encontrar también un significado posible para la proposición *"Chymera non est"*. Pero en este caso el sujeto es un término compuesto, *"chymera"*[75], que no puede suponer por nada. Esto llevaba a Buridán a rechazar como imposible el significado de la proposición: como señala Pardo, según la opinión de Buridán, no puede decirse que *"Chymera non est"* signifique *chymeram non esse*, porque esto no es posible ni inteligible[76]. Para mostrar cómo, a pesar de ello, la proposición es posible (de hecho, no es meramente posible, sino verdadera y necesaria), Pardo trata primero de determinar el significado de su sujeto *"chymera"*.

---

[74] "Ad primam, dico quod ista propositio 'Antrichristus est' est possibilis, quia significat taliter qualiter possibile est esse, significat enim Antichristum affirmative in ordine ad existentiam, et Antichristus possibiliter est. Immo, Antichristus relative et affirmative possibiliter refertur ad existentiam, que possibilitas relativa importatur per ly 'possibiliter' cum dicitur 'Antichristus possibiliter est existens'; sincathegoreumata enim, ut in secundo capitulo dicetur, significant aliquid vel aliqua aliqualiter qualiter non significatur per cathegoreumata." (*MD*, 6rb-va)

[75] Que equivale, como se ha visto, a su definición *quid nominis*, "ente compuesto de incomposibles".

[76] "Dico quod non est admittendum secundum istum modum dicendi quod ista propositio 'chymera non est' significat chymeram non esse, quia chymeram non esse non est possibile neque intelligibile." (*MD*, 6va)

Para determinar el significado del término *"chymera"* y, a través de él, de la proposición *"Chymera non est"*, Pardo compara aquella proposición con esta otra: *"Sortes qui est asinus non est Sortes"*. El análisis de esta proposición muestra que, de entre todos los significados del sujeto, los que interesan para determinar el significado de la proposición son sólo aquellos particulares por los que *está tomado* el sujeto. *"Sortes qui est asinus"*, que, como término compuesto, significa a Sócrates y a los burros, debe tomarse de modo indistante, es decir, restringiéndose sus partes mutuamente. Según Pardo, *"Sortes qui est asinus"* significa a Sócrates relacionado afirmativamente con el burro[77], es decir, de entre todos sus significados, se toma sólo por el Sócrates que es burro. Así, la proposición *"Sortes qui est asinus non est Sortes"* significa que Sócrates relacionado afirmativamente con el burro se relaciona negativamente con Sócrates[78].

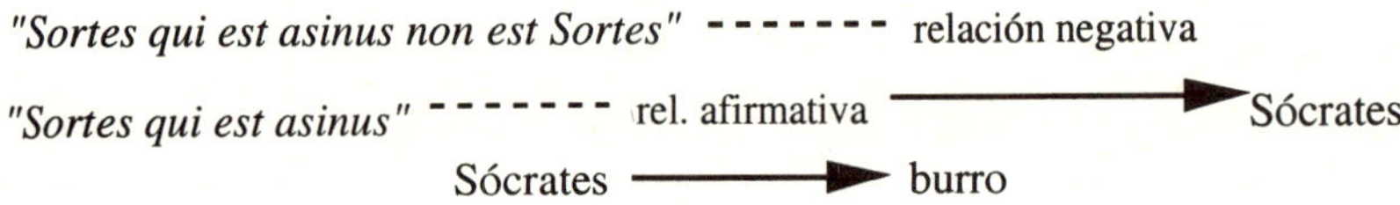

De modo análogo, el término *"chymera"* significaría, según Pardo, cualquier cosa posible relativa y unitivamente en orden a cualquier otra cosa posible incomposible con ella: estos son los particulares por los que está tomado el término *"chymera"*, en cuya definición "ente compuesto de incomposibles" las partes se

77 No queda muy clara, entonces, la diferencia entre un término compuesto y una proposición: *"Sortes est asinus"* también significa a Sócrates relacionado afirmativamente con el burro. Parece que en *"Sortes qui est asinus"* lo significado es Sócrates mismo, mientras que en *"Sortes est asinus"* lo significado primariamente sería su relación. Pero como en Pardo la relación no es nada distinto de los particulares significados, la proposición no parece significar nada distinto del término compuesto.

78 "Et ut hoc manifestetur, accipio hanc propositionem 'Sortes qui est asinus non est Sortes'. Illa possibilis est et vera, nam Sortes affirmative et false relatus ad asinum vere negative refertur ad seipsum, ideo vera est, igitur significat taliter qualiter vere est, significat enim Sortem relative affirmative ad asinum relatum negative se habere ad seipsum, et taliter non est, quia vere non est." (*MD*, 6va)

restringen mutuamente[79]. La proposición *"Chymera non est"*, por tanto, significará la relación negativa a la existencia de cualquier cosa posible relacionada unitivamente con cualquier otra cosa posible incomposible con ella.

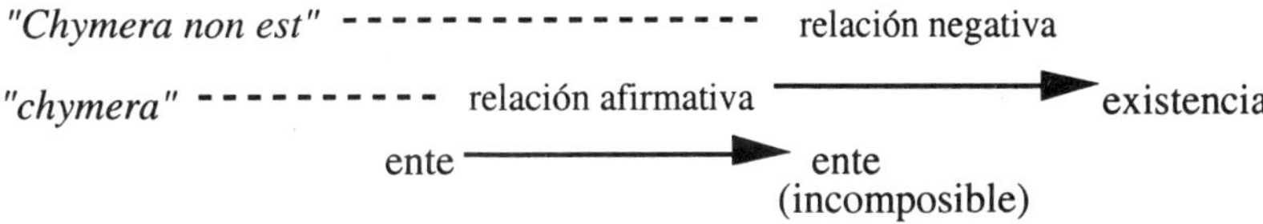

Una vez determinado el significado, es fácil para Pardo mostrar cómo este significado garantiza la posibilidad de la proposición, a pesar de la falta de suposición del *dictum*, y, más todavía, de la imposibilidad que Buridán atribuye a este *dictum*. Del mismo modo que la relación negativa entre Sócrates relacionado afirmativamente con el burro y Sócrates mismo es una relación verdadera, que se da de hecho, así la relación negativa entre cualquier cosa posible relacionada unitivamente con cualquier otra incomposible con ella y la existencia es también una relación verdadera y posible. Es decir, la relación significada por la proposición es una posibilidad relativa en la que se funda la posibilidad de *"Chymera non est"*.

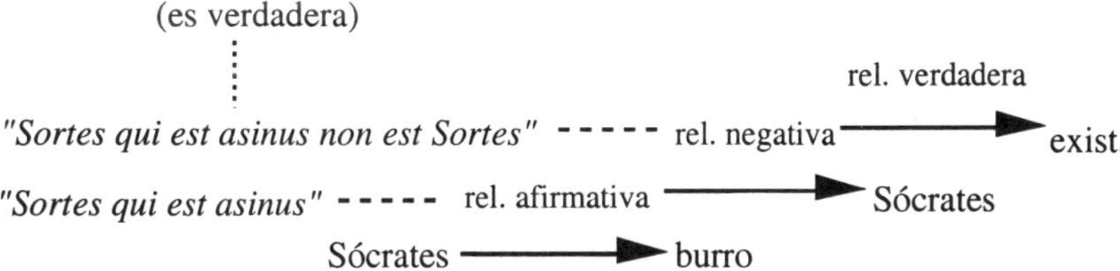

---

[79] "Et sic, clare ostenditur possibilitas et veritas istius: quid enim intelligo quando dico 'Sortes qui est asinus' intelligitur cum dico 'chymera', per istum enim terminum 'chymera' significatur quelibet res possibilis relative unitive in ordine ad quamlibet aliam rem possibilem ei incompossibilem." (*MD*, 6va)

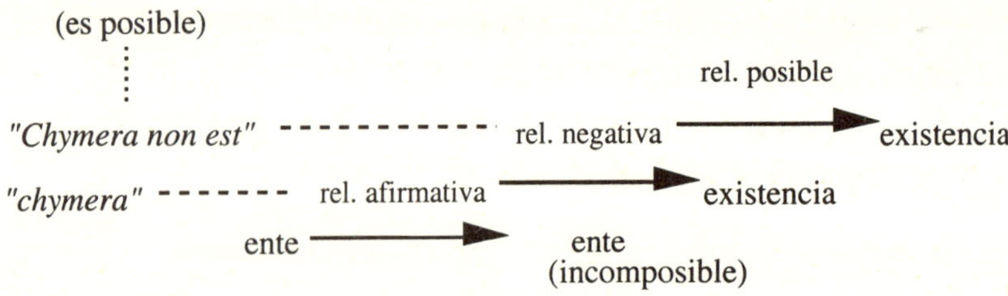

2.1.3. *Necesidad*

Las proposiciones necesarias también deben encontrar el fundamento de su modalidad en una modalidad relativa de su significado: aunque los particulares significados por los extremos sean entidades contingentes, es la relación entre ellos, significada por la proposición, la que debe ser necesaria[80].

Por ejemplo, la proposición *"Petrus non est Paulus"* significa a Pedro en su relación negativa con Pablo. Esta relación, a su vez, se relaciona necesariamente con la existencia, es decir, es necesario que sea de ese modo (*taliter necesse est esse*). Esta es la necesidad relativa en la que se funda la necesidad de la proposición[81].

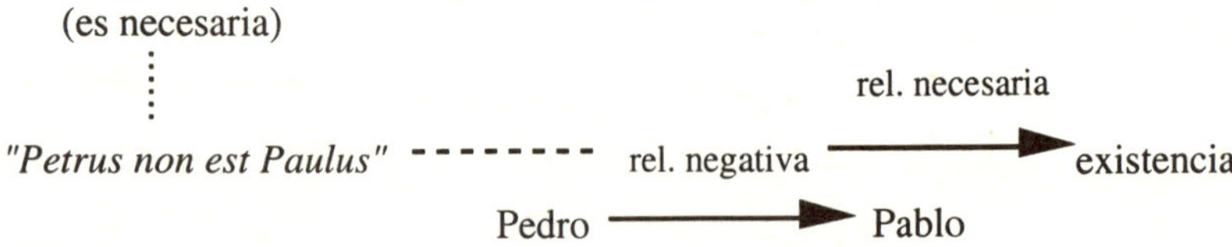

Lo mismo sucede con la proposición *"Sortes currit vel Sortes non currit"*. Lo que esta proposición significa es *Sortes currens* (es decir, Sócrates relacionado afirmativamente con lo que corre) rela-

80 En la sección 3 se verá, sin embargo, una dificultad añadida: para Pardo, no puede haber una relación necesaria entre cosas contingentes.

81 "Et ad primam rationem de illa propositione 'Petrus non est Paulus', patet ex dictis quod Petrus est necessarius necessitate relativa negative se habens ad Paulum, ideo aliqualiter significatur per eam et taliter necesse est esse." (*MD*, 6va)

cionado disyuntivamente con *Sortes non currens* (es decir, Sócrates relacionado negativamente con lo que corre). Y esta relación (*modus se habendi*) tiene una necesidad relativa. Por eso puede decirse que el significado de la proposición es necesario (*necessarius*) con necesidad relativa, necesidad de donde procede la calificación de la proposición como necesaria[82].

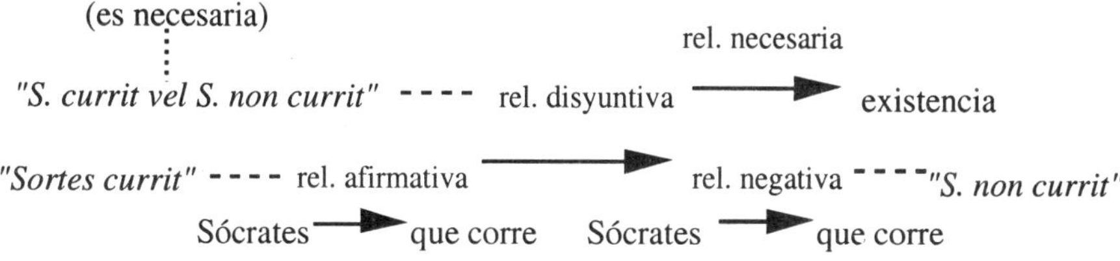

En la sección 3 se prestará atención a un caso especial de proposiciones que, significando cosas contingentes, son, sin embargo, necesarias: las proposiciones científicas. Como se verá, Pardo debe complementar su teoría de las modalidades relativas con una interpretación que garantice la necesidad de las proposiciones científicas a pesar de la contingencia de los particulares de los que hablan. Pero las mismas razones que obligan a Pardo a buscar este complemento son las que debilitan su teoría cuando se trata de encontrar el fundamento de la necesidad de proposiciones distintas a las científicas.

2.1.4. *Imposibilidad*

Las proposiciones imposibles, por su parte, también deben tener un significado que sea relativamente imposible, aunque no

---

82 "Ad aliam de ista 'Sortes currit vel Sortes non currit', dico quod est necessaria, quia significat taliter qualiter necesse est esse. Unde dicitur quod Sortes currens relatus disiunctive ad seipsum relatum affirmative et etiam negative habet necessitatem relativam que concomitatur illum modum se habendi disiunctive affirmative, et ita conceditur quod Sortes currens est necessarius necessitate relativa, a qua necessitate illa propositio habet quod necessaria nominetur." (*MD*, 6vb)

hay nada que sea absolutamente imposible. Así, la proposición imposible *"Deus non est Deus"* deberá significar una relación imposible. En efecto, la proposición significa a Dios, pero lo significa en cuanto relacionado negativamente consigo mismo. Aunque Dios sea una entidad absolutamente necesaria, considerado en su relación negativa consigo mismo es un imposible (*impossibilis*) con imposibilidad relativa[83].

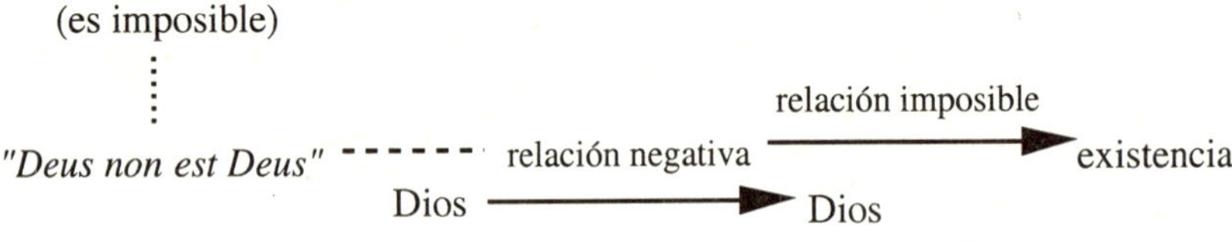

2.1.5. *Contingencia*

En cuanto a las proposiciones contingentes, incluso aquellas que hablan de Dios, una entidad absolutamente necesaria, deben tener un significado contingente. Por ejemplo, la proposición *"Deus creat"* significa a Dios relacionado afirmativamente consigo mismo en cuanto relacionado con las criaturas[84]. Dios es una entidad necesaria, pero, considerado en su relación con las criaturas, es relativamente contingente[85].

---

83 "De illa autem propositione 'Deus non est <Deus>', que in argumento proponitur, dico quod ipsa significat Deum, qui Deus est impossibilis impossibilitate relativa ut relatus negative ad seipsum." (*MD*, 6vb)

84 La proposición *"Deus creat"* equivale a *"Deus est creans"*, y *"creans"* es un término connotativo que significa a Dios connotando su relación con las criaturas.

85 "Ad rationem que probat quod non potest salvari diffinitio propositionis contingentis potest aliquis respondere ad id quod argumentum pretendit, dico enim quod ipse Deus relatus affirmative ad seipsum relatum ad creaturam que connotatur per ly 'creans' dicitur contingens relative. Ideo concederem quod Deum creare est necessarium, hoc est, ipse Deus creans est necessarius, et etiam est contingens contingentia relativa taliter qualiter significatur per istam 'Deus creat', neque aliud argumentum probat." (*MD*, 6vb)

Como se ve, el significado de una proposición es considerado por Pardo desde dos puntos de vista: como entidad significada por el sujeto (siguiendo a Buridán, Pardo concede que *Deum creare* es *Deus creans*) o como relación (es decir, la entidad significada por el sujeto *en cuanto relacionada* con la significada por el predicado: *Deus creans* es Dios en cuanto relacionado consigo mismo como creador). Desde el primer punto de vista, el significado de la proposición es portador de una modalidad absoluta, que no funda la modalidad de la proposición: por ejemplo, Dios es absolutamente necesario. Desde el segundo punto de vista, la relación significada por la proposición es portadora de una modalidad relativa, que funda la modalidad de la proposición: por ejemplo, Dios relacionado negativamente consigo mismo es relativamente imposible, y Dios relacionado afirmativamente consigo mismo en cuanto relacionado con las criaturas es relativamente contingente; por eso la proposición *"Deus non est Deus"* es imposible y la proposición *"Deus est creans"* es contingente[86].

2.1.6. Contradictoriedad y consecuencia

No sólo las modalidades, sino también las relaciones lógicas deben fundarse, según Pardo, en la realidad. Así sucede, por ejemplo, con la contradictoriedad y la consecuencia.

Dos proposiciones son contradictorias, según Pardo, porque las cosas significadas por ellas se oponen contradictoriamente. Por ejemplo, *"Petrus est Paulus"* y *"Petrus non est Paulus"* son con-

86 En la sección 3.2 se contemplará otra contingencia: la de la proposición *"Deus est in tempore presenti"*.

tradictorias porque hay una relación de contradictoriedad entre las relaciones significadas por ellas: Pedro relacionado afirmativamente con Pablo está dispuesto contradictoriamente respecto a sí mismo relacionado negativamente con Pablo.

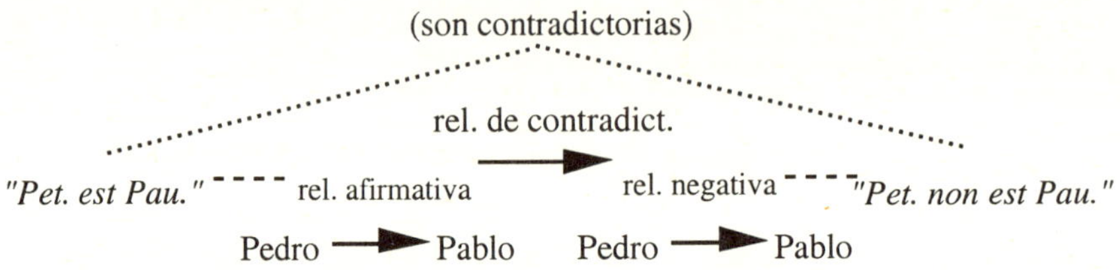

Pardo explica que esto es lo que Aristóteles quiere expresar cuando dice que las cosas que subyacen a la afirmación y a la negación se oponen como la afirmación y la negación. Aquí las "cosas que subyacen a la afirmación y a la negación" son las cosas significadas por la proposición afirmativa y la negativa: los particulares significados por los extremos, considerados en su mutua relación, por una parte afirmativa, por otra parte negativa, que están, los primeros respecto a los segundos, relativamente dispuestos de manera contradictoria[87].

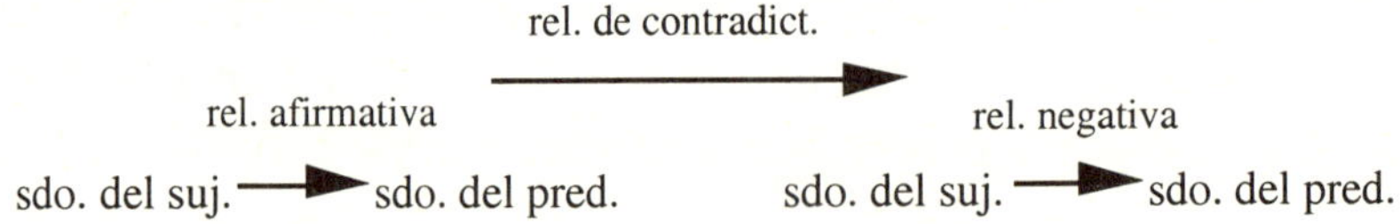

Si las cosas mismas son contradictorias en la realidad, y no en virtud de la contradictoriedad de las proposiciones que hablan de

87 "Et si queras an contradictio inveniatur in rebus significatis sicut in propositionibus, verbi gratia, sicut iste contradicunt 'Petrus est Paulus', 'Petrus non est Paulus', sic etiam res significate opponuntur contradictorie. Respondeo: contradictio in re est a qua propositiones habent quod dicantur contradictorie, dico enim quod Petrus et Paulus affirmative se habentes contradicunt sibimet negative se habentibus, ita quod ipsimet se habentes affirmative referuntur ad seipsos ut negative se habentes contradictorie. Et hoc videtur Aristoteles sensisse in postpredicamentis, cum inquit quod res subiecte affirmationi et negationi opponuntur sicut affirmatio et negatio, ubi per res subiectas affirmationi et negationi intelligit res significatas per propositionem affirmativam et negativam." (*MD*, 6va)

ellas, así también en el mundo de Pardo hay relaciones de consecuencia reales, independientemente de toda operación del intelecto. Una proposición se dice "antecedente" porque su significado es antecedente respecto de otra entidad (está dispuesto respecto a esa otra entidad antecedentemente), y una proposición se dice "consecuente" porque su significado es consecuente respecto de otra entidad (está dispuesto consecuentemente). Que una cosa o cosas estén dispuestas antecedentemente respecto de otra cosa o cosas quiere decir que están dispuestas relativamente de modo que las primeras no pueden estar dispuestas verdaderamente sin que las segundas también estén dispuestas verdaderamente. Que una cosa o cosas estén dispuestas consecuentemente respecto de otra cosa o cosas quiere decir que están dispuestas relativamente de modo que las primeras no pueden estar dispuestas falsamente sin que las segundas también estén dispuestas falsamente. Antecedencia y consecuencia no son sino modos de estar dispuestas las entidades unas en relación con las otras, es decir: las entidades particulares, pero en cuanto relacionadas entre sí.

Por ejemplo, para la consecuencia *"Homo est asinus, ergo homo est rudibilis"* deben existir, según Pardo, una antecedencia y una consecuencia reales, que son las cosas mismas significadas por las proposiciones antecedente y consecuente, en cuanto relacionadas del modo significado por las proposiciones. Así, el hombre relacionado afirmativamente con el burro es el antecedente real, porque está dispuesto antecedentemente respecto del hombre relacionado afirmativamente con el que rebuzna. El hombre relacionado afirmativamente con el que rebuzna es el consecuente real, porque está dispuesto consecuencialmente respecto al hombre relacionado afirmativamente con el burro[88].

---

[88] "Pono tamen significatum illius propositionis que dicitur antecedens dici antecedens seclusa omni intellectus operatione, et similiter significatum illius propositionis que dicitur consequens. Unde antecedens est aliquid vel aliqua se habentia relative ad aliquid vel aliqua alia, ita quod non possunt vere se habere quin alia vere se habeant: ille modus se habendi potest vocari antecedentia. Sed consequens est aliquid vel aliqua sic se habentia ad aliquid vel aliqua alia, quod non possunt se false habere quin alia false se habeant: et ille modus se habendi vocatur consequentia. Ut si dicam 'homo est asinus, ergo homo est rudibilis', homo

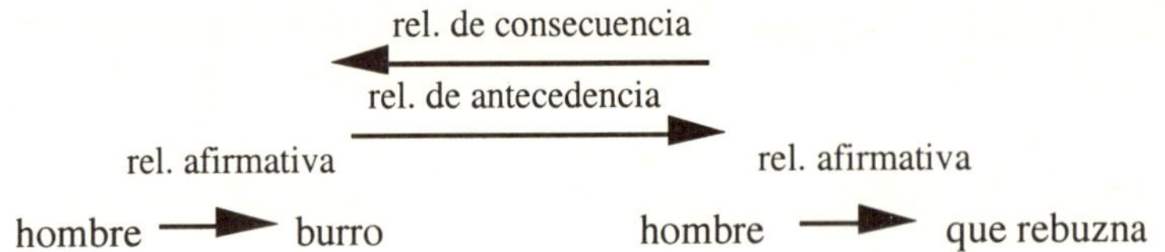

No hay inconveniente, según Pardo, en que la misma cosa sea antecedente y consecuente al mismo tiempo respecto de lo mismo. El hombre relacionado con el burro es antecedente respecto del hombre relacionado con el que rebuzna, pero también es consecuente respecto a él: puesto que pueden construirse las dos consecuencias, debe existir en la realidad el fundamento de ambas. Sin embargo, cuando esa realidad es significada mediante la proposición consecuencial *"Homo est asinus, ergo homo est rudibilis"*, se ha adoptado la convención de que la proposición que precede a la nota ilativa signifique el antecedente (es decir, al hombre relacionado con el burro en cuanto dispuesto según el modo de antecedencia respecto al hombre relacionado con el que rebuzna), y la proposición que sigue a la nota ilativa signifique el consecuente (es decir, el hombre relacionado con el que rebuzna en cuanto dispuesto según el modo de consecuencia respecto al hombre relacionado con el burro). La nota ilativa, un sincategorema, significa las mismas cosas significadas por antecedente y consecuente, pero en cuanto que están dispuestas de un modo, ilativamente[89].

---

et asinus affirmative se habentia denominantur 'antecedens' pro quanto relative, scilicet antecedenter, se habent ad hominem et rudibilem affirmative se habentia, et homo et rudibile affirmative se habentia denominantur 'consequens' pro quanto relative, scilicet consequentialiter, se habent ad hominem et asinum affirmative se habentia." (*MD*, 7ra)

89 "Ideo, non est inconveniens quod idem sit antecedens et consequens, etiam respectu eiusdem. Tamen, sic dicendo 'homo est asinus, ergo homo est rudibilis', vocatur 'homo est asinus' antecedens et 'homo est rudibilis' consequens, institutum enim est propter maiorem cognitionem quando aliqua propositio precedit illam notam 'ergo' det intelligere illum modum antecedendi, et propositio posterius posita det intelligere consequentiam. Et illa nota 'ergo' significat illud quod significat antecedens et consequens taliter, puta illative, se habere." (*MD*, 7ra)

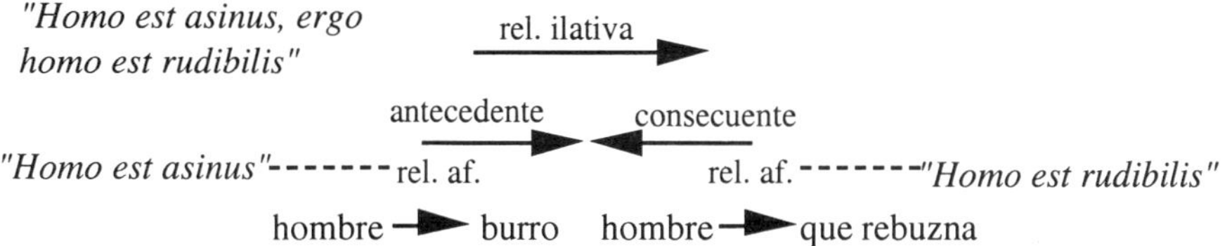

Hasta aquí, se ha visto cómo Pardo entiende el significado de las proposiciones de un modo que le permite, en general, fundar las modalidades y las relaciones lógicas. Pero incluso con su interpretación del significado, sigue siendo posible encontrar ejemplos de proposiciones cuya modalidad no parece fundarse en la modalidad de su significado. Esto sucede en los casos en que puede atenderse a distintos significados de una misma proposición, y no todos son portadores de la modalidad que interesa en cada caso.

2.2. La multiplicidad de significados de una proposición

Pardo percibe que no basta con su reinterpretación del significado para justificar las modalidades que se asignan a todas las proposiciones. Hay proposiciones para las que, aun interpretando el significado como relación entre particulares, puede objetarse que ese significado tiene una modalidad que no coincide con la modalidad habitualmente asignada a la proposición. El origen del problema radica en la posibilidad de que una misma proposición tenga varios significados. Pardo debe determinar cuáles y cuántos de esos significados han de considerarse portadores de la modalidad que funda la modalidad proposicional para, en función de ello, modificar en uno u otro sentido las definiciones habituales de las modalidades.

Como se verá en la sección 2.3, Pardo propone nuevas definiciones de las modalidades, en las que introduce los elementos necesarios para acoger la multiplicidad de significados y el modo en que esa multiplicidad interviene en la determinación de la modalidad. Pero, como se ha señalado en el capítulo primero (sección

5.2), la multiplicidad de significados de una proposición puede proceder de distintas circunstancias.

Por una parte, son distintos los significados de una proposición si se consideran según su significación total o según su significación parcial, según una significación primaria o una significación secundaria, según la significación tomada de la significación de los términos o de la acepción de los términos.

Por otra parte, es distinto lo que una proposición significa ahora de lo que hubiera podido significar si la imposición de los términos hubiera sido otra, si hubiera sido proferida en otro momento del tiempo, si el mundo del que habla hubiera sido distinto del que de hecho es.

No todos estos posibles significados de una proposición deben ser tenidos en cuenta en la determinación de las modalidades. Pardo se enfrenta, por tanto, a un nuevo problema, el de determinar cuáles de ellos deben considerarse. Tras esta determinación, ha de introducir en sus definiciones los elementos necesarios para hacerse cargo de los significados que corresponden en cada caso.

2.2.1. Significat vel significare potest

En algunas definiciones, Pardo introduce la expresión "significa o puede significar". La importancia de distinguir lo que una proposición significa de lo que una proposición puede significar se pone de manifiesto en el caso de algunas proposiciones falsas, pero posibles, como "*Omne existens est Deus*". No es posible que sea tal como por ella se significa ahora, pero es posible que sea tal como por ella puede ser significado. Esto basta para que la proposición sea posible.

Ahora bien, una proposición, como se ha visto, puede significar cosas distintas de las que de hecho significa, por tres motivos: o bien por un cambio en la imposición de sus términos para significar, o bien por un cambio en la acepción de los términos, debido a un cambio de universo de discurso, ya sea por consideración de un distinto momento del tiempo, o por consideración de un mundo posible distinto al que de hecho es. El posible cambio de significado que entra en juego en la determinación de las modalidades no es el cambio que procede de una distinta imposición de los términos para significar, sino de un modo distinto de estar tomados unos términos que conservan su significación[90].

2.2.1.1. Manente significatione terminorum

Pardo propone añadir a sus definiciones la cláusula "conservándose la significación de los términos", para recordar que no es el cambio de significado que procede de una distinta imposición el que debe ser considerado. Por ejemplo, la proposición *"Homo est asinus"* podría significar que los hombres son animales, si el término *"asinus"* hubiera sido impuesto para significar a todos los animales. Este significado es posible, pero ello no hace que la proposición *"Homo est asinus"* sea posible[91].

En contraste, una vez que la significación de los términos está determinada por la imposición, los términos pueden tomarse por unos u otros de sus significados según las circunstancias. De aquí procede la posibilidad de encontrar significados distintos para una misma proposición, que es *la misma* porque, si la significación de los términos se conserva a pesar de la diferente acepción, la

---

90 "Additur tamen communiter in diffinitione 'qualitercunque significat vel significare potest', quia licet non possibile sit ita esse sicut per eam significatur, tamen possibile est ita esse sicut per eam potest significari, significatione accepta ex acceptione terminorum (de qua statim dicetur)." (*MD*, 8va)

91 Pardo no indica por qué, pero, en mi opinión, se debe a que, de haber sido impuestos sus términos para significar cosas distintas, estarían subordinados a conceptos distintos, y la proposición estaría, por tanto, subordinada a una mental distinta. Si una proposición vocal o escrita está subordinada a una mental distinta, ya no se trata de *la misma* proposición y, en consecuencia, su significado no debe ser considerado en la determinación de la modalidad de la proposición originaria.

proposición está subordinada a una única proposición mental. Para garantizar que se trata de la misma mental, debe añadirse, por tanto, la cláusula "conservándose la significación de los términos".

Por ejemplo, como se verá en la sección 2.2.1.2, la proposición *"Omne ens est Deus"* significa ahora que todo ente actualmente existente es Dios, y esto no es posible. Pero la proposición *puede significar* de manera distinta, si, conservándose la significación de los términos, éstos están tomados de manera distinta. Por ejemplo, cuando sólo Dios existía, la proposición significaba que todo ente existente entonces (Dios) era Dios. Puesto que este significado es posible, la proposición es posible.

Pero hay un caso en el que la significación de los términos no interviene en la determinación del significado de la proposición: cuando un término está tomado en suposición material. Un término en suposición material no está tomado por sus significados, sino por sí mismo. Por tanto, la imposición de ese término para significar no juega ningún papel en la determinación del significado de la proposición, ya que el término se tomará siempre por sí mismo, independientemente de lo que ese término signifique.

Por eso, Pardo propone una interpretación distinta de la cláusula *"manente significatione terminorum"*, para el caso de proposiciones con términos tomados en suposición material. Si se exigiera que se conservara la significación de los términos también en estos casos, muchas proposiciones posibles deberían declararse imposibles.

Por ejemplo, la proposición *"'A' imponitur ad significandum"* exige, para ser verdadera, un cambio en la significación de los términos. Para que la proposición sea verdadera, tiene que darse en la realidad que *"A"* es impuesto para significar; pero que *"A"* sea impuesto para significar implica un cambio en la significación de *"A"*: de no tener significación, pasa a tener una significación determinada. Por lo tanto, la proposición no puede ser verdadera conservándose la significación de los términos[92].

Análogamente, la proposición *"Hec est vera 'homo est asinus'"* no sería posible si se aceptara la restricción "conservándose la significación de los términos". Podría pensarse que la proposición es posible, porque es posible que sea tal como por ella se significa: es posible que *"Homo est asinus"* sea verdadera. En efecto, si *"Homo est asinus"* significara que el hombre es animal, sería tal como por ella se significa y, por tanto, *"Homo est asinus"* sería verdadera. Que *"Homo est asinus"* signifique que el hombre es animal es posible, porque *"asinus"* podría significar a los animales, si hubiera sido impuesto para significar de este modo. Por lo tanto, es posible que *"Homo est asinus"* sea verdadera. Pero, como se ve, para que la proposición *"Homo est asinus"* fuera verdadera, sería necesario un cambio en la significación de los términos. Por tanto, no puede ser en la realidad tal como por la proposición *"Hec est vera 'homo est asinus'"* se significa, a menos que se produzca un cambio en la significación del término *"asinus"*. Si no puede ser tal como por una proposición se significa conservándose la significación de los términos, la proposición es imposible, en contra de las apariencias[93].

Pardo quiere declarar posibles ambas proposiciones, a pesar de que ninguna de ellas puede significar tal como es *conservándose la significación de los términos*. O se suprime esta cláusula, o se reinterpreta para evitar que conduzca a consecuencias no deseadas. Pardo escoge el segundo camino, y sostiene que la cláusula *"manente significatione terminorum"* debe interpretarse como *"manente eadem acceptione terminorum"*. En el caso de proposi-

---

92 "Tum, primo, de ista propositione "'a' imponitur ad significandum", que non potest esse vera nisi 'a' imponatur ad significandum, ergo iam non manet significatio terminorum." (*MD*, 8vb)

93 "Tum, secundo, quia ista non esset possibilis "hec est vera 'homo est asinus'", quod videtur falsum, nam est possibile quod ista propositio 'homo est asinus' significet hominem esse animal, quod facto ista est vera 'homo est asinus'. Sed quod non sit possibilis probatur: tum primo, quia non potest ita esse sicut per eam significatur manente significatione terminorum." (*MD*, 8vb)

ciones con términos tomados materialmente, es la acepción, y no la significación, la que debe mantenerse al considerar los distintos significados de la proposición[94].

En efecto, al considerar la proposición *"'A' imponitur ad significandum"* en dos momentos del tiempo, antes y después de que *"A"* haya sido impuesto para significar, el significado de *"A"* no se conserva (pasa de no tener significado a tener un significado determinado), pero sí se conserva la misma acepción: el término *"A"* está tomado por sí mismo, independientemente de que haya adquirido significado o no. Puede decirse, entonces, que es posible que sea tal como por esta proposición se significa, conservándose la acepción de los términos: es decir, estando tomado *"A"* de la misma manera, por sí mismo, aunque en un caso tenga significado y en otro no. El significado de *"A"* no juega ningún papel en la significación de una proposición en la que está tomado materialmente. Por tanto, no es preciso que se conserve para determinar la modalidad de la proposición[95].

Por lo que respecta a la posibilidad de *"Hec est vera 'homo est asinus'"*, Pardo asegura también que puede ser tal como por ella es significado, si se conserva la acepción de los términos. Si la proposición *"Homo est asinus"* significara *hominem esse animal*, sería verdadera la proposición que afirma su verdad, *"Hec est vera*

94 "Ideo, cum in istis diffinitionibus ponitur 'manente significatione terminorum' debet glosari: id est, manente eadem acceptione terminorum." (*MD*, 8vb) El sentido de "acepción" utilizado aquí por Pardo sería el de una acepción genérica, que es anterior a la significación porque su papel es determinar los tipos de suposición (material o personal), frente al sentido específico de "acepción" como determinación de los individuos por los que está tomado el término en suposición personal, acepción que es posterior a la significación y la precisa.

95 "Ex quo patet quod ista propositio est possibilis "'a' imponitur ad significandum". Et cum dicitur quod non potest ita esse sicut per eam significatur manente significatione terminorum, hoc nego. Et cum probatur, quia si ista sit vera "'a' imponitur ad significandum", iam variatur significatio, distinguo: aut significatio, id est, nova impositio terminorum, et sic concedo, aut quod variatur significatio, id est, acceptio terminorum in tali propositione, et sic nego. Nam dato quod 'a' imponatur ad significandum, adhuc dicendo "'a' imponitur ad significandum" ibi "a" supponit pro illa voce 'a', sive imponatur ad significandum sive non." (*MD*, 8vb)

'homo est asinus'", porque sería en la realidad que *"Homo est asinus"* es verdadera[96]. Según Pardo, en *"Hec est vera 'homo est asinus'"*, *"Homo est asinus"* está tomada por sí misma, signifique lo que signifique: aunque, en el caso considerado, se da un cambio en la significación de *"asinus"*, no se da ningún cambio en la acepción de *"Homo est asinus"*[97].

Pardo muestra así que la cláusula *"manente significatione terminorum"* debe añadirse a las definiciones de las modalidades, aunque es preciso interpretarla de manera especial en el caso de las proposiciones con términos en suposición material.

2.2.1.2. Ex significatione terminorum / ex acceptione terminorum

Si el cambio de significación no puede proceder de una distinta imposición de los términos para significar, deberá proceder de su distinta acepción. La cláusula "significa o puede significar", junto con "conservándose la significación de los términos", indica que la significación que debe tomarse es la que procede de la acepción de los términos, no de su significación. La significación que procede de la significación de los términos no puede variar a menos que varíe la imposición originaria: una vez que los términos tienen una significación por imposición, ésta no varía, sea cual sea el mundo o el momento del tiempo en el que sean proferidos. Por tanto, si debe conservarse la significación de los

---

96 Pero si la proposición *"Homo est asinus"* significara *hominem esse animal,* no sería ya la misma proposición. ¿Puede decirse, entonces, que es posible *"Hec est vera 'homo est asinus'"*? "Esta proposición" sería una proposición distinta en cada caso.

97 "Ex quo sequitur ulterius quod ista propositio est possibilis "hec est vera 'homo est asinus'", quia potest ita esse sicut per eam significatur manente eadem acceptione terminorum in illa propositione. Nam posito quod ista propositio 'homo est asinus' significaret hominem esse animal, tunc ista esset vera "hec est vera 'homo est asinus'", ergo ita est in re quod hec est vera 'homo est asinus'." (*MD*, 8vb)

términos, al tiempo que se permite una variación de significado de la proposición, ésta debe proceder de un cambio en la acepción de los términos. En consecuencia, es la acepción, y no la significación de los términos, la que determina la significación de la proposición que interesa en la asignación de modalidades a las proposiciones[98].

Si se considerase la significación que procede de la significación de los términos, muchas proposiciones no tendrían la modalidad que normalmente se les asigna. Por ejemplo, la proposición *"Omne ens est Deus"* no sería posible. Según la significación de los términos, esta proposición significa que todo ente actual, pasado, futuro o posible es Dios. Pero esto no es posible. Entendida de este modo la significación, la proposición no es posible[99].

La significación que debe ser considerada cuando se trata de determinar las modalidades de las proposiciones es la significación tomada de la acepción de los términos. La atención a esta significación permite considerar lo que la proposición *podría sig-*

---

98 "Pro solutione istorum argumentorum solet poni talis distinctio: duplex est significatio propositionis. Quedam est que attenditur ex parte significationis terminorum: hoc modo propositio significat quicquid termini significant, et ideo ista significatio convenit propositioni quandocunque termini significant, et nunquam variatur manente significatione terminorum. Et penes istam significationem non attenditur veritas vel falsitas propositionis, neque possibilitas neque impossibilitas, sicut bene probat argumentum. Alia est significatio propositionis que convenit propositioni ex acceptione terminorum in tali propositione: hoc modo propositio significat illa pro quibus termini accipiuntur, et istam significationem potest mutare propositio (ut dicitur communiter, sed forte est falsum, ut in secundo capitulo declaratur) secundum quod termini pro aliis et aliis accipiuntur." (*MD*, 8vb)

99 "Tertia instantia est probando idem quod prius, quod ista non sit possibilis 'omne existens est Deus', quia qualitercunque ipsa significat vel significare potest non est possibile ita esse. Patet, quia ipsa significat omne existens quod est, et quod fuit, et quod erit, et quod potest esse, esse Deum, sed hoc non est possibile, igitur. Minor patet, quia propositio significat quicquid termini significant, sed iste terminus 'existens' significat omne existens quod est, et quod fuit, et quod erit, et quod potest esse, cum iste terminus 'significat' ampliet ad illud quod est, quod fuit, et quod erit, et quod potest esse, ergo ista propositio omne existens quod est, et quod fuit, et quod erit, et quod potest esse, esse Deum significat." (*MD*, 8va)

nificar si fuera otro el universo de discurso, ya sea por la consideración de un distinto momento del tiempo o de un mundo distinto al que se da de hecho. Así, aunque no sea posible que sea tal como la proposición significa ahora de hecho, es posible que sea tal como la proposición podría significar en otro momento o en otro mundo posible.

Por ejemplo, como se anunciaba en la sección 2.2.1.1, no es posible que sea tal como la proposición *"Omne ens est Deus"* significa ahora, según la significación tomada de la acepción de los términos. Para explicitar la acepción de los términos en la proposición *"Omne ens est Deus"*, se desciende a los singulares que caen bajo el término común cuantificado universalmente *"omne ens"*. Así, según la acepción de los términos, la proposición significa *"hoc* ens_1 *est Deus, et hoc* ens_2 *est Deus, et hoc* ens_3 *est Deus..."*, donde los demostrativos señalan a cada uno de los entes actualmente existentes[100]. Este análisis muestra que es imposible que sea tal como la proposición significa ahora, porque sólo una de las partes de la copulativa es posible: aquella en la que el demostrativo señala a Dios mismo.

Sin embargo, si esta misma proposición hubiera sido proferida en otras circunstancias, los individuos señalados por los demostrativos hubieran sido otros, y otra, por tanto, la acepción de los términos. Hay un caso, cuando sólo Dios existía, en el que la proposición significaría (si hubiera sido proferida) que este ente es Dios, y sería así en la realidad. La proposición puede significar de este modo, porque podría haber sido ésta la acepción de los términos, y así es posible que sea: si, tal como la proposición puede significar, así es posible que sea, la proposición es posible[101].

---

[100] Pardo toma entonces una significación parcial, y dice que la proposición significa que Sócrates es Dios, porque uno de esos demostrativos señala a Sócrates. Ver la sección 2.2.2 de este capítulo.

[101] "Unde ista propositio 'omne existens est Deus' significat Sortem esse Deum, quia ly 'existens' supponit pro Sorte, et ante creationem mundi non significabat Sortem esse Deum, quia ly 'existens' non supponebat pro Sorte. Et secundum istam significationem attenditur veritas vel falsitas propositionis, possibilitas vel impossibilitas, et sic de singulis." (*MD*, 8vb)

Si la significación de la proposición que se considera es la que procede de la significación de los términos, la significación de la proposición no puede cambiar si se mantiene la significación de los términos. Pero si la significación de la proposición procede de la acepción de los términos, la significación de la proposición puede ser una u otra según cuál sea en cada momento la acepción de los términos. Es esta segunda significación la que debe considerarse para determinar las modalidades de las proposiciones, y por eso en las definiciones debe contemplarse la posibilidad de que la proposición signifique de una manera distinta de como de hecho significa.

2.2.2. Significatio totalis, primaria, adequata

Pero se ha visto que la multiplicidad de significados de una proposición puede proceder también de una consideración total o parcial, primaria o secundaria, de su significación.

Así, la proposición *"Omne existens est Deus"* significa, secundariamente, lo que significa la copulativa a la que se desciende en virtud del descenso bajo el término cuantificado *"omne existens"*: *"Hoc existens$_1$ est Deus, et hoc existens$_2$ est Deus, et hoc existens$_3$ est Deus..."*. Puesto que esta copulativa tiene partes, el significado de cualquiera de ellas puede tomarse como un significado parcial: por ejemplo, si uno de los demostrativos señala a Sócrates, la proposición significa parcialmente que Sócrates es Dios, y este significado es un significado parcial y secundario de la proposición originaria.

Pero que Sócrates sea Dios no es posible. Si este significado parcial y secundario fuera apto para determinar la modalidad de la proposición, *"Omne existens es Deus"* no podría declararse posible, puesto que su significado no sería posible. Por eso Pardo exige que en la determinación de las modalidades se considere exclusivamente la significación total y primaria: en su opinión, es un error tomar una significación parcial o secundaria[102].

El examen de la proposición *"Omne ens est"* también pone de manifiesto esta exigencia. Esta proposición significa secundariamente lo que significa la copulativa *"Hoc ens_1 est, et hoc ens_2 est, et hoc ens_3 est, et..."*. En consecuencia, el significado de una cualquiera de las partes de la copulativa será un significado parcial y secundario de *"Omne ens est"*: por ejemplo, *Sortem esse*. Si se considerase únicamente este significado parcial y secundario, la proposición significaría de un modo que no es necesariamente, y no sería, por tanto, necesaria. Para garantizar su necesidad debe considerarse, en cambio, la significación total y primaria[103].

La atención a los posibles significados distintos de una proposición se pone de manifiesto en las definiciones de Pardo mediante la expresión *"qualitercunque significat"*. Sin embargo, Pardo advierte contra una interpretación equivocada del sincategorema *"qualitercunque"*. No debe entenderse en el sentido de "de cualquier modo en que la proposición signifique", porque esto daría lugar a muchos inconvenientes (la proposición significa de muchos modos, pero no todos ellos deben ser considerados en la

---

102 "Et notanter ponitur in diffinitione 'totali significatione', quia ad videndum possibilitatem propositionis non sufficit aspicere ad significationem partialem, inadequatam seu secundariam, sed oportet aspicere ad significationem totalem, adequatam seu primariam. Sed contra ista diffinitionem sunt alique instantie. Prima est: si ista diffinitio esset bona sequeretur quod ista non esset possibilis 'omne existens est Deus', sed consequens est falsum, igitur. Consequentia probatur, quia non est possibile ita esse qualitercumque ipsa significat, ergo non est possibilis. Antecedens patet, quia ista propositio 'omne existens est Deus' significat Sortem esse Deum, et hoc non est possibile. Ad hoc argumentum responderi posset quod licet significet Sortem esse Deum, non tamen de significatione totali, ipsa enim de significatione totali significat omne ens esse Deum et hoc est possibile, nam si ponatur quod solus Deus sit tunc omne ens est Deus." (*MD*, 8va)

103 "Et si arguas: tunc sequeretur quod ista non esset necessaria 'omne ens est', quia non est necesse ita esse sicut per eam significatur,quia per eam significatur Sortem esse et hoc non est necesse. Ad hoc respondeo quod necesse est ita esse sicut per eam significatur significatione totali, sed nego quod ista proposito 'omne ens est' significatione totali significet Sortem esse, sed significat significatione totali omne ens esse." (*MD*, 9rb)

asignación de modalidades), sino que deben tomarse sólo los modos de significar según una significación adecuada[104].

Aunque Pardo utiliza en varias ocasiones la expresión "significación adecuada", no especifica cómo debe entenderse. Me inclino a pensar que Pardo considera que una significación adecuada es, simplemente, la que conduce a una asignación correcta de las modalidades. Si esto es así, para que una significación sea adecuada deberá ser una significación total y primaria: "adecuada" podría ser, para Pardo, un sinónimo de "total y primaria".

Otras expresiones utilizadas por Pardo para referirse a la significación total son los adverbios *"precise"* y *"totaliter"*. Aunque Pardo admite como equivalentes las expresiones *"significat sicut est de significatione totali et propositionali"* y *"precise significat sicut est"*, prefiere hablar de significación total y proposicional, y no de significar precisamente tal como es, porque esta última formulación puede dar lugar a equívocos. Alguien podría decir que la proposición *"Deus est et homo est asinus"* significa precisamente tal como es y sin embargo es falsa: la proposición significa *Deum esse*, y *Deum esse* es tal como es y no de modo distinto a como es (*sicut est et non aliter quam sicut est*), por lo tanto significa precisamente tal como es[105].

---

104 "Et adverte quod si in istis diffinitionibus ponatur ista particula 'qualitercunque', intelligendo 'qualitercumque et quocunque modo significat', possunt fieri multe importunationes contra diffinitiones assignatas. Ideo, melius est dicere quod per 'qualitercunque' intelligitur: id est, de significatione adequata. Et similiter debet intelligi in diffinitione propositionis possibilis, unde arguebatur contra diffinitionem propositionis possibilis quod ista esset impossibilis 'omne ens est Deus', quia significat Sortem esse Deum, et sic facilius solvitur argumentum." (*MD*, 9rb)

105 "Sed contra istam diffinitionem instaret: aliquis stat quod aliqua propositio significet precise sicut est et tamen sit falsa, ergo etiam stat quod aliqua propositio sit falsa que significat sicut est de sententia totali et propositionali. Consequentia videtur nota, quia idem est dicere 'precise significat sicut est' et 'significat sicut est de significatione totali et propositionali'. Antecedens patet, quia ista propositio 'Deus est et homo est asinus' significat precise sicut est, et tamen est falsa, igitur. Maior patet, quia significat sicut est et non aliter quam sicut est, ergo significat precise sicut est. Antecedens patet, quia significat Deum

Pardo resuelve el problema distinguiendo dos maneras de entender la exclusión significada por el *"precise"*: o bien la exclusión afecta a la cópula, de modo que la proposición *"Hec propositio precise significat sicut est"* se expone como *"Hec propositio significat sicut est et hec propositio non aliter est significans quam sicut est"* (proposición hipotética copulativa), o bien la exclusión afecta al predicado, de modo que la proposición *"Hec propositio significat precise sicut est"* se expone como *"Hec propositio significat id quod est sicut est et non aliter quam sicut est"* (proposición de extremo copulado). Según el primer sentido, no podrá concederse la verdad de *"Deus est et homo est asinus"*, según el segundo sentido sí. Pardo propone colocar el signo exclusivo delante del verbo para indicar el primer sentido, y detrás del verbo para indicar el segundo sentido[106].

El mismo criterio debe aplicarse al adverbio *"totaliter"*. Según la interpretación propuesta por Pardo, serán falsas las proposiciones *"Hec propositio totaliter significat sicut est"* y *"Totaliter sicut significat est"*, y serán verdaderas *"Hec propositio significat totaliter sicut est"*, así como *"Aliqualiter est totaliter qualiter ista propositio significat"* (donde "esta proposición" es *"Deus est et homo est asinus"*)[107].

---

esse, et Deum esse est sicut est et non aliter quam sicut est, ergo significat precise sicut est. Consequentia tenet ab exponente ad exposita." (*MD*, 7vb-8ra)

106 "Respondeo: de hac materia differendum est usque ad materiam exponibilium, tamen quantum spectat ad presens dici potest quod illa est falsa 'hec propositio precise significat sicut est', illa enim est de copula exclusa et sic habet exponi 'hec propositio significat sicut est et hec propositio non aliter est significans quam sicut est', quod est falsum, ut probat argumentum. Ista tamen posset concedi 'hec propositio significat precise sicut est', ut exclusio a parte predicati se tenet, et sensus sit 'hec propositio significat id quod est sicut est et non aliter quam sicut est'." (*MD*, 8ra)

107 "Et per hoc patet quid esset dicendum de istis propositionibus 'hec propositio significat totaliter sicut est', 'aliqualiter est totaliter qualiter ista propositio significat', ille enim sunt vere, et iste false 'totaliter significat sicut est', 'hec propositio totaliter sicut significat est'. Patet igitur ad argumentum quod illa est concedenda 'hec propositio significat precise sicut est' et ille sensus est verus: 'significat sicut est et non aliter quam sicut est', ut est propositio de copulato." (*MD*, 8ra)

"Significat vel significare potest", *"manente significatione terminorum"*, *"ex acceptione terminorum"*, *"de significatione adequata"*: con estos elementos, Pardo construye unas definiciones de las modalidades que le permiten, manteniendo su interpretación del significado, justificar las modalidades de cualquier proposición.

2.3. Las definiciones de las modalidades

La multiplicidad de posibles significados de una proposición no juega el mismo papel en la determinación de todas las modalidades, y esto debe quedar reflejado en las definiciones. Por ejemplo, para la determinación de la verdad y la falsedad sólo debe atenderse al significado actual. En cambio, para la determinación del resto de las modalidades hay que atender también a los posibles significados no actuales, aunque de distintos modos en cada caso. Para declarar posible a una proposición basta con atender a uno cualquiera de sus significados, mientras que para declararla imposible o necesaria hay que atender a todos ellos. Lo mismo sucede con la proposición contingente, y esto unido a lo peculiar de su definición, suscita problemas especiales que Pardo no puede dejar de examinar. Junto a las definiciones de las modalidades, Pardo propone también una definición de buena consecuencia, con la que se cierra esta sección.

2.3.1. Proposición verdadera y proposición falsa

Pardo comienza con una definición tentativa de proposición verdadera, cuyos defectos son corregidos a continuación:

(1) Proposición verdadera es aquella que significa tal como es[108].

A propósito de esta definición, Pardo cree necesarias dos aclaraciones. En primer lugar, el *"est"* debe entenderse en sentido amplio, de modo que la definición se aplique no sólo a las proposiciones de presente, sino también de pretérito y de futuro[109]. La definición (1"), más adelante, hará referencia explícita a cualquier proposición categórica, ya sea de presente, pretérito o futuro, afirmativa o negativa, modal o de *inesse*.

En segundo lugar, es preciso también interpretar correctamente el *"qualiter esse"*. Según Pardo, en cierto sentido toda proposición significa "tal como es", puesto que la significatividad debe fundarse en un modo de ser real. Por ejemplo, para fundar la significatividad de la proposición *"Homo est asinus"*, Pardo ha postulado una relación afirmativa entre hombre y burro, que se da en la realidad (aunque no se da como existiendo de hecho). Así, podría decirse que *"Homo est asinus"* significa tal como es, y , de acuerdo con la definición, debería ser declarada verdadera[110].

Por eso, Pardo indica que el *"qualiter esse"* no se refiere a un modo cualquiera de estar dispuesto (afirmativa o negativamente: el modo que funda la significatividad de la proposición), sino a un estar dispuesto verdaderamente (*vere*: el modo de estar dispuesto que funda la verdad de la proposición)[111]. La verdad de la proposición debe fundarse, según Pardo, en una verdad relativa. Esta exigencia se explicita en la segunda definición de proposición verdadera elaborada por Pardo[112]:

---

108 "Ad primam, respondeo quod propositio vera recte sic diffinitur: propositio vera est que significat taliter qualiter est." (*MD*, 6rb)

109 "Et accipitur 'qualiter est' large, ut se extendit ad significatum propositionis de presenti, preterito et futuro, quia de hoc postea fiet mentio." (*MD*, 6rb)

110 "Et si dicas: bene sequitur ista 'homo est asinus' significat hominem et asinum affirmative, et affirmative se habet homo in ordine ad asinum, ergo significat taliter qualiter est." (*MD*, 6rb)

111 "Respondeo: ut dictum est, per ly 'qualiter esse' intelligo vere esse." (*MD*, 6rb)

112 "Et in secunda diffinitione per ly 'qualiter est' explicatur modus se habendi unius extremi vere ad alterum." (*MD*, 6rb)

> (1') Una proposición verdadera es aquella que significa que es tal como verdaderamente es, es decir, la proposición significa que es de un modo y así es verdaderamente[113].

En otras palabras, toda proposición significa una disposición afirmativa o negativa entre particulares, pero, para que la proposición sea verdadera, no basta con que esa disposición se dé en la realidad (en el sentido del "darse" requerido para que la proposición sea significativa). Lo que la proposición significa siempre *es* de alguna manera (Pardo no concibe que pueda ponerse en la proposición algo que no esté en la realidad), pero para que la proposición sea verdadera hace falta que eso sea, además, *verdaderamente*[114].

En su definición de proposición verdadera, a diferencia de lo que ocurre con el resto de las definiciones, Pardo no distingue entre los distintos tipos de significación. Por una parte, no se alude a la distinción entre lo que la proposición significa y lo que puede significar, porque para la determinación de la verdad sólo debe atenderse a lo que la proposición de hecho significa. Por otra parte, esta definición no distingue entre lo que la proposición significa de manera adecuada y lo que significa de manera no adecuada. Parece que Pardo da por supuesta la exigencia de atender a la significación total y primaria, hasta el punto de que no considera necesario introducirla explícitamente en su definición. No obstante, una tercera formulación, más completa, sí alude explícitamente a esta exigencia:

> (1'') Una proposición se dice verdadera porque, de cualquier modo en que por ella sea significado, en cuanto al contenido total y proposicional, que es o que no es, fue o no fue, será o no será, posible o imposiblemente, necesaria o contingentemente, así es o no es, fue o no fue, será o no será[115].

---

113 "Et ideo, ad pleniorem diffinitionis predicte explicationem dicendum est quod propositio vera est que significat taliter esse qualiter vere est, intelligendo copulative, ita quod sensus sit quod significat aliqualiter esse et taliter vere est." (*MD*, 6rb)

114 En la sección 4 se discutirá la viabilidad de esta exigencia.

115 "Propositio eo dicitur vera, quia qualitercumque per ipsam significatur, sententia totali et propositionali, esse vel non esse, fuisse vel non fuisse, fore vel non fore, aut possibiliter vel impossibiliter, necessario vel contingenter, ita est vel non est, fuit vel non fuit, erit vel non erit." (*MD*, 7vb)

De acuerdo con esta tercera formulación, para determinar la verdad de una proposición en función de su significado no debe atenderse a un significado parcial o secundario, sino al "contenido total y proposicional". De no hacerlo así, podrían concederse como verdaderas proposiciones claramente falsas. Por ejemplo, la proposición *"Omnis animal est homo"*, cuyo significado total es falso, tiene un significado parcial verdadero: *animal esse hominem*. Sin la exigencia de atender al significado total, esta proposición falsa podría ser declarada verdadera.

En cuanto a la definición de proposición falsa, es análoga a la de proposición verdadera:

> (2) Una proposición falsa es aquella que significa tal como falsamente es, es decir, significa de un modo y así falsamente es[116].

La definición hace referencia a un modo de estar dispuestas las cosas falsamente (*false*), falsedad relativa que sirve de fundamento a la falsedad de la proposición. De acuerdo con la teoría de Pardo, la proposición *"Homo est asinus"* significa al hombre relacionado afirmativamente con el burro. Este significado se da en la realidad: para que la proposición sea significativa, en la realidad debe existir la relación afirmativa entre hombre y burro significada por ella. Sin embargo, esta relación no se da verdaderamente, sino falsamente. Por eso la proposición es falsa[117].

Según Pardo, todo aquello de lo que se puede hablar mediante una proposición se da de algún modo en la realidad. El hecho de que algunas proposiciones sean verdaderas y otras falsas no se debe a que lo significado por las proposiciones en algunos casos sea y en otros no sea en la realidad (para que la proposición signifique, su significado debe darse en la realidad), sino, según Pardo, a que en algunos casos ese significado es verdaderamente y en otros

---

116 "Ideo propositio falsa posset sic diffiniri: propositio falsa est que significat taliter qualiter false est, id est, significat aliqualiter et taliter false est." (*MD*, 6rb)

117 "Ideo hoc resolvendo, si queratur quare ista est falsa 'homo est asinus', respondeo quod ideo quia significat hominem affirmative in ordine ad asinum qualiter non vere est, ymo false." (*MD*, 6rb)

es falsamente[118]. Las definiciones que Pardo propone no hacen sino dar cuenta de estos distintos modos de ser[119].

2.3.2. *Proposición posible, imposible y necesaria*

Si en las definiciones de proposición verdadera y proposición falsa bastaba con hacer referencia al significado actual de la proposición, no ocurre lo mismo con las definiciones de proposición posible, imposible y necesaria. Una proposición es ahora verdadera o falsa cuando lo que ahora significa es verdadera o falsamente: otros posibles significados de la proposición no deben ser tenidos en cuenta. En cambio, la posibilidad de significar cosas distintas en situaciones distintas juega un papel esencial en la determinación de la posibilidad, imposibilidad y necesidad de las proposiciones[120].

Una primera definición de proposición posible es la siguiente:

> (3) Proposición posible es la proposición que tal como significa o puede significar, conservándose la significación de los términos, así es posible que sea[121].

La posibilidad de la proposición debe fundarse en la posibilidad de su significado, pero no es preciso que se trate de un significado actual. La proposición puede significar de distintos modos en

[118] El significado de una proposición falsa es, así, algo que se da en la realidad sin darse verdaderamente, o que de algún modo es, sin ser algo existente: el *complexe significabile* de Gregorio de Rímini tenía estas mismas características.

[119] Las nuevas definiciones permiten escapar a las objeciones que debilitan la postura buridaniana, pero para poder alcanzarlas Pardo ha tenido que superar esta postura: a los particulares significados por la proposición Pardo añade estos modos de ser (modos de estar relacionados los particulares) que fundan las modalidades de las proposiciones.

[120] Ver, por ejemplo, la presentación que hace Knuuttila de la concepción medieval de las modalidades, en S. Knuuttila, *Modalities in medieval philosophy*, Routledge, London, 1993.

[121] "Propositio possibilis est propositio que qualiter significat vel significare potest manente significatione terminorum, taliter possibile est esse." (*MD*, 6rb)

distintas circunstancias, y cualquiera de estos significados bastaría para fundar la posibilidad de la proposición. Por ejemplo, como ya se ha visto, uno de los significados no actuales de *"Omne ens est Deus"* es posible, y esto basta para fundar la posibilidad de la proposición.

En una segunda definición, Pardo utiliza el sincategorema *"qualitercunque"* para aludir a uno cualquiera de los posibles significados de la proposición:

> (3') Una proposición se dice posible porque, de alguna manera cualquiera en que sea significado por ella, según su significación total y proposicional, así puede ser, conservándose la significación de los términos[122].

Si la posibilidad puede fundarse en uno solo de los significados, la imposibilidad de la proposición, propiedad contradictoria de la posibilidad, exigirá la imposibilidad de todos los significados. En su definición de proposición imposible, Pardo introduce la cláusula "en cualquier momento que signifique", con la que pretende incluir todos los significados que, en distintos momentos del tiempo, proceden de las distintas acepciones de los términos[123]:

> (4) Proposición imposible es aquella que, tal como significa, así es imposible que sea, en cualquier momento que signifique[124].

Si no se atendiera a esta posible variación, se obtendrían resultados perversos con proposiciones cuya significación varía según la acepción de los términos, como sucede con la proposición *"Omne ens est Deus"*: si no se atiende a todos los significados, se concluye que la proposición es imposible, porque el significado actual de esa proposición es imposible. Pero este significado actual no basta, según Pardo, para asignar la modalidad a la proposición,

---

122 "Secunda: propositio ideo dicitur possibilis, quia qualitercunque per ipsam significatur, significatione totali et propositionali, ita potest esse manente significatione terminorum." (*MD*, 8va)

123 Como se ha visto en las secciones 1.2.3 y 2.2, la posibilidad de variación no procede sólo del tiempo, sino también del mundo posible: *"quandocunque"* debería entenderse, entonces, como "en cualquier situación".

124 "Propositio impossibilis est illa que qualiter significat taliter impossibile est esse quandocunque ipsa significat, quod dicitur propter illam 'omne ens est Deus', de qua postea dicetur." (*MD*, 6vb)

sino que debe atenderse al resto de los significados que la proposición podría tener en otras situaciones, en las que los términos estuvieran tomados por distintos particulares.

En contraste con las definiciones de proposición posible e imposible, la primera definición de proposición necesaria no alude a la posible multiplicidad de significados:

> (5) Proposición necesaria es aquella que significa tal como es necesario que sea[125].

Pardo previene contra el error de fundar la necesidad en uno cualquiera de los posibles significados de la proposición: una proposición no se dice necesaria porque, de una manera cualquiera en que signifique o pueda significar, así es necesario que sea[126]. Por ejemplo, la proposición *"Omne ens est Deus"* podría significar algo necesario, en el caso de que sólo Dios existiera, pero no por esto debería decirse necesaria[127]. La definición de proposición necesaria, por tanto, no debe ser análoga a la de proposición posible.

En cambio, la proposición necesaria debe ser tratada del mismo modo que la imposible: necesidad e imposibilidad encierran una cierta universalidad. Para hacer necesaria a una proposición no basta la necesidad de uno cualquiera de los significados, sino que se requiere que ningún significado pueda ser de manera distinta a como es. En una segunda definición de proposición necesaria, Pardo hace explícita esta exigencia:

> (5') Una proposición se dice necesaria porque no puede ser de manera distinta a como por ella se significa o puede significarse, según su significación total y adecuada o primaria, conservándose la significación de los términos[128].

---

[125] "Propositio necessaria est que significat taliter qualiter necesse est esse." (*MD*, 6va)

[126] "Propositio non dicitur necessaria quia qualitercumque per ipsam significatur vel significari potest necesse est ita esse." (*MD*, 9rb)

[127] "Quia tunc sequeretur quod ista esset necessaria 'omne ens est Deus', posito casu quod solus Deus esset, tunc enim non significaret nisi Deum esse, et hoc est necesse." (*MD*, 9rb)

[128] "Propositio dicitur necessaria quia non potest aliter esse quam per ipsam significatur vel significari potest de significatione totali et adequata seu

La proposición *"Omne ens est Deus"* no es necesaria, porque sí puede ser de manera distinta a como por ella se significa o puede significarse: significa que todo ente es Dios, y es de manera distinta en la realidad.

Lo específico de las definiciones de proposición imposible y necesaria parece perderse, sin embargo, en el paralelismo que Pardo establece entre la definición de proposición necesaria y verdadera, por una parte, entre la definición de proposición imposible y falsa, por otra.

Pardo parece querer justificar la formulación novedosa de la definición de proposición verdadera (aquella que significa tal como *verdaderamente es*), declarando su analogía con la formulación, más tradicional, de la definición de proposición necesaria (aquella que significa tal como *es necesario que sea*)[129], en la que no se alude a la multiplicidad de significados posibles.

Lo mismo ocurre con las definiciones de proposición imposible y proposición falsa: la formulación original de la definición de proposición falsa (aquella que de tal modo significa como *falsamente es*) pretende justificarse apelando a una formulación más habitual de la definición de proposición imposible (aquella que de tal modo significa como *es imposible que sea*)[130], en la que no se alude a la multiplicidad de significados posibles.

Con todo, debe advertirse que el paralelismo entre las dos parejas de definiciones no es completo: en las definiciones de proposición imposible y necesaria (como en la de proposición posible), Pardo abandona la forma adverbial del modo, que había utilizado en las definiciones de proposición verdadera y falsa (*vere, false*),

---

primaria, et hoc manente significatione terminorum in tali propositione." (*MD*, 9rb)

129 "Et per hoc confirmatur quod bene diffiniretur propositio vera hoc pacto: propositio vera est que significat taliter qualiter vere est, sicut diffinitur: propositio necessaria est que significat taliter qualiter necesse est esse." (*MD*, 6va)

130 "Ideo, bene posset propositio falsa sic diffiniri: propositio falsa est que qualiter significat taliter false est, quemadmodum propositio impossibilis sic diffinitur: propositio impossibilis est que taliter significat qualiter impossibile est esse." (*MD*, 6vb)

para adoptar, en cambio, la forma nominal (*impossibile, necesse, possibile*).

Con esto, las nuevas definiciones no parecen sustancialmente distintas de las que había ofrecido al plantear la objeción contra Buridán. Si, en las definiciones de proposición verdadera y proposición falsa, Pardo decide reemplazar el *"ita est"* y *"non ita est"* por *"vere est"* y *"false est"*, cabría esperar una sustitución análoga del *"possibile est esse"* por un *"possibiliter est"*, del *"impossibile est esse"* por un *"impossibiliter est"*, del *"necesse est esse"* por un *"necessario est"*. Las formas adverbiales *"possibiliter"*, *"impossibiliter"*, *"necessario"*, igual que *"vere"* y *"false"*, serían maneras más explícitas de aludir al modo de estar dispuestas las cosas, esa modalidad relativa real que funda las modalidades de las proposiciones. Pero no encontramos las formas *"possibiliter"*, *"imposibiliter"*, ni *"necessario"* en las definiciones de proposición posible, imposible y necesaria que Pardo propone en sustitución de las "clásicas".

Para terminar, haré dos observaciones en relación con las definiciones propuestas por Pardo para estas tres modalidades: en primer lugar, Pardo evita en su definición la alusión al poder ser verdadera o falsa, y trata de fundar directamente las modalidades en el significado; en segundo lugar, Pardo incluye, junto a la imposibilidad y necesidad atemporales o *simpliciter*, unas nociones de imposibilidad y necesidad relativas al tiempo o *secundum quid*.

Respecto a lo primero, Pardo destaca que una proposición no se dice posible porque pueda ser verdadera, del mismo modo que una proposición no se dice imposible porque no pueda ser verdadera. Si fuera así, la proposición *"Nulla propositio est negativa"* sería imposible. En efecto, esta proposición no puede ser verdadera: para ser verdadera tiene que existir, pero su existencia implica su falsedad, ya que ella misma es una proposición negativa. Sin embargo, lo que la proposición significa sí es posible: podría darse un caso en el que ninguna proposición fuera negativa.

La posibilidad del significado basta para calificar a la proposición como posible, aunque sea imposible su verdad[131].

Análogamente, Pardo considera que una proposición no se dice necesaria porque no pueda ser falsa (conservándose la significación de los términos). De otro modo, por ejemplo, la proposición *"Aliqua propositio est particularis"* sería necesaria, porque no puede ser falsa: para ser falsa tiene que existir, pero si existe, ya hay alguna proposición particular y por lo tanto es verdadera[132].

Por lo que respecta al segundo punto, Pardo no sólo considera un imposible y un necesario *simpliciter et per se*, sino también un imposible y un necesario *secundum quid seu per accidens*. Una proposición es imposible *simpliciter* cuando es imposible en orden a cualquier momento del tiempo, es decir, cuando no puede ni pudo ni podrá ser tal como por ella es significado. En cambio, una proposición es imposible *secundum quid* cuando es imposible respecto a algún momento del tiempo. Según esto, toda proposición falsa de pretérito es imposible (*secundum quid*), porque aunque pudo ser tal como por ella es significado, ya no puede ni podrá ser así. Por ejemplo, la proposición *"Adam non fuit"* es imposible de este modo, porque es imposible ahora que Adán no haya existido (no hay potencia respecto del pasado)[133].

---

131 "Propositio non dicitur possibilis eo quod possit esse vera, similiter non dicitur impossibilis ex eo quod non possit esse vera. Patet, quia tunc sequeretur quod illa propositio 'nulla propositio est negativa' esset impossibilis. Patet, quia non potest esse vera, quia si ipsa esset vera, aliqua propositio est negativa, puta ipsamet. Sed de istis propositionibus habentibus reflexionem alibi habet videri."(*MD*, 8va)

132 "Propositio non dicitur necessaria eo quod non possit esse falsa manente significatione terminorum in tali propositione. Ista propositio probatur: primo, quia tunc sequeretur quod ista propositio esset necessaria 'aliqua propositio est particularis', quia non potest esse falsa, quia si sit falsa, ipsa est, et si ipsa est, aliqua propositio est particularis."(Ver *MD*, 9rb)

133 "Ad hoc argumentum solet dici quod duplex est impossibile: quoddam est impossibile simplicier, aliud est impossibile secundum quid. Unde impossibile simpliciter est illud quod est impossibile in ordine ad quamlibet differentiam temporis, et est illud quod sic se habet quod non potest neque potuit neque poterit sic esse sicut per ipsum significatur. Et hoc modo ista propositio 'Deus non est' diceretur

Análogamente, una proposición es necesaria *simpliciter* cuando es necesaria respecto a todo momento del tiempo, es decir, cuando tal como significa según su significación total y proposicional, así es necesariamente y fue necesariamente y será necesariamente[134]. Y una proposición es necesaria *secundum quid* cuando es necesaria respecto a algún momento del tiempo, es decir, cuando ya no puede ser de manera distinta a como significa, aunque en otro momento haya podido serlo. Así, toda proposición afirmativa verdadera de pretérito es necesaria *secundum quid*. Por ejemplo, la proposición *"Adam fuisse"* es necesaria de este modo, porque no hay potencia respecto del pasado, de modo que ya no puede ser de manera distinta[135].

2.3.3. *Proposición contingente*

Tradicionalmente, la contingencia suscita problemas distintos de los que acompañan al resto de las modalidades, y la doctrina de

impossibilis, et hoc modo repugnat propositioni impossibili quod sit aut fuerit aut quod possit esse vera. Aliud est impossibile secundum quid, puta quo ad aliquam differentiam temporis, et hoc modo propositio falsa de preterito est impossibilis, quia postquam fuit falsa impossibile est quod sit vera. Ut ista propositio est impossibilis secundum quid 'Adam non fuit', quia impossibile est quod Adam non fuerit, et hoc tenendo quod ad preteritum non est potentia." (*MD*, 9r)

[134] Pardo usa aquí la forma adverbial del modo, "necesariamente" (*"necessario"*), cosa que no había hecho en la definición de proposición necesaria.

[135] "Et memorandum est quod sicut dictum est duplex esse impossibile, simpliciter et secundum quid, ita dicendum est duplex esse necessarium, scilicet simpliciter et per se, aliud secundum quid seu per accidens. Unde necessarium simpliciter seu per se est necessarium quo ad omnem differentiam temporis. Et est illud quod qualiter significat sententia totali et propositionali taliter necessario est et taliter necessario fuit et necessario erit. Aliud est [impossibile] <necessario> per accidens seu quo ad aliquam differentiam temporis, et est illud quod necessario est vel quod necessario fuit, taliter quod non potest aliter esse virtute divina quam ipsum significat. Et hoc modo est necessarium Adam fuisse, quia non potest [t]aliter esse, et hoc tenendo quod ad preteritum nulla est potentia. Et de isto solet poni una regula: omnis propositio affirmativa de preterito vera est necesaria, cuius exceptiones aliis locis declarantur." (*MD*, 9rb-va)

Pardo no es una excepción. El tratamiento que reciben en Pardo las proposiciones contingentes es significativamente distinto del que reciben las proposiciones posibles, imposibles y necesarias.

Entre los dos sentidos de contingencia señalados por Aristóteles[136], Pardo utiliza el sentido "fuerte", aquel que se opone tanto a la imposibilidad como a la necesidad[137]. Algo contingente, en este sentido, es algo que puede ser (no imposible) y que puede no ser (no necesario). La contingencia de una proposición podría ser reducida, por tanto, a su no imposibilidad unida a su no necesidad.

Esta contingencia compuesta todavía puede ser entendida en dos sentidos. Por una parte, Pardo distingue un primer sentido de contingencia, que es poco interesante porque se identifica con la verdad y la falsedad (cuando no se da imposibilidad ni necesidad). Según este primer sentido, una proposición es contingente cuando sucede contingentemente (*contingit*) que es tal como por ella se significa[138]. Por ejemplo, la proposición *"Sortes est albus"* se diría contingente porque Sócrates se relaciona con lo blanco verdadera o falsamente, pero no necesaria ni imposiblemente[139]. Este sentido de contingencia queda reducido a la verdad o falsedad, porque sólo atiende al significado actual: si lo que ahora significa la proposición es contingente (es decir, se da verdadera o falsamente, pero no necesaria ni imposiblemente), la proposición es contingente.

136 *Primeros analíticos*, I, 3, 25a 37-40 y I, 13, 32a 18-29.

137 El sentido "débil", según el cual lo contingente es simplemente lo que acontece (*contingit*), permite que lo necesario sea también considerado contingente.

138 O cuando sucede contingentemente que no es tal como por ella se significa: también las proposiciones falsas pueden ser contingentes en este sentido.

139 "Respondeo: aliqua propositio duplici de causa potest contingens nominari. Prima, quando contingit taliter esse qualiter per eam significatur, ut ista 'Sortes est albus'. Et credo quod illa contingentia non sit nisi veritas vel falsitas relativa. Et superaddit quod non necessario neque impossibiliter insit, ita quod ipse Sortes relatus vere ad album vel false, non tamen necessario neque impossibiliter, dicitur contingens contingentia relativa." (*MD*, 6vb)

Pardo prefiere un sentido de contingencia que atienda no sólo al significado actual, como la verdad y la falsedad, sino a todos los posibles significados de la proposición. Sin embargo, la multiplicidad de posibles significados hace que el modo compuesto de entender la contingencia (contingencia en sentido "fuerte") resulte especialmente problemático.

En efecto, si lo contingente es lo no necesario ni imposible, una proposición contingente será aquella cuyos posibles significados no sean ni necesarios ni imposibles. Pero esta condición puede entenderse de dos modos. O bien puede entenderse como exigiendo que todos y *cada uno* de sus significados no sean ni necesarios ni imposibles (es decir, que todos sean contingentes), o bien puede entenderse como exigiendo que todos los significados *en conjunto* no sean necesarios ni imposibles (es decir, que ni todos sean necesarios, ni todos sean imposibles).

El primer sentido parecería más acorde con la teoría de las modalidades de Pardo, porque funda la contingencia de una proposición en la contingencia relativa de sus posibles significados. En esto se basa, como se ha visto en 2.1.5, su defensa de la proposición *"Deus creat"* como contingente: su significado (Dios relacionado afirmativamente con las criaturas), aunque absolutamente necesario, es relativamente contingente, y esta contingencia del significado basta para fundar la contingencia de la proposición.

Sin embargo, Pardo parece olvidar este primer sentido, y preferir, en cambio, el segundo sentido, que ya no exige la contingencia de los significados para declarar contingente a la proposición. Así, la proposición *"Omne ens est Deus"*, que es contingente, puede tener distintos significados, según la significación que procede de la acepción de los términos, pero ninguno de esos significados es contingente. Si sólo Dios existiera, el significado de esa proposición sería Dios relacionado afirmativamente consigo mismo, y este significado está dispuesto necesariamente; en cualquier otra situación, el significado de esa proposición es Dios relacionado afirmativamente con las criaturas, y este significado está dispuesto imposiblemente. Ninguno de los posibles significados de esta proposición es relativamente contingente. Por tanto, la contingencia de esta proposición no se funda en la contingencia de sus significados[140].

En este segundo sentido, una proposición se dirá contingente porque puede significar tal como es en la realidad (cuando se atiende a un significado no imposible), y puede no significar tal como es en la realidad (cuando se atiende a un significado no necesario). Por ejemplo, la proposición *"Omne ens est Deus"* puede significar tal como es en la realidad (si sólo existiera Dios, la acepción del término *"ens"* haría que la proposición significara tal como es) y puede no significar tal como es en la realidad (dada la actual acepción de *"ens"*, la proposición no significa tal como es)[141]. Pardo considera que éste es el sentido genuino de proposición contingente, el que puede aplicarse a toda proposición contingente sin excepción, y propone la siguiente definición:

> (6) Proposición contingente es la proposición que puede significar tal como es y puede no significar tal como es[142].

Este segundo modo de entender la proposición contingente separa a la contingencia del resto de las modalidades, puesto que esta contingencia no responde a una modalidad relativa real. La

---

140 "Veruntamen est difficultas qualiter debeat diffiniri propositio contingens, nam ista est contingens 'omne ens est Deus', et tamen clarum est quod quicquid per eam significatur taliter qualiter per eam significatur necessario aut impossibiliter se habet, quod ostenditur: nam vel significatur Deus ut relative et affirmative se habens ad seipsum, et sic Deus est necessarius necessitate relativa, aut significatur Deus ut relative se habens ad creaturam et affirmative, et tunc est impossibilis impossibilitate relativa. Non ergo a suo significato illa propositio suam contingentiam habet." (*MD*, 6vb)

141 "Secundo modo, aliqua propositio dicitur contingens quia potest significare taliter qualiter est in re et potest non significare taliter qualiter [non] est in re. Ut ista propositio 'omne ens est Deus' est contingens, quia in casu potest significare taliter qualiter est in re, significatione accepta ex acceptione terminorum, ut posito quod solus Deus sit, et in casu potest non significare taliter qualiter est in re, ut nunc significat." (*MD*, 6vb)

142 "Quamobrem propositio contingens sic diffiniri habet: propositio contingens est propositio que potest significare taliter qualiter est et potest non significare taliter qualiter est, et hec diffinitio omni propositioni contingenti convenit." (*MD*, 6vb)

contingencia en que se funda la contingencia de la proposición no reside en el modo de estar dispuestas las cosas significadas, sino en el significar mismo de la proposición. Pardo rechaza explícitamente una definición de este tipo:

> (6*) Proposición contingente es aquella que, tal como significa, así es contingentemente[143],

donde la forma adverbial "contingentemente" (*"contingenter"*) hace referencia al modo de estar dispuestas las cosas en la realidad, a una contingencia relativa de las cosas significadas por la proposición.

En cambio, Pardo admite una definición como ésta:

> (6') Proposición contingente es aquella que contingentemente significa tal como es[144],

donde "contingentemente" es el modo en que la proposición significa, y no el modo de estar dispuestas las cosas. La contingencia se revela así como una modalidad distinta del resto, fundada en una modalidad del significar y no en una modalidad de las cosas.

2.3.4. *La buena consecuencia*

Pardo completa sus definiciones de las modalidades con una definición de buena consecuencia. Si todas las propiedades lógicas de las proposiciones deben fundarse en su significado, también deben hacerlo las relaciones entre proposiciones.

Se ha visto en 2.1.6 cómo Pardo establece una relación de consecuencia real entre las cosas significadas por las proposiciones.

---

143 "Neque debet sic diffiniri: que qualiter significat taliter contingenter est." (*MD*, 6vb)

144 "Sed si placet ponere ly 'significat' taliter ut sequatur illum terminum 'contingenter', ut sic dicatur: 'propositio contingens est propositio que contingenter significat taliter qualiter est', tunc bene diffiniretur, ut patet exponendo ly 'contingenter'." (*MD*, 6vb) *"Contingenter"* es un término exponible, y el sentido que resulta al exponerlo es precisamente el de la definición 6.

Sin embargo, no define la buena consecuencia como aquella que significa una consecuencia real, sino que la define de este modo:

> (7) Buena consecuencia es aquella en la que es imposible que sea tal como es significado por el antecedente sin que sea tal como es significado por el consecuente[145].

Más adelante, Pardo precisa que el "ser tal como es significado" se refiere al ser *verdaderamente*: se ha visto que, según Pardo, todo lo que una proposición significa es en la realidad, pero lo que aquí se exige no es el darse sin más, sino el darse verdadera o falsamente. Para que la consecuencia sea buena, es preciso que la relación significada por el consecuente se dé verdaderamente siempre que la relación significada por el antecedente se dé verdaderamente. Por eso, la consecuencia *"Homo est homo et asinus est asinus, ergo homo est asinus"* no es una buena consecuencia: aunque se dé en la realidad lo significado por el antecedente y por el consecuente, lo significado por el antecedente se da verdaderamente, mientras que lo significado por el consecuente se da falsamente[146].

Una vez más, se ve cómo la teoría de Pardo supera a la de Buridán, al añadir a los particulares unas relaciones mutuas, y a las relaciones unos modos de darse: estos modos son los que permiten, según Pardo, garantizar las modalidades y relaciones lógicas, que los particulares de Buridán no conseguían fundar.

Sin embargo, como se muestra en la sección 3, ni siquiera estas modificaciones introducidas por Pardo bastan para fundar las modalidades de un grupo muy importante de proposiciones: las proposiciones científicas.

---

145 "Bona consequentia est in qua impossibile est taliter esse qualiter significatur per antecedens quin taliter sit qualiter significatur per consequens, et capio 'taliter esse' et 'qualiter esse' ut nominant quodcunque significatum cuiuscunque propositionis." (*MD*, 7ra)

146 "Et ad argumentum, dicendum quod illa consequentia non valet 'homo est homo et asinus est asinus, ergo homo est asinus', quia vere est sicut significatur per antecedens, id est per propositionem illam que vocatur antecedens, et tamen non vere est sicut significatur per consequens." (*MD*, 7ra)

3. LA NECESIDAD DE LAS PROPOSICIONES CIENTÍFICAS

La cuestión de la modalidad que deba atribuirse a las proposiciones científicas constituye tradicionalmente un serio problema, no sólo para la teoría de Pardo. La mayoría de las proposiciones científicas hablan de cosas contingentes (se exceptúan las proposiciones de la ciencia teológica, que hablan de Dios, la única entidad necesaria). Podría pensarse, que, siendo contingentes las cosas significadas, estas proposiciones también son contingentes. Pero, de acuerdo con Aristóteles, la ciencia es acerca de lo universal y necesario[147], y las proposiciones científicas son universales, eternas e incorruptibles[148]. Esto quiere decir que las proposiciones científicas deben ser verdaderas en todo tiempo y, por tanto, necesarias. Ni siquiera la teoría de Pardo de las modalidades relativas parece resolver el problema: para ser necesarias, las proposiciones científicas deberían significar una relación necesaria, pero ¿cómo podría existir una relación necesaria entre cosas contingentes?[149]

Pardo se ocupa de este problema en el capítulo sexto de la *Medulla*, dedicado a la ampliación. Una de las objeciones contra su doctrina se refiere a la posibilidad de que las proposiciones científicas sean falsificadas. Según esta objeción, una proposición científica como *"Triangulus habet tres angulos equales duobus rectis"* no sería necesaria, sino que puede ser falsa: sus términos pueden carecer de suposición, debido a la contingencia de las cosas significadas por ellos. En efecto, de acuerdo con las reglas habi-

---

147 *Ética a Nicómaco*, VI, 6, 1140b 30.

148 *Segundos analíticos*, I, 8, 75b 22.

149 El problema se presenta para cualquier proposición necesaria que hable de particulares contingentes, no sólo para las proposiciones científicas. Sin embargo, a las proposiciones científicas se dedica mayor atención porque en su caso el problema no podría resolverse declarándolas contingentes: es Aristóteles quien lo prohíbe.

tuales de suposición, el sujeto de *"Triangulus habet tres angulos equales duobus rectis"* sólo supone por los triángulos que son, de modo que el sentido de esta proposición sería *"Triangulus qui est habet tres angulos equales duobus rectis"*, que es una proposición contingente: los triángulos pueden no existir y, si no existiera ningún triángulo, la proposición sería falsa. Lo mismo sucedería con *"Homo est animal"*: el sujeto supone sólo por los hombres que son, pero los hombres pueden existir o no existir, y *"Homo qui est est animal"* sería falsa si no existiera ningún hombre[150].

Pardo se enfrenta, así, al problema con que tropieza toda teoría nominalista del lenguaje y del conocimiento: el de hacer compatible la contingencia del mundo con la necesidad atribuida al conocimiento científico[151]. Antes de proponer su propia respuesta, Pardo examina cuatro soluciones[152]. Las dos primeras proponen una reformulación de las proposiciones científicas, para hacer explícita una estructura oculta que justifique su necesidad. Las dos últimas soluciones, en cambio, explican la necesidad de las proposiciones científicas asignando a sus términos un tipo especial de suposición.

---

150 "Ista propositio 'triangulus habet tres' est una propositio ad scientiam pertinens, et tamen non est necessaria. Patet, nam ly 'triangulus' solum supponit pro triangulis qui sunt, ergo sensus est, secundum regulam principalem assignatam, 'triangulus qui est habet tres', que manifeste est contingens. Et similiter argueretur de ista 'homo est animal', quod sit contingens, nam ly 'homo', secundum regulas communes respectu de ly 'est', stat solum pro presentibus, ergo sensus est 'homo qui est est animal', illa autem est contingens." (*MD*, 83ra)

151 Ver T. K. Scott, "John Buridan on the objects of demonstrative science", 657-659.

152 Un resumen de estas soluciones, tal como Pardo las expone, puede encontrarse en J. Coombs, "Jerónimo Pardo on the necessity of scientific propositions", 14-18.

3.1. La verdadera forma de las proposiciones científicas

La que Pardo presenta como "opinión común" distingue tres modos en que una proposición puede decirse necesaria: *simpliciter, ex conditione* y *temporaliter*.

En primer lugar, se dice simplemente necesaria aquella proposición que, tal como por ella se significa con significación total y proposicional, es necesario que sea así[153]. Una proposición simplemente necesaria sería, por tanto, la que encaja en la definición habitual de "proposición necesaria". Las proposiciones científicas no parecen poder llamarse necesarias en este sentido, puesto que su significado no es necesario[154].

En segundo lugar, una proposición se dice condicionadamente necesaria cuando se puede formar una condicional necesaria que tiene como antecedente una proposición de *"est"* segundo adyacente, cuyo sujeto es el de la proposición que se considera (es decir, una proposición que afirma la existencia de las cosas significadas por el sujeto), y como consecuente la misma proposición considerada. Por ejemplo, son condicionadamente necesarias las proposiciones *"Homo est animal"*, *"Tonitruum est sonus factum in nubibus"*, *"Vacuum est locus non repletus corpore"*, porque son necesarias las siguientes condicionales: *"Si homo est, homo est animal"*, *"Si tonitruum est, tonitruum est sonus factum in nubibus"*, *"Si vacuum est, vacuum est locus non repletus corpore"*[155]. Estas condicionales son necesarias, puesto que

---

[153] Esta definición, explica Pardo, es una simplificación, aplicable a las proposiciones categóricas, afirmativas, de *inesse* y de presente. "Propositio autem dicitur necessaria simpliciter que qualitercunque per ipsam significatur significatione totali et propositionali necesse est ita esse, et hoc si sit affirmativa, cathegorica, de inesse, de presenti, quemadmodum declaratum est in primo capitulo de necessitate propositionis." (*MD*, 83ra)

[154] El "significado" del que se habla aquí son, por supuesto, las cosas, los particulares significados por la proposición.

[155] La definición es válida para proposiciones de predicación directa: cuando son de predicación indirecta, el antecedente deberá construirse a partir del predicado, no del sujeto. "Sed propositio dicitur necessaria ex conditione quando ex terminis ipsius formabilis est una conditionalis necessaria, in cuius antecedente poni-

su verdad no depende de la existencia de los particulares significados.

Por último, una proposición se dice temporalmente necesaria cuando su sujeto supone por algo respecto al verbo *"est"* segundo adyacente (es decir: cuando existe lo significado por el sujeto), y en todo momento en que el sujeto supone por algo, entonces el predicado supone por lo mismo. Así, *"Vacuum est locus non repletus corpore"* no es necesaria temporalmente, porque el término *"vacuum"* no supone por nada, ya que, para los científicos de la época, el vacío ni es ni puede ser. En cambio, *"Homo est animal"* y *"Triangulus habet tres angulos equales duobus rectis"* sí son necesarias temporalmente: en el momento presente, existen hombres y, siempre que existen hombres, esos hombres son animales; en el momento presente, existen triángulos, y, siempre que existen triángulos, tienen tres ángulos iguales a dos rectos[156].

Según esta opinión común, no es necesario que las proposiciones científicas sean simplemente necesarias, sino que basta con

---

tur subiectum dicte propositionis respectu huius verbi 'est' secundi adiacentis, et consequens debet esse tota propositio, et hoc si consequens fuerit de predicatione directa. Et sic, iste sunt necessarie 'homo est animal,' 'tonitruum est sonus factus in nubibus', 'vacuum est locus non repletus corpore', iste autem sunt necessarie 'si homo est, homo est animal', 'si tonitruum est, tonitruum est sonus factus in nubibus', 'si vacuum est, vacuum est locus non repletus corpore'. Dicitur notanter 'si talis propositio fuerit de predicatione directa', quia si fuerit de predicatione indirecta non debet sic exponi, sed antecedens dicte conditionalis debet esse propositio constituta ex predicato dicte propositionis de hoc verbo 'est' secundo adiacente, et consequens debet esse ipsamet propositio. Unde ista est necessaria 'animal est homo', ex quo sequitur ex necessario in consequentia bona, et tamen ista conditionalis non est necessaria 'si animal est, animal est homo', sed ista bene est necessaria 'si homo est, animal est homo'." (*MD*, 83ra)

156 "Propositio vero dicitur necessaria temporaliter quando subiectum aliquod supponit respectu huius verbi 'est' secundo adiacentis, et quandocunque subiectum supponit pro aliquo tunc predicatum supponit pro eodem. Ex quo patet quod non omnis propositio necessaria ex conditione est necessaria temporaliter, sed bene econtra: ista enim non est necessaria temporaliter 'vacuum est locus non repletus corpore', ex quo vacuum neque est neque potest esse. Tunc patet ex dictis quomodo iste propositiones 'homo est animal', 'triangulus habet tres', non sunt necessarie simpliciter, sed tantum ex conditione aut temporaliter." (*MD*, 83ra)

que lo sean condicionadamente[157]. La estructura, por tanto, que subyace a las proposiciones científicas y que explica su necesidad es una estructura condicional: las proposiciones científicas no son proposiciones categóricas, pese a las apariencias, sino que son proposiciones condicionales, y la necesidad que se les atribuye es la necesidad de la consecuencia, no la necesidad de su consecuente. Por eso su verdad no depende de la existencia o no existencia de los particulares significados[158]. Esta es la solución de Ockham al problema de la necesidad de las proposiciones científicas[159].

Frente a los defensores de esta opinión, hay quienes descubren en las proposiciones científicas una forma distinta: la segunda opinión examinada por Pardo considera que la verdadera estructura de las proposiciones científicas es una estructura modal. Las proposiciones científicas son en realidad proposiciones modales de "posible". Si son proposiciones de "posible", su verdad ya no depende de la existencia o no existencia de las cosas significadas por el sujeto, porque el modo amplía el sujeto para que suponga también por lo posible no existente. Por ejemplo, la verdadera es-

---

157 "Et si dicas: ergo tales propositiones non pertinent ad scientiam, cum propositiones ad scientiam pertinentes debent esse simpliciter necessarie, consequens tamen est contra philosophum tales propositiones demonstrantem. Ad hoc respondetur secundum hunc modum dicendi quod ille propositiones capiuntur conditionaliter, id est, loco quarundam conditionalium, ut ista 'triangulus habet tres' capitur loco istius 'si triangulus est, triangulus habet tres'." (*MD*, 83ra) No me parece acertada la interpretación de Coombs del pasaje de Pardo (ver J. Coombs, "Jerónimo Pardo on the necessity of scientific propositions", 15), según la cual una posible justificación de la necesidad de las proposiciones científicas consistiría en declararlas temporalmente necesarias. A mi juicio, la opinión que Pardo examina distingue la necesidad *ex conditione* y la necesidad temporal, pero no utiliza esta última como justificación de la necesidad de las proposiciones científicas: basta con entender estas proposiciones condicionalmente, como se muestra en el pasaje que acabo de citar.

158 El problema es que, cuando el sujeto de la proposición no puede existir, cualquier proposición es necesaria en este sentido. Por ejemplo, también sería necesaria *ex conditione* la proposición *"Vacuum est locus repletus corpore"*, puesto que equivale a *"Si vacuum est, vacuum est locus repletus corpore"*, que es verdadera por ser falso su antecedente.

159 Ver T. K. Scott, "John Buridan on the objects of demonstrative science", 659-660, 667-668.

tructura de *"Triangulus habet tres angulos equales duobus rectis"* sería *"Triangulus possibiliter habet tres angulos equales duobus rectis"* y la de *"Homo est animal rationale"* sería *"Homo possibiliter est animal rationale"*, que son necesarias porque el sujeto no supone ya sólo por los individuos existentes[160]. Como se verá, ésta es la solución que Pardo mismo defiende como verdadera.

Otra manera de tratar de justificar la necesidad de las proposiciones científicas no considera necesario reformular estas proposiciones (ya sea de acuerdo con una estructura condicional, ya de acuerdo con una estructura modal). Si la aparente contingencia de las proposiciones científicas procede de que sus términos suponen por cosas que existen pero podrían no existir, bastaría con modificar el modo de suposición de los términos para garantizar su necesidad.

3.2. La suposición de los términos en las proposiciones científicas

Las dos últimas soluciones examinadas por Pardo tratan de explicar la necesidad de las proposiciones científicas apelando al modo especial en que sus términos suponen: con suposición natural[161]. La suposición natural garantiza la necesidad de las proposiciones científicas, porque permite hablar de los individuos particulares con independencia de su existencia efectiva: mientras que un término con suposición accidental está tomado por los particulares existentes en el tiempo que indica la cópula, un término en

---

160 "Vel aliter dicitur quod ille capiuntur loco propositionum de possibili, ut ista 'triangulus habet tres' capitur loco istius 'triangulus possibiliter habet tres'. Et ista 'homo est animal rationale', loco istius 'homo possibiliter est animal rationale'." (*MD*, 83r)

161 "Alii vero huiusmodi propositiones nituntur salvare esse necessarias ea forma qua ponuntur, ponentes duplicem suppositionem: unam naturalem, aliam videlicet accidentalem." (*MD*, 83rb)

suposición natural se toma por todos los particulares significados, sin restricción temporal alguna[162].

Pardo define la suposición natural como "la acepción del término en la proposición cuya cópula se considera desligada del tiempo", frente a la suposición accidental, que define como "la acepción del término en la proposición según la exigencia de la cópula, que importa un tiempo"[163]. Para quienes conceden esta distinción, la necesidad de las proposiciones científicas no se funda en una estructura oculta, sino que procede de la suposición natural de sus términos, y este modo de suposición se debe a que en ellas la cópula está liberada de las connotaciones temporales. Por ejemplo, *"Homo est animal"* es necesaria porque el *"est"* no connota tiempo y, así, es independiente de la existencia o no existencia de hombres[164]. Pero, como indica Pardo, esta independencia del tiempo puede entenderse de dos modos, y cada uno de ellos constituye una respuesta distinta al problema de la necesidad de las proposiciones científicas.

---

162 La distinción entre suposición natural y accidental aparece en el siglo XIII, en autores como Pedro Hispano, Guillermo de Sherwood y Lamberto de Auxerre: en esta etapa inicial, la suposición natural es la capacidad natural para suponer por todos sus significados, que el término tiene tomado por sí mismo, independientemente de su inserción en un contexto. Esta suposición acontextual se pierde cuando, en el siglo XIV, la presencia en una proposición se convierte en un requisito imprescindible para que un término suponga. Sin embargo, en algunos autores, tanto nominalistas (Buridán) como realistas (Vicente Ferrer), reaparece la suposición natural, aunque reinterpretada como una suposición dependiente del contexto: el contexto proposicional hace que el término esté tomado por todos sus significados, sin restricción temporal. Este sentido de súposición natural, en sus dos variantes (como suposición atemporal o como suposición omnitemporal), es el que Pardo toma aquí en consideración. Ver L. M. de Rijk, "The development of *suppositio naturalis* in medieval logic (I y II)".

163 "Unde suppositio naturalis est acceptio termini in propositione cuius copula absolvitur a tempore, sed suppositio accidentalis est acceptio termini in propositione secundum exigentiam copule, tempus importantis." (*MD*, 83rb)

164 "Tunc, dicitur quod in propositionibus ad scientiam pertinentibus termini habent suppositionem naturalem, nam in talibus copula absolvitur a tempore. Si enim dicam 'homo est animal rationale': illa est vera, nam illi termini habent suppositionem naturalem pro eo quod ly 'est' a tempore absolvitur." (*MD*, 83rb)

Por una parte, "los nominales", explica Pardo, entienden la independencia respecto del tiempo propia de las proposiciones científicas en el sentido de que la cópula no importa ningún tiempo, sino que simplemente denota la unión entre los extremos[165].

Este modo de entender la cópula (como absolutamente desligada del tiempo) es el que debe aplicarse, según esta opinión, a la proposición *"Deus est"*: la única manera de interpretar acertadamente esta proposición es entendiendo que el *"est"* no connota ningún tiempo. Si lo hiciera, por ejemplo, si connotara el tiempo presente, su sentido sería *"Deus est in tempore presenti"*, y la proposición sería contingente[166].

La misma independencia respecto del tiempo debe aplicarse, de acuerdo con esta opinión, a toda proposición científica, también a las que hablan de cosas contingentes: en las proposiciones científicas, la cópula no connota ningún tiempo, sino que simplemente denota la unión de los extremos entre sí. ¿Qué es lo que determina que en las proposiciones científicas la cópula deba ser interpretada de este modo? Los defensores de esta opinión la justifican apelando a la autoridad de Aristóteles: las cosas que no pueden ser de otra manera no se dan en el tiempo[167]. Pero las cosas de las que puede haber ciencia son, también según Aristóteles, cosas que no pueden ser de otra manera: de ahí que puedan ser con-

---

165 "Sed istam a tempore absolutionem in huiusmodi propositionibus diversi diversimode declarant. Quidam (in marg: nominales) sunt sic intelligentes copulam absolvi a tempore in talibus propositionibus: non quidem quod omne tempus importet sub disiunctione, puta presens, preteritum, futurum et possibile, sed absolvitur a tempore, sic quod nullum tempus importat." (*MD*, 83rb) La opinión que Pardo atribuye a "los nominales" es, sin embargo, la que de Rijk atribuye al realista Vicente Ferrer: la independencia del tiempo de la proposición es interpretada por él como atemporalidad. Ver L. M. de Rijk, "The development of *suppositio naturalis* in medieval logic (II)", 47-51; J. A. García Cuadrado, *Hacia una semántica realista. La filosofía del lenguaje de San Vicente Ferrer*, Eunsa, Pamplona, 1994, 153-160.

166 "Sicut est in ista propositione 'Deus est', si necessaria debet dici: si enim ly 'est' tempus presens connotaret, sensus esset 'Deus est in tempore presenti', ille autem sensus contingens est, et ita illa esset contingens." (*MD*, 83rb)

167 *Física*, IV, 12, 221b 3.

sideradas fuera del tiempo. Por ejemplo, que el diámetro es inconmensurable con el lado no se da en el tiempo, y por eso la cópula de la proposición correspondiente no sitúa esa relación en el tiempo, sino fuera de él: en consecuencia, la proposición es necesaria, haya o no diámetros existentes de hecho[168].

A quienes pretendan utilizar la definición de "verbo" de Aristóteles, como "aquello que consignifica tiempo"[169], esta opinión responde que el verbo que se usa para designar el tiempo es el "verbo vulgar", el verbo que se usa al contar historias, mientras que el "verbo lógico" no se define por su capacidad de consignificar tiempo, sino simplemente porque denota la unión de varias cosas entre sí, y éste es el verbo que se usa en las proposiciones científicas. Los defensores de esta opinión comparan el verbo que usan los lógicos y los científicos con el sincategorema *"et"*, que simplemente une dos términos. Por ejemplo, al decir *"Sortes et Plato"*, explica Pardo, el *"et"* no significa nada, sino que se limita a unir los otros términos en conjunción. Así, el *"est"* cuando se dice *"Triangulus est habens tres angulos equales duobus rectis"* simplemente denota la unión de los extremos entre sí. Este sentido de verbo está presente en otras afirmaciones aristotélicas: cuando Aristóteles dice que el verbo es nota de las cosas que se dicen de otro, y cuando dice que el verbo *"est"* consignifica cierta composición de los extremos que no se entiende sin los extremos[170], estaría pensando en este verbo lógico que no importa ningún tiempo[171].

---

168 "Sic etiam, in propositionibus ad scientiam pertinentibus copula a tempore absolvitur, id est, nullum tempus importat, sed precise denotat unionem extremorum adinvicem. Hunc autem modum dicendi dicunt elici ex Aristotele quinto Phisicorum, dicente quod illa que aliter se habere non possunt, in tempore non sunt, ut dyametrum esse commensurabilem coste." (*MD*, 83rb)

169 *Peri hermeneias*, 3, 16b 6.

170 *Peri hermeneias*, 3, 16b 25.

171 "Et si contra hunc modum dicendi obiicias quia de ratione verbi est quod consignificet tempus, quod patet ex diffinitione verbi data ab Aristotele: 'verbum est quod consignificat tempus, et est semper eorum que de altero dicuntur nota', ergo de ratione verbi est tempus consignificare, et per consequens non bene dictum est quod copula in propositionibus ad scientiam pertinentibus nullum tempus

En contraste, "los realistas", según Pardo, entienden la independencia del tiempo no en el sentido de que la cópula no consignifica ningún tiempo en absoluto, sino que no significa un tiempo determinado, porque significa todos los tiempos (presente, pasado, futuro y posible) disyuntivamente[172]. Así, la suposición natural de los términos en las proposiciones científicas permite que el sujeto y el predicado estén tomados por las cosas presentes, pasadas, futuras y posibles, indistintamente. Según los realistas, un término supone con suposición natural cuando está tomado en la proposición según la exigencia de su "significación propia", pero su significación propia consiste en significar las cosas presentes, pasadas, futuras y posibles[173]. Así, si los términos de la

---

connotat. Ad hoc respondent quod duplex est verbum, quoddam est verbum vulgare, quod accipimus in nostro communi modo loquendi ad designandum preteritum tempus, et futurum, et presens, quemadmodum contingit narrantibus hystorias, et istud verbum vulgare diffinitum est ab Aristotele cum dicit 'verbum est quod consignificat tempus etcetera'. Aliud est verbum logicum, vel ut ita dicam sapientum, et tale non habet connotare tempus, sed precise denotat unionem aliquorum adinvicem, quo verbo utuntur in propositionibus ad scientiam pertinentibus. Si enim dico 'triangulus est habens tres', ly 'est' nullum tempus consignificat, sed precise denotat unionem illorum extremorum adinvicem, sicut si dicerem 'Sortes et Plato', ly 'et' non facit nisi unire et coniungere illa duo adinvicem, sic est de verbo quo utuntur scientes et philosophi. Et tale verbum manifestat philosophus cum dicit 'verbum est nota eorum que de altero dicuntur', cum etiam dicit 'hoc verbum consignificat quandam compositionem extremorum quam sine extremis non est intelligere'." (*MD*, 83rb)

172 La opinión que Pardo atribuye a "los realistas" es la defendida por Buridán, que entiende la suposición natural como una suposición omnitemporal. Ver L. M. de Rijk, "The development of *suppositio naturalis* in medieval logic (II)", 52-57; T. K. Scott, "John Buridan on the objects of demonstrative science", 662-673.

173 "Sed alii (in marg: opinio realium) aliter intelligunt istam a tempore absolutionem in huiusmodi propositionibus ad scientiam pertinentibus, dicentes huiusmodi absolutionem sic debere intelligi: quod copula nullum tempus determinatum consignificat, sed omne tempus sub disiunctione, puta presens, preteritum, futurum et possibile. Ideo, subiectum et predicatum pro presentibus, preteritis, futuris et possibilibus accipiuntur, quamobrem dicunt habere suppositionem naturalem. Dicitur enim terminus supponere naturaliter, ut volunt, quia stat secundum exigentiam sue proprie significationis, propria autem significatio eius est significare presens, preteritum, futurum et possibile. Ideo, cum pro illis accipitur, suppositionem naturalem terminus dicitur habere. Hanc acceptionem habent termini in propositionibus ad scientiam pertinentibus." (*MD*, 83rb-va)

proposición no significan sólo las cosas presentes, la proposición puede ser verdadera incluso cuando no existen actualmente esos particulares. Por ejemplo, para que sea verdadera la proposición *"Homo est animal"* no se requiere la existencia actual de ningún hombre, puesto que el sujeto supone también por los hombres posibles.

Y ¿cuál es la causa de que los términos estén tomados de este modo en las proposiciones científicas? Según los defensores de esta opinión, entre las cosas significadas por las proposiciones científicas existe una relación especial: o bien uno es de la esencia del otro, o es un accidente propio del otro. Por eso la verdad de la proposición no depende de la existencia efectiva, sino que se funda únicamente en las esencias de las cosas[174].

A pesar del reconocimiento de esencias universales que parece subyacer a esta interpretación[175], Pardo considera, en último término, que esta postura equivale a la que él prefiere, la reducción de las proposiciones científicas a modales de "posible": si la proposición *"Homo est animal"* debe entenderse como *"Homo est, fuit, erit, vel potest esse animal"*, entonces significa lo mismo que se expresa mediante *"Homo possibiliter est animal"*, porque en esta proposición *"homo"* está por los hombres presentes, pasados, futuros y posibles, y *"animal"* está por los animales presentes, pasados, futuros y posibles[176].

---

174 "Et si queras: unde convenit talibus terminis talis acceptio. Respondetur quod propter habitudinem extremorum adinvicem, videlicet quod predicatum est de essentia subiecti vel econtra, propria passio eius vel econtra." (*MD*, 83va) En este punto, la opinión que Pardo atribuye a los realistas ya no recuerda a la de Buridán, sino a la del realista Vicente Ferrer, para quien la suposición natural es la propiedad del término común tomado respecto a un predicado que le conviene esencialmente: ver L. M. de Rijk, "The development of *suppositio naturalis* in medieval logic (II)", 49; T. K. Scott, "John Buridan on the objects of demonstrative science", 670-671.

175 Este reconocimiento resulta incompatible con cualquier postura nominalista. Sin embargo, es posible sostener, como hace Buridán una idea de suposición natural como suposición omnitemporal sin atarse a una interpretación realista. Ver T. K. Scott, "John Buridan on the objects of demonstrative science", 668-669.

176 "Ex quo patet quod sensus istius propositionis 'homo est animal' est iste 'homo est, fuit, erit, vel potest esse animal. Vel posset sic dici 'homo possibiliter est

3.3. La solución de Pardo

Entre las respuestas al problema de la necesidad de las proposiciones científicas, Pardo deja ver que no considera acertada la que él presenta como "opinión común" (la reducción a proposiciones condicionales), aunque no propone argumentos contra ella. En cambio, entre las otras tres propuestas (la reducción a proposiciones de "posible", la eliminación completa del tiempo y la consideración indistinta de cualquier tiempo), rechaza con insistencia la segunda, y argumenta contra ella apoyándose en las siguientes tesis[177]:

> *Primera tesis:* las cosas que no existen en la realidad no tienen ninguna unión verdadera consignificada por el *"est"*[178].

De acuerdo con la teoría de Pardo de las modalidades relativas, esta tesis debe interpretarse así: la relación afirmativa significada por el *"est"*, que debe "darse" entre cualquier par de particulares (para que la proposición que habla de ellos sea significativa), no se da "verdaderamente" si esos particulares no existen de hecho.

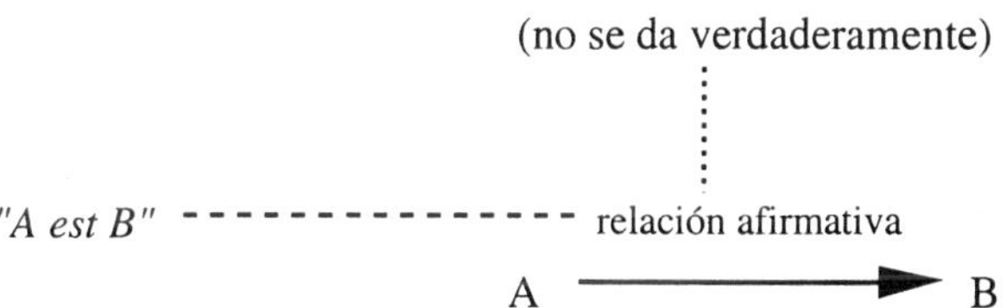

De aquí se sigue que la teoría de las modalidades relativas no basta para garantizar la necesidad de las proposiciones científicas. En efecto, una proposición como *"Vacuum est locus non repletus*

---

animal', cum sic dicendo ly 'homo' stet pro presentibus, preteritis, et futuris, et possibilibus. Et similiter ly 'animal'." (*MD*, 83va)

177 "Sed inter hos tres modos, secundus magis dissonus veritati est, pro quo ostendendo accipio aliquas propositiones." (*MD*, 83va)

178 "Prima propositio, que videtur probabilis: ea que non habent esse in rerum natura nullam habent veram unionem consignificatam per ly 'est'." (*MD*, 83va)

corpore" sería falsa, porque sus extremos significan cosas no existentes. Entre las cosas significadas por sujeto y predicado se da una relación afirmativa, significada por el *"est"*, pero, por tratarse de cosas no existentes, esa relación no se da verdaderamente.

> *Segunda tesis:* las cosas que son contingentes no pueden tener entre sí ninguna unión necesaria consignificada por el *"est"* no negado, pues sobre extremos contingentes no puede fundarse tal necesidad[179].

De acuerdo con la teoría de las modalidades relativas, entre particulares contingentes debe existir una relación afirmativa (la relación significada por el *"est"*), pero esa relación no puede darse necesariamente, sino siempre contingentemente, debido a la contingencia de sus extremos.

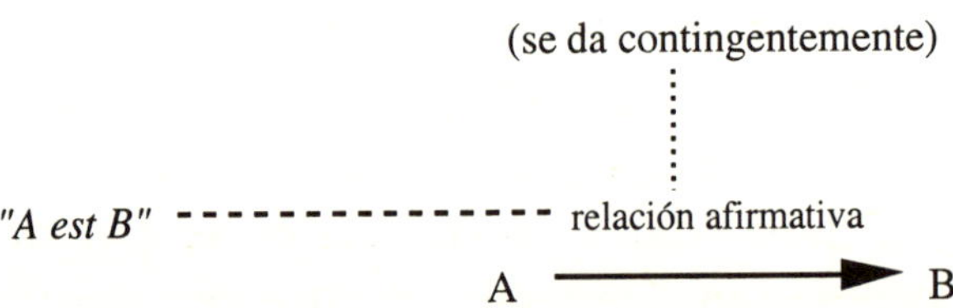

De esta tesis también se sigue la insuficiencia de la teoría de las modalidades relativas para garantizar la necesidad de las proposiciones científicas afirmativas: una proposición como *"Homo est animal"* sería contingente, porque, al ser contingentes las cosas significadas por sujeto y predicado, la relación significada por la cópula no puede darse necesariamente. Para particulares contingentes, no hay (no se da como existente) una necesidad relativa que funde la necesidad de las proposiciones afirmativas.

---

179 Pardo añade que no quiere forzar el modo habitual de hablar: puede decirse que *"Homo est animal"* es necesaria, siempre que se entienda lo que se está diciendo. "Secunda propositio vera: que contingentia sunt nullam necessariam unionem adinvicem possunt habere consignificatam per ly 'est' non negatum, nam supra extrema contingentia non potest fundari talis necessitas. Nec in modo loquendi harum propositionum volo vim facere, dummodo intelligatur quod dicitur." (*MD*, 83va)

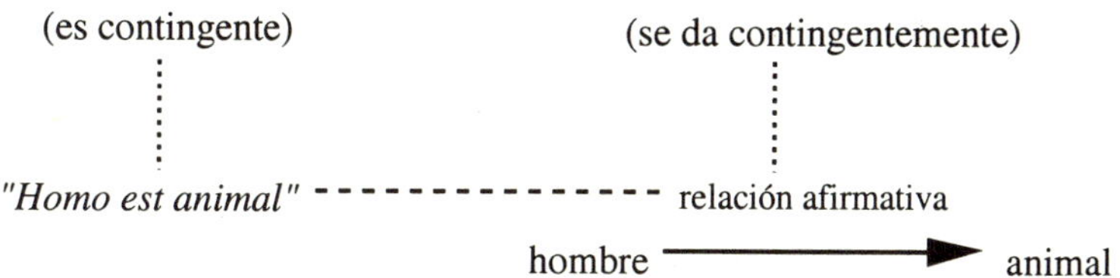

Por eso, Pardo puede decir que las modales *"Homo necessario est animal"* y *"Triangulus necessario habet tres angulos equales duobus rectis"*, donde el modo *"necessario"* se refiere a la necesidad de la unión entre sujeto y predicado, son falsas: debido a la contingencia de las cosas significadas, la relación que se da entre ellas no puede darse necesariamente (mejor: el darse necesariamente de esa relación, que debe darse también para poder ser significado, no se da como existente)[180].

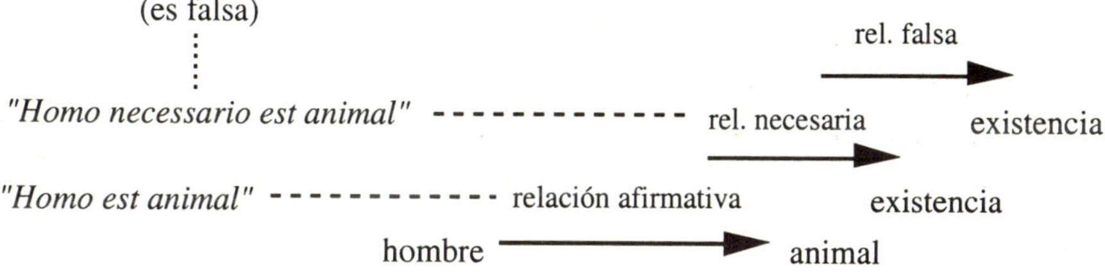

En estas dos tesis funda Pardo su argumentación contra la propuesta de una eliminación de las connotaciones temporales de la cópula. Si estas tesis son verdaderas, incluso considerando la cópula como desligada del tiempo, no dejan de ser contingentes proposiciones como *"Triangulus habet tres angulos equales duobus rectis"* y *"Homo est animal rationale"*. En virtud de la segunda tesis, puesto que las cosas significadas son contingentes, la relación que se da entre ellas nunca podrá ser necesaria (y, por tanto, no podrá ser necesaria la proposición que significa esa rela-

---

180 "Ideo, dico quod iste propositiones sunt false 'homo necessario est animal', et ista 'triangulus necessario habet tres', etcetera, si teneatur ultimus modus dicendi iam recitatus. Unde ly 'necesse' denotat unionem extremorum necessariam que consignificatur per ly 'est', ideo si res supra quam denotatur ferri ly 'necesse' sit contingens, non potest talis propositio esse vera. Illa autem per illa extrema importata contingentia sunt, ideo nulla est necessitas unionis, et sic illa modalis divisa hoc denotans est falsa." (MD, 83vb)

ción), independientemente de que la cópula consignifique tiempo o no. Y, en virtud de la primera tesis, si no existiera ningún triángulo sería falsa (y, por tanto, no necesaria) la proposición *"Triangulus habet tres angulos equales duobus rectis"*, aunque la cópula estuviera liberada de connotaciones temporales: incluso si el *"est"* denota simplemente la unión de los extremos, desligada del tiempo, tal unión sólo se da entre cosas existentes[181].

Como confirmación, Pardo propone el ejemplo de una proposición evidentemente contingente, *"Homo est currens"*. ¿Qué sucedería si el *"est"* no significara ningún tiempo determinado? De la postura nominalista se seguiría que, supuesto que ahora no existiera nada que corre, la proposición sería verdadera (porque en otro tiempo sí han existido o existirán hombres que corren). Pero esto, señala Pardo, es absurdo[182].

Alguien podría responder a la crítica de Pardo probando que, aunque ahora no existieran hombres, habría que conceder *"Homo est animal"* tomando la cópula como desligada del tiempo. El argumento que lo prueba es el siguiente: si ahora no existen hombres pero los ha habido en el pasado, es verdadera *"Homo fuit animal"*, tanto si la cópula connota tiempo como si no lo hace. En efecto, si la cópula connota tiempo, connota el tiempo

---

181 "Ex istis duabus propositionibus infero correlarium contra tertium modum declarandi: dato quod in istis propositionibus 'triangulus habet tres', 'homo est animal rationale', ly 'est' nullum tempus connotaret, ille propositiones non sunt necessarie. Patet ex secunda propositione, quia que significantur per subiectum et predicatum non sunt res necessarie, immo contingenter in rerum natura existentes, ergo inter illas non est unio necessaria neque consignificatur per ly 'est'. Unde si nullus esset triangulus ista esset falsa 'triangulus habet tres', dato quod ly 'est' nullum tempus connotaret. Patet, quia ly 'est' denotat unionem extremorum adinvicem, ergo denotantur ea que per subiectum et predicatum significantur sibi invicem uniri vel convenire, sed talium non est unio, ut patet ex prima propositione, quia eorum que non sunt nulla est unio." (*MD*, 83va)

182 "Et confirmatur, quia eadem ratione dicerem quod, dato quod nunc nullus curreret, illa esset vera 'homo est currens' et ly 'est' nullum tempus consignificaret." (*MD*, 83ra) Sin embargo, al hacer esta analogía, Pardo no tiene en cuenta la razón que lleva a tomar la cópula como independiente del tiempo en las proposiciones científicas: las proposiciones científicas hablan de cosas que no pueden ser de otra manera, cosa que no sucede con la relación entre el hombre y el correr.

pasado, en el que existían hombres y en el que todos los hombres existentes eran animales: la proposición es, por tanto, verdadera. Pero la proposición *"Homo fuit animal"* en la que el verbo connota tiempo, contiene a la proposición *"Homo fuit animal"* en la que el verbo no connota tiempo (esta última significa exactamente del mismo modo, excluyendo la connotación temporal: la simple significación de la unión entre sujeto y predicado está incluida en la significación de la cópula que, además, connota tiempo). Por tanto, si la proposición *"Homo fuit animal"* en la que la cópula connota tiempo es verdadera, también lo es la proposición *"Homo fuit animal"* en la que la cópula no connota tiempo. Pero si ésta es verdadera, también debe serlo la proposición *"Homo est animal"* cuando la cópula no connota tiempo, puesto que la distinta connotación temporal es lo único que distingue a la cópula *"est"* de la cópula *"fuit"*[183].

La respuesta de Pardo es que, en efecto, las proposiciones *"Homo est animal"*, *"Homo fuit animal"*, *"Homo erit animal"* parecen sinónimas, si se prescinde de la connotación temporal. Por eso, si se concede *"Homo fuit animal"* deberá concederse *"Homo est animal"*. Sin embargo, Pardo considera difícil tomar las cópulas de estas proposiciones como independientes del tiempo. Si esto pudiera hacerse, podría hacerse también, según él, en proposiciones como *"Homo curret"* y *"Homo currebat"*. Aunque en el momento actual ningún hombre corriera, en algún

---

183 "Si forte ad hec allegata responderetur simul contra dicta arguendo quod, dato quod nunc nullus esset homo, adhuc ista esset concedenda 'homo est animal', si ly 'est' nullum tempus connotaret. Patet: ista est concedenda 'homo fuit animal', ergo etiam ista 'homo est animal', ponendo quod in utraque verbum non connotet tempus. Antecedens patet, quia ista propositio 'homo fuit animal', capiendo ly 'fuit' ut denotat unionem extremorum pro tempore preterito, includit propositionem ubi non est talis connotatio temporis, in qua precise denotaretur unio extremorum adinvicem. Si ergo ista esset vera 'homo fuit animal', ut ly 'fuit' connotat tempus preteritum, etiam erit vera ut ly 'fuit' precise denotat unionem extremorum. Consequentia tamen probatur, quia idem est dicere 'homo est animal', 'homo fuit animal', 'homo erit animal', posito quod illa verba nullum tempus connotent, quodlibet enim illorum verborum precise denotat unionem extremorum adinvicem, nec videtur que differentia sit seclusa temporum connotatione." (*MD*, 83va)

momento pasado y en algún momento futuro ha habido y habrá hombres que corren: por tanto, las proposiciones *"Homo currebat"* y *"Homo curret"* son verdaderas cuando la cópula connota tiempo, y el razonamiento anterior probaría que también son verdaderas cuando la cópula no connota tiempo. Por tanto, también según un razonamiento análogo al anterior, la proposición *"Homo currit"* sería verdadera en el caso de que ningún hombre corriera[184].

Un modo de evitar esta conclusión, según Pardo, sería rechazar la sinonimia entre las cópulas de presente, de pasado y de futuro cuando se consideran independientemente del tiempo: podría decirse que, aunque la cópula denote simplemente la unión entre los extremos, en cada caso la unión tiene una razón distinta. El mismo Pardo considera esta solución un poco forzada, ya que la única diferencia entre estas cópulas parece ser la distinta connotación temporal. En definitiva, puesto que Pardo no está dispuesto a conceder la verdad de *"Homo currit"* si no hay hombres, de *"Homo currebat"* si no los hubo y de *"Homo curret"* si no los habrá, debe rechazar la eliminación del tiempo como una justificación de la necesidad de las proposiciones científicas. Esto le lleva a formular con más precisión su primera tesis: la unión significada por la cópula no es verdadera entre cosas que no son, entre cosas que no fueron y entre cosas que no serán[185].

---

184 Sobre la analogía que Pardo establece entre *"Homo est animal"* y *"Homo currit"*, ver la nota 181.

185 "Respondeo quod seclusa connotatione temporis, synonime videntur he propositiones 'homo est animal', 'homo fuit animal', 'homo erit animal', licet quoddammodo difficile est tales propositiones capere, earum copulis a tempore absolutis. Ideo, si placet hanc concedere 'homo fuit animal', ita videtur hec concedenda 'homo est animal'. Et tunc, dicendum esset quod si nunc in presenti nullus homo curreret, iste essent concedende 'homo curret', 'homo currebat', earum copulas a tempore absolvendo (nisi forsitan diceretur quod dato quod ille copule denotent unionem extremorum, adhuc inter illas propositiones differentia est, nam ille uniones alterius sunt rationis, quod tamen difficile est videre, nam ille copule tantum videntur differre propter connotationem unionis in ordine ad aliud et aliud tempus), nulla tamen illarum concedenda est, si homo non esset fuisset aut foret. Et secundum hoc, limitanda esset prima propositio assignata, taliter: eorum

En opinión de Pardo, sólo hay un caso en que la cópula puede entenderse, legítimamente, como desligada del tiempo: cuando las cosas significadas son necesarias. Así lo explica Pardo en su tercera tesis.

> *Tercera tesis:* cuando unas cosas tienen entre sí una unión necesaria consignificada por el *"est"*, tal como sucede cuando las cosas significadas por sujeto y predicado son necesarias, su unión no es relativa al tiempo, porque la comparación en orden al tiempo es contingente[186].

Esta exclusión del tiempo no puede extenderse, sin embargo, a las proposiciones que hablan de cosas contingentes. La diferencia entre *"Deus est"* y *"Homo est animal"* es que para la necesidad de la primera, la eliminación de la connotación temporal es necesaria y suficiente, mientras que para la necesidad de la segunda, no basta con una eliminación de la connotación temporal, puesto que las cosas significadas siguen siendo contingentes, aunque no se consideren en orden a ningún tiempo determinado[187].

Teniendo en cuenta las tesis anteriores, la cuarta es inevitable:

> *Cuarta tesis:* entre las cosas significadas por los extremos de las proposiciones científicas se da una unión posible consignificada por el *"est"*.

Por eso, para Pardo, las proposiciones científicas deben interpretarse como proposiciones de "posible": la primera de las

---

que non sunt, neque erunt, neque fuerunt, nulla est vera unio talis qualis consignificatur per ly 'est'." (*MD*, 83v)

186 "Tertia propositio: quando aliqua habent necessariam unionem adinvicem consignificatam per ly 'est', quemadmodum est quando ea que per subiectum et predicatum significantur sunt necessaria, non est eorum unio in ordine ad tempus, cuius ratio est: quia illa comparatio in ordine ad tempus contingens est." (*MD*, 83vb)

187 "Et ideo, in ista 'Deus est', ly 'est' non connotat tempus neque instans, quia tunc sensus esset 'Deus est in tempore presenti', quod est contingens. Neque est opus dicere quod connotat instans eternitatis, ut coexistit tempore presenti vero vel ymaginario, quia hoc contingentiam includit. Quapropter in hac propositione 'Deus necessario est' ly 'est' nullum tempus connotat, quod si connotaret illa esset falsa. Ex quo patet quod non est simile de ista propositione 'Deus est' et de ista 'homo est animal'. Ad hoc enim quod ista sit necessaria 'homo est animal', non sufficit absolutio a connotatione temporis, ad hoc autem quod ista sit necessaria 'Deus est' sufficit et requiritur absolutio a connotatione temporis." (*MD*, 83vb)

alternativas a la opinión común es la solución que Pardo considera acertada. Por ejemplo, *"Triangulus habet tres angulos equales duobus rectis"* debe interpretarse como *"Triangulus possibiliter habet tres angulos equales duobus rectis"*. Esta opinión coincide con la que Pardo ha examinado en último lugar (interpretación omnitemporal de la cópula), porque en las proposiciones científicas así interpretadas (como modales de "posible") la cópula no connota un tiempo determinado: aunque la unión entre los extremos sea relativa al tiempo, no lo es su posibilidad[188]. En cambio, Pardo insiste en su rechazo de la segunda opinión, en la que la independencia con respecto al tiempo se entiende como absoluta eliminación de cualquier connotación temporal[189].

Es importante destacar que, según Pardo, no es la unión entre los extremos la que es independiente del tiempo (puesto que en algún tiempo esas cosas podrían no existir y no darse entre ellas ninguna unión verdadera), sino la posibilidad de esa unión (incluso cuando las cosas no existen, su unión sigue siendo posible: esa posibilidad es la que se da verdaderamente). Como la posibilidad de la unión entre esos particulares posibles no sólo se da verdaderamente, sino que es necesaria, la proposición que la afirma es también necesaria.

---

[188] "Quarta propositio: inter ea que significantur per extrema harum propositionum que dicuntur ad scientiam pertinere est unio possibilis consignificata per ly 'est', quapropter optime dicebat prima opinio recitata quod ille propositiones debent capi loco propositionum de possibili. Ultima tamen ad idem reddit, in illa tamen de possibili non est opus quod ly 'est' connotet tempus. Unde si dicam 'triangulus habet tres', illa capitur loco istius 'triangulus possibiliter habet tres', ubi ly 'est' non debet tempus connotare, quia illa possibilitas unionis extremorum non est per comparationem ad tempus." (*MD*, 83vb)

[189] "Secundus autem modus recitatus non est verus, quia talis absolutio a connotatione temporis non sufficit ad necessitatem illarum, sicut iam probatum est." (*MD*, 83vb)

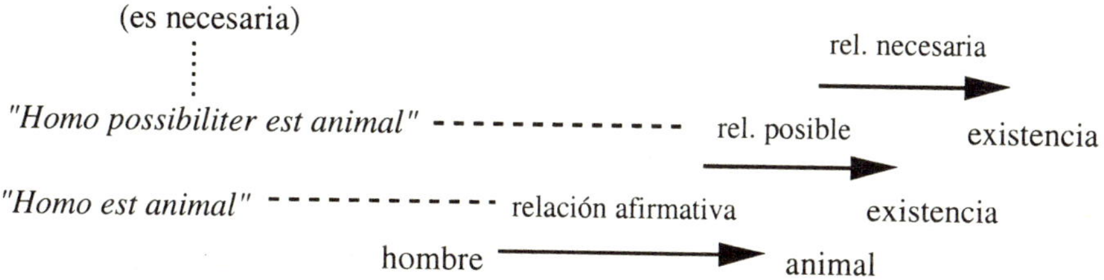

Según Pardo, su opinión no contradice a Aristóteles: las demostraciones científicas no pretenden demostrar más que la posibilidad de la unión entre los extremos. Por eso, Aristóteles puede decir en el libro cuarto de la *Física* que el ser el diámetro inconmensurable con el lado no se da en el tiempo, porque la conveniencia del predicado al sujeto no es relativa al tiempo[190].

Sin embargo, la reducción de las proposiciones científicas a modales de "posible" no resiste la crítica a la que el mismo Pardo sometía a la postura enemiga: si aplicamos este criterio a la proposición *"Homo currit"*, encontramos que también ella habla de una unión posible. Por tanto, la proposición podría ser reinterpretada como *"Homo possibiliter currit"*, y, puesto que la posibilidad de la unión entre el hombre y el correr es necesaria[191], la proposición será también necesaria.

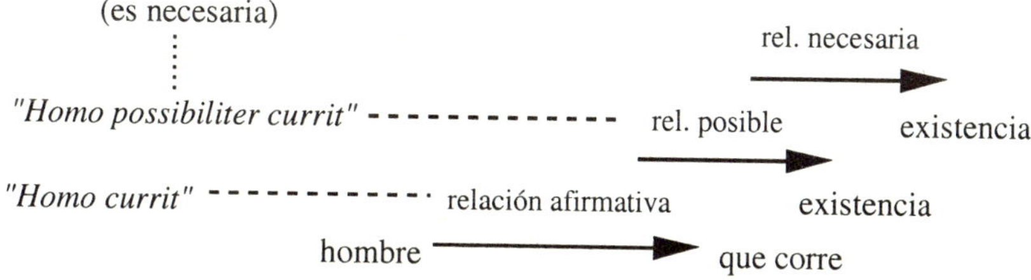

190 "Neque hoc est contra Aristotelem, sicut quidam putant, nam magnifestum est quod in omnibus talibus demonstrationibus non intenditur demonstrari nisi possibilitas unionis illorum extremorum. Et tunc, bene salvatur Aristoteles quarto phisicorum, dicens quod dyametrum esse incommensurabilem coste non est in tempore, quod enim illud predicatum conveniat illi subiecto non est per respectum ad tempus." (*MD*, 83vb)

191 Como en el sistema modal S5, en el mundo de Pardo toda posibilidad es necesaria.

La respuesta de Pardo al problema de la necesidad de las proposiciones científicas podría interpretarse como signo de un cierto fracaso de su teoría de las modalidades relativas[192]. El análisis de la respuesta de Pardo muestra que su teoría de las modalidades relativas no es por sí misma suficiente para fundar la necesidad de las proposiciones científicas. Según esta teoría, la necesidad de una proposición debería fundarse en una necesidad relativa, es decir, en la necesidad de la relación significada por la proposición. Pero, de acuerdo con la segunda tesis establecida por Pardo, entre cosas contingentes no puede existir ninguna relación necesaria. No hay, por tanto, una necesidad relativa entre cosas contingentes, que pueda fundar la necesidad de las proposiciones científicas que hablan de cosas contingentes.

Esto podría llevar a concluir que la teoría de Pardo de las modalidades relativas no debe aplicarse en el caso de las proposiciones científicas. Sin embargo, que la teoría de las modalidades relativas no baste para garantizar la necesidad de las proposiciones científicas no quiere decir que deje de ser operativa, sino simplemente, que necesita un complemento: la reinterpretación de las proposiciones científicas como modales de "posible".

Cuando se reformulan las proposiciones científicas de este modo, el problema de una relación necesaria entre entidades contingentes no se presenta (aunque los particulares significados sean contingentes), y la teoría de las modalidades relativas sigue siendo capaz de fundar la modalidad de la proposición. Si la teoría se aplica correctamente, puede observarse que la relación a la que se atribuye la necesidad no es ya la relación entre particulares contingentes, sino que se trata de una relación de nivel superior, y las "entidades" relacionadas son ahora necesarias, no contingentes[193].

Por ejemplo, si la relación significada por la proposición *"Homo est animal"* es la del hombre existente respecto del animal

---

192 Así es como la considera Coombs en su artículo: J. Coombs, "Jerónimo Pardo on the necessity of scientific propositions", 23.

193 Lo que sí puede objetarse es que tales "entidades" no son verdaderas entidades, sino relaciones ya muy alejadas de los particulares en los que se supone que debe fundarse todo conocimiento.

existente, la relación significada por *"Homo possibiliter est animal"* es una relación entre la primitiva relación y la existencia: más aún, lo significado es la posibilidad de esta relación (el darse posiblemente de esta relación de segundo nivel)[194].

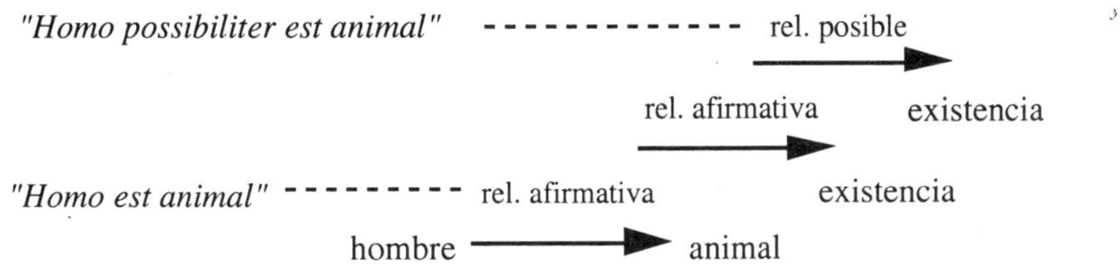

Por tanto, si la modalidad relativa en que se funda la modalidad de *"Homo est animal"* es una modalidad de la relación entre hombre y burro (de acuerdo con la segunda tesis, esta relación es contingente porque hombre y burro son contingentes), la modalidad relativa en que se funda la modalidad de *"Homo possibiliter est animal"* es una modalidad de la relación posible entre esa primera relación y la existencia (esta relación será necesaria si la relación posible es necesaria). Puesto que toda modalidad es un modo de darse, un modo de relacionarse con la existencia, la relación que se da necesariamente es la relación entre la relación posible y la existencia[195].

---

194 Por otra parte, el hombre y el animal de los que esta proposición habla son ahora el hombre posible el animal posible (por la ampliación del *"possibiliter"*): recuérdese que la significación de las proposiciones que debe tenerse en cuenta para determinar las modalidades es la que procede de la acepción de los términos.

195 Coombs dice que si los hombres y los animales pueden dejar de existir, también puede dejar de existir la relación posible entre ambos. No parece ser esa la intención de Pardo: en su teoría, la relación sigue siendo posible aunque no se dé verdaderamente. Es como si Pardo creara una nueva entidad, la posibilidad de la unión, que subsiste aunque no existan los particulares relacionados. Si las modalidades se convierten en entidades, las modalidades de las modalidades son en cierto modo, absolutas (modalidades de una relación a la existencia).

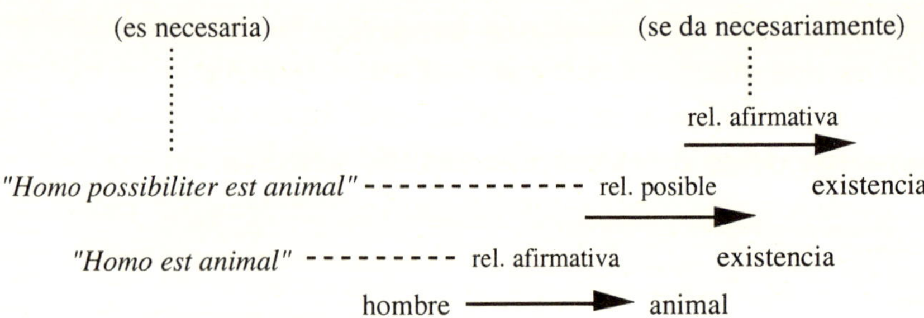

La teoría de las modalidades relativas logra salvar la necesidad de las proposiciones científicas, pero lo hace a costa de poner de manifiesto su complejidad y artificiosidad. Para fundar la necesidad del conocimiento, conservando su referencia última a particulares contingentes, Pardo debe recurrir a unas relaciones que se alejan cada vez más de los particulares relacionados. Buridán, de quien Pardo se declara seguidor, podría acusarle de infidelidad a su exigencia de que el conocimiento se funde en los particulares. Pardo se defendería de una posible acusación de "riminismo" alegando que, en último término, las abstractas y lejanas relaciones no son ninguna entidad distinta de los particulares. Pero, en ese caso, ¿qué son y cómo pueden fundar el conocimiento?

4. LOS LÍMITES DEL PROYECTO DE PARDO

En mi opinión, son tres las principales insuficiencias de la interpretación de Pardo del significado de las proposiciones, sobre la que pretende fundar las modalidades y, en particular, la necesidad de las proposiciones científicas.

En primer lugar, la teoría de Pardo del significado de las proposiciones oscila entre dos interpretaciones del "significado de una proposición", ninguna de las cuales es adecuada: si la interpretación amplia no da cuenta de lo específico del significar de la proposición, la interpretación restringida obliga a admitir un mundo de complejas relaciones como fundamento de ese modo especial de significar. El intento de Pardo de reducir las relaciones a particulares parece inviable: si tal reducción es posible, ¿dónde queda lo específico de la proposición? Si se desea, en cambio, mantener la diferencia entre proposiciones y términos, la reducción es imposible.

En segundo lugar, el proyecto nominalista de fundar toda la significatividad en los particulares parece chocar en Pardo con la necesidad de establecer una relación básica que no es una relación entre particulares, sino la relación de los particulares (y más tarde, de las relaciones mismas) con la existencia. Para que el proyecto de Pardo quedara realizado por completo, la existencia misma debería reducirse a particulares. Pero esa reducción no puede hacerse sin que surjan nuevos problemas.

Por último, la reducción de toda relación entre las proposiciones y la realidad a la relación significativa, derivada de la exigencia de un paralelismo absoluto y de la consiguiente ampliación al infinito de la ontología, conduce a un resultado contrario al que pretende: la relación significativa, que pretende fundar las modalidades, las deja sin fundamento. Para que algo pueda decirse, debe, según Pardo, darse en la realidad. Pero *todo* puede decirse, así que todo debe darse en la realidad: la complejidad de relaciones introducida por Pardo no basta para escapar a la objeción contra Buridán: si las proposiciones no ponen nada que no esté en la realidad, resulta imposible distinguir lo verdadero de lo falso.

4.1. El significado de las proposiciones: ¿particulares o relaciones?

Como sucedía en Buridán, Pardo utiliza la expresión "significado de la proposición" al menos en dos sentidos. Por una parte, Pardo pretende compartir el rechazo nominalista a la multiplicación de entidades innecesarias: se suma, como se ha visto, a la crítica de Andrés de Novocastro contra quienes crean nuevas entidades, al proyectar en la realidad las distinciones con que el intelecto la conoce. Pardo no quiere reconocer más realidad que los particulares significados por los extremos de las proposiciones. La opinión de Gregorio de Rímini le resulta extraña porque postula unos significados que no son entidades existentes, pero de algún modo subsisten y tienen propiedades capaces de fundar las propiedades de las proposiciones. Por eso se declara seguidor de Buridán, al sostener que el significado de las proposiciones no es nada distinto de las entidades particulares significadas por los extremos.

Pero, por otra parte, Pardo reconoce un segundo sentido de "significado de la proposición", según el cual la proposición no significa, sin más, los particulares significados por sus extremos, sino que significa algunos de ellos de un modo "más determinado". A diferencia de Buridán, que sólo reconocía estos significados para una pequeña clase de proposiciones, Pardo trata de manera homogénea a todas las proposiciones. Cualquier proposición significa las entidades por las que *supondría* el *dictum* en el caso de que tales entidades existieran. La reducción del *dictum* al agregado de nominativo y participio ayuda a reconocer estas entidades: *homo existens animal, homo existens asinus, Antichristus existens, chymera non existens.*

Pero estas "entidades" no son los particulares sin más, sino los particulares en cuanto relacionados de los distintos modos significados por la proposición: el hombre relacionado afirmativamente con el animal, el hombre relacionado afirmativamente con el burro, el Anticristo relacionado afirmativamente con la existencia, los posibles relacionados con otros posibles incomposibles con ellos, relacionados negativamente con la existencia. El significado de la proposición en este sentido restringido no son los particulares (ésos son los significados de los términos), sino las relaciones entre particulares (la relación es lo propiamente significado por la proposición)[196].

---

[196] Entre las interpretaciones contemporáneas del significado de las proposiciones, la "semántica de situaciones" de Barwise y Perry tiene un interesante parecido con la doctrina de Pardo.

De este modo, la postura de Pardo pretende hacer justicia al carácter específico de las proposiciones frente a los términos. Pero no lo hace acudiendo a la actividad del intelecto, sino poniendo en la realidad todo lo que el intelecto, pasivamente, no hace sino reproducir en la proposición. Según Pardo, las cosas particulares no sólo son algo en sí mismas (algo por lo que el intelecto puede significarlas mediante un término simple), sino que son también en relación con todas las demás: este aspecto de la realidad es la causa de que el intelecto conozca esos mismos particulares mediante términos de un nivel superior de complejidad, las proposiciones.

La postura final de Pardo resulta sospechosamente parecida a la que con tanto empeño trata de evitar. Aunque no hay más realidad que los particulares, el intelecto los conoce de muchos modos, y estos modos deben tener un fundamento real: las cosas están dispuestas (*se habent*) de distintos modos. Pardo construye, así, un mundo repleto de relaciones que, como los *complexe significabilia* de Gregorio de Rímini, tienen la suficiente consistencia ontológica como para fundar la significatividad y modalidades de las proposiciones, así como las distintas relaciones lógicas.

Sin embargo, Pardo pretende armonizar su rechazo a multiplicar las entidades con su postulación de modos reales de estar dispuestos los particulares, insistiendo en que estos modos no son nada distinto de los particulares relacionados. Lo que la proposición significa son los mismos particulares significados por los términos, aunque los significa en cuanto que están dispuestos de distintos modos los unos respecto de los otros[197]. Pero este intento es artificial, como lo demuestra el reconocimiento de su insuficiencia por parte de Pardo mismo: como se señalaba en 1.1.3, Pardo se ve forzado a admitir que, en algún sentido, los modos se distinguen de los particulares relacionados.

Es su negativa a reconocer la actividad del entendimiento, con la consiguiente postulación de un estricto paralelismo entre

---

197 La proposición es para Pardo un sincategorema, que significa *aliquid aliqualiter*.

lenguaje y realidad, la que conduce a Pardo a una postura que resulta tan sospechosa para un nominalista como la de Gregorio de Rímini[198].

4.2. La reducción a particulares: ¿la existencia es un particular?

Pero la reducción de las relaciones a los particulares no sólo es insuficiente para fundar la significación y modalidades de las proposiciones. Esta estrategia resulta problemática en otro sentido, porque hay un elemento que difícilmente puede reducirse a particulares: la existencia.

Como se ha visto, junto a las relaciones entre particulares que son significadas por las proposiciones de *"est"* tercero adyacente, hay una relación más básica, la relación de cada particular a la existencia, que puede significarse mediante las proposiciones de *"est"* segundo adyacente. Así, Pardo explica que *"Antichristus est"* significa el Anticristo afirmativamente en orden a la existencia[199].

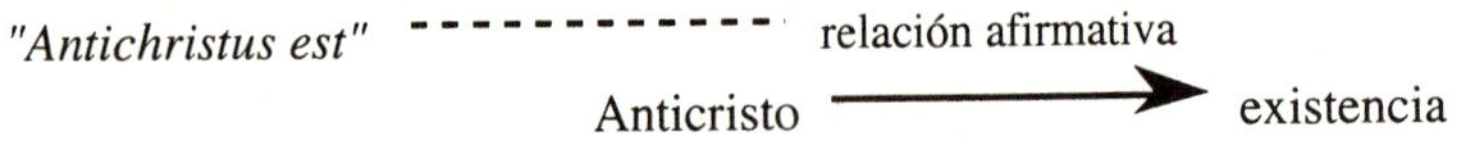

"Antichristus est" ------------ relación afirmativa
Anticristo ⟶ existencia

Pero la relación a la existencia también tiene lugar en el orden de las relaciones mismas (no sólo en el orden de los particulares considerados aisladamente). Aunque Pardo no lo dice explícitamente, de su doctrina se infiere que las relaciones mismas deben ser tratadas como ciertas entidades, que deben darse en la realidad para poder ser significadas por las proposiciones, pero que no se

198 Ver también mi valoración de la doctrina de Pardo en P. Pérez-Ilzarbe, "*Homo est asinus*: acerca del significado de las proposiciones imposibles en Jerónimo Pardo", *Actas del II Congreso de la Sociedad de Lógica, Metodología y Filosofía de la Ciencia en España* (A. Estany y D. Quesada, eds.), Universitat Autònoma, Barcelona, 1997, 39-43.

199 "Ad primam dico quod ista propositio 'Antichristus est' est possibilis, quia significat taliter qualiter possibile est esse, significat enim Antichristum affirmative in ordine ad existentiam." (*MD*, 6rb)

dan todas de la misma manera. Estas maneras de darse no pueden ser sino distintas relaciones con la existencia. Del mismo modo que los particulares son posibles, necesarios o contingentes, según que su relación con la existencia pueda darse, se dé necesariamente o se dé contingentemente,

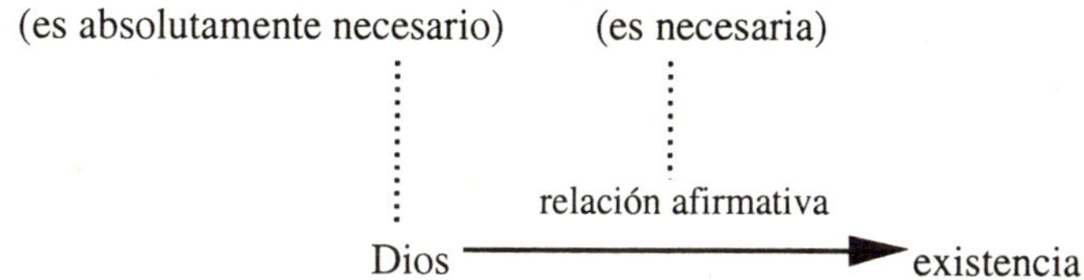

así, las relaciones entre particulares son posibles, imposibles, necesarias o contingentes: la relación misma puede existir, no puede existir, existe necesariamente o existe contingentemente.

El único modo en que la existencia podría reducirse a particulares consistiría en convertir las proposiciones existenciales en proposiciones de *"est"* tercero adyacente (*"Sortes est"* a *"Sortes est existens"*) y, desde un planteamiento extensional, interpretarlas como significando relaciones entre particulares (Sócrates y las cosas existentes).

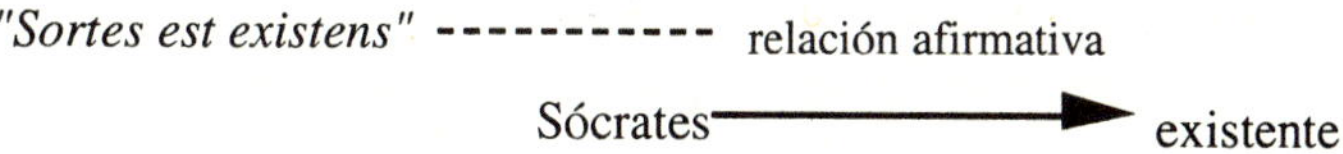

Cuando se trate de determinar la modalidad de la existencia de relaciones, habrá que aplicar la misma estrategia. Por ejemplo, que la relación afirmativa entre hombre y burro (significada por la proposición *"Homo est asinus"*) se dé falsamente quiere decir que se relaciona falsamente con las cosas existentes. O que la relación afirmativa entre hombres y animales (significada por la proposición *"Homo est animal"*) se dé verdaderamente quiere decir que se relaciona verdaderamente con las cosas existentes. Es decir, entre las cosas existentes no hay ninguna que sea la relación afirmativa entre hombre y burro, pero sí hay alguna que es la relación afirmativa entre hombre y animal.

Los hombres-que-son-animales *son*, según Pardo, la relación afirmativa entre hombres y animales, puesto que la relación no es nada distinto de los particulares relacionados. Pero, de modo análogo, los hombres-que-son-burros *son* la relación afirmativa entre hombres y burros. Estos hombres-que-son-burros no son, según Pardo, sino los hombres mismos, en su relación (afirmativa e imposible) con los burros. Pero los hombres existen en la realidad: ¿por qué no puede decirse, entonces, que la relación afirmativa entre hombre y burro se da de hecho como existente?

Si Pardo insiste en la identificación de las relaciones con los particulares relacionados, parece que su teoría está sujeta a las mismas objeciones que afectaban a la de Buridán. Pero, como se verá a continuación, incluso manteniendo la irreductibilidad de las relaciones a particulares, las dificultades persisten, a causa del paralelismo estricto que Pardo exige entre lenguaje y realidad.

4.3. Todo "se da" en la realidad: ¿cómo distinguir lo verdadero de lo falso?

Según Pardo, todo lo que puede ser significado debe "darse" en la realidad. Por ejemplo, la relación afirmativa entre hombre y burro se da, y por eso puede ser significada mediante la proposición *"Homo est asinus"*.

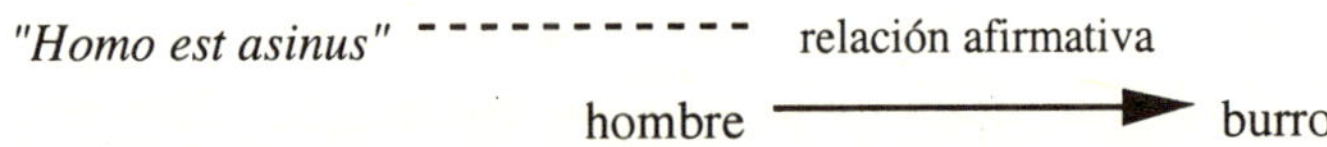

Pero las distintas modalidades responden a distintos modos de "darse": tienen que ver, como se ha visto, con el darse "de hecho" o no. Así, la relación afirmativa entre hombre y burro no se da de hecho, y por eso la proposición *"Homo est asinus"* es falsa. Como se ha señalado, que la relación afirmativa entre hombre y burro no se dé de hecho parece querer decir que su relación con la existencia no se da.

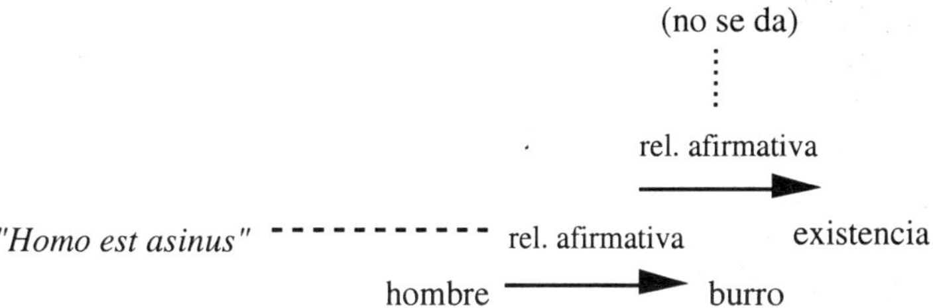

Ahora bien, el no darse como existente de la relación afirmativa entre hombre y burro puede ser también significado, mediante una proposición de un nivel superior de complejidad: *"Homo false est asinus"*.

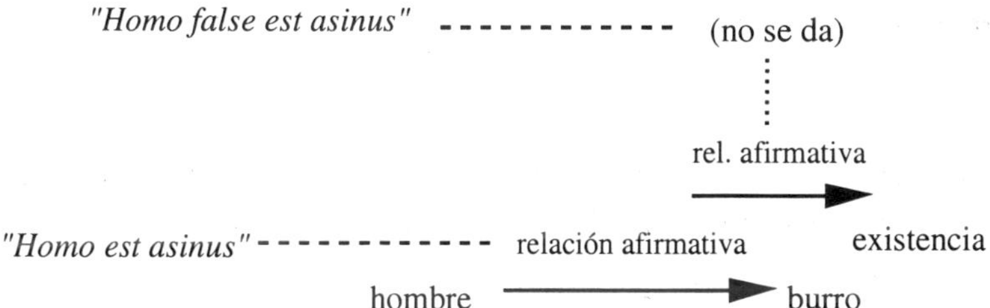

Esta proposición es verdadera porque significa que las cosas son tal como son, pero podría significarse también que las cosas son tal como no son. En este caso, podría significarse que la relación afirmativa entre hombre y burro sí se da como existente: mediante la proposición *"Homo vere est asinus"*. Para garantizar la significatividad de esta proposición, el darse como existente de la relación afirmativa entre hombre y burro debe "darse" de algún modo en la realidad.

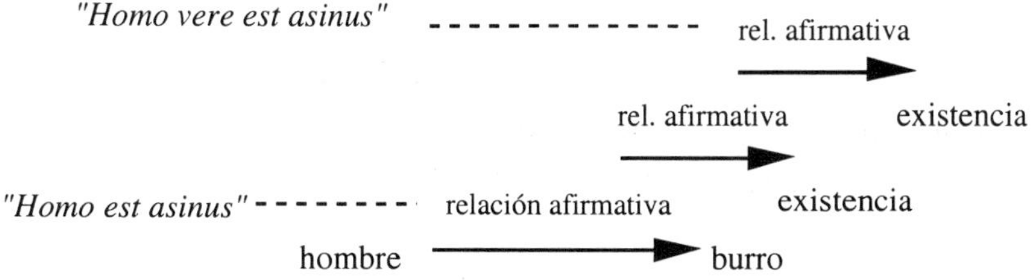

Como se ve, la relación entre la relación afirmativa hombre-burro y la existencia "se da" en la realidad (y por eso puede construirse la proposición *"Homo vere est asinus"*) y "no se da" en la realidad (y por eso puede construirse la proposición *"Homo false est asinus"*). Pero sólo una de estas nuevas proposiciones puede ser verdadera. Para decidir la modalidad de estas proposiciones, deberá atenderse, de acuerdo con Pardo, a una nueva relación: la de la relación de darse o no darse (de la primera relación) con la existencia.

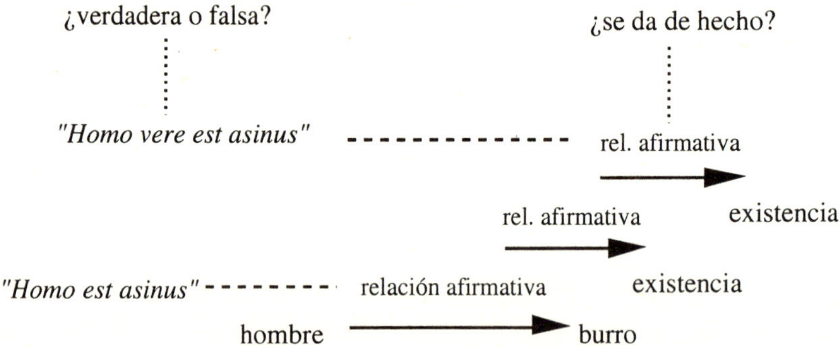

La proposición *"Homo false est asinus"* es verdadera, porque la relación significada se da de hecho, y la proposición *"Homo vere est asinus"* es falsa, porque la relación significada no se da de hecho.

Pero también para estas relaciones debe encontrarse tanto un darse como un no darse, puesto que ambas posibilidades pueden ser significadas (puede decirse *"Homo false false est asinus"*, *"Homo vere false est asinus"*, *"Homo false vere est asinus"* y *"Homo vere vere est asinus"*).

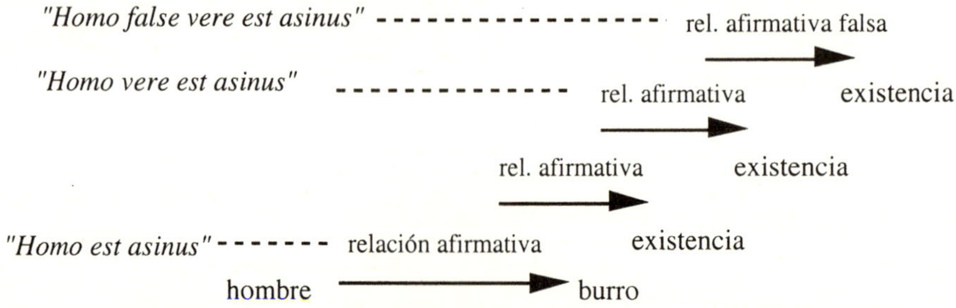

Cuál de estas relaciones sea verdadera se determinará por su relación con la existencia, pero en este nivel vuelve a producirse la situación anterior: todas las posibilidades deben "darse" para poder ser significadas. De este modo, el criterio establecido por Pardo para determinar las modalidades se revela incapaz de proporcionar el fundamento que Pardo busca. Si la relación que funda las modalidades es la relación significativa, todas las modalidades son posibles porque todo puede significarse.

BIBLIOGRAFÍA

En su mayor parte, esta lista de referencias bibliográficas contiene las obras citadas a lo largo del libro, aunque también se incluyen otras que, por tratarse de obras clásicas o recopilaciones de artículos sobre semántica medieval, me ha parecido útil recoger aquí.

He dividido las referencias en dos secciones. La primera contiene las fuentes manejadas para estudiar a los cuatro autores de los que se ocupa el libro. La segunda contiene la bibliografía secundaria, tanto libros como artículos, así como las ediciones de otras obras que se citan pero no constituyen el objeto central del libro.

Resulta casi superfluo decir que el tema es tan vasto que una bibliografía que pretendiera ser exhaustiva, primero, no lo lograría, y segundo, no sería manejable. La mía no lo pretende.

FUENTES:

Pedro de Ailly

Conceptus et insolubilia (Parisiis, 1495), traducción de P. V. Spade: *Peter of Ailly: Concepts and insolubles*, Reidel, Dordrecht, 1980

Juan Buridán

Sophismata (Parisiis, 1496/1500), edición de T. K. Scott, Frommann-Holzboog, Stuttgart, 1977 [citado como *Soph*]

In Metaphisicam Aristotelis quaestiones (Parisiis, 1588), Minerva G. M. B. H., Frankfurt, reimpresión 1964 [citado como *In Met*]

Jerónimo Pardo

Medulla dyalectices (Parisiis, 1500) [citado como *MD* 1ª]

Medulla dyalectices (Parisiis, 1505) [citado como *MD*]

Gregorio de Rímini

Super primum et secundum sententiarum (Venetiis, 1522), Schöningh, Paderborn, reimpresión 1955 [citado como *In I Sent*]

Gregorii Ariminensis lectura super primum et secundum Sententiarum (A. D. Trapp y V. Marcolino, eds.), de Gruyter, Berlin, 1979-1984

BIBLIOGRAFÍA SECUNDARIA:

M. M. Adams

"Things versus 'hows', or Ockham on predication and ontology", *How things are* (J. Bogen y J. E. McGuire, eds.), 175-188

I. Angelelli

"Presentación", *Estudios de historia de la lógica. Actas del II Simposio de Historia de la Lógica* (I. Angelelli y A. d'Ors, eds.), Eunate, Pamplona, 1990, 5-11

N. Antonio

Bibliotheca hispana nova, I, Madrid, 1783

E. Arnold

"Zur Geschichte der Suppositionstheorie", *Symposion (Jahrbuch für Philosophie)* 3 (1952), 1-134

E. J. Ashworth

"The doctrine of supposition in the sixteenth and seventeenth centuries", *Archiv für Geschichte der Philosophie* 51 (1969), 260-285

Language and logic in the post-medieval period, Reidel, Dordrecht, 1974

"Chimeras and imaginary objects: a study in the post-medieval theory of signification", *Vivarium* 15 (1977), 66-72

"Theories of the proposition: some early sixteenth century discussions", *Franciscan studies* 38 (1978), 81-121

"Multiple quantification and the use of special quantifiers in early sixteenth century logic", *Notre Dame journal of formal logic* 19 (1978), 599-613

"Mental language and the unity of propositions: a semantic problem discussed by early sixteenth century logicians", *Franciscan studies* 41 (1981), 61-96

"The structure of mental language: some problems discussed by early sixteenth century logicians", *Vivarium* 20 (1982), 59-83

Studies in post-medieval semantics, Variorum, London, 1985

"The doctrine of signs in some early sixteenth-century Spanish logicians", *Estudios de historia de la lógica* (I. Angelelli y A. d'Ors, eds.), Eunate, Pamplona, 1990, 13-38

J. P. Beckmann et al. (eds.)

Sprache und Erkenntnis im Mittelalter, Miscellanea Mediaevalia 13/1 y 13/2, de Gruyter, Berlin, 1981

M. Beuchot

"El primer planteamiento teológico-jurídico sobre la conquista de América: John Mair", *La ciencia tomista* 103 (1976), 213-230

Significado y discurso, UNAM, México, 1988

J. Biard

"La signification d'objets imaginaires dans quelques textes anglais du XIVe siècle (Guillaume Heytesbury, Henry Hopton)", *The rise of British logic* (P. O. Lewry, ed.), 265-268

Logique et théorie du signe au XIVe siècle, Vrin, Paris, 1989

Guillaume d'Ockham. Logique et philosophie, Presses Universitaires de France, Paris, 1997

J. Bogen, J. E. McGuire (eds.)

How things are, Reidel, Dordrecht, 1985

P. Böhner

Medieval logic: an outline of its development from 1250-c. 1400, University Press, Manchester, 1966

E. P. Bos (ed.)

"An unedited sophism by Marsilius of Inghen: 'Homo est bos'", *Vivarium* 15 (1977), 57-79

Marsilius of Inghen. Treatises on the properties of terms, Reidel, Dordrecht, 1983

Medieval semantics and metaphysics, Ingenium, Nijmegen, 1985

F. Bottin

La scienza degli occamisti. La scienza tardo-medievale dalle origini del paradigma nominalista alla rivoluzione scientifica, Maggioli, Rimini, 1982

H. A. G. Braakuis

De 13de Eeuwse Tractaten over Syncategorematische Termen, Krips Repro, Meppel, 1979

H. A. G. Braakuis, C. H. Kneepkens, L. M. de Rijk (eds.)

English logic and semantics from the end of 12th century to the time of Ockham and Burleigh, Ingenium, Nijmegen, 1981

L. Brind'Amour y E. Vance (eds.)

Archéologie du signe, Pontifical Institute for Medieval Studies, Toronto, 1983

A. Broadie

The circle of John Mair, Clarendon Press, Oxford, 1985

Notion and object. Aspects of late medieval epistemology, Clarendon Press, Oxford, 1989

J. H. Burns

"New light on John Major", *Innes review* 5 (1954), 83-100

G. L. Bursill-Hall

Speculative grammars of the middle ages: the doctrine of "partes orationis" of the modistae, Mouton, The Hague, 1971

M. D. Chenu

"Grammaire et théologie aux XIIe et XIIIe siècles", *Archives d'histoire doctrinale et littéraire du moyen âge* 10 (1936), 5-28

A. Conti

Esistenza e verità. Forme e strutture del reale in Paolo Veneto e nel pensiero filosofico del tardo medioevo, Istituto Storico Italiano per il Medio Evo, Roma, 1996

J. Coombs

The truth and falsity of modal propositions in Renaissance nominalism (Tesis Doctoral, The University of Texas at Austin, 1990)

"The soul of the Antichrist necessarily will be a being: a modal sophism in 16th century logic texts", *Sophisms in medieval logic and grammar* (S. Read, ed.), 319-332

"Jerónimo Pardo on the necessity of scientific propositions", *Vivarium* 33 (1995), 9-26

G. Díaz Díaz

Hombres y documentos de la filosofía española, Instituto de Filosofía "Luis Vives", Madrid, 1980-1995

H. Élie

Le complexe significabile, Vrin, Paris, 1936

"Quelques maîtres de l'université de Paris vers l'an 1500", *Archives d'histoire doctrinale et littéraire du moyen âge* 18 (1950-51), 193-243

E. Faral

"Jean Buridan. Notes sur les manuscrits, les éditions et le contenu de ses ouvrages", *Archives d'histoire doctrinale et littéraire du moyen âge* 15 (1946), 1-55

G. Federici Vescovini

"Marsilius of Inghen", *Dictionary of scientific biography* (C. C. Gillispie, ed.), IX, Charles Scribner's Sons, New York, 1981, 136-138

G. Fraile

Historia de la filosofía española. Desde la época romana hasta finales del siglo XVII, BAC, Madrid, 1971

G. Gál

"Gregory of Rimini", *New catholic encyclopedia,* VI, McGraw Hill, New York, 1967, 797

"Adam of Wodeham's question on the *complexe significabile* as the immediate object of scientific knowledge", *Franciscan studies* 37 (1977), 66-102

A. Galonnier

"Le '*De grammatico*' et l'origine de la théorie des propriétés des termes", *Gilbert de Poitiers et ses contemporains. Aux origines de la logica modernorum* (J. Jolivet y A. de Libera, eds.), 353-375

J. A. García Cuadrado

Hacia una semántica realista. La filosofía del lenguaje de San Vicente Ferrer, Eunsa, Pamplona, 1994

E. García de Quevedo

De bibliografía burgense, El Monte Carmelo, Burgos, 1941

C. García Noreña

Studies in Spanish renaissance thougth, Nijhoff, The Hague, 1975

R. García Villoslada

La universidad de París durante los estudios de Francisco de Vitoria, Universidad Gregoriana, Roma, 1938

M. Godet

"Le collège de Montaigu", *Revue des études rabelaisiennes* 7 (1909), 285-305

M. Grabmann

Die Sophismatalitteratur des 12. und 13. Jahrhunderts mit Textausgabe eines Sophisma des Boetius von Dacien, Aschendorff, Münster, 1940

R. Guerlac

Juan Luis Vives against the pseudodialecticians, Reidel, Dordrecht, 1979

D. P. Henry

"The early history of *suppositio*", *Franciscan studies* 23 (1963), 205-212

The 'De grammatico' of St. Anselm: the theory of paronimy, University Press, Notre Dame, 1964

The logic of St. Anselm, University Press, Oxford, 1967

R. Hissette

Enquête sur les 219 articles condamnés à Paris le 7 mars 1277, Publications Universitaires, Louvain, 1977

J. Jolivet, A. de Libera (eds.)

Gilbert de Poitiers et ses contemporains. Aux origines de la logica modernorum, Bibliopolis, Napoli, 1987

A. Kenny, J. Pinborg

"Medieval philosophical literature", *The Cambridge history of later medieval philosophy* (N. Kretzmann et al., eds.), 11-42

W. y M. Kneale

The development of logic, Clarendon Press, Oxford, 1964

El desarrollo de la lógica, Tecnos, Madrid, 1972

C. H. Kneepkens

"*Suppositio* and *supponere* in 12th-century grammar", *Gilbert de Poitiers et ses contemporains. Aux origines de la logica modernorum* (J. Jolivet y A. de Libera, eds.), 325-351

S. Knuuttila

Modalities in medieval philosophy, Routledge, London, 1993

N. Kretzmann

"Syncategoremata, sophismata, exponibilia", *The Cambridge history of later medieval philosophy* (N. Kretzmann et al., eds.), 211-245

N. Kretzmann (ed.)

Meaning and inference in medieval philosophy, Kluwer, Dordrecht, 1988

N. Kretzmann, A. Kenny, J. Pinborg (eds.)

The Cambridge history of later medieval philosophy, University Press, Cambridge, 1982

G. Leff

"Gregory of Rimini: a fourteenth-century Augustinian", *Revue des études augustiniennes* 7 (1961), 153-170

Gregory of Rimini: tradition and innovation in fourteenth century thought, University Press, Manchester, 1961

P. O. Lewry (ed.)

The rise of British logic, Pontifical Institute of Medieval Studies, Toronto, 1983

A. de Libera

"Supposition naturelle et appellation: aspects de la sémantique parisienne au XIIIe siècle", *Histoire, épistémologie, langage* 3 (1981), 63-77

"Roger Bacon et le problème de l'*appellatio univoca*", *English logic and semantics from the end of 12th century to the time of Ockham and Burleigh* (H. A. G. Braakhuis et al., eds.), 193-234

"The Oxford and Paris traditions in logic", *The Cambridge history of later medieval philosophy* (N. Kretzmann et al., eds.), 174-187

M. J. Loux

"*Significatio* and *suppositio*: reflections on Ockham's semantics", *The new scholasticism* 53 (1979), 407-427

A. Maierù

"Il problema della verità nelle opere di Guglielmo Heytesbury", *Studi Medievali* 7 (1966), 40-74

"Il tractatus *De sensu composito et diviso* di Guglielmo Heytesbury", *Rivista critica di storia della filosofia* 21 (1966), 234-263

Terminologia logica della tarda scolastica, Edizioni dell'Ateneo, Roma, 1972

"Il problema del significato nella Logica di Pietro da Mantova", *Antiqui und Moderni* (A. Zimmermann, ed.), Miscellanea Mediaevalia 9, de Gruyter, Berlin, 1974, 155-159

"*Significatio* et *connotatio* chez Buridan", *The logic of John Buridan* (J. Pinborg, ed.), 101-114

"The sophism 'Omnis propositio est vera vel falsa' by Henry Hopton (Pseudo-Heytesbury's 'De veritate et falsitate propositionis')", *Sophisms in medieval logic and grammar* (S. Read, ed.), 103-115

P. Mandonnet

Siger de Brabant et l'averroïsme latin au XIIIe siècle (IIe partie, textes inédits), Institut Supérieur de Philosophie de l'Université, Louvain, 1908

C. Marmo (ed.)

Vestigia, imagines, verba. Semiotics and logic in medieval theological texts (12th-14th century), Brepols, Turnhout, 1997

M. Martínez Añibarro

Intento de un diccionario biográfico y bibliográfico de autores de la provincia de Burgos, Imp. Manuel Tello, Madrid, 1889

G. B. Matthews

"*Suppositio* and quantification in Ockham", *Noûs* 7 (1973), 13-24

M. N. Merlin

"Gregoire de Rimini" en *Dictionnaire de théologie catholique* (A. Vacant et al., eds.), VI, Letouzey et Ané, Paris, 1909-1953, cols. 1852-1854

E. A. Moody

"The medieval contribution to logic", *Studies in medieval philosophy, science and logic,* University of California Press, Berkeley, 1975, 371-392

Truth and consequence in medieval logic, Greenwood Press, Westport, 1976

"Jean Buridan", *Dictionary of scientific biography* (C. C. Gillispie, ed.), II, Charles Scribner's Sons, New York, 1981, 603-608

V. Muñoz Delgado

"La obra lógica de los españoles en París (1500-1525)", *Estudios* 26 (1970), 209-280

Lógica hispano-portuguesa hasta 1600, Salamanca, 1972

C. G. Normore

"Buridan's ontology", *How things are* (J. Bogen y J. E. McGuire, eds.), 189-204

"The tradition of medieval nominalism" en *Studies in medieval philosophy* (J. F. Wippel, ed.), The Catholic University of America Press, Washington, 1987, 201-217

G. Nuchelmans

Theories of the proposition. Ancient and medieval conceptions of the bearers of truth and falsity, North Holland, Amsterdam, 1973

Late-scholastic and humanist theories of the proposition, North Holland, Amsterdam, 1980

G. Nuchelmans (E. P. Bos, ed.)

Studies on the history of logic and semantics, 12th-17th centuries, Variorum, Bookfield, 1996

H. Oberman (ed.)

Gregor von Rimini. Werk und Wirkung bis zur Reformation, de Gruyter, Berlin, 1981

A. d'Ors

"*Non erat veritas, non erit veritas.* Sobre las pruebas anselmianas de la eternidad de la verdad", *Verdad, percepción, inmortalidad: miscelánea en homenaje al profesor Wolfgang Strobl* (S. Castellote, ed.), Facultad de Teología San Vicente Ferrer, Valencia, 1995, 201-214

G. F. Pagallo

"Nota sulla *Logica* di Paolo Veneto: la critica alla dottrina del 'complexe significabile' di Gregorio da Rimini", *Atti del XII Congresso Internazionale di Filosofia*, IX, Sansoni, Firenze, 1960, 183-191

P. Pérez-Ilzarbe

"Jerónimo Pardo († 1505): *'ex impossibile quodlibet sequitur'*", *Encuentro de Lógica y Filosofía de la Ciencia "Rudolf Carnap y Hans Reichenbach in memoriam". Comunicaciones*, Madrid, 1991, 82-88

"Sobre la distinción entre *propositio modalis composita* y *propositio modalis divisa*: Jerónimo Pardo y John Mair", *Actas del I Congreso de la Sociedad de Lógica, Metodología y Filosofía de la Ciencia en España* (E. de Bustos et al., eds.), UNED, Madrid, 1993, 110-113

"The doctrine of descent in Jerónimo Pardo: meaning, inference, truth", *Studies on the history of logic. Proceedings of the III. Symposium on the History of Logic* (I. Angelelli y M. Cerezo, eds.), de Gruyter, Berlin, 1996, 173-186

"*Homo est asinus*: acerca del significado de las proposiciones imposibles en Jerónimo Pardo", *Actas del II Congreso de la Sociedad de Lógica, Metodología y Filosofía de la Ciencia en España* (A. Estany y D. Quesada, eds.), Universitat Autònoma, Barcelona, 1997, 39-43

"Time and propositions in Jerónimo Pardo", (en prensa: actas del 12th European Symposium on Medieval Logic and Semantics *Logic and semantics in Spain (1250-1530)*, Pamplona, 26-30 de mayo de 1997)

J. Pinborg

Logik und Semantik im Mittelalter: ein Überblick, Frommann-Holzboog, Stuttgart, 1972

"Some problems of semantic representations in medieval logic", *History of linguistic thought and contemporary linguistics* (H. Parrett ed.), de Gruyter, Berlin, 1976, 254-278

"The English contribution to logic before Ockham", *Synthese* 40 (1979), 19-42

"Speculative grammar", *The Cambridge history of later medieval philosophy* (N. Kretzmann et al., eds.), 254-269

Logica e semantica nel medioevo, Boringhieri, Torino, 1984

Medieval semantics. Selected studies on medieval logic and grammar, Variorum, London, 1984

J. Pinborg (ed.)

The logic of John Buridan, Museum Tusculanum, Copenhagen, 1976

O. Pluta (ed.)

Die Philosophie im 14. und 15. Jahrhundert, Grüner, Amsterdam, 1988

F. del Punta (ed.) y M. M. Adams (trad.)

Pauli Veneti Logica Magna, II (6): *Tractatus de veritate et falsitate propositionis et tractatus de significato propositionis,* University Press, Oxford, 1978

M. dal Pra

"La teoria del significato totale della proposizione nel pensiero di Gregorio da Rimini", *Rivista critica di storia della filosofia* 11 (1956), 287-331

K. Prantl

Geschichte der Logik im Abendlande, IV, Academische Druck-U. Verlagsanstalt, Graz, 1955

S. Read (ed.)

Sophisms in medieval logic and grammar, Kluwer, Dordrecht, 1993

M. E. Reina

"Il problema del linguaggio in Buridano (I)", *Rivista critica di storia della filosofia* 14 (1959), 395-397

"Il problema del linguaggio in Buridano (II)", *Rivista critica di storia della filosofia* 15 (1960), 141-165

"Il problema del linguaggio in Buridano (III)", *Rivista critica di storia della filosofia* 15 (1960), 238-264

A. Renaudet

Préréforme et humanisme à Paris pendant les premières guerres d'Italie (1494-1517), Stalkine, Genève, 1981

L. M. de Rijk

Logica modernorum. A contribution to the history of early terminist logic, I, Van Gorcum, Assen, 1962

Logica modernorum. A contribution to the history of early terminist logic, II (1), Van Gorcum, Assen, 1967

"The development of *suppositio naturalis* in mediaeval logic (I)", *Vivarium* 9 (1971), 71-117

"The development of *suppositio naturalis* in mediaeval logic (II)", *Vivarium* 11 (1973), 43-79

"The place of Billingham's *Speculum puerorum* in the 14th and 15th century logical tradition, with the edition of some alternative tracts", *Studia mediewistyczne* 16 (1975), 99-153

"The origins of the theory of the properties of terms", *The Cambridge history of later medieval philosophy* (N. Kretzmann et al., ed.), 161-173

Some 14th century tracts on the probationes terminorum, Ingenium, Nijmegen, 1982

La philosophie au moyen âge, Brill, Leiden, 1985

"The anatomy of the proposition: *logos* and *pragma* in Plato and Aristotle", *Logos and pragma* (L. M. de Rijk y H. A. G. Braakhuis, eds.), 27-61

L. M. de Rijk, H. A. G. Braakhuis (eds.)

Logos and pragma. Essays on the philosophy of language in honour of Professor Gabriel Nuchelmans, Ingenium, Nijmegen, 1987

W. Risse

Bibliographia logica, I, Georg Olms, Hildesheim, 1965

L. Salembier

"Pierre d'Ailly", *Dictionnaire de théologie catholique* (A. Vacant et al., eds.), I, Letouzey et Ané, Paris, 1909-1953, cols. 642-654

H. Schepers

"Holkot contra dicta Crathorn (I)" *Philosophisches Jahrbuch der Görres-Gessellschaft* 77 (1970), 320-254

"Holkot contra dicta Crathorn (II)" *Philosophisches Jahrbuch der Görres-Gessellschaft* 79 (1972), 106-136

T. K. Scott

"John Buridan on the objects of demonstrative science", *Speculum* 40 (1965), 654-673

John Buridan: sophisms on meaning and truth, Appleton, New York, 1966

P. V. Spade

"Ockham's distinctions between absolute and connotative terms", *Vivarium*, 13 (1975), 55-76

Peter of Ailly: Concepts and insolubles, Reidel, Dordrecht, 1980

"The semantics of terms", *The Cambridge history of later medieval philosophy* (N. Kretzmann et al., eds.), 188-196

"The logic of the categorical: the medieval theory of descent and ascent", *Meaning and inference in medieval philosophy* (N. Kretzmann, ed.), 187-224

F. van Steenberghen

La philosophie au XIIIe siècle, Publications Universitaires, Louvain, 1966

J. J. Swiniarski

"A new presentation of Ockham's theory of supposition with an evaluation of some contemporary criticisms", *Franciscan studies* 30 (1970), 181-217

K. H. Tachau

"Wodeham, Crathorn and Holkot: the development of the *complexe significabile*", *Logos and pragma. Essays on the philosophy of language in honour of Professor Gabriel Nuchelmans* (L. M. de Rijk y H. A. G. Braakhuis, eds.), 161-187

Vision and certitude in the age of Ockham. Optics, epistemology and the foundations of semantics (1250-1345), Brill, Leiden, 1988

T. F. Torrance

"La philosophie et la théologie de Jean Mair ou Major, de Haddington (1469-1550)", *Archives de philosophie* 32 (1969), 531-576

M. Tweedale

"Abelard and the culmination of the old logic", *The Cambridge history of later medieval philosophy* (N. Kretzmann et al., eds.), 143-157

L. Vega

Una guía de historia de la lógica, UNED, Madrid, 1996

C. A. Wilson

"William Heytesbury", *Dictionary of scientific biography* (C. C. Gillispie, ed.), VI, Charles Scribner's Sons, New York, 1981, 376-380

A. Zimmermann

Antiqui und moderni, Miscellanea Mediaevalia 9, de Gruyter, Berlin, 1974

ÍNDICE DE PROPOSICIONES

Este índice contiene las proposiciones que aparecen como ejemplos en las obras estudiadas, más otras que yo misma he introducido para ilustrar algunos aspectos de las doctrinas analizadas: estas últimas se señalan con *.

ÍNDICE DE NOMBRES

Esta lista de autores está ordenada por nombres. Para los autores del siglo XII en adelante, he adoptado la ortografía latina, aunque en el texto aparecen citados según el uso más común, españolizando algunos nombres y dejando otros en el idioma de su lugar de origen. No incluyo los autores modernos.

ÍNDICE DE MATERIAS

En este índice incluyo las nociones principales estudiadas en el libro. He tratado de evitar las entradas secundarias y ordenar alfabéticamente todas las nociones, excepto en dos casos en los que me parecía más claro agrupar bajo la misma entrada principal todas las nociones relacionadas: bajo "*complexe significabile*" y bajo "significación de los términos".

PUBLICACIONES DE LA FACULTAD DE FILOSOFÍA Y LETRAS DE LA UNIVERSIDAD DE NAVARRA

COLECCIÓN DE PENSAMIENTO MEDIEVAL Y RENACENTISTA

1. JUAN CRUZ CRUZ: *Intelecto y razón. Las coordenadas del pensamiento clásico.*

2. JOSÉ A. GARCÍA CUADRADO: *La luz del intelecto agente. Estudio desde la metafísica de Báñez.*

3. TOMÁS DE AQUINO: *Cuestión disputada del alma.* Traducción y notas de Ezequiel Téllez. Estudio preliminar de Juan Cruz Cruz.

4. PALOMA PÉREZ-ILZARBE: *El significado de las proposiciones. Jerónimo Pardo (†1502) y las teorías medievales de la proposición.*